Rudolf X. Ruter/Karin Sahr/Georg Graf Waldersee (Hrsg.)

Public Corporate Governance

Rudolf X. Ruter/Karin Sahr/
Georg Graf Waldersee (Hrsg.)

Public Corporate Governance

Ein Kodex für öffentliche Unternehmen

Herrn [illegible]
und Dank für
die notwendige
Inspiration.
Mit besten Grüßen
[illegible]
21/7

Bibliografische Information Der Deutschen Bibliothek
Die Deutsche Bibliothek verzeichnet diese Publikation in der Deutschen Nationalbibliografie; detaillierte bibliografische Daten sind im Internet über <http://dnb.ddb.de> abrufbar.

1. Auflage 2005

Lektorat: Jens Kreibaum

Der Gabler Verlag ist ein Unternehmen von Springer Science+Business Media.
www.gabler.de

Umschlaggestaltung: Nina Faber de.sign, Wiesbaden
Druck und buchbinderische Verarbeitung: Wilhelm & Adam, Heusenstamm
Gedruckt auf säurefreiem und chlorfrei gebleichtem Papier
Printed in Germany

ISBN 3-409-14309-2

Inhaltsverzeichnis

Bestandteile und Instrumente der Public Corporate Governance in öffentlichen Unternehmen

Corporate Governance in Nonprofit-Organisationen

Erfahrungen aus der Schweiz und Österreich

Vorwort

Mit der Entwicklung von Empfehlungen zur Verbesserung des deutschen Systems der Corporate Governance durch die „Regierungskommission Corporate Governance“ unter der Leitung von Prof. Dr. Theodor Baums (Baums-Kommission) und der Veröffentlichung des von der „Regierungskommission Deutscher Corporate Governance Kodex“ unter der Leitung von Dr. Gerhard Cromme (Cromme-Commission) erarbeiteten Deutschen Corporate Governance Kodexes stellten sich erste Fragen, wie es mit der Corporate Governance öffentlicher Unternehmen in Deutschland bestellt sei. Das heißt: Brauchen wir für die Steuerung und Kontrolle öffentlicher Unternehmen einen eigenen Public Corporate Governance Kodex? Oder stellen die bestehenden rechtlichen Grundlagen und vorhandenen Instrumentarien, die der Deutsche Corporate Governance Kodex bereitstellt, einen ausreichend stabilen Rahmen für die Wirkungsweise der öffentlichen Unternehmen in Deutschland dar?

In dieser Veröffentlichung kommen Fachleute aus Wirtschaft, Wissenschaft und Wohlfahrtsorganisationen sowie aus Bundes-, Landes- und Kommunalpolitik zu Wort, die aus der Perspektive ihres jeweiligen Wirkungskreises eine Antwort auf die gestellten Fragen geben.

Bedingt durch die Deregulierungsvorgaben der Europäischen Kommission und die angespannte Finanzlage von Bund, Ländern und Kommunen kam es gerade in den letzten Jahren zu vielfältigen Ausgliederungen der öffentlichen Hand. Dabei blieb der öffentliche Zweck der Unternehmen und das Primat der Politik für die öffentliche Daseinsvorsorge grundsätzlich bestehen. Der jeweilige Handlungs- und Beurteilungsrahmen der öffentlichen Unternehmen wurde aber in einen der Privatwirtschaft entlehnten Erfolgskorridor gestellt. Diese Entwicklung ging dabei so weit, dass der nicht ausgegliederte, verbleibende Bereich des öffentlichen Sektors immer öfter einer Effizienzprüfung unterzogen und verstärkt auf ökonomische Steuerungsmodelle umgestellt wurde bzw. noch wird.

In diesem Zusammenhang ist die Frage nach dem Selbstverständnis öffentlicher Unternehmen an der Schnittstelle von Politik und Wirtschaft naheliegend, auch, um eine verbesserte Balance zwischen politischem Einfluss und Handlungsfähigkeit des Managements bzw. ökonomischem Erfolg anzustreben. Einen ersten Ausgangspunkt bildet der Corporate Governance Kodex für börsennotierte Unternehmen. Zu klären bleibt, inwieweit sich hier Anwendungsmöglichkeiten und Ausstrahlungswirkungen für öffentliche Unternehmen ergeben. Die von der OECD eingerichtete „Working Group on Privatisation and Corporate Governance of State-Owned Assets“ geht jedenfalls in ihren Richtlinien von einer starken Orientierung an den Prinzipien der Privatwirtschaft aus.

Ob und wie stark diese Orientierung angesichts der unterschiedlichen rechtlichen Gegebenheiten und Verwaltungsvorschriften zu den Beteiligungen von Bund, Bundesländern und Kommunen greifen kann, wird in den einzelnen Beiträgen dieser Veröffentlichung angesprochen. Angesichts der Sonderstellung öffentlicher Unternehmen zeichnet sich eine Tendenz für eine gesonderte Beantwortung der Frage nach einem eigenen Public Corporate Governance ab. Als eine Möglichkeit wird ein standardisierter Fragenkatalog zur Entwicklung eines jeweils spezifischen Public Corporate Governance Kodexes vorgeschlagen. Wie ein Leitfaden sollte er die relevanten Themen, angefangen bei den Aufgaben von Politik und Gemeinderat als Gesellschafter des öffentlichen Unternehmens, der Dokumentation der politischen Zielsetzung, des Rollenverständnisses der öffentlichen Verwaltung, den Rechten und Pflichten des Aufsichtrats, der Geschäftsleitung, Aspekte der Vergütung bis hin zu Rechnungslegung und Abschlussprüfung aufgreifen. In diesem Sinne lässt sich der vorgestellte Musterkodex als Vorschlag einer strukturierten Vorgehensweise zur Klärung des Selbstverständnisses und Festlegung des Handlungsrahmens im jeweiligen öffentlichen Unternehmen verstehen.

Auch der Nonprofit Bereich befasst sich mit diesen Fragestellungen. Die Beiträge von Vertretern verschiedener Wohlfahrtsorganisationen zeigen eigene Antworten auf.

Die Diskussion von Corporate Governance-Grundsätzen und die Möglichkeiten ihrer Kodifizierung für öffentliche Unternehmen und Nonprofit-Organisationen sind nur ein erster Schritt. Entschieden werden muss auch, wer in den Prozess der Erstellung des Kodexes einbezogen werden sollte und welcher Grad der Verbindlichkeit ihm beizumessen wäre. Soll er seine Wirkung nicht verfehlen, zu Vertrauensbildung und Vertrauensschutz beizutragen, muss er auch die Sanktionierbarkeit möglichen Fehlverhaltens sicher stellen. Bei der Auswahl der Instrumente zur Überprüfung der Zielerreichung muss es darum gehen, sowohl finanzielle als auch nicht-finanzielle Größen in ein Steuerungssystem einzubeziehen, um ökonomische und politische Erfolgsparameter bestimmen zu können.

Die hier veröffentlichten Beiträge zeigen, dass sowohl in Deutschland als auch in der Schweiz und in Österreich zahlreiche Ansätze für Grundsätze guter Führung öffentlicher Unternehmen bestehen. Sie leisten einen wertvollen Beitrag zur Entwicklung eines gemeinsames Verständnisses, ihrer Systematisierung und möglichen Kodifizierung.

Wir bedanken uns bei allen Experten für ihre Beiträge, die die aktuelle Diskussion über Public Corporate Governance in Deutschland bereichern. Für die technische und redaktionelle Unterstützung bei der Erstellung der Veröffentlichung danken wir unseren Kolleginnen Sylva Fiedler und Birgit Neubert.

Alle Autoren stehen für eine weiterführende Diskussion zur Verfügung.

Rudolf X. Ruter
Karin Sahr
Georg Graf Waldersee

Einleitung

Um sich einer Antwort auf die Frage nach der Notwendigkeit eines Public Corporate Governance Kodexes zu nähern, umfasst diese Veröffentlichung sowohl grundsätzliche Anmerkungen zu den gesetzlichen, politischen und wirtschaftlichen Rahmenbedingungen, in denen sich öffentliche Unternehmen bewegen, als auch Erfahrungsberichte aus Bund, Land und Kommunen in Deutschland sowie in der Schweiz und in Österreich.

Dietrich Budäus untersucht die unterschiedlichen Handlungsorientierungen von Politik und Management in öffentlichen Unternehmen. Er schließt die Frage an, ob und unter welchen Voraussetzungen ein PCG-Kodex als ein Element der Vertrauensbildung wirken kann. Dabei weist er auf die Notwendigkeit hin, den PCG-Kodex mit Instrumenten der Kontrollier- und Sanktionierbarkeit zu flankieren. Nur so könne sichergestellt werden, dass der Kodex nicht als Mittel zur Kaschierung eines wachsenden Misstrauens gegenüber den Akteuren in öffentlichen Unternehmen aus Politik und Management missverstanden wird.

Nach Hans Jochen Henke/Rainer Hillebrand/Silke Steltmann kann Vertrauen in die politischen Akteure nur dann gewährleistet werden, wenn in öffentlichen wie in privaten Unternehmen den Wünschen und Erwartungen der Anteilseigner, in diesem Fall der Bürger, entsprochen wird. Angesichts des besonders gelagerten Prinzipal-Agent-Problems im öffentlichen Sektor biete die Befassung mit der Public Corporate Governance ein besonderes Effizienzpotenzial.

Jens-Hermann Treuner stellt fest, dass es zwar durchaus ein Verständnis über gute Führung öffentlicher Unternehmen gebe, dieses jedoch eher diffus und unstrukturiert sei. Um hier zu mehr Transparenz und Vertrauen zu gelangen, empfiehlt er eine intensive Diskussion aller Beteiligten aus Bund, Land und Kommunen unter Hinzuziehung der Erfahrungen aus der Privatwirtschaft. Dabei sollte ein Kodex für öffentliche Unternehmen auf dem vorhandenen Deutschen Corporate Governance Kodex aufbauen und für die öffentlichen Unternehmen zusätzliche Anforderungen und Regeln beinhalten.

Anita Wolf/Christian Ziche verweisen mit Blick auf kommunale Unternehmen darauf, dass die Vorschriften der Gemeindeordnung keine unmittelbaren Vorgaben für die Unternehmensführung enthalten. Eine Zusammenfassung der wichtigsten Unternehmensführungsstandards, wie sie der Deutsche Corporate Governance Kodex beinhaltet, sei deshalb auch für kommunale Unternehmen sinnvoll und könne zu einem „Gütesiegel“ werden. Sie verstehen darunter Mindeststandards einer „guten“ Unternehmensführung, die den Umgang mit den Vorschriften erleichtern und das nötige Vertrauen der Anleger wieder stärken könnten.

Harald Plamper untersucht in seinem Beitrag die Konsequenzen der Unternehmensmitbestimmung für in privater Rechtsform betriebene öffentliche Unternehmen. Er weist dabei auf das besondere Spannungsverhältnis mitbestimmungspflichtiger öffentlicher Unternehmen hin, die sich zwischen den Ansprüchen der Anteilseigner, sprich der Bürger, und denen der Beschäftigten bewegen. Dieses „Demokratiedilemma" müsse in einem Public Corporate Governance Kodex dergestalt gelöst werden, dass aus der „Herrschaft des Volkes und der Herrschaft der Beschäftigten keine Gegensätze entstehen".

Im zweiten Kapitel berichten Experten aus Bund, Land und Kommunen über ihre Erfahrungen mit Public Corporate Governance in öffentlichen Unternehmen in ihrem jeweiligen Umfeld. So sieht Jürgen Siewert angesichts der Erfahrungen mit der Privatisierung auf Bundesebene die öffentlichen Unternehmen in die allgemeinen ökonomischen und rechtlichen Rahmenbedingungen eingebunden. Es bestehe keine Notwendigkeit, für öffentliche Unternehmen eigene Gesetze oder Regelungen zu schaffen, die in der Tendenz auf die Entkoppelung von privatwirtschaftlichen Leitlinien konzentriert sind. Sachgerecht erscheine vielmehr eine Beteiligungssteuerung, die auf das vorhandene Regelwerk der privatwirtschaftlichen Praxis ausgerichtet ist.

Ralf Seibicke hält dagegen vor dem Hintergrund der Erfahrungen in Sachsen-Anhalt die Einführung eines Public Corporate Governance Kodexes für sinnvoll, um das Bewusstsein und möglicherweise das Entscheidungsverhalten in öffentlichen Unternehmen im Hinblick auf mehr „Transparenz, Verantwortungsbewusstsein und Mäßigung" positiv zu beeinflussen. Angesichts der Vielfalt des Betätigungsfeldes und der Größe der in der Regel nicht börsennotierten Unternehmen in Land und Kommune hält er jedoch einen einheitlichen Public Corporate Governance Kodex analog zum Deutschen Corporate Governance Kodex für börsennotierte Unternehmen nicht für zweckmäßig.

Michael Föll unterstreicht angesichts der Erfahrungen der Landeshauptstadt Stuttgart, dass neben den speziellen Anforderungen an einen Public Corporate Governance Kodex in besonderer Weise die Bedürfnisse und Anforderungen der jeweiligen Kommune einfließen sollten. Diese ergäben sich unter anderem aus der Größe und der Organisationseinheit der Beteiligungsstruktur. In diesem Sinne sei er eine „Messschnur für städtisches Handeln". Neben der Informationsfunktion sieht Michael Föll in dem Kodex auch die Aufgabe, städtisches Handeln leichter hinterfragbar und überprüfbar zu machen und vor „unhaltbaren Spekulationen oder Mutmaßungen" zu schützen.

Thomas Mirow betont aus der Sicht der Hamburger Senatsverwaltung die Vorteile einer Risikominimierung, die ein Public Corporate Governance Kodex mit sich bringe und empfiehlt gerade kleineren Gebietskörperschaften die Übernahme durchdachter Regeln in Form eines Kodexes. Der hohe personelle und zeitliche Aufwand, für jedes einzelne Unternehmen die entsprechenden Satzungen und Geschäftsordnungen bzw. ein effizientes Beteiligungscontrolling selbst zu definieren, könne somit ressourcenschonend bewältigt werden.

Welche Bestandteile und Instrumente für einen Public Corporate Governance öffentlicher Unternehmen relevant sind, steht im dritten Kapitel zur Diskussion. Gerhard Widder/Silke Reichel beschreiben am Beispiel der MVV Energie AG die speziellen Aufgaben des Aufsichtsratsvorsitzenden im Spannungsfeld Kommune – Unternehmen sowie die Implementierung einer Assistentenfunktion für den Vorsitzenden des Aufsichtsgremiums.

Thomas Müller-Marqués Berger/Isabell Srocke schlagen angesichts der besonderen Rolle der Aufsichtsräte im Beteiligungscontrolling öffentlicher Unternehmen ihre regelmäßige Evaluation vor. In ihrem Beitrag stellen sie dazu konkrete Vorschläge dar, die sich auf die Beurteilung der Aufbau- und Ablauforganisation des Gesamtorgans und seiner Ausschüsse, die Qualität der Tätigkeit des Aufsichtsrats und die Eignung und das Engagement der einzelnen Aufsichtsratsmitglieder beziehen.

Markus Häfele diskutiert, ob ein regelmäßiger Prüferwechsel in Unternehmen der öffentlichen Hand einen Beitrag zur Verbesserung der Corporate Governance und zum effektiven Beteiligungsmanagement leisten kann. Er kommt zu dem Ergebnis, dass für eine verbesserte Zusammenarbeit zwischen Aufsichtsrat und Abschlussprüfer eine externe Rotation keine geeignete und sachgerechte Lösung darstelle, dies im Gegenteil eher eine effektive Unternehmensüberwachung behindern könne. Nicht zuletzt sei hier auch der Grund zu sehen, warum der Bundesgesetzgeber diesbezüglich – trotz entsprechender Diskussionen – keinen Regelungsbedarf sieht.

Abschließend stellt Rudolf X. Ruter einen Musterkodex vor, anhand dessen die öffentliche Hand bzw. öffentliche Unternehmen einen für ihre Gegebenheiten spezifizierten Kodex erstellen können.

Ob ein Corporate Governance Kodex auch für Nonprofit-Organisationen Relevanz haben könnte, diskutieren Dominik H. Enste, Robert Bachert und Berthold Kuhn/Andreas Lingk sowie Klaus Paffen im dritten Kapitel. Dominik H. Enste plädiert u. a. für die Verabschiedung einer Selbstverpflichtung im Sinne eines Corporate Goverance Kodexes für die Freie Wohlfahrtspflege. Als größte Anbieterin sozialer Dienstleistungen in Deutschland sollte diese den Herausforderungen angesichts des demographischen Wandels und der Abhängigkeit von staatlichen Zuwendungen professionell begegnen. Ein Kodex könne helfen, Vertrauen und Unterstützung in der Öffentlichkeit zurückzugewinnen und zu zeigen, dass die Steuergelder sinnvoll verwendet werden.

Robert Bachert bejaht die grundsätzliche Übertragbarkeit der bestehenden Corporate Governance-Modelle der Privatwirtschaft auf Nonprofit-Organisationen. Er gibt zudem Hinweise, in welcher Form ein Kodex für gemeinnützige Organisationen entwickelt und kommuniziert werden kann und welche ethischen Grundsätze dabei aufgenommen werden sollten. Auch beantwortet er die Frage nach der Umsetzung guter Nonprofit-Governance sowie der Anwendung angemessener Instrumente.

Berthold Kuhn/Andreas Lingk beschreiben die Aufnahme betriebswirtschaftlicher Instrumente im Rahmen der organisatorischen Entwicklung und Modernisierung einer gemeinnützigen Organisation in den letzten Jahren. Bereits ab 1993 sei mit der schrittweisen Einführung, Ergänzung und Verbesserung von Elementen der Corporate Governance begonnen worden. Auch in Zukunft werde es darum gehen, diesen Weg fortzusetzen und sich auch als Wirtschaftsunternehmen weiter zu bewähren.

Klaus Paffen unterstreicht abschließend nochmals, dass auch Nonprofit-Organisationen zunehmend mit der Forderung nach Regeln, Prinzipien und Instrumenten konfrontiert würden, um Professionalität, Transparenz und Qualität der Führung von NPOs zu erhöhen und ihre Kontrolle zu verstärken. Wie in der Privatwirtschaft stehe dies auch unter dem Begriff „guter" Corporate Governance (CG). Eine dieser Empfehlungen ziele auf den Aufbau eines Informationswesens für Führung und Aufsicht, den Klaus Paffen entlang des Denkmusters Balanced Scorecards (BSC) ausführlich skizziert.

Ein Blick auf die Erfahrungen in der Schweiz und in Österreich schließt die Diskussion ab. So beschreibt Albert E. Hofmeister für die Schweiz zwar die großen Chancen, die in Public Governance für öffentliche Unternehmen liegen. Gleichzeitig empfiehlt er jedoch keine Angleichung des öffentlichen Sektors an den privaten. Vielmehr müssten beide Sektoren tradierte Verhaltensmuster durchbrechen und die partnerschaftliche Zusammenarbeit von Staat, Wirtschaft und Gesellschaft stärker betonen. Ein neu entwickeltes Governance-Modell könne Verwaltungen und Betrieben des öffentlichen Sektors die Möglichkeit geben, neben der Managementqualität auch ihre Governancequalität zu überprüfen.

Herbert Schmalhardt unterstreicht für Österreich, dass angesichts der großen Anzahl öffentlicher Unternehmen einheitliche Governance-Regelungen zu forcieren seien. Ein eigener PCG-Kodex sei aber nur dann zweckmäßig, wenn er mit einem hohen Druck zur Selbstverpflichtung verbunden ist. Zum gegenwärtigen Zeitpunkt habe keine Institution in Österreich die Themenführerschaft zur Public Corporate Governance übernommen. Es bleibe jedoch zu hoffen, dass angesichts der Bedeutung der öffentlichen Unternehmen möglichst bald eine Initiative zur Erarbeitung eines Public Corporate Governance Kodexes in Österreich startet.

Mehr Transparenz durch Public Corporate Governance

Public Corporate Governance Kodex – Ein Beitrag zur Bildung von Vertrauen in Politik und Management?

Dietrich Budäus

1. Problemstellung und Gang der Untersuchung

Die erstmalige Konfrontation der Rechnungshöfe (2002) mit der nationalen und internationalen Diskussion und Entwicklung von Corporate Governance Kodices als mögliche Instrumente zur Verbesserung der Unternehmensführung steht dafür, dass eine entsprechende Diskussion auch für öffentliche Unternehmen von Bedeutung ist (vgl. Budäus, 2002, S. 19–29; Budäus, 2002a, S. 9–12). Dabei stellt sich die Frage, ob und inwieweit der Grundgedanke, privatwirtschaftliche, börsennotierte Unternehmen einem Corporate Governance Kodex zu unterwerfen, grundsätzlich nicht generell auf alle öffentlichen Unternehmen unabhängig von einer Börsennotierung zu übertragen ist (vgl. auch Ruter/ Müller-Marqués Berger, 2003, S. 405–436). Vor dem Hintergrund der Finanzkrise der Gebietskörperschaften in Deutschland verbunden mit einem häufig sehr kurzfristigen, durch Krisenaktionismus geprägten Umgang mit öffentlichem Vermögen, öffentlichen Unternehmen und öffentlichen Beteiligungen wird die Vermutung einer positiven, vertrauensbildenden Wirkung eines PCG geäußert. „Das Vertrauen von Bürgern und Öffentlichkeit in die für öffentliche Unternehmen zuständigen Entscheidungsträger soll gefestigt und dort, wo es nicht (mehr) existiert, wieder hergestellt werden. Ziel muss es sein, analog zum Corporate Governance Kodex für börsennotierte Unternehmen das Vertrauen in die öffentlichen Verwaltungen und ihre öffentlichen Unternehmen zu festigen bzw. wiederherzustellen“ (vgl. Ruter, 2004).

Vor diesem Hintergrund soll der Frage nachgegangen werden, ob ein PCG-Kodex zu Vertrauen führt oder ob es möglicherweise umgekehrt ist, dass ein PCG-Kodex Vertrauen in das Entscheidungsverhalten der zuständigen Akteure voraussetzt. Um diese Frage zu beantworten, soll zunächst der aktuelle Kontext gekennzeichnet werden, in dem die derzeitige Diskussion um einen PCG-Kodex stattfindet. In einem weiteren Schritt werden dann die Grundorientierungen von Politik und Management verdeutlicht, um dann notwendige Maßnahmen aufzuzeigen, die einem Kodex vorgelagert sind oder komplementär erfüllt sein müssen, um diesen wirksam werden zu lassen. Im Ergebnis zeigt sich, dass das Bemühen und die Diskussion um einen PCG-Kodex ohne entsprechende flankierende Maßnahmen eher für die Kaschierung eines wachsenden Misstrauens gegenüber den Akteuren in öffentlichen Unternehmen aus Politik und Management steht.

2. Zum Kontext der aktuellen Diskussion um einen Public Corporate Governance Kodex

2.1 Strukturprobleme öffentlicher Gebietskörperschaften

2.1.1 Heterogene dezentrale Grundstrukturen

Gebietskörperschaften bedienen sich einer Vielzahl unterschiedlicher Organisationsformen zur Wahrnehmung öffentlicher Aufgaben. Unter öffentlichen Aufgaben sind dabei generell jene Aufgabenfelder zu verstehen, für die die legitimierten Institutionen und Entscheidungsträger öffentliche Ressourcen und öffentliches Vermögen bereitstellen, sei es in Form einer Anstalt, eines Eigenbetriebes, einer Eigengesellschaft oder auch in Form einer Beteiligung an einer Public Private Partnership. Im Ergebnis hat dies zu einer heterogenen, wenig transparenten Struktur dezentraler öffentlicher Einheiten unterschiedlicher Größenordnungen in den einzelnen Gebietskörperschaften geführt. Heterogenität und Vielschichtigkeit derartiger dezentraler Strukturen bringen ein zunehmendes Maß an Intransparenz der Zielsysteme, Aufgabenwahrnehmung, Finanzierung und Unternehmensführung mit sich. Dies resultiert zum einen aus einer zunehmenden Verselbständigung der dezentralen Einheiten und der unterschiedlichen Interessen der in diesen Einheiten tätigen Akteure und Entscheidungsträger. Zum anderen resultiert dies aber auch aus einer die überwiegende Praxis prägenden Vermaschung von Politik und Management in den Aufsichts- und Führungsgremien öffentlicher Unternehmen. Die wachsende Verselbständigung und Abkoppelung dezentraler Einheiten von der Muttergebietskörperschaft geht einher mit wachsender Intransparenz öffentlicher Ressourcen- und Vermögenssteuerung.

Intransparenz wird zudem teilweise gezielt herbeigeführt, wenn beispielsweise bewusst öffentliche Unternehmen die Funktion von Schattenhaushalten übernehmen, um die tatsächliche Verschuldung in einer Gebietskörperschaft nicht erkennbar werden zu lassen und/oder den Verschuldungskriterien im Kernhaushalt zumindest formal Rechnung zu tragen.

Gefördert wird diese Entwicklung durch das bisherige öffentliche Rechnungswesen mit seiner kameralen Rechnung für die Kernverwaltung. Solange kein einheitliches Rechnungswesen auf Basis der Doppik als Teilelement eines reformierten öffentlichen Haushalts- und Rechnungswesens (integrierte Verbundrechnung) zur Anwendung kommt – mit der Zielsetzung der Konsolidierung aller dezentralen öffentlichen Einheiten einer Gebietskörperschaft – kann hier auch keine wesentliche Änderung erwartet werden.

2.1.2 Politikorientierung versus Marktsteuerung und distributive versus produktive Grundorientierung

Öffentliche Unternehmen sind Instrumente der Eigentümer/Träger (Instrumentalfunktion) (vgl. Thiemeyer, 1990). Die Instrumentalfunktion bedeutet letztlich, dass das Primat der Politik, welches für öffentliche Unternehmen unabhängig von der tatsächlichen Entwicklung gilt, normativ nicht in Frage gestellt werden kann (Sonderegger, 2004, S. 32 ff. und die dort angegebene Literatur). Dies schließt nun aber nicht den Versuch aus, eine neue Rollenteilung von Politik und Management öffentlicher Unternehmen zu definieren, wie sie vor allem von Schedler und Pröller vertreten wird (vgl. Schedler/Pröller, 2003, S. 54 ff.).

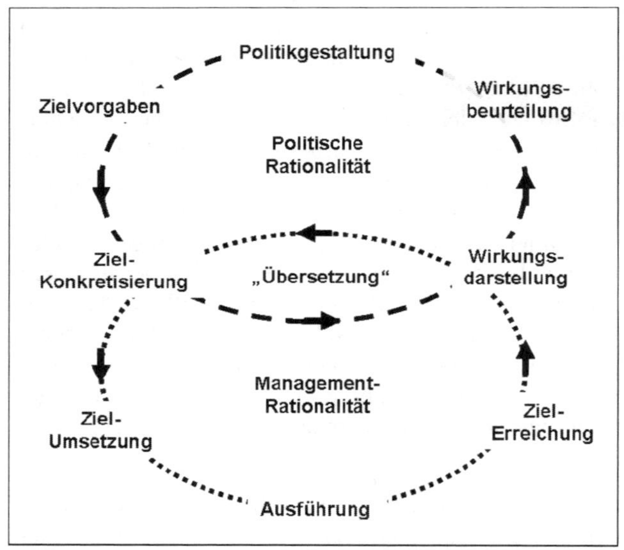

Rollenverteilung von Politik und Management nach Schedler und Pröller

Zu berücksichtigen bleibt dabei allerdings, dass es generell keine unterschiedlichen Rationalitäten gibt, sondern dass lediglich unterschiedliche Ziele von Politik und Management verfolgt werden. Das rationale Verfolgen unterschiedlicher Ziele erfordert dabei unterschiedliche Prozesse, Maßnahmen und Strategien, die jeweils zielbezogen ausgerichtet und bewertet werden müssen.

Wesentlich ist in diesem Zusammenhang, dass seitens der Politik und ihrer Akteure, also seitens der Vertreter der Eigentümer/Träger öffentlicher Unternehmen, keine klaren, operabel definierten und für eine Erfolgskontrolle überprüfbaren anzustrebenden Zielgrößen vorgegeben werden. Politische Argumentationen, an Wählergruppen orientierte Interessen, Kollektiv- und Individualanliegen fließen in den politischen Prozess ein, der in der Regel im Ergebnis nur zu allgemeinen, wenig verbindlichen Vorgaben führt. Dies wiederum bedeutet einen vergleichsweise großen Handlungs- und Zielsetzungsspielraum für das Management. Hieraus resultiert in weiten Bereichen die zunehmende Abkoppelung öffentlicher Unternehmen und öffentlichen Vermögens von der Muttergebietskörperschaft. Verbunden hiermit ist auch eine wachsende Markt- und Wettbewerbsorientierung öffentlicher Unternehmen.*

Die Einwirkung von Politik auf öffentliche Unternehmen wird nicht ausgeschlossen. Sie ist aber weniger strategischer Art im Sinne von Rahmenvorgaben und Grundorientierungen für das Management. Auch ist das Management keineswegs nur operativ ausgerichtet im Sinne der Umsetzung angeblich von Politik vorgegebener strategischer Größen. Es besteht also nicht, wie häufig behauptet, eine Verknüpfung zwischen Politik und Management derart, dass jene strategische Vorgaben macht und das Management diese operativ umsetzt. Die Aktivitäten von Politik und Management haben schwerpunktmäßig eine andere Kategorie von Entscheidungen und Handlungen zum Gegenstand.

Ausgangspunkt ist für beide Bereiche der methodologische Individualismus. Dies bedeutet, dass Politiker und Manager danach trachten, ihren individuellen Nutzen zu maximieren. Welche Handlungen und Verhaltensweisen zu einer individuellen Nutzenmaximierung führen, hängt nun aber ganz wesentlich von dem institutionellen Handlungsrahmen ab. Dieser ist zu einem wesentlichen Teil formalisiert, vor allem durch den Rechtsrahmen (zum Rechtsrahmen für die Steuerung und Prüfung öffentlicher Unternehmen vgl. etwa Loitz, 1997), aber auch informal geprägt, etwa durch das Normen- und Wertesystem, dem sich die einzelnen Akteure verpflichtet fühlen.

Nun zeigt sich, dass zunächst einmal Politiker ihren individuellen Nutzen dadurch maximieren, dass sie sich primär auf distributive Aktivitäten und Entscheidungen konzentrieren, also auf die Verteilung verfügbarer Ressourcen, Vermögen und durch öffentliche Unternehmen erwirtschaftete Erträge. Das Management hingegen muss sich aufgrund der institutionellen Rahmenbedingungen und Erwartungen zwecks individueller Nutzenmaximierung eher auf produktive Aktivitäten konzentrieren, also auf eine wirtschaftliche Nutzung verfügbarer Ressourcen und Vermögen sowie auf das Erwirtschaften von Erträgen mit Hilfe öffentlicher Unternehmen. Dieser Sachverhalt ist in der folgenden Abbildung als Erweiterung der in der vorhergehenden Abbildung aufgezeigten Rollenverteilung von Politik und Management skizziert.

Die Unterscheidung zwischen distributiven und produktiven Aktivitäten als unterschiedliche Grundkategorien von Politik und Management scheint leistungsfähiger für die Analyse und Erklärung realer Phänomene zu sein, als jene zwischen strategischen und operativen Aktivitäten. Dies schließt nun aber keineswegs aus, dass – je nach situativen institutionellen Bedingungen – die Aktivitäten von Politik und Management einheitlich und schwerpunktmäßig durch eine distributive oder auch eine produktive Grundorientierung geprägt sein können.

---

* Vor allem geprägt durch die EU-Wettbewerbskonzeption, die politische Einflüsse in den Hintergrund treten läßt.

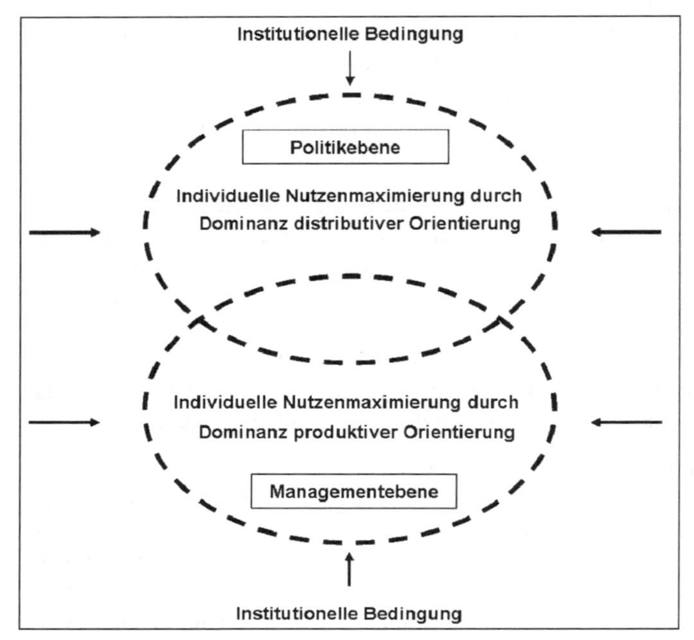

Methodologischer Individualismus, institutionelle Rahmenbedingungen und distributive und produktive Grundorientierung von Politik und Management

2.1.3 Anmerkungen zur aktuellen Situation

Die aktuelle Situation in Deutschland zeichnet sich sehr stark durch informale institutionelle Rahmenbedingungen aus, die generell für Politik und Management zu einer Handlungsorientierung zu führen scheinen, bei der die individuelle Nutzenmaximierung eher der distributiven Grundorientierung folgt. Zumindest scheint dies die Wahrnehmung gegenüber dem Verhalten von Politik zu bestätigen (vgl. hier die unterschiedlichen empirischen Untersuchungen etwa von Arnim, 2004, S. 63–88; von Armin, 2003; von Armin, 2002, S. 223–232; Walter-Rogg, 2004, S. 100 ff.).

Die Diskussion um das Verhalten von Politikern und von Managern in Deutschland ist zurzeit ähnlich geprägt. Sie zeigt, dass unter dem Deckmantel einer produktiven Handlungsorientierung es faktisch um Distributionsfragen geht.* Dabei scheint es nicht mehr

* Aktuelles Beispiel hierfür ist das Management der Deutschen Bank AG. Die vorgegebene Begründung, Rationalisierungsmaßnahmen in Form von Personabbau betreiben zu müssen, um eine Eigenkapitalrendite von 25 % zu erwirtschaften und damit eine Übernahmegefährdung zu vermeiden, entspricht weniger den Funktionsprinzipien des Kapitalmarktes, sondern eher den Funktionsprinzipien des Netzwerkes der Topmanager in Deutschland und damit den institutionell geschaffenen Handlungsbedingungen des Managements. So ist davon auszugehen, dass die Vertragsgestaltung für das Topmanagement der Deutschen Bank AG anreizmäßig auf die Zielgröße „25 % Eigenkapitalrendite" ausgestaltet ist. Die immer wieder geforderte Transparenz im Rahmen eines Corporate Governance Kodex müsste derartige Zusammenhänge aufzeigen.

um Einzelfälle zu gehen, sondern um eine Grundtendenz (vgl. hierzu auch die Analyse von Wolff, Birgitta, 2004, S. 273 ff.). Nicht mehr der Einzelfall, so bedauerlich er auch sein mag, wird zum Problemindikator, sondern die Summe der Einzelfälle.* Insgesamt lässt sich somit feststellen, dass ein ganz erhebliches generelles Vertrauensdefizit gegenüber den Entscheidungen von Politikern und Managern besteht. Diese Vertrauensdefizite werden auch nicht dadurch relativiert, dass untereinander – über die Medien gesteuerte – Schuldzuweisungen vorgenommen werden, etwa von Gewerkschaftsfunktionären gegenüber Managern, von Parteifunktionären gegenüber Banken, von diesen wiederum gegenüber Gewerkschaftsfunktionären etc. Diese zurzeit geführte Diskussion wirkt eher abstoßend denn Vertrauen fördernd.

Da es keinerlei Anhaltspunkte dafür gibt, dass diese hier skizzierte allgemeine Tendenz in bestimmten gesellschaftlichen Bereichen keine Gültigkeit besitzt, ist davon auszugehen, dass sie speziell auch für öffentliche Unternehmen gilt. Dabei kann seitens der Akteure in öffentlichen Unternehmen auf öffentliche Aufträge, öffentliches Interesse oder Gemeinwohl als allgemeine Handlungsorientierung kaum mehr zurückgegriffen werden. Derartig wenige operable Vorgaben sind in der Vergangenheit hinreichend missbraucht worden.

3. Public Corporate Governance Kodex als Vertrauen fördernde Maßnahme?

3.1 Kennzeichnung der relevanten Merkmale eines Public Corporate Governance Kodexes

In Anlehnung an die privaten Corporate Governance Kodices sind dem Public Corporate Kodex drei generelle Funktionen beizumessen: Verhaltenssteuerung der beteiligten Akteure, Kommunikationsfunktion und Ordnungsfunktion (vgl. hierzu und zum Folgendem Budäus/Srocke, 2003, S. 91 ff.; Sonderegger, 2004, S. 46 ff.). Die Verhaltensfunktion zielt auf eine transparente, integre und verantwortliche Unternehmensführung. Es geht darum, die Handlungsspielräume und Mitwirkungsrechte sowie die organisatorischen Verfahrensregelungen nicht zu Lasten der Gebietskörperschaft oder anderer Betroffener durch die Mitglieder der Kontroll- und Führungsorgane auszunutzen. Es geht im Grunde genommen um formale Verhaltensrichtlinien für das persönliche Verhalten von Füh-

* So stellte bereits 1984 Dahrendorf in einem ZEIT-Artikel (Nr. 37 vom 7.9.1984, S. 4) fest: „Die moralische Verrottung der deutschen Politik ist weit vorangeschritten. Patronage, Bereicherung, die Verwechslung von Dienstlichem und Privatem, dann auch Unehrlichkeit, Scheinheiligkeit sind eher die Regel als Ausnahme. Dabei ist die Verrottung im Kleinen so verbreitet, dass niemand sie mehr recht wahrnimmt ... Nur die ganz großen Skandale dringen an die Öffentlichkeit, und auch sie bleiben zum Teil ohne Folgen. Es gibt in der freien Welt wenige politische Klassen, die moralisch so korrumpiert sind und zugleich eine solche Ölhaut haben, wie die der Bundesrepublik."

rungspersonen. Im Einzelnen handelt es sich hierbei um Rechtschaffenheit (probity), Anstand (properiety), Objektivität (objectivity), Integrität (integrity) und Ehrlichkeit (honesty) bezogen auf interne und externe Beziehungen.

Die Kommunikationsfunktion bezieht sich auf die Wiedergabe der im Gesetz geregelten Sachverhalte, insbesondere auf die sich auf eine Vielzahl in unterschiedlichen Rechtsnormen verstreuten Regelungen von Kompetenzen, Einflussnahmen und Zusammenwirken des öffentlichen Trägers und seiner Institutionen mit den einzelnen Organen (kodifizierte Regeln).

Durch die Ordnungsfunktion soll der Kodex die Kommunikationsfunktion ergänzen bezogen auf die bestehenden Regelungen des geltenden Rechtsstandes einer guten und verantwortungsvollen Unternehmensführung im Interesse der Gebietskörperschaft und ihrer Bürger. Das hier zur Diskussion stehende Thema, der Einfluss eines PCG-Kodexes auf die Rückgewinnung von Vertrauen, bezieht sich in erster Linie auf die Funktion der Verhaltenssteuerung. Primär geht es um die inhaltliche Orientierung in jenen Fällen, in denen Handlungsspielräume der Akteure bestehen und die nicht formalisiert sind. Sekundär geht es aber auch um formalisierte Vorgaben, etwa in Form von Rechtsnormen, Statuten etc., d. h. im Grunde genommen um nichts anderes als das Einhalten rechtsstaatlicher Grundsätze.

3.2 Public Corporate Governance als Änderung der institutionellen Rahmenbedingungen

Geändert haben sich die informalen Rahmenbedingen derart, dass die Entscheidungsträger in öffentlichen Unternehmen aufgrund des generell bestehenden Vertrauensdefizits nicht mehr ohne weiteres auf Akzeptanz ihrer Entscheidungen stoßen. Die Einführung eines PCG-Kodexes wird unter diesem Aspekt zunächst einmal eher neutral, wenn nicht sogar negativ bewertet werden. Zudem stellt sich die Frage, warum bestehende Rechtsnormen nicht hinreichend für die Verhaltenssteuerung sind. Vor diesem Hintergrund ist nicht die Existenz eines PCG-Kodexes maßgebend, sondern die Frage, wie und ob ein Verstoß gegen einen derartigen Kodex festgestellt wird und vor allem, welche Konsequenzen sich aus einem Verstoß ergeben. Die Änderung der institutionellen Rahmenbedingungen durch einen Kodex hängt somit entscheidend von der Wirksamkeit von Sanktionen ab.

3.3 Sanktionsmechanismen als Voraussetzung für eine Verhaltensänderung

Im privatwirtschaftlichen Bereich wird davon ausgegangen, dass eine funktionsfähige Sanktionierung des Nicht-Einhaltens des Kodexes in erster Linie über den Kapitalmarkt erfolgt. Allerdings zeigt sich bereits hier, dass möglicherweise die Sanktionierung nicht präventiv ex ante wirkt, sondern erst ex post (vgl. Budäus/Srocke, 2003, S. 97 f.). Im öffentlichen Bereich besteht die Möglichkeit einer Sanktionierung über den Kapitalmarkt in der Regel nicht. Gleichwohl kann zunächst davon ausgegangen werden, dass die Existenz eines PCG-Kodexes und die Verpflichtung zur Abgabe einer Entsprechenserklärung durchaus Druck auf die Führungspersonen öffentlicher Einheiten ausüben wird. Dies gilt insbesondere, wenn durch die gesetzliche Verpflichtung zur Abgabe der Erklärung über die Einhaltung des PCG-Kodexes personelle oder haftungsrechtliche Konsequenzen an ein Fehlverhalten geknüpft werden.

Ein weiteres Sanktionselement könnte über den Marktmechanismus erreicht werden, der dann wirkt, wenn öffentliche Unternehmen im Wettbewerb stehen und Geschäftspartner mit konsequenter Beachtung des Kodexes bevorzugt werden. Hinzu kommt, dass der Grad der Erfüllung eines Kodexes bzw. der Verstoß dagegen durch die Medien der Öffentlichkeit bzw. dem Bürger vermittelt werden kann.

Ein wesentliches Sanktionselement, möglicherweise das entscheidende, kann durch eine Selbstkontrolle öffentlicher Manager in den Führungs- und Aufsichtsgremien öffentlicher Unternehmen erfolgen. Dies bedeutet, dass in Deutschland eine Art korporatistische Struktur der Kontrolle eines PCG-Kodexes geschaffen wird. Die Mitgliedschaft und die Unterwerfung unter entsprechende Sanktionierungsmaßnahmen bei nicht Kodex-adäquatem Verhalten dürfte zu faktischen Änderungen der institutionellen Rahmenbedingungen führen. Dies setzt aber bereits wiederum Vertrauen in eine derartige Korporation voraus, eine Situation, die nur durch komplementäre, bei den Stakeholdern Vertrauen wiederherstellende Maßnahmen und Verfahren geschaffen werden kann.

3.4 Notwendige komplementäre Maßnahmen

Um Vertrauen bei den Bürgern und Stakeholdern wiederaufzubauen – ein langwieriger Prozess – bedarf es zunächst einmal konsequenter Einhaltung der bestehenden Rechtsnormen. Daneben ist, die Existenz eines PCG-Kodexes vorausgesetzt, ein Umfeld zu schaffen, in dem der Verstoß gegen den Kodex frühzeitig erkennbar und sanktionierbar wird. Dies erfordert ein umfassendes und konzeptionell fundiertes Beteiligungscontrolling. Hier besteht in Deutschland ein ganz erheblicher Nachholbedarf.* Nur mit Hilfe eines Beteiligungscontrolling lassen sich Fehlentwicklungen, aber auch personale, nicht Kodex-adäquate Verhaltensweisen frühzeitig erkennen.

Als drittes komplementäres Element muss ein auf die Konsolidierung ausgerichtetes reformiertes öffentliches Informationssystem geschaffen werden. Dies bedeutet von der Zielsetzung her eine Vollkonsolidierung der dezentralen Einheiten im Sinne einer Konzernrechnungslegung einschließlich einer entsprechenden Segmentberichterstattung (vgl. hierzu den von Isabell Srocke vorgelegten Ansatz: Srocke, 2004). Auch wenn eine Kon-

* Einen ersten umfassenden Ansatz in diese Richtung entwickelt zurzeit das Land Schleswig-Holstein.

zernrechnungslegung einer Gebietskörperschaft keine Gewähr dafür bietet, dass Verstöße gegen den Kodex frühzeitig erkannt werden, so ist doch die Konzernrechnungslegung letztlich Voraussetzung, um entsprechendes Fehlverhalten und die damit verbundenen Problemfelder zu erkennen (zur Bedeutung der Rechnungslegung in diesem Zusammenhang vgl. anschaulich Hundsdorfer, 2004, S. 57–92).

Abschließend bleibt darauf hinzuweisen, dass noch so geeignete und transparente Verfahren einer guten und verantwortungsvollen Steuerung und Führung öffentlicher Unternehmen letztlich doch versagen, wenn jene Personen fehlen, die in ihren Funktionen Transparenz und Verantwortung auch tatsächlich wollen. Diese Menschen zu formen und zu bilden, beginnt nicht erst mit der Übernahme einer Führungsfunktion, offensichtlich ein generelles Problem von Politik und Management.

Literaturverzeichnis

Arnim, Hans Herbert von, Gemeinwohl im modernen Verfassungsstaat am Beispiel der Bundesrepublik Deutschland, in: Armin, Hans Herbert von/Sommermann, Karl-Peter (Hrsg.)., Gemeinwohlgefährdung und Gemeinwohlsicherung, Berlin 2004, S. 63–88

Armin, Hans Herbert von (Hrsg.), Korruption. Netzwerke in Politik, Ämtern und Wirtschaft, München 2003

Armin, Hans Herbert von, Wer kümmert sich um das Gemeinwohl? Von der Auflösung der politischen Verantwortung im Parteienstaat, in: Zeitschrift für Rechtspolitik 35(2002), S. 223–232

Budäus, Dietrich/**Srocke**, Isabell, Public Corporate Governance Kodex – Ein Ansatz zur Verbesserung des Steuerungs- und Controllsystems im öffentlichen Sektor, in: Blümle, E.-B./Pernsteiner, H./Purtschert, R./Andeßner, R.C. (Hrsg.), Öffentliche Verwaltung und Nonprofit-Organisationen, Wien 2003, S. 91 ff.

Budäus, Dietrich, Die Rolle und Verantwortung des Rechnungshofs im Reform- und Umstrukturierungsprozess des öffentlichen Sektors, in: Präsident des Rechnungshofs von Berlin (Hrsg.), 50 Jahre Rechnungshof von Berlin, 2002, S. 19–29

Budäus, Dietrich, Von der Rechnungsprüfung zum Reformpromotor, in: Innovative Verwaltung, (2002)11, S. 9–12, 2002a

Dahrendorf, Ralf, ZEIT-Artikel, Nr. 37 vom 7.9.1984, S. 4

Hundsdorfer, Jochen, Corporate Corruption: Aktive Bestechung im Auftragshandeln und ihre Einschränkung durch Rechnungslegung, in: Zfbf, Sonderheft 51(2004), Shareholder Value-Orientierung bei Unternehmenssteuerung, Anreizgestaltung, Leistungsmessung und Rechnungslegung, S. 57–92

Loitz, Rüdiger, Die Prüfung von öffentlichen Unternehmen, Wiesbaden 1997

Ruter, Rudolf X., Ein Corporate Governance Kodex für öffentliche Unternehmen?, in: Der Aufsichtsrat, 6(2004)

Ruter, Rudolf X./**Müller-Marques Berger**, Thomas, Corporate Governance und öffentliche Unternehmen, in: Pfitzer, Norbert/Oser, Peter (Hrsg.), Deutscher Corporate Governance Kodex: Ein Handbuch für Entscheidungsträger, Stuttgart 2003, S. 405–436

Schedler, Kuno/**Pröller**, Isabella, New Public Management, 2. Auflage, Bern 2003, S. 54 ff.

Sonderegger, Roger W., Public Governance in kommunalen Elektrizitätsversorgungsunternehmen, Bern/Stuttgart/Wien 2004, S. 32 ff. und die dort angegebene Literatur

Srocke, Isabell, Konzernrechnungslegung in Gebietskörperschaften unter Berücksichtigung von HGB, /IAS/IFRS und IPSAS, Düsseldorf 2004

Thiemeyer, Theo (Hrsg.), Instrumentalfunktion öffentlicher Unternehmen – Referate und Diskussionsbeiträge eines Kolloquiums des Wissenschaftlichen Beirats, Berlin 1990, Heft 32

Walter-Rogg, Melanie, Eliten oder Nieten – Wie denken die Bürger über die (politischen) Führungsgruppen?, in: Gabriel, Oskar W./Neuss, Beate/Rüther, Günther (Hrsg.), Konjunktur der Köpfe? Eliten in der modernen Wissensgesellschaft, Düsseldorf 2004, S. 100 ff.

Wolff, Brigitta, Wirtschaftselite für die Zukunft? Systematische Anforderungen an Qualifikation und Anreizstrukturen, in: Gabriel, Oscar W./Neuss, Beate/Rüther, Günther (Hrsg.), a. a. O., S. 273 ff.

Müssen öffentliche Unternehmen anders gesteuert werden als private Unternehmen?

Hans Jochen Henke/Rainer Hillebrand/Silke Steltmann

1. Corporate Governance und Unternehmenssteuerung im Privatsektor

Spätestens seit den jüngsten Bilanzskandalen in den USA und Europa – beispielhaft erwähnt seien die Fälle Enron, WorldCom und Parmalat – und dem schwindenden Vertrauen der Anleger in die Kapitalmärkte steht das Thema der Corporate Governance weit oben auf der politischen Agenda. Die USA haben mit dem Sarbanes-Oxley-Act die wichtigste Wertpapiergesetzgebung seit Jahrzehnten verabschiedet, die Europäische Kommission hat einen Aktionsplan zur Corporate Governance vorgelegt und in Deutschland wurde – neben zahlreichen gesetzlichen Maßnahmen – ein Corporate-Governance-Kodex für börsennotierte Unternehmen verabschiedet, in dem die Prinzipien guter Unternehmensführung und -kontrolle zusammengefasst sind.

Die Corporate Governance und Steuerungsstruktur spielt für Unternehmen insbesondere dann eine Rolle, wenn – wie in börsennotierten Aktiengesellschaften – die Unternehmensführung nicht mit den (Eigen-)Kapitalgebern identisch ist.* Nicht die Aktionäre als Eigentümer des Unternehmens treffen die operativen Entscheidungen über konkrete Unternehmensziele und -strategien, sondern im Wesentlichen der eigens damit beauftragte Vorstand, zum Teil in enger Abstimmung mit dem Aufsichtsrat. Folge dieser Funktionstrennung können Zielkonflikte sein: Während ein Ziel der Aktionäre in der langfristigen Maximierung des Unternehmenswertes besteht, wird der Vorstand auch von dem Interesse geleitet, den kurzfristigen Gewinn zu erhöhen oder Gewinnverläufe zu glätten. So würden 78 Prozent der in den USA im Rahmen einer Studie (Zadek, 2004) befragten Unternehmensmanager auf eine Erhöhung des Unternehmenswerts verzichten, wenn dadurch der Gewinnverlauf beeinträchtigt würde. Um die Zahlen des laufenden Quartals nicht zu schmälern, würden 55 Prozent der Befragten ein Projekt mit hohen Aussichten auf einen substanziellen Wertbeitrag nicht umsetzen.

Dem Management – als dem beauftragten Agenten – kommt aufgrund seiner Nähe zum täglichen Geschäft zugute, dass es über mehr und bessere Informationen über das Unternehmen und sein Marktumfeld verfügt. Die Eigentümer (Prinzipale) sind mithin – zumal wenn die Aktien im Streubesitz und damit in Händen zahlreicher Kleinaktionäre sind – nicht in der Lage, die verfolgte Managementstrategie adäquat zu bewerten und bei Fehlentwicklungen entsprechend zu sanktionieren (Prinzipal-Agent-Problem). Auch die von den Anteilseignern besetzten Kontrollgremien wie der Aufsichtsrat können (oder wol-

* Im Zuge der Einführung der neuen Eigenkapitalanforderungen (Basel II), wonach die Kreditinstitute ihre Kreditnehmer mit einem eigenen Rating-Verfahren beurteilen und entsprechend Eigenkapital vorhalten müssen, erlangt die Unternehmensverfassung auch für kreditnehmende Unternehmen, die eine Identität von Eigenkapitalgeber und Entscheidungsträger aufweisen, eine größere Bedeutung. So werden Unternehmen mit transparenten und effizienten Strukturen tendenziell positiver bewertet werden, was die Kreditkosten senkt. Aber auch für alle anderen Unternehmen steigt mit intensiverem Wettbewerb die Bedeutung der Art der Unternehmenssteuerung als Kostenfaktor. Entsprechend wurde mittlerweile auch ein Kodex für Familienunternehmen in Deutschland aufgestellt.

len) nicht in jedem Fall die Interessen der Aktionäre gegenüber den Unternehmensvorständen wahren. Folglich können die unternehmerischen Entscheidungsträger – animiert durch persönliches Interesse, Ehrgeiz und durch Kapitalmärkte, die lediglich an einem schnellen Erfolg interessiert sind – das Unternehmen so steuern, wie es vorrangig ihren Vorstellungen entspricht. Problematisch wird es, wenn die Anteilseigner und die Öffentlichkeit von Skandalen und Missbrauchsfällen des Managements erfahren, die sie nicht über Kontrollgremien und Prüfmechanismen (z. B. Wirtschaftsprüfung) verhindern konnten. In der Konsequenz sinkt das Vertrauen der Anleger, und Investoren ziehen sich – mit negativen volkswirtschaftlichen Effekten – aus der direkten Unternehmensfinanzierung zurück.

Im Mittelpunkt der Corporate-Governance-Diskussion in Deutschland stehen dabei nicht nur die stärkere Kopplung der Managementvergütung an den Unternehmenserfolg und Fragen der Haftung von Managern für Kapitalmarktinformationen, sondern auch zusätzliche Offenlegungspflichten. Darüber hinaus wird gerade von ausländischen Investoren die mangelnde Effizienz und Unabhängigkeit der Aufsichtsräte in Deutschland kritisiert. Ein zentraler Punkt ist die Größe deutscher Kontrollgremien: Bei bis zu 21 Mitgliedern werden schnelle und effiziente Abstimmungs- und Entscheidungsprozesse nahezu unmöglich. Grundsätzlich stellt sich auch die Frage, ob nicht ein Wahlrecht zwischen angelsächsischem Modell des „One-Tier-Board“ und dem bestehenden dualistischen System in Deutschland eingeführt werden sollte.

In das Zentrum der Auseinandersetzung über die Corporate Governance deutscher Unternehmen rückt zunehmend die unternehmerische Mitbestimmung, nicht zuletzt, weil der Druck auf die deutsche Mitbestimmung durch die Einführung der Europa AG und der EuGH-Rechtsprechung steigt. In keinem anderen Land der Welt geht die Arbeitnehmervertretung im Aufsichtsrat mit der paritätischen Besetzung so weit wie in Deutschland. De facto findet die Unternehmenskontrolle nicht mehr in den Aufsichtsgremien statt, sondern in den vorgeschalteten getrennten Kapitaleigner- und Arbeitnehmervorbesprechungen mit einer anschließenden formalen Absegnung im Gesamtorgan. Auch der Einfluss externer Gewerkschaftsvertreter, die nicht der Wahl durch die Belegschaft unterliegen, sondern über reservierte Listenplätze in die Aufsichtsräte der Unternehmen gelangen, bedarf der kritischen Überprüfung.

Das Ziel einer guten Corporate Governance ist es, die Interessen der Anteilseigner an ihrem Unternehmen, d. h. die Sicherung und Steigerung des Kapitalwerts zu gewährleisten (Feld/Kirchgässner, 2003). Durch hohe Transparenz, Effizienz und klare Trennung von Verantwortlichkeiten und Interessen soll es den Anteilseignern bzw. den entsandten Aufsichtsräten ermöglicht werden, das Management besser zu steuern und zu kontrollieren. Folglich wird es in Unternehmen mit einer transparenten und effizienten Verfassung erschwert, das Unternehmen gegen die Interessen der Anteilseigner zu managen. Dies schlägt sich auch in einer höheren Bewertung an den Kapitalmärkten nieder – für deutsche Unternehmen laut einer Studie von McKinsey und der Weltbank in Höhe von 13 Prozent (McKinsey, 2002).

2. Corporate Governance in öffentlichen Unternehmen: Unterschiede und Handlungsbedarf

2.1 Öffentliche Unternehmen im Wettbewerb

Die Diskussion um die Corporate Governance ist an den öffentlichen Unternehmen bisher weitgehend vorbeigegangen. Dies ist angesichts der Bedeutung und Vielfalt der wirtschaftlichen Betätigung der öffentlichen Hand umso erstaunlicher: Der Bund war Ende 2004 unmittelbar an über einhundert Unternehmen beteiligt. Auch die Bundesländer halten zahlreiche unmittelbare Unternehmensbeteiligungen (z. B. Brandenburg: 31; Baden-Württemberg: 79). Der Großteil der öffentlichen Unternehmen befindet sich jedoch mit etwa 3.500 in kommunaler Hand. Allein die kommunalen Unternehmen erwirtschaften einen Gesamtumsatz von 82 Mrd. Euro pro Jahr und haben 530.000 Beschäftigte.* Dabei steht der öffentlichen Hand eine ungleich größere Bandbreite an möglichen Organisations- und Gestaltungsformen zur Verfügung als der privaten Wirtschaft. Neben den traditionellen Eigenbetrieben und den öffentlich-rechtlichen Unternehmensformen – wie z. B. den Anstalten öffentlichen Rechts – können sich die Gebietskörperschaften sämtlicher privatrechtlicher Unternehmensformen (AG, KG, GmbH) bedienen.

Mit der wirtschaftlichen Betätigung verfolgt die öffentliche Hand unterschiedliche Ziele. Zum einen stellt sie Güter bereit, die durch die Marktkräfte nicht in der von der Politik gewünschten Weise angeboten werden. Im Vordergrund steht dabei die Erfüllung des öffentlichen Auftrags wie z. B. das ÖPNV-Angebot. Daneben besteht als Ziel faktisch auch die Gewinnerzielung, um zusätzliche Einnahmen für den öffentlichen Haushalt zu schaffen. Darüber hinaus können über die öffentlichen Unternehmen aber auch Kredite aufgenommen bzw. Schulden gemacht werden, was ohne die Auslagerung in ein Unternehmen möglicherweise an rechtlichen, politischen oder wirtschaftlichen Hindernissen scheitern würde. Ein weiterer Grund für die Übertragung öffentlicher Aufgaben auf ein Unternehmen kann darin bestehen, dass durch Ausgliederungen die Vorteile privater Rechtsformen (z. B. bei der Vergütung) genutzt und die direkte, oftmals langwierigere Entscheidungsfindung und Kontrolle durch die politischen Gremien vermieden werden können. Privatrechtlich organisierte Unternehmen agieren flexibler und näher am Markt als die allgemeine Verwaltung.

Die öffentlichen Unternehmen bewegen sich zunehmend auf Märkten in direktem Wettbewerb mit privaten Konkurrenten (Uechtritz, 2004). Zum einen hat sich im Zuge der

* Ende 1988 gab es in der alten Bundesrepublik 3950 öffentliche Unternehmen mit einer Kapital- oder Stimmrechtsmehrheit der öffentlichen Hand. Diese Unternehmen hatten einen Anteil an den Bruttoanlageinvestitionen von 16,7 Prozent und an den abhängig Beschäftigten von 9,2 Prozent, bezogen jeweils auf alle Unternehmen. Seit 1988 ist keine Statistik der öffentlichen Unternehmen in Deutschland erstellt worden (Lange, 2000). Da ein wesentlicher Teil der Staatstätigkeit jedoch über öffentliche Unternehmen erfolgt, lässt sich das tatsächliche Ausmaß des staatlichen Einflusses in der Wirtschaft folglich nicht adäquat beurteilen.

Liberalisierungs- und Deregulierungspolitik – u. a. initiiert durch die Europäische Union – eine Öffnung für private Anbieter in Märkten ergeben, die vormals öffentlichen Anbietern im Rahmen der Daseinsvorsorge vorbehalten waren. In der Konsequenz wurden öffentliche Unternehmen etwa in der Ver- und Entsorgung, Telekommunikation, im Postwesen sowie im Verkehrssektor formell und/oder materiell privatisiert. Zum anderen haben vor allem Kommunen unter dem zunehmenden Haushaltsdruck und dem anhaltenden Personalüberhang im öffentlichen Sektor freie Kapazitäten ihrer Eigenbetriebe und kommunalen Einrichtungen genutzt, um sich neue, rentable Aufgabenfelder zu erschließen. Hierzu zählen u. a. Gartenbau, Kfz-Reparaturwesen, Gebäudemanagement, Transportgewerbe u. v. m. – Bereiche, die ansonsten vor allem von der leistungsfähigen mittelständischen Privatwirtschaft bedient werden.

Aus ordnungspolitischer Sicht ist die Ausuferung der wirtschaftlichen Betätigung der öffentlichen Hand bedenklich. Im Einklang mit der im EG-Recht kodifizierten Rechtsformenneutralität ist gegen den Wettbewerb öffentlicher und privater Unternehmen so lange nichts einzuwenden, wie diese unter gleichen Voraussetzungen am Markt auftreten. Grundsätzlich sollte es den Marktkräften überlassen bleiben, welcher Anbieter sich nach Preis und Qualität durchsetzt. In der Praxis kann von einem „level playing field" jedoch allzu oft nicht die Rede sein:

- In öffentlichen Unternehmen besteht vielfach die Möglichkeit der Quersubventionierung. Dabei werden in profitablen, weil meist monopolisierten Geschäftsfeldern erwirtschaftete Gewinne in defizitäre Bereiche umgeleitet. Folglich treten die öffentlichen Anbieter begünstigt am Markt auf und halten private Konkurrenten, die nicht über die Möglichkeit der Mischkalkulation verfügen, vom Markt fern. Außerdem werden Kunden und Steuerzahlern die tatsächlichen Kosten verschleiert.

- Öffentliche Unternehmen treten im Wettbewerb zum Teil mit unausgelasteten, nur langfristig reduzierbaren Kapazitäten an, so dass sie mit geringeren Kosten kalkulieren können als private Unternehmen, die ihre Kapazitäten im scharfen Wettbewerb kurzfristiger an die Auftragslage anpassen und ihre Kapitalkosten erwirtschaften müssen. Zugleich verfügen öffentliche Unternehmen meist über einen relativ sicheren öffentlichen Auftragsbestand, der das Unternehmensrisiko erheblich mindert.

- Bei der Kapitalbeschaffung haben öffentliche Unternehmen gegenüber privaten Unternehmen einen Bonitätsvorteil am Markt, der sich aus dem verringerten Konkursrisiko ergibt.

- Öffentliche Unternehmen haben aufgrund ihrer Nähe zur politischen Entscheidungsebene wirtschaftlich nutzbare Informationsvorsprünge, die sich in der Praxis bei öffentlichen Vergaben häufig zielführend und erfolgversprechend einsetzen lassen.

Aufgrund veränderter Rahmenbedingungen mit der einhergehenden Öffnung ehemals reglementierter Märkte und Wirtschaftsbereiche stehen die öffentlichen Unternehmen unter einem hohen Kosten- und Leistungsdruck. Dieser wird durch Haushaltsengpässe und allgemeine Finanzmittelknappheit noch verstärkt. Die jeweiligen Aufgabenträger und mit ihnen die Bürger erwarten von ihren Unternehmen hohe Qualität zu angemessenen Preisen. Wie für private Unternehmen gewinnt daher auch für die öffentlichen Unternehmen die Effizienz der Steuerung auf das Unternehmensziel hin erheblich an Bedeutung.

2.2 Die Steuerung öffentlicher Unternehmen

Während private Unternehmen ausschließlich marktorientiert auftreten, agieren öffentliche Unternehmen stärker im Spannungsfeld zwischen Markt und Politik. Anstelle der Profitabilität wird von ihnen in erster Linie ein öffentlicher Auftrag erfüllt. Dieser geht vom Bürger bzw. seinen gewählten politischen Repräsentanten aus. Dabei sind die Eigentümer der öffentlichen Unternehmen einerseits an effizienten Produktionsstrukturen und an „Rendite„ im Umgang mit knappen Ressourcen interessiert. Andererseits liegt es im Gemeinwohlinteresse, dass das öffentliche Unternehmen seinem eigentlichen Zweck dient. Der Staat und seine Bürger sind damit nicht nur Eigentümer des Unternehmens, sondern gleichermaßen auch Auftraggeber (Schedler, 2002).

Durch die politische Verankerung des öffentlichen Unternehmens kommt dem Prinzipal-Agent-Problem besondere Bedeutung zu: Im privaten Unternehmen wählen die Anteilseigner die Aufsichtsräte, die wiederum den Vorstand bestellen und kontrollieren. Im Fall öffentlicher Unternehmen besteht eine größere Anzahl an Akteuren und damit die erheblich größere Gefahr von Intransparenz. Die Bürger wählen ihre politischen Gremien auf Bundes-, Landes- und Gemeindeebene. Auf Bundes- und Landesebene wird aus diesen heraus eine Regierung gebildet, die wiederum eine Verwaltung zur Erfüllung ihrer Aufgaben nutzt; auf kommunaler Ebene wird separat eine Verwaltungsspitze gewählt. Die öffentlichen Unternehmen, die mit der Erbringung bestimmter Güter und Dienstleistungen betraut sind, werden von der Geschäftsführung geleitet und – je nach Rechtsform – durch einen politisch bzw. administrativ besetzten Verwaltungs- oder Aufsichtsrat kontrolliert. Die Folge der verlängerten Prinzipal-Agent-Kette ist ein vergrößerter, wenig kontrollierbarer Raum, den das Management und allzu oft auch die Politik nutzen. Dadurch können individuelle oder auch anders gelagerte politische bzw. wirtschaftliche Interessen verfolgt werden.

Die Steuerung des öffentlichen Unternehmens gestaltet sich häufig schwieriger als in der Privatwirtschaft. Entsprechend bedarf es hier erst recht klarer, transparenter und effizienter Steuerungs- und Kontrollmechanismen:

- Wichtig ist zunächst die klare und eindeutige Festlegung des strategischen Ziels und zustimmungsbedürftiger Geschäfte in der Unternehmenssatzung. Erforderlich ist in diesem Zusammenhang die Einrichtung eines professionellen Beteiligungsmanagements beim Aufgabenträger, das die politischen Organe durch die Formulierung und Überwachung von Errichtungsgesetzen, Gesellschaftsverträgen und Geschäftsordnungen unterstützt und die Niederschriften der Unternehmensorgane systematisch auswertet.

- Bei der Bestellung der Geschäftsführung für das öffentliche Unternehmen ist eine strenge Orientierung an fachlicher Kompetenz und Qualifikation – anstelle von Ämterpatronage – erforderlich. Entscheidend für ein erfolgreiches Zusammenwirken von Management und öffentlichen Unternehmenseigentümern sind konkrete Zielvereinbarungen zwischen beiden Kontraktparteien, die u. a. ein ergebnisorientiertes Entgeltsystem vorsehen sollten. Um den Informationsfluss zwischen Leitungsebene des Unternehmens und Aufsichtsrat bzw. Aufgabenträger zu gewährleisten, ist das Management konsequent darauf zu verpflichten, regelmäßig und umfassend Bericht über die Unternehmensentwicklungen mit entsprechenden Kennzahlen zu erstatten.

- Zur Wahrung der Interessen der öffentlichen Eigentümer ist das Kontrollgremium (Verwaltungs- oder Aufsichtsrat) des öffentlichen Unternehmens von großer Wichtigkeit – zumal die Marktmechanismen als Regulativ nicht ausreichend greifen. In den politisch besetzten Gremien bringen die Mitglieder oftmals zu wenig unternehmerische Erfahrung und Unabhängigkeit mit, um die Kontrolle des professionellen Managements verantwortlich ausüben zu können. Neben dem politischen Primat sollte der fachlichen Qualifikation eine sehr viel stärkere Bedeutung beigemessen werden. Dies könnte durch verstärkte Einbeziehung externer Expertise erfolgen, d. h. in Gestalt externer Gremienmitglieder oder externen Beratungssachverstands. Die Aufsichtsratsmitglieder sind allein dem Unternehmensinteresse verpflichtet und haben Stillschweigen über Unternehmensinterna zu wahren, auch wenn diese zu politischen Zwecken eingesetzt werden könnten (Schwintowski, 2001, S. 138). Wie in privaten Unternehmen sollten in Anlehnung an das angelsächsische Modell auch in öffentlichen Aufsichtsräten generell Ausschüsse z. B. für die Prüfung und die Vorstandsvergütung erwogen werden (Ruter/Müller-Marqués Berger, 2003, S. 420). Von besonderer Bedeutung ist ein Beteiligungscontrolling in der Verwaltung des Aufgabenträgers, das durch die Aufbereitung steuerungsrelevanter Informationen über das Unternehmen wie Finanz- und Leistungskennzahlen die Aufsichtsratsmitglieder in ihrer Arbeit aktiv unterstützt.

- Ein besonderes Problem stellt die Arbeitnehmermitbestimmung in privatrechtlich organisierten öffentlichen Unternehmen dar. Es ist zweifelhaft, ob die Arbeitnehmervertreter im Aufsichtsrat zur Einflussnahme auf die Erfüllung öffentlicher Aufgaben demokratisch legitimiert sind (Nagel/Haslinger/Meurer, 2002, S. 27 ff.). Gerade aufgrund der Kompetenzdefizite bei den politisch entsandten Aufsichtsratsmitgliedern und dem fehlenden Sanktionsmechanismus des Marktes droht die Gefahr, dass sie ihre Interessen vor den öffentlichen Unternehmenszweck stellen.

- Eine besondere Würdigung verdient das Rechnungs- und Prüfungswesen. Im Hinblick auf mehr Transparenz für die politischen Organe und die Bürger ist ein aussagefähiges und einheitliches Rechnungssystem – konsequent orientiert an der Doppik und ihrer in Europa auch im öffentlichen Bereich zunehmend üblichen Standards –

einzurichten. Nirgendwo in Europa gibt es ein solches Neben- und Durcheinander von kameralistischen, gemischten und doppischen Strukturen wie im föderalen Deutschland. Das ist weder wirtschaftlich noch zukunftsfähig und obendrein unangemessen für ein Land, das über Jahrhunderte führend und richtungsweisend im öffentlichen Rechnungswesen war. Für die Gesamtsteuerung öffentlicher Konzerne – wie in allen Großstädten und bei weiteren öffentlichen Trägern – ist ein effizientes Zusammenwirken von Wirtschaftsprüfung, interner Revision und Prüfungen durch die öffentlichen Prüfinstanzen (z. B. durch Gemeindeprüfanstalten, Rechnungshöfe) unverzichtbar. Längerfristig ist ein sowohl für den Privat- als auch den öffentlichen Sektor einheitliches Abschluss- und Prüfsystem anzustreben.

3. Fazit: Brauchen wir einen Public Corporate Governance Kodex?

Der gezwungenermaßen kurze Abriss zeigt, dass bei der Steuerung privater und öffentlicher Unternehmen die gleichen Fragen auftreten: Auf welche Weise kann wirkungsvoll darauf hingewirkt werden, dass Unternehmensinteressen vor den Partikularinteressen der Beteiligten Vorrang behalten? Die Entscheidungsträger in den Unternehmen müssen jederzeit gewährleisten, dass den Eigentümerinteressen – der Anteilseigner im privaten Unternehmen und der Bürgerschaft im öffentlichen Unternehmen – entsprochen wird. Voraussetzung ist eine klare Definition des Unternehmensziels und die Ausrichtung der Führungs- und Kontrollstrukturen auf dessen Umsetzung. Nur wenn das jeweilige Management auftragsgemäß und zielorientiert handelt, werden die Bürger bzw. die Wähler Vertrauen in den Kapitalmarkt bzw. die politischen Akteure setzen. Dies ist jedoch unabdingbar notwendig, um die finanzielle und politische Unterstützung für Investitionen zu bekommen.

Im privaten Unternehmenssektor hat die Corporate-Governance-Diskussion bereits wichtige Verbesserungen und eine effizientere Gestaltung der Unternehmensstrukturen gebracht, auch wenn von einer Optimierung und allgemeinen Akzeptanz aller Grundsätze noch nicht die Rede sein kann. An den öffentlichen Unternehmen ist diese Entwicklung bislang fast vollständig vorbeigegangen. Dabei ist gerade für die öffentlichen Unternehmen die Entwicklung und Einrichtung bestimmter und transparenter Steuerungs- und Kontrollstrukturen von besonderer Bedeutung, um mehr Klarheit und Effizienz bei der Bereitstellung öffentlich produzierter Güter zu erreichen.

Die Befassung mit der Public Corporate Governance birgt angesichts des besonders gelagerten Prinzipal-Agent-Problems im öffentlichen Sektor ein enormes Effizienzpotenzial:

- Durch transparente Strukturen wird klar, wo welche öffentlichen Unternehmen mit welchem Ziel agieren. Damit stellt sich zugleich die Frage nach der Organisationsform, die für den jeweiligen Zweck bestmöglich geeignet ist. Für die Öffentlichkeit deutlicher erkennbar wird somit auch, inwieweit die Betätigung der öffentlichen Hand in den verschiedenen Wirtschaftsbereichen gerechtfertigt ist oder ob nicht eine Privatisierung bzw. eine Beteiligung Privater an dem Unternehmen vorteilhafter erscheint. So gelten nach Schätzungen des „Sachverständigenrats Schlanker Staat" bis zu 80 Prozent der kommunalen Leistungen als privatisierungsfähig.
- Für die öffentlichen Unternehmen, die sich auf die eng zu definierenden Kernaufgaben öffentlicher Tätigkeit beschränken und die damit für die Privatisierung und Marktöffnung ausscheiden, kann die Anwendung der hier diskutierten Empfehlungen dazu führen, dass Rationalisierungs- und Produktivitätspotenziale innerhalb des Unternehmens besser erkannt werden. Damit können diese Unternehmen günstiger anbieten und so die öffentlichen Haushalte, den Gebühren- und den Steuerzahler entlasten. Im Rahmen von Public Private Partnership, wo private und öffentliche Unternehmen gemeinsam handeln, erscheint die Orientierung an den Grundsätzen guter Corporate Governance ebenso angezeigt.

Wie die privaten Unternehmen sollten sich auch die öffentlichen Unternehmen einer Diskussion über die Corporate Governance und die Steuerungsstrukturen nicht verschließen. Auch wenn bisher wenig transparente Strukturen weitreichende Spielräume eröffnen, gibt es keine Alternative zu mehr Transparenz. Die freiwillige Selbstverpflichtung auf einen Public Corporate Governance Kodex ist dabei auch für die öffentlichen Unternehmen eine bessere Alternative als gesetzlicher Zwang und überzogene rechtliche Vorgaben. Schließlich erlaubt ein System des Comply or Explain, wie es etwa der Deutsche Corporate Governance Kodex vorsieht, die schnellere und flexiblere Reaktion auf Veränderungen des Unternehmensumfeldes.

Literaturverzeichnis

Feld, Lars P./**Kirchgässner**, Gebhard, Die Rolle des Staates in privaten Governance Strukturen, Diskussionspapier Nr. 2003–11, Department of Economics, Universität St. Gallen, St. Gallen 2003

McKinsey, Global Investor Opinion Survey, in Zusammenarbeit mit dem Global Corporate Governance Forum, im Internet: http://www.gcgf.org

Lange, Thomas, Öffentliche Unternehmen, in: Andersen, Uwe/Woyke, Wichard (Hrsg.), Handwörterbuch des politischen Systems der Bundesrepublik Deutschland, 4. Aufl., Bonn 2000

Nagel, Bernhard/**Haslinger**, Sebastian/**Meurer**, Petra, Mitbestimmungsvereinbarungen in öffentlichen Unternehmen mit privater Rechtsform, Baden-Baden 2002

Ruter, Rudolf X./**Müller-Marqués Berger**, Thomas, Corporate Governance und öffentliche Unternehmen, in: Pfitzer, Norbert/Oser, Peter (Hrsg.), Deutscher Corporate Governance Kodex, Stuttgart 2003, S. 405–436

Schedler, Kuno, Corporate Governance bei Staatsbetrieben, Das Balancieren zwischen Politik und Management, in: Neue Zürcher Zeitung, Internationale Ausgabe vom 19. März 2002

Schwintowski, Hans-Peter, Corporate Governance und Beteiligungscontrolling im öffentlichen Unternehmen, in: Wallerath, M. (Hrsg.), Kommunen im Wettbewerb, Baden-Baden 2001, S. 131–146

Uechtritz, Michael, Rechtsform kommunaler Unternehmen: Rechtliche Vorgaben und Entscheidungskriterien, in: Hoppe, Werner/Uechtritz, Michael (Hrsg.), Handbuch Kommunale Unternehmen, Köln 2004

Zadek, Simon, Gesunde Unternehmen – was heißt gesund?, in: Think on – Das Magazin der ALTANA AG, (2004)5, S. 38–41

Besondere Anforderungen an die Führung staatlicher Unternehmen

Jens-Hermann Treuner

1. Einleitung

Das Beteiligungsportfolio des Bundes, der Länder und der Kommunen weist alle Rechtsformen privatrechtlicher Gesellschaften auf, die das deutsche Gesellschaftsrecht bietet. Das Spektrum reicht von börsennotierten Kapitalgesellschaften über nicht börsennotierte Aktiengesellschaften, Gesellschaften mit beschränkter Haftung bis hin zur GmbH & Co. KG, zu BGB-Gesellschaften, Vereinen und privatrechtliche Stiftungen. Hinzu kommen Unternehmen, die nicht unter den „Beteiligungsbegriff“ als solchen fallen, z. B. Wirtschaftsbetriebe der öffentlichen Hand (§ 26 BHO/LHO) – und alle staatlichen Unternehmen in den Rechtsformen des öffentlichen Rechts (Körperschaften, Anstalten und öffentlich-rechtliche Stiftungen), die ihrerseits wiederum privatrechtliche Beteiligungen halten können. Mit allen ihren schier unzähligen Unternehmen haben die Gebietskörperschaften wichtige öffentliche Interessen zu verfolgen, die sich aus ihrem jeweiligen Verfassungsauftrag ableiten lassen müssen. Die Kapitalanteile an diesen Unternehmen gehören außerdem zum Vermögen der jeweiligen Gebietskörperschaft. Neben der staatlichen Verantwortung für die Wahrnehmung öffentlicher Aufgaben in der Form der genannten Unternehmen besteht daher eine besondere Verantwortung für das von den Gebietskörperschaften zu bewirtschaftende staatliche Vermögen.

Vor diesem Hintergrund und angesichts zunehmender Anzahl von Unternehmensinsolvenzen und Firmenpleiten durch Missmanagement stellt sich die Frage, welche besonderen – d. h. über die Anforderungen an die Führung nichtstaatlicher Unternehmen hinaus gehenden – Anforderungen es für staatliche Unternehmen bereits gibt und ob zusätzliche Anforderungen gestellt werden sollten

2. Grundsätze guter Unternehmensführung in Deutschland

Die Methoden der Unternehmensführung haben sich aus wirtschaftlicher Vernunft, Handelsbräuchen und guten Sitten entwickelt. Mit zunehmender Bedeutung der Unternehmen wuchsen die Anforderungen, staatliche Regelungen für Handels-, Gesellschafts- und Steuerrecht entstanden, Strafbestimmungen sollten Missbrauch, Ausnutzung und Betrug verhindern. Neben dem eigenen Kapital des Unternehmers wurde Fremdkapital zur Entwicklung der Unternehmen benötigt, und damit wuchsen Risiken und Schutzbedürfnis. Wesentliche Anforderungen sind in Fortentwicklungen des *Handels- und Gesellschaftsrechts*, insbesondere des Aktienrechts, eingebracht worden und werden auch künftig so umgesetzt werden. Beispielhaft seien KontraG, TransPubG und Bilanzrechtsreformgesetz genannt. Bei Pflichtverletzungen greifen auch *strafrechtliche* Vorschriften, bürgerlich-rechtliche *Schadensersatz*-Ansprüche sind möglich.

Dabei richten sich die Grundsätze zunächst an die Organe der Unternehmen. So haben *Vorstand oder Geschäftsführung* bei der Gestaltung des Geschäftsbetriebes diese Grundsätze zu berücksichtigen und für ihre Anwendung und Einhaltung im Unternehmen zu sorgen. Jedenfalls haben sie mit der Sorgfalt des ordentlichen Kaufmanns vorzugehen, und auch hier sind diese Grundsätze zu beachten.

Der Aufsichts- oder Verwaltungsrat hat nicht nur die entsprechenden Aktivitäten der Geschäftsleitung zu überwachen, sondern diese bei der angemessenen Einführung und Anwendung der Grundsätze auch zu beraten. Bei der Überwachung kann er jederzeit den Abschlussprüfer einbeziehen. So kann er im Rahmen der Bestellung Schwerpunkte für die Prüfung des Jahresabschlusses setzen, bei der Beratung des Prüfberichts Fragen stellen oder Sonderprüfungen veranlassen. Bei Pflichtverletzungen sind geeignete Maßnahmen zur Beseitigung oder Behebung von Schäden und soweit erforderlich Konsequenzen für die Anstellungsverträge der Organmitglieder einzuleiten.

Vor einer weitergehenden rechtlichen Regelung in Deutschland wurde – ausländischen Beispielen folgend – eine flexible Regelung erwogen, die eine transparente Selbst-Regelung der Wirtschaft ermöglichen soll. Im § 161 AktG wurde dafür die Grundlage für börsennotierte Kapitalgesellschaften gelegt. In einem von einer Regierungs-Kommission zu erarbeitenden Kodex sollten die anerkannten Grundsätze guter Unternehmensführung zusammengefasst werden. Die Erörterungen innerhalb der Wirtschaft und der Wissenschaft sowie zwischen beiden Bereichen führten zur Formulierung des *Deutschen Corporate Governance Kodexes* (DCGK). Einzelne Teile sind verbindlich, andere enthalten Empfehlungen. In einer Entsprechens-Erklärung hat jedes börsennotierte Unternehmen mit dem Jahresabschluss seine Umsetzung des DCGK darzulegen. Der Wert des DCGK liegt insbesondere darin, die bisher eher unstrukturierte Diskussion der Erfordernisse guter Unternehmensführung nach ausführlicher Erörterung zwischen Praktikern und Wissenschaftlern kodifiziert und damit in ausformulierter Form der Anwendung und der kritischen Überprüfung zugänglich gemacht zu haben.

Die im DCGK zusammengefassten Grundsätze und Regelungen zur „guten Unternehmensführung„ stellen das Umfeld dar, in dem heute in Deutschland die Qualität der Leitung von Unternehmen gesehen und beurteilt wird. Er umfasst die nachfolgenden Bereiche:

- Präambel
- Aktionäre
- Hauptversammlung
- Zusammenwirken von Vorstand und Aufsichtsrat
- Vorstand (Aufgaben, Zuständigkeiten, Zusammensetzung, Vergütung, Interessenkonflikte)

- Aufsichtsrat (Aufgaben, Zuständigkeiten, Befugnisse, Ausschüsse, Zusammensetzung, Vergütung, Interessenkonflikte)
- Transparenz
- Rechnungslegung
- Abschlussprüfung

Inhalt und Auslegung der einzelnen Bereiche und Spezialfragen werden in der Öffentlichkeit und der Fachliteratur ausführlich erörtert, und auf eine Darstellung wird daher verzichtet. Es ist jedoch darauf hinzuweisen, dass sich die DCGK-Diskussion überwiegend mit börsennotierten Unternehmen und der Abstrahlungswirkung auf andere privatrechtliche Unternehmen befasst, die öffentlich-rechtlichen Unternehmen darin jedoch bisher relativ wenig berücksichtigt werden.

Die DCGK-Ansätze stellen ein allgemeines Verständnis von guter Unternehmensführung dar, und es sind keine Gründe erkennbar, warum sie nicht auch für Staatsunternehmen ganz allgemein anzuwenden sein sollten. Von der Beschränkung auf börsennotierte Kapitalgesellschaften kann dabei abgesehen werden, da Anteile öffentlicher Unternehmen nur ausnahmsweise an Börsen gehandelt werden. Wenn dies geschieht, sind sie in der Regel bereits zur vollständigen Privatisierung vorgesehen und nur die Aufnahmefähigkeit der Kapitalmärkte bestimmt den geeigneten Zeitpunkt der vollständigen Veräußerung der Anteile.

Öffentlich werden gegenwärtig insbesondere Fragen der Nichtanwendung einzelner „Soll“-Bestimmungen erörtert, z. B. die Veröffentlichung der Bezüge der Organmitglieder.

3. Grundsätze guter Unternehmensführung im Ausland

In der *Europäischen Gemeinschaft* wird auf verschiedenen Ebenen an einer Harmonisierung der Anforderungen an Unternehmensführung gearbeitet, dabei werden folgende Aspekte diskutiert:

- handelsrechtliche Anforderungen an Unternehmen
- Rechnungslegungs-Standards/Bilanzierungsregeln
- Marktzugang/Wettbewerb/Information der Märkte
- Anforderungen an Unternehmensführung
- Anlegerschutz/Finanzaufsicht
- Verbesserung der Qualität der Abschlussprüfung

Zielrichtung ist dabei ein einheitlicher Markt für Unternehmen, der gleichen Zugang und gleiche wirtschaftliche Betätigung erlaubt und keine Diskriminierung auf unterschiedlichen nationalen Märkten der Gemeinschaftsstaaten kennt. Auch Schutz von Anlegern und Kapitalmärkten findet besondere Beachtung. Für staatliche Unternehmen sind dabei viele Sonderregelungen getroffen, insbesondere was Wettbewerb und Transparenz angeht.

Die internationale Staatengemeinschaft hat bei der Organisation für wirtschaftliche Zusammenarbeit und Entwicklung – OECD – nach langer Vorarbeit die *OECD Priniples of Corporate Governance* (2004) formuliert. Diese Prinzipien guter Unternehmensführung sollen als Anhalt und Messlatte für die Entwicklung nationaler Standards dienen, sind daher teilweise Mindeststandard und teilweise „best practice". Die besonderen Anforderungen an öffentliche Unternehmen wurden als so wichtig angesehen, dass sie zur weiteren Bearbeitung einer *OECD Working Group on Privatisation and Corporate Governance of State-Owned Assets*[*] übergeben wurden. Sie hat bereits eine Übersicht über „Privatising State-Owned Enterprises: Policies and Practices in OECD-Countries" veröffentlicht und stimmt derzeit „Draft Guidelines on Corporate Governance of State-Owned Assets (2004)" ab.

Auch hier stehen zwei Gedanken im Vordergrund:

- Leistungen sollen soweit möglich von im Markt und im Wettbewerb stehenden privaten Unternehmen erbracht werden, für die gleiche Anforderungen und gleiche Chancen formuliert sind.
- Soweit der Staat durch öffentliche Unternehmen oder Beteiligungen eingreift, sind diese Anforderungen weiter zu qualifizieren und zu detaillieren.

Die Globalisierung der Märkte und insbesondere der freie Kapitalfluss zwischen den verschiedenen Wirtschaftsregionen der Welt stellen weitere Anforderungen an öffentliche Unternehmen, die sich über die Kapitalmärkte finanzieren oder im globalen Markt tätig sind. Nur ein kleiner Teil wird dabei tatsächlich über die formalen handels- und gesellschaftsrechtlichen Anforderungen an börsennotierte Kapitalgesellschaften abgefangen, da die klassischen öffentlichen Unternehmen nur ausnahmsweise als börsennotierte AG aufgestellt sind. Aus den weiter oben dargestellten Gründen gilt dies für die Bereiche sowohl des Bundes als auch der Länder und Kommunen.

Dabei ist nicht nur die reine Kapitalseite wichtig, sondern zur dauerhaften Einbindung der Bürger auch der Aufbau und die Entwicklung der Kapitalmärkte. Vertrauen bildet sich nur bei Qualität der Marktregulierung, Transparenz und Zuverlässigkeit der Jahresabschlüsse, Einheitlichkeit der internationalen Rechnungslegungs-Vorschriften, Qualität der Abschlussprüfung, Wirksamkeit der Finanzmarktaufsicht usw.

Die obersten Finanzkontroll-Einrichtungen, die in der International Organisation of Supreme Audit Institutions – *INTOSAI* – zusammenarbeiten, beschäftigen sich gleich-

---

* www.oecd.org/daf/corporate-affairs

falls seit längerem mit besonderen Anforderungen an öffentliche Unternehmen. In einer seit 1993 eingesetzten *Working Group on the Audit of Privatisation* haben sie zur Kenntnis genommen, dass die Engriffe des Staates in den Wirtschaftsbereich zunehmen. In einer ersten Richtlinie haben sie sich daher mit dem „Besten Vorgehen bei der Prüfung von Privatisierungen" befasst, die dem allgemein anerkannten politischen Grundsatz des Vorrangs privater Leistungserbringung Rechnung trägt. Danach haben sie Richtlinien zur Prüfung von Wirtschaftsregulierung, zu Public-Private-Partnership und zu Konzessionen entwickelt.* Als künftigen Arbeits-Schwerpunkt haben sie sich auf die sich entwickelnden neuen Formen der Zusammenarbeit von Staaten mit Unternehmen des Privatsektors geeinigt (wie PPP, PFI).

4. Bestehende Anforderungen an die Führung öffentlicher Unternehmen

Nach allgemeinem Verständnis führt der Staat – die öffentliche Hand – die ihm von der Verfassung oder sonst übertragenen Aufgaben selbst, in eigener Verwaltung durch. Rechte und Pflichten sind in der Regel umfassend normiert, und insbesondere hoheitliche Eingriffe genau eingegrenzt. Neben den materiellen Regeln sind auch die Verfahren genau beschrieben, Auslegungs- und Zweifelsfragen werden von der Rechtsprechung aufgegriffen. Alle privatrechtlichen Grundsätze gelten auch für die Führung von Unternehmen im staatlichen Verantwortungsbereich. Die Bürger erwarten, dass mit öffentlichen Finanzen besonders sorgfältig umgegangen wird.

Zur eigenen Verwaltung zählen auch die Eigenbetriebe nach § 26 BHO/LHO, bei denen neben dem Verwaltungs- und Haushaltsrecht bereits privatrechtliche Bestimmungen angewendet werden.

Diese Bindung an öffentliches Recht verringert sich weiter, wenn zur Erfüllung von Aufgaben oder zur Bereitstellung von Leistungen ausnahmsweise Unternehmen des Privatrechts eingesetzt werden. Das Haushaltsrecht stellt hohe Anforderungen an diese Ausnahme und geht von der Regel der privatwirtschaftlichen Leistungserbringung aus, wo immer dies möglich ist (§ 7 BHO/LHO). Auch sind die staatlichen Beteiligungen regelmäßig darauf zu prüfen, ob sie privatisiert werden können (Subsidiarität).

Unter dem Begriff „staatliches Unternehmen" wird – neben den öffentlich-rechtlichen – insbesondere ein privatrechtliches Unternehmen verstanden, dessen Anteile sich vollständig oder teilweise in der Hand einer Gebietskörperschaft befinden oder das von einer oder mehreren Gebietskörperschaften beherrscht wird. Dabei sollen sich die Gebietskörperschaften nur unter bestimmten engen Voraussetzungen beteiligen (Beteiligungsvoraussetzungen nach § 65 BHO/LHO):

* Einzelheiten siehe: www.nao.gov.uk/INTOSAI/wgap/home.htm

- es muss ein wichtiges Interesse bestehen
- die Einzahlungsverpflichtung ist auf einen bestimmten Betrag begrenzt
- es besteht angemessener Einfluss insbesondere im Aufsichtsrat
- die Rechnungslegung und die Prüfung des Jahresabschlusses folgen den Regelungen für große Kapitalgesellschaften
- die Einwilligung des jeweiligen Finanzministeriums liegt bei Erwerb, Veränderung oder Veräußerung des Anteils vor.

Da für Bund, Länder und Gemeinden Voraussetzungen und haushaltsrechtliche Anforderungen weitgehend angeglichen sind, wird hier überwiegend auf die Vorgehensweise der Bundesverwaltung Bezug genommen.

Für die Führung und Verwaltung von öffentlichen Unternehmen (Bundesbeteiligungen) hat die Bundesregierung mit Kabinettsbeschluss vom September 2001 neu gefasste *Hinweise zur Verwaltung von Bundesbeteiligungen* angenommen und allen öffentliche Unternehmen führenden Bundesministerien zur Beachtung vorgegeben (Selbstverpflichtung im Rahmen der verfassungsmäßigen Ressort-Zuständigkeit). In ihnen findet sich die lange Tradition der Beschreibung von Anforderungen an gute Führung öffentlicher Unternehmen. Viele Bereiche ähneln dem DCGK, aber viele Forderungen, Beispiele und Regelungen gehen weit darüber hinaus. Die Neufassung wurde wesentlich durch Anforderungen der öffentlichen und parlamentarischen Kontrolle sowie die praktischen, durch Prüfungen gewonnenen Anregungen der Rechnungsprüfung beeinflusst.

Ein weiteres Detail von weit reichender Bedeutung ist in den sogenannten *Berufungs-Richtlinien* (Besetzung von Positionen in Unternehmens-Organen) geregelt, die gleichfalls vom Kabinett beschlossen werden. Der fortlaufende Einfluss des öffentlichen Eigentümers von privatrechtlichen Unternehmen wird über die Leitungs- und Aufsichts-Organe in den Unternehmen ausgeübt (Geschäftsführung/Vorstand, Aufsichts- oder Verwaltungsrat). Die Auswahl und Benennung der – entsandten oder gewählten – Vertreter des öffentlichen Eigentümers ist daher besonders wichtig, um seinen angemessenen Einfluss sicher zu stellen. Die Befassung des Bundeskabinetts ist verbindlich vorgesehen.

Die Gebietskörperschaften beteiligen sich nahezu ausschließlich an Kapitalgesellschaften, da nach § 65 BHO/LHO neben einem *besonderen öffentlichen (wichtigen) Interesse auch eine Haftungsbeschränkung* und die Sicherung *von angemessenem Einfluss* gefordert werden.

Den besonderen Anforderungen und Erwartungen bei der Wahrnehmung öffentlicher Aufgaben unter Einsatz von privatrechtlichen Unternehmensformen tragen einige rechtliche Ausnahme-Regelungen Rechnung. So wird nach *§§ 394, 395 AktG* der Grundsatz vertraulicher Behandlung von Interna eines Unternehmens zugunsten einer Berichtspflicht an den öffentlichen Eigentümer durchbrochen. Dies stellt ein besonderes Informationsrecht für den öffentlichen Eigentümer unter Aufhebung des Gleichbehandlungsgrundsatzes nach § 53a AktG dar. Die Vertraulichkeit ist für den innerdienstlichen Verkehr aufgehoben und erlaubt die erforderlichen Berichte, auch an die Finanzkontrolle. Außerhalb dieses Bereichs greift der Schutz der Unternehmensdaten wieder.

Die Finanzkontrolle (Rechnungshöfe, Prüfungsämter o. ä.) der Gebietskörperschaften ist durch die *§§ 92, 104 BHO/LHO* mit erweiterten Prüfungsrechten ausgestattet worden, wobei die Prüfungen unter Beachtung kaufmännischer Grundsätze durchzuführen sind. Besonders hervorzuheben ist das – diese grundsätzlich bei der beteiligungsführenden Verwaltung durchzuführenden Prüfungen – ergänzende Recht auf Unterrichtung im Unternehmen *(§ 54 HGrG).* Unter bestimmten Voraussetzungen können zur Vervollständigung der vorgefundenen Unterlagen der Betrieb, die Schriften und die Bücher des Unternehmens eingesehen werden. Dadurch wird die Informationsbasis der Finanzkontrolle erheblich erweitert und erlaubt umfassende Prüfungen der „Betätigung der Gebietskörperschaft bei ihren Unternehmen". Bei der Berichterstattung ist dann allerdings erneut die Schutzwürdigkeit des Unternehmens und der dort erhobenen Informationen zu beachten.

Das Haushaltsrecht kennt daneben weitere besondere Informationsrechte im Rahmen der Prüfung des Jahresabschlusses – *erweiterte Abschlussprüfung § 53 HGrG* –, wobei bereits bei der Aufstellung dieser Abschluss unabhängig von der Unternehmensgröße den detaillierteren Regelungen für „große Kapitalgesellschaften" zu entsprechen hat. Für diese erweiterte Abschlussprüfung, die insbesondere die Ordnungsmäßigkeit der Führung und die wirtschaftliche Lage des öffentlichen Unternehmens einer intensiveren Darstellung und Prüfung unterwirft, bestanden seit langem besondere Fragenkataloge beziehungsweise Prüfungsstandards für Bund, Länder und Gemeinden. Zur Vereinheitlichung der Anforderungen, zur Vereinfachung der Abschlussprüfung und zur Erhöhung des Informationsgehalts des Abschlussprüfungsberichts ist in enger Abstimmung zwischen den berufsständischen Organisationen der Wirtschaftsprüfer, den beteiligungsführenden Verwaltungen (Ministerien) und den Rechnungshöfen des Bundes und der Länder ein Katalog entwickelt worden, der sich im *Prüfungsstandard 720* des Instituts der Wirtschaftsprüfer (IDW) niedergeschlagen hat. In 21 Fragenkreisen werden über die allgemeinen handelsrechtlichen Anforderungen hinausgehende Informationen und Prüfungen gefordert. Dieser Prüfungsstandard wird im Auftrag an den gewählten Abschlussprüfer verbindlich vorgegeben.

Nach § 69 BHO/LHO haben die öffentlichen Hände einmal jährlich für jedes ihrer Unternehmen einen *Kassensturz* durchzuführen, sich über die Beteiligung, die Erreichung der besonderen öffentlichen Interessen und die finanziellen Rahmenbedingungen klar zu werden. Eine Kopie des dabei zu erstellenden Berichtes erhält die Rechnungsprüfungseinrichtung der Gebietskörperschaft. Die darin enthaltenen Informationen und Kenndaten finden auch in den jährlichen Beteiligungsbericht und die weitere Beteiligungspolitik der Gebietskörperschaft Eingang.

Die *Rechnungsprüfung* (Rechnungshof, Rechnungsprüfungsamt) greift diese Berichte auf und berücksichtigt sie bei der Planung von Prüfungshandlungen. Ihr stehen sowohl die Informationen der Verwaltung als auch die Informationen der Organe und der Unternehmen zur Verfügung (§§ 53, 54 HGrG, §§ 394, 395 AktG). Auch sind die besonderen Prüfungs- und Unterrichtungsrechte in der Mehrzahl der Beteiligungsunternehmen in die Satzung oder den Gesellschaftsvertrag aufgenommen. Insbesondere die direkte Unterrichtung im Untenehmen, im Betrieb und anhand der Bücher und Schriften, erlaubt eine kritische Würdigung der in den Berichten nach § 69 BHO/LHO vorgenommenen Wertungen. Dabei hat die Finanzkontrolle die Vertraulichkeit von zu schützenden Unterlagen der handelnden Personen oder Unternehmen zu wahren. Auch die Vorschriften des Wertpapierhandelsrechts in Bezug auf mögliche Insider-Informationen sind anwendbar. Aufgabe der Rechnungsprüfung bleibt aber in jedem Fall die Unterrichtung der Verwaltung über festgestellte Mängel oder Risiken und letztendlich die Unterrichtung des die Regierung entlastenden gewählten Organs *(Bundestag, Landtag, Gemeinderat)*. Oft werden dann Empfehlungen ausgesprochen, die die Beteiligungspolitik allgemein oder in Bezug auf einzelne Unternehmen betreffen. Dem Bürger, individuell oder organisiert in Vereinigungen oder Parteien, wird damit Material zur Kontrolle der Umsetzung seiner Interessen durch das Handeln der Verwaltung an die Hand gegeben.

Das Haushaltsrecht der Gebietskörperschaften ist weitgehend angeglichen, Grundsätze sind im Haushaltsgrundsätze-Gesetz (HGrG) geregelt. Zur Erörterung von Problemen aus der täglichen Praxis, zum Erfahrungsaustausch und zur Vorbereitung notwendiger Anpassungen an sich ändernde Gegebenheiten sowie allgemein zur Weiterentwicklung der Anforderungen an die Beteiligungsführung besteht ein regelmäßiges Treffen der Beteiligungsreferenten des Bundes und der Länder, bei dem der Bundesfinanzminister Gastgeber ist. Die Regelungen zur Führung öffentlicher Unternehmen sind, von der gemeinsamen Grundlage ausgehend, an die Bedürfnisse und Traditionen der verschiedenen Ebenen der Verwaltung bei Bund, Ländern und Gemeinden angepasst. Flächenstaaten finden andere Lösungen als Stadtstaaten, Ministerien und Gemeinden passen ihre Regelungen dem vorhandenen Beteiligungsportfolio an.

Auch die Finanzkontrolle erörtert Probleme, Lösungen und erforderliche Entwicklungen in einem „Arbeitskreis Wirtschaft und Beteiligungen der *Rechnungshöfe* des Bundes und der Länder“. Informationen und Kommunikation zwischen der Verwaltungspraxis und der Rechnungsprüfung sind sicher gestellt.

5. Erwartungen an öffentliche Unternehmen

Bei privatwirtschaftlichen Unternehmen sind die Erwartungen der Kapitalgeber/Anteilseigner *(Shareholder)* auf wirtschaftlichen Erfolg des Unternehmens ausgerichtet. Dieser mag sich in hohen Renditen oder einer Erhöhung des Börsen(Handels)wertes ausdrücken, er bleibt immer messbar. Der Marktwert der Anteile folgt bestimmten betriebswirtschaftlichen Vorgaben. Der DCGK hat einige berechtigte Erwartungen der Kapitalgeber formuliert, und im Übrigen entwickelt sich das anwendbare Handels- und Gesellschaftsrecht auf nationaler, supranationaler und internationaler Ebene. Anforderungen und Lösungen werden vom Markt angestoßen und erörtert. Die Umsetzung wird von den Staaten oder Staatengemeinschaften erwartet und von diesen auch übernommen.

Der Einfluss der anderen Beteiligten *(Stakeholder)*, insbesondere der Beschäftigten, der Kunden und der Gesellschaft, auf die Anforderungen an die Unternehmensführung findet bereits in einigen Bereichen Berücksichtigung. Da dies vielfach aber als noch nicht ausreichend angesehen wird, findet derzeit eine lebhafte Diskussion dieser Gesichtspunkte und Erwartungen statt. Generell werden von den Unternehmen alle weiteren Erwartungen an den Kriterien der Einschränkung der unternehmerischen Freiheit und Verantwortung gemessen und sehr kritisch betrachtet.

Öffentliche Unternehmen oder staatliche Beteiligungen an Unternehmen folgen anderen Interessen und haben andere Voraussetzungen (§ 65 BHO/LHO). Die *Verfassung* gibt die wesentlichen Aufgaben und die Rahmenbedingungen für ihre Wahrnehmung vor. Die öffentliche Verwaltung ist an *Recht und Gesetz* gebunden und hat nicht vorrangig monetär messbare Erfolge als Kriterium. Dies strahlt zumindest auch auf mehrheitlich öffentlich beteiligte Unternehmen ab (Verwaltungsprivatrecht, Grundrechtsbindung). Auch die berufliche *Ethik* der gewählten Volksvertreter und der Organe der staatlichen Gemeinschaft sowie ihrer Vollzugs-Kräfte (Parlamente, Regierungen, Beamte) orientiert sich an diesen Anforderungen. Der Bürger und das Funktionieren der staatlichen Gemeinschaft stehen im Mittelpunkt, Rechtmäßigkeit und Transparenz sichern die Qualität staatlicher Leistungen. Begriffe wie Wirtschaftlichkeit, Bürgerfreundlichkeit, Investitionen in Deutschland und gute Zahlungsmoral werden ernst genommen. Auch gilt für alle diese Beteiligungen das Subsidiaritäts-Gebot des § 7 BHO/LHO, die ständige Vorbereitung für den Wettbewerb und die Privatisierung. Und letztlich kann alles staatliche Handeln gerichtlich überprüft werden.

Auf diese besonderen Anforderungen staatlichen Handelns richtet sich die kontrollierende Aufmerksamkeit der *Bürger* und der *Medien*, und Abweichungen werden schnell und öffentlich erörtert. Auch private Kapitalgeber, die wirtschaftliche Beziehungen zur öffentlichen Verwaltung aufnehmen, verlassen sich auf diese *besondere Ethik*, gewähren häufig besonders günstige Konditionen. Diese Vertrauenswürdigkeit macht sowohl Leistungsverträge als auch „Öffentlich-Privat-Partnerschaften“ mit längerfristiger Bindung berechenbarer, die damit verbundenen Risiken beherrschbarer. Und in der öffentlichen Erörterung wird als selbstverständlich angenommen, dass öffentliche Unternehmen sich auch bei wettbewerblicher Betätigung vorbildhaft verhalten, dass die inhaltlichen Vorgaben des DCGK an gute Unternehmensführung auch ohne formale rechtliche Verpflichtung Richtschnur sind.

Bei Beteiligungen (= öffentliche Unternehmen) haben die die Beteiligungen führenden Ressorts zur Wahrung der *öffentlichen Interessen* auch auf die Einhaltung dieser Grundsätze zu achten. Neben den von den Ressorts entsandten oder gewählten Vertretern in den Aufsichtsgremien (Aufsichts- oder Verwaltungsräten, Beiräten, Ausschüssen etc.) sind diese Interessen insbesondere in den Aktionärs-(Haupt-) oder Gesellschafter-Versammlungen einzubringen. Der Bundesfinanzminister (Landesfinanzminister, Kämmerer) hat als Vermögensminister die besondere Aufgabe, den Vermögenserhalt sowie geplante Einnahmen und auftauchende Risiken für den Haushalt zu überwachen und erforderlichenfalls zu handeln.

Zur Erfüllung ihrer Verpflichtungen haben die einzelnen Ministerien und der Bundesfinanzminister in unterschiedlichem Umfang Steuerungs- und Überwachungsfunktionen aufgebaut. Sie sind als eine Art öffentliches *Beteiligungs-Controlling* anzusehen und sollen insbesondere ein Risikomanagement sicherstellen, d. h. die angemessene Erfüllung öffentlicher Aufgaben durch die Beteiligungsunternehmen, die notwendigen Steuerungs-Impulse, das Vermeiden negativer Auswirkungen auf öffentliche Haushalte und gegebenenfalls auch das Anstoßen der Veräußerung der Anteile der Gebietskörperschaft (Privatisierung, s. § 7 BHO).

Die Grundsätze guter Unternehmensführung haben also einen direkten Bezug über geplante Einnahmen aus Beteiligungen oder deren Veräußerung und die Vermeidung finanzieller Belastungen und Risiken zu den *Öffentlichen Haushalten.*

6. Entwicklung eines „Public Corporate Governance Kodexes“ in Deutschland – PCGK

Bedarf es eines solchen PCGK, wenn die allgemein anerkannten und im DCGK aufgenommenen Anforderungen an gute Unternehmensführung bereits von allen Beteiligten als auch für öffentliche Unternehmen anwendbar angesehen werden? Reicht nicht die auf nationaler und internationaler Ebene geführte Diskussion aus? Trägt sie nicht ausreichend den aus der Globalisierung des Wirtschaftslebens entspringenden Anforderungen Rechnung? Insgesamt kann man doch im bisherigen Sachstand eine Zusammenfassung der Erwartungen und Anforderungen sehen, die sich aus der Erörterung in Wissenschaft und Praxis und zwischen diesen Bereichen ergeben haben. Steht also ein weiteres bürokratisches Hemmnis bevor, geht die Idee über das tatsächlich sinnvoll zu Akzeptierende hinaus? Können wir nicht mit der erreichten Selbst-Regelung zufrieden sein, den Beteiligten vertrauen?

Gehen wir nochmals zu den vernünftigen Positionen der Teilnehmer des Wirtschaftslebens zurück:

Ihre Verhaltens-Erwartungen folgen etwa dem Schema

- Vorhersehbarkeit (Fairness/Gleichbehandlung)
- Transparenz (Verständlichkeit)
- Nachprüfbarkeit (Information)
- Verantwortung
- (Kodifizierung)

Die Erwartungen hinsichtlich öffentlicher Unternehmen folgen diesem Schema, scheinen aber über das im privatwirtschaftlichen Bereich Erreichte hinauszugehen. Der dort gefundene Konsens im Rahmen der Selbst-Regelung wird häufig als Mindest-Standard angesehen, und dies spiegelt die öffentliche Erörterung. Der erweiterte *Erwartungshorizont* ist allerdings eher diffus und entwickelt sich aus verschiedenen Quellen, vor verschiedenen Hintergründen. Unterschiede sind eher bei den verschiedenen Gruppen (Bürger, Vereinigungen, Parteien, Parlamente, Medien) zu finden als an den verschiedenen Unternehmensformen festgemacht. Bietet der Markt bestimmte Leistungen nicht an, wird häufig ein Eintreten des Staates erwartet und gefordert. Er kann sich dann einer einfachen oder einer börsennotierten Kapitalgesellschaft bedienen, einen Eigenbetrieb, eine gemeinnützige GmbH oder eine Stiftung errichten. Dies wird zunächst als natürlicher Ausfluss seiner Organisationshoheit akzeptiert. Allenfalls die Finanzkontrolle bringt in dieser Phase Praktikabilitäts- und Steuerungs-Gesichtpunkte in die Entscheidungsfindung ein. Die moralischen und ethischen Anforderungen bleiben davon weitgehend unberührt. Vermischung öffentlicher Bedürfnisse mit privaten Interessen der Entscheidungsträger oder der Organe/Organmitglieder öffentlicher Unternehmen wird nicht akzeptiert, und eine möglichst umfassende Kontrolle durch die Öffentlichkeit und die Bürgervertretungen gefordert. Die erwartete Transparenz kann bis zur Unverträglichkeit mit den Bedürfnissen eines sich im Wettbewerb befindlichen Unternehmens gehen. Einhergehen sollen damit weitgehende Rechte und Pflichten für die staatliche Finanzkontrolle, in deren Funktionieren die verschiedenen Gruppen hohe Erwartungen setzen. Transparenz-Forderung mischt sich dabei mit Vertrauensvorschuss, aber auch mit allgegenwärtiger Kontrolle.

Tatsächlich ist also ein Katalog der Erwartungen und Forderungen an die gute Führung öffentlicher Unternehmen in Deutschland längst vorhanden. Er ist allerdings nicht kodifiziert und er ist nicht eindeutig, denn er speist sich aus den oben dargestellten verschiedenartigsten Quellen. Er ist nicht immer allen Beteiligten zugänglich. Seine Fortentwicklung folgt nicht klar nachvollziehbaren oder identifizierbaren Bedürfnissen, Anlässen und Gesetzmäßigkeiten. Die Beteiligung aller Betroffenen ist unstrukturiert, und die Ergebnisse müssen als häufig eher zufälliges Produkt der staatlichen Verwaltung der verschiedenen Ebenen angesehen werden. Eine Auseinandersetzung mit Wissenschaft und Praxis, wie sie bei der Entwicklung des DCGK stattgefunden hat, findet kaum statt und ist seit langem überfällig. Nur so könnten sich auch für die Führung öffentlicher Unternehmen anerkannte Standards und Messlatten entwickeln. Nur so kann die legitime Beteiligung und Kontrolle durch den Bürger und seine Organisationen auf ein qualifiziertes Niveau gebracht werden, das die Erwartungen erfüllt. Und das sich systematisch fortentwickeln kann, ohne dass ein Skandal oder eine sonstige unbefriedigende öffentliche Auseinandersetzung Anlass dazu geben muss, ohne dass in jedem Fall der Ruf nach neuen Gesetzen auftaucht. Und da häufig verschiedene Gebietskörperschaften an einem öffentlichen Unternehmen beteiligt sind oder es gemeinsam besitzen (z. B. bei Flughafen-Gesellschaften), kämen klare und einheitliche Erwartungen allen Beteiligten zugute.

Die Entwicklung des DCGK kann für das geeignete Verfahren Beispiel sein, und europäische und internationale Gremien und Ergebnisse können von Anfang an einbezogen beziehungsweise berücksichtigt werden. Die gerade angestoßene Erörterung in Wissenschaft und Praxis, zu der auch diese Sammelveröffentlichung zählt, sollte intensiviert werden. Dazu könnten Foren und Diskussionen im Rahmen bestehender Institutionen kommen, zum Beispiel im Rahmen des jährlichen Kongresses „Effizienter Staat". In der nächsten Stufe sollte unter Einbeziehung aller bisher auf Bundes-, Landes- oder Kommunal-Ebene bestehenden Texte ein erster Rahmen-Entwurf erstellt werden, der dann einer Kommission (Regierungskommission unter Einbeziehung aller Sachkundigen, siehe Baums-Kommission oder Föderalismuskommission) zur abschließenden selbständigen Bearbeitung und weiteren Pflege übergeben werden könnte. Auch die vorhandene Zusammenarbeit auf Bundes- und Landesebene im jährlichen Treffen der Beteiligungsreferenten (Finanz- und Fachministerien) sowie im Arbeitskreis Wirtschaft und Beteiligungen der Rechnungshöfe des Bundes und der Länder muss genutzt und einbezogen werden.

Der Kodex sollte das im DCGK erreichte Niveau als Grundlage akzeptieren und nur für den Bereich öffentlicher Unternehmen darüber hinaus allgemein akzeptierte *zusätzliche* Anforderungen und Regeln formulieren. Der Zusatz-Aufwand wäre damit gering, der Zusatz-Nutzen hoch. Er könnte gleichfalls Soll- und Muss-Regelungen enthalten, über deren Anwendung und Beachtung das Unternehmen mit einer Entsprechenserklärung beim Jahresabschluss Rechenschaft ablegt. Die verantwortliche Gebietskörperschaft könnte dann in ihrem jährlichen Beteiligungsbericht diese Entsprechens-Erklärungen anführen, auswerten und kommentieren. Diese Erklärung könnte auch durch den Abschlussprüfer auf ihre Richtigkeit geprüft werden, was im Übrigen – entgegen der aktuellen Rechtslage – einer Handhabung beim DCGK auch gut zu Gesicht stünde. Wesentliche rechtliche Bestimmungen brauchen für eine solche Entwicklung weder entwickelt noch geändert zu werden. Eine einfache Anfügung etwa in § 53 HGrG könnte einen solchen PCGK ins Leben rufen, wie dies auch mit der erweiterten Abschlussprüfung geschehen ist. Eine andere Möglichkeit ist die Aufnahme in § 65 Abs. 1 Nr. 5 BHO/ LHO. Und die Ausdehnung über den Bereich der börsennotierten Unternehmen hinaus findet in der Bestimmung, dass öffentliche Unternehmen sich bei Jahresabschluss und Rechnungslegung unabhängig vom Vorliegen der handelsrechtlichen Kriterien an die strengeren Vorschriften des Handelsrechts für große Kapitalgesellschaften zu halten haben, ein gutes Vorbild.

Literaturverzeichnis

Deutscher Corporate Governance Kodex: www.ebundesanzeiger.de

Hinweise für die Verwaltung von Bundesbeteiligungen, Beschluss der Bundesregierung vom 24. Sept. 2001, Gemeinsames Ministerialblatt, 18.12.2001, S. 950 ff.

Richtlinien für die Berufung von Persönlichkeiten in die Aufsichtsräte sowie sonstigen Überwachungsorgane sowie in die Geschäftsführungen/Vorstände von Bundesunternehmen und anderen Institutionen, soweit der Bund Einfluss hat (Berufungsrichtlinien), Beschluss des Bundeskabinetts vom 28. Mai 2003; jährliche Fortschreibung durch Bundesminister der Finanzen

Bericht zur „Verringerung von Beteiligungen des Bundes – Fortschreibung 2003" vom 2. Dezember 2003, Bundesminister der Finanzen

Haushaltsrecht (insbesondere): §§ 44, 53,54 HGrG, §§ 7, 65, 91, 92 BHO/LHO

IDW Prüfungsstandard 720 „Fragenkatalog zur Prüfung der Ordnungsmäßigkeit der Geschäftsführung und der wirtschaftlichen Verhältnisse nach § 53 HGrG", Institut der Wirtschaftsprüfer, WPg 2000, S. 226 ff.

OECD Arbeitgruppe: www.oecd.org/daf/corporate-affairs

INTOSAI (Arbeitsgruppe): www.nao.gov.uk/INTOSAI/wgap/home.htm

Corporate Governance Kodex – Gütesiegel auch für kommunale Unternehmen?

Anita Wolf/Christian Ziche

1. Einleitung

Die Veröffentlichung des durch die „Cromme-Kommission" erarbeiteten Deutschen Corporate Governance Kodexes* hat zu neuerlichen Diskussionen um Inhalt und Bedeutung eines solchen Regelwerkes geführt (vgl. nur Literaturverweise in Münchner Kommentar zum Aktiengesetz, 2003, zu § 161 AktG). Öffentliche Unternehmen wurden dabei allerdings – mit Ausnahme einiger weniger Literaturstimmen (vgl. richtungweisend v. a.: Ruter, 2004, 7 ff.; Ruter/Müller-Marqués Berger, 2003, 405 ff.; Schwintowski, 2001, 607 ff.) – eher stiefmütterlich behandelt. Erst vereinzelte Aussagen finden sich speziell im Hinblick auf kommunale Unternehmen. Hinsichtlich der Auswirkungen des Kodexes für diese Unternehmen sind die Verwaltungsspitze der beteiligten Kommunen und die Leitungsorgane der betroffenen Gesellschaften weitgehend auf sich gestellt.

Angesichts dessen bedarf die Frage einer Klärung, ob die Grundsätze des Deutschen Corporate Governance Kodexes auch auf kommunale Unternehmen Anwendung finden können, ob und wie sie gegebenenfalls zu modifizieren und/oder zu ergänzen sind, ob es eines eigenen Kommunalen Corporate Governance Kodexes bedarf und welchen Inhalt dieser haben sollte. Der nachfolgende Beitrag versucht, eine Antwort auf diese Fragen zu skizzieren.

2. Hintergrund des Deutschen Corporate Governance Kodexes

Eine Beantwortung der aufgeworfenen Fragen macht zunächst eine Rekapitulierung von Inhalt und Historie, Notwendigkeit und Regelungszielen des Deutschen Corporate Governance Kodexes erforderlich. Hiervon ausgehend, kann sodann die Anwendbarkeit der dem Kodex zugrunde liegenden Gedanken und Wertungen auf kommunale Unternehmen geprüft werden.

2.1 Überblick über Inhalt und Historie

Der Deutsche Corporate Governance Kodex ist eine Sammlung von Vorschriften des Gesellschaftsrechts, von Rechtsansichten der Kodexkommission, von Empfehlungen, die auf einer langjährigen und bewährten Praxis beruhen, sowie von Anregungen für eine gute und verantwortungsbewusste Unternehmensführung. Er richtet sich in erster Linie an deutsche börsennotierte Gesellschaften. Gleichzeitig wird die Beachtung des Kodexes

---

* Aktuelle Fassung vom 21.05.2003 unter www.corporate-governance-code.de; erste Fassung veröffentlicht am 20.08.2002 im elektronischen Bundesanzeiger

aber auch nicht börsennotierten Gesellschaften empfohlen. Dabei unterscheidet der Kodex nicht zwischen privaten und öffentlichen Unternehmen.

Der Corporate Governance Kodex stellt keinen deutschen Alleingang dar. Die Corporate Governance-Debatte hat vielmehr ihren Ursprung in den USA.* Auch die OECD beschäftigt sich seit ihren Anfängen mit der Thematik, was zu den OECD-Principles of Corporate Governance geführt hat.** Diese bildeten den Grundstein für die Arbeit der Kodexkommission in Deutschland. Durch das Gesetz zur Kontrolle und Transparenz im Unternehmensbereich (KonTraG, vgl. Gesetz vom 27.04.1998, BGBl. I S. 786 ff.) und durch das Gesetz zur weiteren Reform des Aktien- und Bilanzrechts zu Transparenz und Publizität (TransPublG, vgl. Gesetz vom 19.07.2002, BGBl. I S. 2681 ff.) wurde die Diskussion in Deutschland erneut entfacht. Auf europäischer Ebene ist die Richtlinie über Mindesttransparenzanforderungen für börsennotierte Gesellschaften am 15.12.2004 verabschiedet worden.***

2.2 Notwendigkeit des Corporate Governance Kodexes

Die Anforderungen an eine gute Unternehmensführung lassen sich grundsätzlich bereits aus dem geltenden Recht herleiten. Dennoch ergab sich aufgrund bestimmter Entwicklungen insbesondere bei börsennotierten Unternehmen eine Notwendigkeit für die Schaffung eines über das Gesetzesrecht hinausgehenden Deutschen Corporate Governance Kodexes. Denn in der Vergangenheit kam es wiederholt zu Wertverlusten börsennotierter Aktiengesellschaften, die auf Fehlern von Vorstand und/oder Aufsichtsrat bei der Unternehmensführung beruhten und die teilweise in der Insolvenz dieser Unternehmen mündeten. Dies war zuletzt massiv beim Zusammenbruch des Neuen Marktes zu beobachten. Folge dieser Entwicklung war, dass insbesondere das Vertrauen der Anleger in die Unternehmensführung stark gesunken ist. Außerdem wurde häufig die fehlende Nachvollziehbarkeit und Überprüfbarkeit der Unternehmensführung bemängelt. Die Anleger gewannen den Eindruck, ihre Interessen würden durch das Management nur unzureichend vertreten, obgleich sie – neben den Gläubigern – durch eine Krise oder Insolvenz des Unternehmens am stärksten geschädigt werden: Sie verlieren ihre Investition, im ungünstigsten Fall komplett.

Vor diesem Hintergrund erklärt sich, dass der Deutsche Corporate Governance Kodex auf die Belange von börsennotierten Aktiengesellschaften sowie anderen Publikumsgesellschaften zugeschnitten ist. Denn bei diesen Gesellschaftstypen sind die Einflussmög-

---

* Als Ausgangspunkt gilt dort das Buch von Adolf Berle/Gardener Means "The Modern Corporation and Private Property" von 1932

** www.oecd.org, corporate governance principles, deutsche Fassung in: AG 1999, 340

*** Richtlinie 2004/109/EG vom 15.12.2004 zur Harmonisierung der Transparenzanforderungen in Bezug auf Informationen über Emittenten, deren Wertpapiere zum Handel auf einem geregelten Markt zugelassen sind, und zur Änderung der Richtlinie 2001/34/EG; veröffentlicht im Amtsblatt der Europäischen Union vom 31.12.2004, L 390/38.

lichkeiten einzelner Gesellschafter auf die Unternehmensführung vergleichsweise gering; ihnen kommt hier vor allem die Rolle des Kapitalgebers zu. Zudem handelt es sich in der Regel um größere Gesellschaften mit einem entsprechend personell erweiterten Management, so dass Transparenz auch wegen der damit verbundenen Aufgabenteilung besonders wichtig ist.

2.3 Regelungsziel Vertrauensschutz

Das Vertrauen der primären Zielgruppe des Kodexes – der Anteilseigner – kann effektiv nur durch eine transparente Unternehmensführung geschützt werden. Transparenz schafft Nachvollziehbarkeit und daher auch Vertrauen. Dieses Ziel bestätigt die Präambel des Deutschen Corporate Governance Kodexes, wonach er „... das deutsche Corporate Governance System transparent und nachvollziehbar machen soll ...“ und „... das Vertrauen der internationalen und nationalen Anleger, der Kunden, der Mitarbeiter und der Öffentlichkeit in die Leitung und Überwachung deutscher börsennotierter Aktiengesellschaften fördern will.“ Transparenz führt im Ergebnis zu einer Wertsteigerung des Unternehmens. Tatsächlich weisen Unternehmen mit guter Corporate Governance in der Regel höhere Kurse aus und haben entsprechend niedrigere Eigenkapitalkosten (Schwintowski, 2001, S. 607).

Dies könnte an sich jedes einzelne Unternehmen durch eine entsprechend gute, insbesondere transparente, eigene Corporate Governance erreichen. Allerdings weichen die subjektiven Auffassungen von einer solchen „guten“ Corporate Governance stark voneinander ab. Überdies besteht angesichts der Fülle an gesetzlichen und untergesetzlichen Regeln und sonstigen Standards, die durch die Unternehmensführung zu beachten sind, die Gefahr, dass einzelne Vorschriften und wichtige Rechtsentwicklungen übersehen werden. Aufgrund dessen wurden die wichtigsten Verhaltensstandards für eine gute, transparente und effiziente Unternehmensführung im Kodex zusammengefasst. Der Kodex ist daher als Sammlung von „Mindeststandards“ anzusehen, welche den Unternehmen den Blick durch den „Dschungel“ von Vorschriften, Rechtsansichten und üblichen Verhaltensweisen erleichtern soll.

Zwar kommt dem Kodex keine Bindungswirkung zu. Dennoch erwartet der Rechtsverkehr zumindest für börsennotierte Aktiengesellschaften und andere Publikumsgesellschaften mittlerweile, dass dem Kodex gefolgt und bei Nichtbefolgung das abweichende Verhalten nachvollziehbar begründet wird. Die Befolgung des Kodexes ist zwar keine Garantie für den wirtschaftlichen Erfolg des Unternehmens, aber sie stellt ein starkes Indiz dafür dar, dass seitens der Unternehmensführung das bestmögliche für eine „gute“ Unternehmensführung im Sinne der Anleger getan wird. Infolge dessen hat sich der Deutsche Corporate Governance Kodex zu einer Art „soft law“ oder „benchmark“ entwickelt, d. h. zu einem „Gütesiegel“ für gute Unternehmensführung. Es gehört zum guten Ruf eines Unternehmens, den Kodex anzuerkennen und zu befolgen.

3. Übertragbarkeit auf kommunale Unternehmen?

Ob die Regelungen des Deutschen Corporate Governance Kodexes auf kommunale Unternehmen angewandt werden sollten, kann erst nach einem Vergleich der Anteilseignerstrukturen der Zielunternehmen des Corporate Governance Kodexes und der kommunalen Unternehmen sowie nach einer Prüfung der jeweiligen Interessenlage entschieden werden. Hierbei ist auch zu berücksichtigen, dass das Landesrecht* den kommunalen Anteilseignern Informations- und Kontrollmöglichkeiten an die Hand gibt, die den Gesellschaftern eines rein privaten Wirtschaftsunternehmens nicht zur Verfügung stehen.

3.1 Anteilseignerstruktur bei kommunalen Unternehmen

Kommunale Unternehmen sind aus der unmittelbaren Kommunalverwaltung ausgegliederte, tatsächlich und organisatorisch verselbständigte Verwaltungseinheiten, die der Erfüllung bestimmter öffentlicher Zwecke dienen (Westermann, 2003, Rdnr. 24). Sie können öffentlich-rechtlich (z. B. öffentlich-rechtliche Anstalt) oder privatrechtlich (z. B. GmbH) organisiert, rechtsfähig oder nichtrechtsfähig (z. B. Eigenbetrieb) sein. Sind sie privatrechtlich verfasst, so spricht man von kommunalen Unternehmen, wenn die öffentliche Hand (Kommunen) allein oder zumindest mehrheitlich** an ihnen beteiligt ist.

In der Regel hält nur eine einzige Kommune Anteile an derartigen Gesellschaften, gelegentlich auch mehrere. Insoweit besteht ein wesentlicher Unterschied zu den börsennotierten Aktiengesellschaften und anderen Publikumsgesellschaften, die die eigentliche Zielgruppe des Corporate Governance Kodexes bilden. Diese haben für gewöhnlich zahlreiche Anteilseigner, die eher selten ihre Interessen bündeln und gemeinsam ausüben.

3.2 Gesetzliche Absicherung kommunaler Interessen

Die Interessen der Kommunen als Gesellschafter von kommunalen Unternehmen sind nach der bestehenden Rechtslage in verschiedener Hinsicht abgesichert.

Den gesetzlichen Rahmen für kommunale Unternehmen bilden neben den jeweils anwendbaren gesellschaftsrechtlichen Vorschriften die einschlägigen landesrechtlichen Regelungen (z. B. §§ 95 ff. Sächsische Gemeindeordnung – SächsGemO). Diese stellen außer formellen (z. B. Genehmigungserfordernisse) auch materielle Zulässigkeitskrite-

* In dem vorliegenden Beitrag wird exemplarisch nur auf das Sächsische Kommunalrecht eingegangen. Die Ausführungen sind jedoch mutatis mutandis auf die Rechtslage in den anderen Bundesländern übertragbar.

** A. A. Fabry, 2002, S. 3 Rdnr. 1, wonach der Begriff „kommunales Unternehmen“ eine kommunale Mehrheitsbeteiligung nicht voraussetzt. Der Umfang der Beteiligung soll hiernach lediglich Auswirkungen auf die Anwendbarkeit von Einzelbestimmungen haben.

rien für kommunale Unternehmen auf. Hierzu gehören Regelungen, die absichern, dass eine Beschränkung der Haftung der Kommune und ein angemessener Einfluss in den Aufsichtsorganen der Gesellschaften gewährleistet sind. Wird diesen Anforderungen nicht Rechnung getragen, wird die erforderliche rechtsaufsichtliche Genehmigung nicht erteilt bzw. drohen keine rechtsaufsichtlichen Maßnahmen.

In einzelnen Landesgesetzen finden sich darüber hinaus Vorschriften, die noch weiter gehen und Informations- und Kontrollmöglichkeiten zugunsten der Kommunen sowie der Rechnungsprüfungs- und Aufsichtsbehörden schaffen. Als Beispiel sei § 96 Abs. 2 SächsGemO genannt. Hiernach sind in die Satzung solcher kommunaler Unternehmen, bei denen eine oder mehrere Gemeinden die für eine Satzungsänderung erforderliche Mehrheit halten, zwingend bestimmte Regelungen aufzunehmen. Diese betreffen bspw. Art und Umfang der Abschlussprüfung, die Einräumung von Kontrollrechten zugunsten der Rechnungsprüfungsbehörden, die Wirtschafts- und Finanzplanung der Gesellschaften sowie die Zuleitung bestimmter Unterlagen an die Kommune sowie an die Rechtsaufsichtsbehörde. Weiter sei – ebenfalls beispielshaft – auf die landesgesetzlichen Regelungen über die Beteiligungsberichte hingewiesen, die die kommunalen Unternehmen abzugeben haben (z. B. § 99 SächsGemO).

Schließlich stehen der Kommune bei solchen Gesellschaften, deren Anteile sich ganz oder zum überwiegenden Teil in ihrer Hand befinden, in der Gesellschafterversammlung oder dem entsprechenden Organ ohnehin Einflussmöglichkeiten zu Gebote. Deren Umfang hängt von der Rechtsform der Gesellschaft ab. Bei der GmbH als der am häufigsten anzutreffenden Rechtsform sind diese Möglichkeiten sehr weitreichend.

3.3 Bedarf für einen eigenen Corporate Governance Kodex?

Die vorstehend genannten, besonderen gesetzlichen Vorschriften für kommunale Unternehmen gewährleisten Informations- und Einflussrechte der Kommunen und eine Absicherung von deren Interessen. Angesichts dessen stellt sich die Frage, ob bei kommunalen Unternehmen der Gesichtspunkt des Vertrauensschutzes, der den Corporate Governance Kodex inhaltlich prägt, daneben eine eigenständige Bedeutung hat und ob aufgrund dessen ein Bedarf für die die Schaffung eines eigenen Kommunalen Corporate Governance Kodexes besteht.

Betrachtet man ausschließlich die Ebene der Kommunen selbst, mag man sich hierüber streiten. Angesichts der landesrechtlich teilweise recht weit reichenden gesetzlichen Vorschriften kann man die Ansicht vertreten, ein darüber hinaus gehender Schutz der Kommunen durch weiter erhöhte Transparenz sei nicht erforderlich; die Kommunen hätten hinreichende Möglichkeiten, sich über die Verhältnisse in den kommunalen Unternehmen zu informieren.

Dieser Ansatz greift jedoch zu kurz. Denn dabei wird die Ebene der Bürger außer Acht gelassen. Hier jedoch besteht eindeutig ein erhebliches Interesse daran, dass die kommunalen Unternehmen sich dazu erklären, ob sie bestimmte Standards einhalten, wie sie der Corporate Governance Kodex vorgibt. In der Öffentlichkeit ist seit Jahren ein tiefgreifender Verlust an Vertrauen gegenüber „der Obrigkeit" und insbesondere gegenüber dem finanziellen Gebaren der staatlichen und unterstaatlichen Institutionen zu beobachten. Es herrscht der Eindruck vor, bei der Öffentlichen Hand werde mit finanziellen Mitteln nicht verantwortungsbewusst genug umgegangen, und dies hätten die Bürger über erhöhte Abgaben und gestrichene Vergünstigungen „auszubaden". Genährt wird diese Auffassung durch spektakuläre Einzelfälle wie den der Berliner Bankgesellschaft.

Insbesondere die Kommunen selbst müssen ein virulentes Interesse daran haben, dieser Entwicklung entgegenzusteuern. Gerade angesichts der wirtschaftlichen Gesamtsituation, in der den Bürgern mehr und mehr an finanziellen Belastungen und Einbußen zugemutet wird, ist es unverzichtbar, alles dafür zu tun, um das Vertrauen der Bürger darauf zurückzugewinnen, dass in den kommunalen Unternehmen keine Verschwendung herrscht.

Hierzu kann ein Kommunaler Corporate Governance Kodex einen maßgeblichen Beitrag leisten. Dass dies möglich ist, zeigt die Bedeutung, die der bestehende Corporate Governance Kodex für das Vertrauen der Anleger in der Privatwirtschaft innerhalb kurzer Zeit erlangt hat. Demgegenüber können die existierenden landesgesetzlichen Regeln für kommunale Unternehmen dies nicht leisten. Sie sind allenfalls dazu geeignet, Transparenz innerhalb der Kommunalverwaltung und teilweise auch gegenüber den Gemeinderäten zu schaffen, nicht jedoch im Hinblick auf die Öffentlichkeit.

Überdies wäre ein Corporate Governance Kodex für kommunale Unternehmen aus der Sicht der Kommunen auch unter einem weiteren Aspekt wünschenswert. Denn die Vorschriften der Gemeindeordnung enthalten keine unmittelbaren Vorgaben für die Unternehmensführung selbst. Eine Zusammenfassung der wichtigsten Unternehmensführungsstandards, wie sie der Deutsche Corporate Governance Kodex beinhaltet, ist daher auch für kommunale Unternehmen keineswegs entbehrlich. Auch wenn sich die hinter diesem Kodex stehende Interessenlage bei Unternehmen der Privatwirtschaft von der bei kommunalen Unternehmen gegebenen unterscheidet, so ist doch gleichermaßen eine „gute" Führung von Unternehmen von zentraler Bedeutung. Bei privaten wie bei kommunalen Unternehmen müssen Transparenz und Effizienz in der Unternehmensführung gewährleistet werden. Außerdem besteht bei Unternehmen in kommunaler Hand ebenso das Bedürfnis nach einer Erleichterung im Umgang mit den einschlägigen Vorschriften wie bei anderen Unternehmen auch.

Nach alledem ist ein Bedarf für einen Corporate Governance Kodex für kommunale Unternehmen zu konstatieren. Ein solcher kommunaler Kodex kann durch Schaffung von Transparenz und Vertrauen ebenso zu einem „Gütesiegel" für kommunale Unternehmen werden wie dies der Corporate Governance Kodex für private Unternehmen bereits ist.

4. Inhalt eines Kommunalen Coporate Governance Kodexes

Besteht hiernach also Bedarf an einem Corporate Governance Kodex für kommunale Unternehmen, so ist zu klären, welchen Inhalt dieser haben und wie die technische Umsetzung erfolgen sollte.

4.1 Aktuelle Entwicklungen

Für die Frage nach dem möglichen Inhalt eines eigenen kommunalen Kodexes sollte zunächst der Entwurf der OECD Working Group on Privatisation and Corporate Governance of State-Owned Assets von Ende November 2004 zu „Guidelines on the Corporate Governance of State-Owned Enterprises“* (Richtlinien einer Corporate Governance für staatliche Unternehmen) Beachtung finden. Ähnlich wie seinerzeit beim Deutschen Corporate Governance Kodex könnte diese internationale Initiative der erste Schritt in Richtung eines Public Corporate Governance Kodexes sein.

In der Präambel dieser Guidelines ist festgelegt, dass sie lediglich als Ergänzung zu den OECD Principles on Corporate Governance zu sehen sind und diesen keinesfalls widersprechen, sondern dass hiermit lediglich die Besonderheiten staatlicher Unternehmen berücksichtigt werden sollen. Insbesondere beschäftigen sich die Richtlinien mit der Frage, wie die Stellung des Staates als Gesellschafter mit seiner sonstigen Stellung in Politik und Verwaltung in Einklang gebracht werden kann, welche Aufgaben der Führung eines staatlichen Unternehmens zukommen sollen und wie mehr Transparenz im Unternehmen zu erreichen ist.

4.2 Konsequenzen für einen Deutschen Kodex für kommunale Unternehmen

Diese Struktur kann und sollte auf den Inhalt eines Deutschen Corporate Governance Kodexes für kommunale Unternehmen übertragen werden. Grundlage für diesen sollte daher der bestehende Deutsche Corporate Governance Kodex sein, ergänzt und modifiziert im Hinblick auf die Besonderheiten kommunaler Unternehmen. Der kommunale Kodex sollte dabei ebenfalls gesetzliche Vorschriften, Rechtsansichten, Empfehlungen und Anregungen enthalten, die als Mindeststandards für eine gute Führung kommunaler Unternehmen angesehen werden.

---

* www.oecd.org, by topic, corporate governance, governance and privatisation of state-owned assets

Soweit sich kommunale und private Unternehmen nicht unterscheiden, sind die Vorschriften des Deutschen Corporate Governance Kodexes zu übertragen. Welche Regelungen dies im Einzelnen sind, bedarf einer genauen Analyse, die den Rahmen dieses Beitrages sprengen würde. Daneben sind die besonderen, ausschließlich kommunale Unternehmen betreffenden gesetzlichen Regelungen, z. B. des Gemeindewirtschaftsrechts, zumindest insoweit aufzunehmen, als sie in den einzelnen Bundesländern übereinstimmen.

Besondere Berücksichtigung sollten überdies Problemkreise finden, die ausschließlich im Zusammenhang mit kommunalen Unternehmen diskutiert werden, ohne dass dies freilich zu einem Wiederaufgreifen altbekannter Meinungsstreite genutzt werden dürfte. Vielmehr sollten die Themen auf der Grundlage der ausgetauschten Argumente einer Lösung zugeführt werden.

Von den speziell bei kommunalen Unternehmen interessierenden Problemkreisen seien exemplarisch und ohne Anspruch auf Vollständigkeit die folgenden genannt:

Aufsichtsratsmitglieder: Weisungsrecht und Berichtspflicht

Zwischen Gemeindeordnungsrecht und Gesellschaftsrecht ergeben sich Friktionen betreffend die von den Gemeinden in den Aufsichtsrat der Unternehmen entsandten Vertreter (vgl. z. B. umfassend: Ziche, 1997, S. 156). Einerseits wird ein mit der Unabhängigkeit des Aufsichtsrates grundsätzlich in Widerspruch stehendes Weisungsrecht des Gemeinderates gegenüber den durch die Gemeinde entsandten Vertretern diskutiert (Schmid, Sächsische Gemeindeordnung § 98 Rdnr. 41 ff. m. w. N.). Zum anderen widersprechen die kommunalrechtlichen Bestimmungen zur Berichtspflicht des Aufsichtsrates (z. B. § 98 Abs. 1 S. 7 SächsGemO) der Verschwiegenheitspflicht eines Aufsichtsratsmitgliedes nach § 116 S. 2 AktG. Beide Problematiken sind weitgehend geklärt und sollten entsprechend in einen Corporate Governance Kodex für kommunale Unternehmen eingearbeitet werden.

Hinsichtlich der Weisungen gibt es in einer GmbH mit fakultativem Aufsichtsrat die Möglichkeit, ein Weisungsrecht des Gemeinderates im Gesellschaftsvertrag festzulegen. Bei einer GmbH mit obligatorischem Aufsichtsrat sowie bei einer Aktiengesellschaft hingegen vertritt der Bundesgerichtshof in ständiger Rechtsprechung den Grundsatz vom „Vorrang des Gesellschaftsrechts„ (Grundsatzurteil vom 29.01.1962, BGHZ 36, 296, 306). Danach ist das Aufsichtsratsmitglied nur an die Weisungen des Gemeinderates gebunden, wenn und soweit sie nicht mit den gesellschaftsrechtlichen Regelungen kollidieren.

Bezüglich der Berichtspflichten kommunaler Aufsichtsratsmitglieder hat der Gesetzgeber für die Aktiengesellschaft Abhilfe durch die §§ 394, 395 AktG geschaffen. Danach sind die von einer Gebietskörperschaft in den Aufsichtsrat gewählten oder entsandten Aufsichtsratsmitglieder von der Verschwiegenheitspflicht befreit soweit dies zur Erfüllung ihrer Berichtspflichten notwendig ist. Bei Gesellschaften anderer Rechtsformen können diese Regelungen aufgrund der Aufnahme entsprechender Regelungen in die

Satzungen der kommunalen Unternehmen ebenfalls Anwendung finden, was teilweise gesetzlich ausdrücklich vorgesehen ist, vgl. § 96 Abs 2 Nr. 8 SächsGemO.

Im Übrigen kann sich für die Frage nach den Rechten und Pflichten von Aufsichtsratsmitgliedern in kommunalen Unternehmen sowohl der zu bildenden Expertengruppe als auch den kommunalen Unternehmen selbst vorerst die Orientierung an bereits vorliegenden Handreichungen empfehlen. Zu nennen ist in diesem Zusammenhang z. B. der Leitfaden des Sächsischen Staatsministeriums des Innern „Qualifikation, Rechte und Pflichten der Aufsichtsratsmitglieder in kommunalen Unternehmen" vom 08.08.2003 (Sächsisches Amtsblatt 2003, S. 809 ff.).

Örtlichkeitsprinzip

Das kommunalrechtliche Örtlichkeitsprinzip kollidiert mit der im Gesellschaftsrecht vorherrschenden wirtschaftlichen Handlungsfreiheit (Schwintowski, 2001, S. 610). Das Örtlichkeitsprinzip besagt, dass Kommunen nur innerhalb ihres Gemeindegebietes tätig sein dürfen. Das gilt auch für eine Betätigung der Kommunen im Rahmen ihrer Unternehmen. Hingegen ist der räumliche Wirkungskreis bei privaten Gesellschaften unbegrenzt.

Auch für diesen Konflikt sollte eine Regelung in einen Kodex aufgenommen werden. Wie bereits gesagt, sollte die einzusetzende Kodexkommission hierbei eine Entscheidung auf Grundlage der abschließend ausgetauschten Argumente treffen.

Weitere Beispiele

Neben den genannten Problembereichen werden im Rahmen der Erarbeitung eines Kommunalen Corporate Governance Kodexes zahlreiche weitere Spezifika kommunaler Unternehmen zu prüfen und ggf. im Kodex zu berücksichtigen sein. Zu nennen sind hier in Anlehnung an Schwintowski u. a. der Vorschlag einer Bürgerbeteiligung (Schwintowski, 2001, S. 612 ff.), Preisregulierungsregelungen für öffentlich-rechtliche Monopolunternehmen (Schwintowski, 2001, S. 610) sowie Regelungen für eine zu gewährleistende Kostentransparenz- und -effizienz bei öffentlich-rechtlichen Unternehmen ohne Gewinnerzielungsabsicht.

4.3 Umsetzung

Die Erstellung eines Corporate Governance Kodexes für Kommunale Unternehmen ist eine schwierige und verantwortungsvolle Aufgabe. Sie sollte einer in rechtlicher und wirtschaftlicher Hinsicht kompetenten Expertengruppe anvertraut werden. Prädestiniert für die Mitwirkung bei einem solchen Vorhaben wären Vertreter der kommunalen Spitzenverbände.

Für die inhaltliche Ausgestaltung des Kodexes dürfte es sich als vorteilhaft erweisen, dass bereits Orientierungshilfen vorhanden sind. Dies ist in erster Linie der angesprochene Entwurf der OECD-Guidelines. Die OECD plant, die Guidelines noch in 2005 fertig zu stellen. Diese sind zwar auf internationaler Ebene verfasst und infolge der unterschiedlichen staatlichen Systeme zwangsläufig allgemein gehalten. Dennoch geben sie einen Rahmen der zu klärenden Bereiche sowie eine Systematik vor, auf die ggf. aufgebaut werden kann.

Ob die Erstellung eines eigens auf kommunale Unternehmen zugeschnittenen Kodexes vorzuziehen ist oder ob ein gemeinsamer Kodex für sämtliche Unternehmen der öffentlichen Hand geschaffen werden soll, wird die Expertenkommission zu beurteilen haben. Im letzten Fall müssten die Spezifika kommunaler Unternehmen gesondert berücksichtigt werden. Es dürfte sich bspw. die Zusammenfassung in einem eigenen Abschnitt des gemeinsamen Kodexes anbieten.

5. Zusammenfassung

Wesentliches Motiv des Deutschen Corporate Governance Kodexes ist die Schaffung von Transparenz und Effizienz in der Unternehmensführung privatwirtschaftlicher Unternehmen. Als Sammlung der Mindeststandards einer „guten" Unternehmensführung soll er den Umgang mit den einschlägigen Vorschriften erleichtern und durch seine Anerkennung das nötige Vertrauen der Anleger in die jeweilige Unternehmensführung stärken oder wiederherstellen. Der Anlegerschutz steht hier also im Mittelpunkt.

Bei kommunalen Unternehmen sprechen andere Gründe für die Schaffung eines Corporate Governance Kodexes. Hier steht nicht die Stärkung des Vertrauens der Anteilsinhaber, also der Kommunen, im Vordergrund. Diesen stehen – teils bereits aufgrund allgemeiner gesellschaftsrechtlicher Regelungen, teils nach Maßgabe der kommunalwirtschaftsrechtlichen Vorschriften in den Gemeindordnungen der Bundesländer – verschiedene Informations- und Kontrollmöglichkeiten zur Verfügung. Entscheidendes Motiv für einen Kommunalen Kodex ist vielmehr die dringend notwendige Stärkung des Vertrauens der Bürger in die Führung der kommunalen Unternehmen. Hierzu kann ein kommunaler Kodex einen wichtigen Beitrag leisten.

Überdies kann es auch für die Leitungsorgane kommunaler Unternehmen nur von Nutzen sein, wenn ihnen eine Sammlung von Mindeststandards an die Hand gegeben wird, die nicht lediglich allgemeiner Natur sind, sondern auch die speziellen Interessen und Probleme kommunaler Unternehmen berücksichtigen.

Ein eigener Kommunaler Kodex sollte inhaltlich auf dem bestehenden Deutschen Corporate Governance Kodex aufbauen. Dessen Regelungen sind insoweit zu übernehmen, als es zwischen privaten und kommunalen Unternehmen keine Unterschiede gibt. Ergänzend sind diejenigen gesetzlichen Vorschriften aufzunehmen, die gezielt kommunale

Unternehmen betreffen. Dazu gehören beispielsweise die Regelungen der Gemeindeordnungen betreffend das Gemeindewirtschaftsrecht, soweit sie in den Bundesländern übereinstimmen. Darüber hinaus sind speziell kommunale Unternehmen betreffende Rechtsprobleme zu lösen und entsprechende Rechtsansichten sowie Empfehlungen und Anregungen aufzunehmen. Der jüngst von der OECD veröffentlichte und zur Diskussion gestellte Entwurf von „Guidelines on Corporate Governance of State-Owned Enterprises" kann einen Ausgangspunkt für die Erarbeitung des Kodexes bilden.

Ob ein spezieller Kodex für die kommunalen Unternehmen oder ein gemeinsamer Kodex für alle Unternehmen der öffentlichen Hand geschaffen wird, ist durch die einzusetzende Kommission zu entscheiden. In jedem Fall müssen die speziell für kommunale Unternehmen geltenden Besonderheiten angemessen berücksichtigt werden.

Literaturverzeichnis

Fabry, Beatrice, Organisationsformen öffentlicher Unternehmen, in: Fabry, Beatrice/Augsten, Ursula (Hrsg.), Handbuch Unternehmen der öffentlichen Hand, Baden-Baden 2002

Münchener Kommentar zum Aktiengesetz, Band 5/1, §§ 148–151, 161–18 AktG, §§ 238–264c HGB, 2. Aufl., München 2003

Ruter, Rudolf X., Ein Corporate Governance Kodex für öffentliche Unternehmen?, in: Der Aufsichtsrat (2004)6, S. 7 ff.

Ruter, Rudolf X./**Müller-Marqués Berger**, Thomas, Corporate Governance und öffentliche Unternehmen, in: Pfitzer, Herbert/Oser, Peter (Hrsg.), Deutscher Corporate Governance Kodex, Stuttgart 2003, S. 405 ff.

Schmid, Hansdieter, Kommentierung zu §§ 72–110 der Sächsischen Gemeindeordnung, in: Quecke, Albrecht/Schmidt, Hansdieter, Gemeindeordnung für den Freistaat Sachsen, Ergänzbarer Kommentar, Band 2, Stand: 30. Lieferung, Dezember 2004, Berlin 2004

Schwintowski, Hans-Peter, Corporate Governance im öffentlichen Unternehmen, in: Neue Zeitschrift für Verwaltungsrecht 20(2001), S. 607 ff.

Westermann, Georg, Kommunale Unternehmen, 4. Aufl., Berlin 2003

Ziche, Christian, Rechte und Pflichten kommunaler Vertreter in Aufsichtsräten, in: Sachsenlandkurier (1997)4, S. 156 ff.

Herrschaft der Beschäftigten und Herrschaft des Volkes – Mitbestimmung als Teil des Corporate Governance Kodexes

Harald Plamper

1. Konsequenzen der Unternehmensmitbestimmung

Dieser Beitrag untersucht die Konsequenzen der Unternehmensmitbestimmung für die Corporate Governance in privater Rechtsform betriebener öffentlicher Unternehmen und gibt die Antwort auf die Frage, ob sich diese Konsequenzen auch in einem Public Corporate Governance Kodex niederschlagen sollen.

2. Formale Privatisierung: Öffentliche Unternehmen

Die Entwicklung der letzten Jahrzehnte ist gekennzeichnet durch die Ausgliederung bisher in einer Kommune, einem Land oder im Bund* befindlicher und abgrenzbarer Bereiche, die als bisherige Regiebetriebe meist betriebsorientiert Daseinsvorsorge sicherstellen, entweder in Form von Eigenbetrieben bzw. Anstalten des öffentlichen Rechts** oder von Gesellschaften bürgerlichen Rechts. Dabei sind in den letzten Jahren ganze Bereiche aus der öffentlichen Daseinsvorsorge herausgefallen, die nicht mehr bedeutsam oder leicht über den Markt zu erhalten sind. Zudem lässt die öffentliche Hand immer häufiger die Daseinsvorsorge durch private oder freigemeinnützige Einrichtungen vornehmen und steht selbst nur im Selbstverständnis eines Gewährleistungsstaates für die Leistungserbringung gerade (vgl. dazu Schuppert, 2000, S. 933–943).

Nur die Gesellschaften bürgerlichen Rechts nennen wir formale Privatisierung. Die öffentliche Hand bleibt meist Eigentümerin der privaten Gesellschaft, sollte aber freier in den Formen des Privatrechtes agieren können, d. h.:

- weniger Politik, größere Marktnähe,
- freiere Vertragsgestaltung,
- weiterer Zugang zum Kapitalmarkt ohne die mittlerweile erdrückenden Haushaltskonsolidierungszwänge der öffentlichen Hände,
- Beteiligungen an anderen Unternehmen oder umgekehrt Verkauf oder Teilverkauf des eigenen Unternehmens,
- keine oder weniger Beschränkung auf das Territorium der Eigentümer Gemeinde, Land oder Bund,
- leichtere Zusammenarbeit mit anderen Leistungserbringern bis hin zu Mergern.

---

* Siehe Deutsche Bahn AG, Deutsche Post AG, Deutsche Telekom AG, Postbank AG in der Folge der neu eingefügten Art 87e II, 87f II1, 143a, 143b GG

** oder Kommunalunternehmen in Bayern

Von Interesse sind hier nicht die Gesellschaften, die keinen öffentlichen Zweck erfüllen, aber der öffentlichen Hand ganz oder teilweise gehören (beispielsweise der Volkswagenkonzern mit einer Minderheitsbeteiligung von 13,7 Prozent des Landes Niedersachsen oder die Brauerei Rothaus, eine Aktiengesellschaft zu 100 Prozent im Besitz der Beteiligungsgesellschaft des Landes Baden-Württemberg), sondern solche Gesellschaften, die vielleicht in Konkurrenz mit anderen Anbietern die flächendeckende Versorgung der Bevölkerung mit wichtigen Dienstleistungen sicherstellen (Bahn, Post, Strom, Gas, Fernwärme, ÖPNV etc.) Dennoch: der öffentliche Zweck* ist diesen Unternehmen eigen: Ausschüttung und Wertsteigerung mögen dazu gehören, sind aber nicht allein ausschlaggebend.

Ob einige der versprochenen Vorteile nicht auch innerhalb der öffentlichen Einrichtung zu erhalten wären, ist mittlerweile eine müßige Frage, weil es eine Ausgründungswelle gibt. Ebenso müßig ist der Hinweis auf die beträchtlichen und selten gelösten (doch lösbaren!) Beteiligungssteuerungsprobleme besonders bei formaler Privatisierung. Hier setzen sich im Wesentlichen die im Rat vorhandenen Defizite an Strategie und an vertrauensvoller Zusammenarbeit (bei politischer Gegnerschaft) fort, ja verstärken sich noch. Wie dem auch sei: wir kennen erfolgreiche Regiebetriebe und ebenso gescheiterte öffentliche Unternehmen in privater Rechtsform. Es ist also möglich, sowohl in der öffentlichen als auch in der privaten Rechtsform erfolgreich zu agieren, wenn nur der jeweilige Rahmen so geschickt wie möglich genutzt wird.

Allerdings ist ein wichtiger Unterschied zwischen öffentlicher und privater Rechtsform festzustellen. Ab einer bestimmten Größe, genau ab 2001 Beschäftigten, verlangt das Mitbestimmungsgesetz** die hälftige Besetzung des Aufsichtsrates mit internen und externen Vertretern der Beschäftigten und einem Arbeitsdirektor. Neben die sonst durchgängig gewährleistete Herrschaft des Volkes tritt in mitbestimmten öffentlichen Betrieben die Herrschaft der Beschäftigten. Dabei wurden Mitbestimmungsrechte in den Personalvertretungsgesetzen genau auf die genügende Anbindung an den Souverän, das Volk, hin abgeklopft und bei deren Fehlen für verfassungswidrig erklärt. Es ist deshalb erstaunlich, dass für öffentliche Unternehmen die hier zu untersuchende Mitbestimmung nach dem Mitbestimmungsgesetz keiner Prüfung unterzogen worden ist.

Doch nicht um Verfassungskonformität oder -widrigkeit geht es in diesem Beitrag, sondern um die Konsequenzen der Mitbestimmung für öffentliche Unternehmen.

* Die bayerische Gemeindeordnung schreibt den öffentlichen Zweck seit 1998 ausdrücklich vor – Art 87 I Zif.1 BayGO. Dies muss im Gesellschaftsvertrag oder in der Satzung sichergestellt sein – Art 92 I Zif.1 BayGO

** Gesetz über die Mitbestimmung der Arbeitnehmer (Mitbestimmungsgesetz – MitbestG) vom 4. Mai 1976 (BGBI. I S. 1153) mit Änderungen

3. Die Zukunft der Mitbestimmung

Heute stellt sich die Frage, ob die deutsche Art der Mitbestimmung (hier besonders nach dem Mitbestimmungs- und nicht nach dem Betriebsverfassungsgesetz bzw. den Personalvertretungsgesetzen) noch zeitgemäß ist und in den europäischen Rahmen mit seinen zunehmenden Verflechtungen passt. Die Unternehmensverbände fordern eine Abschaffung der Mitbestimmung, während die Gewerkschaften (und die rot-grüne Bundesregierung) für deren Beibehalten eintreten.* Bleiben wir realistisch: Vielleicht wird es zu Anpassungen an den immer feiner gewebten europäischen Rechtsteppich kommen, doch ist eine Abschaffung der Mitbestimmung unwahrscheinlich. Schließlich wird die weitgehend positive Einschätzung des Autors, für den die deutsche Mitbestimmung zum Erhalt des sozialen Friedens wesentlich beigetragen hat, von nicht wenigen Unternehmern geteilt.

Die wesentlichen Elemente der Mitbestimmung sind schnell erläutert:

Bei in der Regel mehr als 2000 Arbeitnehmern (§ 1 I Ziff. 2) greift das Mitbestimmungsgesetz und macht einen Aufsichtsrat auch für GmbHs obligatorisch (§ 6 I). Bemerkenswert ist, dass manche öffentliche Unternehmen auch unter der geforderten Zahl von Beschäftigten auf freiwilliger Basis die Mitbestimmung eingeführt haben bzw. beibehalten.

Dem Aufsichtsrat gehören hälftig Aufsichtsräte der Anteilseigner und der Arbeitnehmer (§ 7 I) an und zwar zwischen je sechs und zehn, wobei nicht nur Arbeitnehmer des Unternehmens sondern in kleinerer Zahl auch Vertreter der Gewerkschaften bestimmt werden können (§ 7 II). Auch die Vertreter der Gewerkschaften werden von den Arbeitnehmern bzw. den von ihnen bestimmten Delegierten gewählt (§ 16). Der so zusammengesetzte Aufsichtsrat wählt mit zwei Dritteln Mehrheit einen Vorsitzenden gewöhnlich von der Seite der Anteilseigner und seinen Stellvertreter gewöhnlich von der Arbeitnehmerbank (§ 27). Der Vorsitzende hat bei erneuter Abstimmung nach einem Patt und erneutem Patt zwei Stimmen (§ 29). Außerdem ist ein Arbeitsdirektor als Mitglied des Vorstandes bzw. der Geschäftsführung zu wählen (§ 33). Für Unternehmen mit mehr als 500 Beschäftigten gilt das Drittelbeteiligungsgesetz.** Weder das Mitbestimmungs- noch das Drittelbeteiligungsgesetz gelten für Personengesellschaften. Die ebenfalls vorhandenen Unterschiede zwischen Personalvertretungsgesetzen des Bundes und der Länder und dem Betriebsverfassungsgesetz sind eher marginaler Natur und fallen in diesem Zusammenhang nicht ins Gewicht.

---

* Einen Lackmus-Test für den Wert der Mitbestimmung könnten Zu- bzw. Abschläge bei der Ermittlung des Börsenwertes ergeben. Der Markt müsste der geeignete Indikator sein. Dazu fehlen mir jedoch Erkenntnisse.

** Gesetz über die Drittelbeteiligung der Arbeitnehmer im Aufsichtsrat (Drittelbeteiligungsgesetz - DrittelbG) vom 18. Mai 2004 (BGBl. 2004 S.974)

Im Ergebnis haben die Arbeitnehmer in großen Kapitalgesellschaften nicht nur innerbetrieblich über das Betriebsverfassungsgesetz sondern auch im Verhältnis zu den Eigentümern des Unternehmens (Gesellschaftern, Aktionären, Genossen) nahezu gleichgewichtige Machtbefugnisse erhalten. Lediglich bei Stimmengleichheit gibt die Eigentümerseite den Ausschlag. 1979 hat das Bundesverfassungsgericht diese Regelung gebilligt* und keine übergebührliche Einschränkung der Vereinigungsfreiheit (Art 9 I GG), der Koalitionsfreiheit (Art 9 III GG), der Berufsfreiheit (Art 12 I GG), des Eigentumsrechts (Art 14 I + II GG) und allgemein der Vertragsfreiheit gesehen. Gewerkschaften und Sozialdemokratie sowie Grüne sehen in der Mitbestimmung einen Hebel, in der „Wirtschaftsdemokratie„ Kapital und Arbeit zum Ausgleich zu bringen und die „Demokratie zum gesamtgesellschaftlichen Gestaltungsprinzip zu machen" (Vilmar). Unabhängig von der gewerkschaftlichen Haltung gibt es durchaus Unternehmer, die die Vorteile einer „partnerschaftlichen Unternehmenskultur" (Hans Böckler Stiftung, Bertelsmann Stiftung) in der deutschen Gestaltungsform der Mitbestimmung herausstellen.

Diese partnerschaftliche Unternehmenskultur deutscher Prägung bildet auch die Grundlage für den Deutschen Corporate Governance Kodex in der Fassung vom 21. Mai 2003.** Er enthält Präzisierungen des Umgangs vor allem bei Interessenskonflikten zwischen Eigentümern, Aufsichtsräten und Vorständen bzw. Geschäftsführern. Er schafft größere Transparenz sowohl innerhalb des Unternehmens gegenüber den Eigentümern als auch im Verhältnis zur Öffentlichkeit. Naturgemäß bietet der Kodex kaum inhaltliche Regeln für die Entscheidungsfindung im Unternehmen sondern prozedurale Vorgaben. Eine Ausnahme bilden die Vorschläge zur Vergütung der Vorstände.

4. Mitbestimmung in öffentlichen Unternehmen – Das Demokratiedilemma

Die Mitbestimmung als Teil der Wirtschaftsdemokratie, in der die Arbeitnehmer an den Entscheidungen der Unternehmen partnerschaftlich beteiligt und die Eigentümer, das Kapital, in ihrem Gestaltungsanspruch für das Unternehmen zurückgebunden werden, bedeutet – so verständlich – ein Mehr an Demokratie. Die aus der Privatautonomie resultierende Herrschaft der Eigentümer wird (nahezu) zur Hälfte durch die Herrschaft der Beschäftigten ersetzt und so deren Beitrag zum Unternehmenserfolg herausgestellt. An dieser Herrschaft sind alle Beschäftigten eines Unternehmens in demokratischer Willensbildung beteiligt. So weit, so gut! In öffentlichen Unternehmen wird jedoch teilweise eine Form der Demokratie durch eine andere Form der Demokratie ersetzt – die Herrschaft des Volkes durch die Herrschaft der Beschäftigten. Es kommt also zu keinem Mehr an Demokratie. So auch noch gut?

---

* BVerfGE 50, 290 ff. (Urteil vom 1. März 1979)

** www.corporate-governance-code.de/ger/kodex/index.html

Hier ist das für den Staat und unser Gemeinwesen konstitutive Demokratieprinzip (Art 20 II GG) mit seinen vielgestaltigen Konsequenzen herauszustellen.

- Um Rechtsverordnungen zu legitimieren, müssen Inhalt, Zweck und Ausmaß im Gesetz bestimmt werden (Art 80 I 2 GG).
- Trotz eingeräumter Selbstverwaltungsrechte von Berufs(zwangs)verbänden oder von Sozialversicherungsträgern müssen wesentliche Bestimmungen vom Gesetzgeber getroffen werden.
- Die Personalvertretungsgesetze dürfen im Zuge der Mitbestimmung der Behörde keine unvertretbaren Beschränkungen seitens der Personalvertretung auferlegen, vielmehr muss die „Letztentscheidung eines dem Parlament verantwortlichen Verwaltungsträgers gesichert“* sein (dazu Schuppert, 2000, S. 637).

Immer geht es darum, alle – zumindest alle wesentlichen in das Leben der Bürger eingreifenden – Entscheidungen dem jeweiligen Repräsentativorgan** des Souveräns Volk zu unterstellen,*** also eine ununterbrochene Legitimationskette zwischen dem Souverän und dem Entscheidungsgegenstand herzustellen, dies via Bundestag, Landtag oder Gemeinderat und Bürgermeister (dazu Herzog, Rdnrn. 46 ff.). Dieses Erfordernis bezieht sich zunächst auf die grundlegenden Entscheidungen, die gesetzlich geregelt werden müssen, und zum andern auf alle öffentlichen Ämter – auch das des Hausmeisters im Rathaus.

Lassen wir die Mitbestimmung einmal außer Betracht, so ergibt sich bei der formalen Privatisierung kein Unterbruch dieser Legitimationskette. Die Gründung einer Aktiengesellschaft oder einer GmbH bedarf der Entscheidung eines demokratisch legitimierten Organs. In der Hauptversammlung bzw. der Gesellschafterversammlung kommt der demokratisch legitimierte Wille des Staates oder der Gemeinde zum Ausdruck – dies vor allem bei der Wahl des Aufsichtsrates, der wiederum den Vorstand bestimmt. Die den Aufsichtsräten, Vorständen und Geschäftsführern auferlegten sehr allgemeinen Sorgfaltspflichten (§ 116 Aktiengesetz verweist für die Aufsichtsräte auf § 93 Aktiengesetz – Sorgfalt eines ordentlichen und gewissenhaften Geschäftsleiters, nach § 43 II GmbHG haben die Geschäftsführer in den Angelegenheiten der Gesellschaft die Sorgfalt eines ordentlichen Geschäftsmannes anzuwenden) führen nicht dazu, an dieser Legitimationskette zu zweifeln, zumal es in Deutschland im Normalfall kein imperatives Mandat gibt, es deshalb für den Erhalt der Legitimationskette nicht auf die inhaltliche Seite sondern auf die Berufung in das Amt ankommt.

Mit der Unternehmensmitbestimmung reduziert sich diese Legitimationskette auf die Hälfte. Lediglich über den Stichentscheid des Aufsichtsratsvorsitzenden nach einem Patt

---

* BVerfGE 93, 37 (70) – Beschluss vom 24. Mai 1995

** Dass der Souverän sich auch direkt in Referenden äußern kann, sei hier korrekterweise erwähnt.

*** Dies war übrigens einer der Gründe, weshalb man sich gegen Experimentierklauseln im Zuge der Verwaltungsreform gewandt hat.

kann verhindert werden, dass sich die Mutter, sei es Kommune, Land oder Bund, im Unternehmen nicht durchzusetzen vermag. Faktisch ist aber die mit dem Stichentscheid verbundene Regelungsidee des Vorrangs des Eigentümerinteresses in öffentlichen Unternehmen nicht gewährleistet. Vor allem im kommunalen Bereich, in denen oft Ratsmitglieder in die Aufsichträte entsandt sind, die nicht wegen ihrer Kompetenzen zum Zug gekommen sein müssen und/oder sich mehr ihrer Partei oder Fraktion verpflichtet fühlen (zumal alle Gruppen des Rates nach der Reihenfolge der Höchstzahlen beteiligt werden sollen – z. B. § 50 III, IV GO NRW), kann es vorkommen, dass sich die von der Kommune oder dem Staat entsandten Aufsichtsräte mit den Arbeitnehmervertretern im Aufsichtsrat abstimmen und einmal eine Front gegen die Stadt (manchmal mit offener oder heimlicher Unterstützung des Vorstandes bzw. der Geschäftsführung) bilden. Hier zeigen sich exemplarisch die vielfach beklagten Probleme mit der Beteiligungssteuerung, sei es weil den Kommunen oder dem Staat eine Strategie für das öffentliche Unternehmen fehlt oder weil die vorhandene Strategie nicht von allen Aufsichtsräten akzeptiert bzw. unterschiedlich ausgelegt wird. Schon kommt es zu Mehrheiten, die nicht im Interesse der Kommune zu sein brauchen bzw. kommunalen Vorentscheidungen zuwiderlaufen können. Nicht umsonst wird beklagt, dass in vielen Kommunen der Schwanz mit dem Hund wackelt und die Töchter reicher sind als die Mutter und ganz anders agieren können als die Kommunen selbst. Das Fehlverhalten der Kommune, die keine Strategie hat oder die vorhandene nicht durchsetzen kann, weil die Machtkonstellation das kommunale Unternehmen stärkt und dessen eigene Strategie fördert, können dazu führen, dass die kommunalen Interessen auf der Strecke bleiben und statt dessen die Interessen des öffentlichen Unternehmens oder gar im Sinne einer Ausbeutung des öffentlichen Unternehmens Partikularinteressen (der Beschäftigten, der Gewerkschaften, der ihnen nahestehenden Fraktionen oder Parteien) zum Zug kommen.

Die hier geführte Argumentation könnte dazu veranlassen, die Unternehmensmitbestimmung bei öffentlichen Unternehmen insgesamt in Frage zu stellen. Dies ist aber nicht die Absicht dieses Beitrages, weil auf Grund der heutigen Vielgestalt des öffentlichen Einflusses in Form der

- Hereinnahme von Dritten in das Unternehmen, seien es andere öffentliche Hände oder auch Private,
- Mehrheits- oder Minderheitsbeteiligung der öffentlichen Hand,
- Beherrschungsverträge

mit einer größeren Grauzone umzugehen ist, die man mit einer Sonderregelung à la „Das Mitbestimmungsgesetz gilt nicht für öffentliche Unternehmen“ nicht richtig erfassen könnte. Nicht zu erwarten ist weiter, dass der Gesetzgeber – wo auch immer – Vorkehrungen treffen könnte, die den Einfluss der öffentlichen Hand entsprechend seinem Gewicht sicherstellen. Dies hat Konsequenzen: Beispielsweise kann ein öffentliches Unternehmen mit knapp unter 2000 Beschäftigten vor der Frage stehen, ob es weiter wächst und in der Folge seine Governance ändern muss oder ob es Dienste zukauft. So hat die

Flughafen Köln-Bonn GmbH derzeit (Februar 2005) 1915 Beschäftigte. Ihr heutiger Aufsichtsrat von 15 Mitgliedern, davon fünf Arbeitnehmervertreter, müsste paritätisch besetzt werden.

In diesem Falle allerdings lohnt es sich, nach vorhandenen Vorkehrungen zu suchen, die dazu verhelfen könnten, dass der Einfluss der öffentlichen Hand entsprechend seinem Gewicht im Unternehmen zum Tragen kommt. Dazu gibt es zunächst zwei Möglichkeiten:

- gesetzliche Beschränkungen
- einen allfälligen Public Corporate Governance Kodex

Gesetzliche Beschränkungen finden sich in einer größeren Bandbreite in den Gemeindeordnungen der Länder:

- Der wirtschaftlichen Betätigung liegt ein öffentlicher Zweck zugrunde.*
- Andere als die Gemeinde können die Leistungen nicht besser erbringen.**
- Die Betätigung muss in angemessenem Umfang zur Leistungsfähigkeit der Gemeinde stehen.
- Angemessener Einfluss ist gesichert (§ 108 I Zif. 6 GO NRW). Hier ist es gerechtfertigt, einen Unterschied zwischen einer Aktiengesellschaft und einer GmbH zu machen und letztere als bevorzugte Rechtsform herauszustellen (§ 108 III + IV GO NRW, § 103 II GO BW). In der GmbH können Entscheidungen der Gesellschafterversammlung oder gar dem Gemeinderat vorbehalten und den entsandten Mitgliedern des Aufsichtsrates Weisungen erteilt werden (§ 108 IV GO NRW, § 103a GO NRW).
- Gemeinderäte und Einwohner erhalten einen jährlich fortzuschreibenden Beteiligungsbericht (§ 112 III GO NRW, Art 94 III Bay GO, § 105 II GO BW) und die Veröffentlichung des Jahresabschlusses und des Lageberichtes (§ 105 I Zif. 2 GO BW).
- Soweit gesetzlich nichts anderes bestimmt ist, sind die Vertreter weisungsgebunden und haben die Interessen der Gemeinde zu verfolgen.*** Dem allerdings steht das Aktiengesetz entgegen und geht nach Art 31 GG vor (Bundesrecht bricht Landesrecht).

---

* Vgl. Art 87 I Zif. 1 Bay GO, § 107 I Zif. 1 GO NRW. Auch davon gibt es Einschränkungen beispielsweise für Schul-, Sport-, Kultur, Gesundheits- und Sozialeinrichtungen – § 107 II Zif.2 GO NRW. Unterschiede gibt es in der Strenge der Formulierungen. So spricht die hessische Gemeindeordnung von „rechtfertigt“ – § 121 I HGO, während die bayerischen und nordrhein-westfälischen Gemeindeordnungen verlangen, dass der öffentliche Zweck die wirtschaftliche Betätigung erfordert.

** Von diesem Erfordernis sieht § 107 I Zif. 3 GO NRW ab bei der Energieversorgung, Wasserversorgung, dem öffentlichen Verkehr und dem Betrieb von Telekommunikationsdienstleistungen einschließlich der Telefondienstleistungen.

*** Vgl. § 113 I GO NRW, § 104 I 3 + III GO BW, zurückhaltender formuliert Art 93 II 3 Bay GO und § 125 I 4 + II 1 HGO

- Ebenfalls soweit gesetzlich möglich, haben die entsandten Vertreter den Gemeinderat über alle Angelegenheiten von besonderer Bedeutung zu unterrichten.* Auch hier gibt es bundesrechtliche Einschränkungen.

Diese landesrechtlichen Vorschriften sind aufgrund konkreter Erfahrungen im Laufe der Zeit „verfeinert" worden, sind also Reaktionen auf handfeste Beteiligungssteuerungsprobleme. Die Skepsis der Länder gegenüber öffentlichen Unternehmen ist jedenfalls in den letzten Jahrzehnten gewachsen, einmal aus ideologischen Gründen, wenn sie der Privatwirtschaft ganz den Vorrang einräumen und den Kommunen die Betätigung verwehren,** und zum anderen aus schlechten Erfahrungen, die als Skandale durch die Presse gegangen sind. Als besonderes Problem erweist sich die Aktiengesellschaft, weil sie die Unabhängigkeit der Aufsichtsräte sicherstellt und damit den Einfluss der Aktionäre oder Gesellschafter beschränkt. Einige Gemeindeordnungen haben deshalb die Aktiengesellschaft mit einem „Bann" belegt und der GmbH den Vorzug gegeben.

Die Landesverfassungen und das Grundgesetz enthalten den Gemeindeordnungen ähnliche aber weniger restriktive Regelungen zur wirtschaftlichen Betriebsführung in privater Rechtsform:

- Sie finden sich in der Bundeshaushaltsordnung (§ 60 BH) und in den Haushaltsordnungen der Länder (§ 65 LHO BW). Es handelt sich um Sollvorschriften, die allerdings mit langwierigen Genehmigungsverfahren belastet sind.
- Nach § 53 Haushaltsgrundsätzegesetz und § 66 BHO können Bund oder Land bei einem mehrheitlich ihm gehörenden Unternehmen zusätzliche Anforderungen an den Abschlussbericht stellen und von den Abschlussprüfern weitere Auskünfte verlangen. Nach § 54 Haushaltsgrundsätzegesetz bzw. § 67 BHO hat ab 75 Prozent Anteil der Gebietskörperschaft die Rechnungsprüfungsbehörde unmittelbaren Zugang zum Unternehmen zu erhalten.
- Für die Deutsche Bahn AG gibt es besondere Vorschriften – Art 87e III und Art 143a GG, ebenso für die Deutsche Post AG, die Postbank AG und die Deutsche Telekom AG – Art 87f II und Art. 143b GG. Der Bund kann Anteile aufgrund eines Bundesgesetzes veräußern, muss bei der Deutschen Bahn AG und bei der Deutschen Post AG, da aber beschränkt auf fünf Jahre, die Mehrheit der Anteile behalten.*** Die ebenfalls im Grundgesetz erwähnte Luftverkehrsverwaltung hat eine eigene Regelung für die ganz im Eigentum des Bundes stehende Deutsche Flugsicherung GmbH (Art 87d I 2 GG). Ihr zwölfköpfiger Aufsichtsrat ist paritätisch besetzt.

Es bleibt immer noch ein offenes Feld, auf dem die über die Herrschaft des Volkes vermittelte Willensbildung und vor allem die Durchsetzung des Willens durch Kommune,

---

* § 113 V GO NRW, Art. 92 II 2 Bay GO. Dagegen steht § 116 S.2 AktG

** Hier ist vor allem die FDP aktiv. Sie nutzt ihre Regierungsbeteiligung zu solchen Verschärfungen.

*** Bei Telekom und Postbank war er frei. Die Postbank gehört mittlerweile der Deutschen Post AG.

Land oder Bund zu gewährleisten ist. Könnte dazu ein Public Corporate Governance Kodex verhelfen?

5. Ausweg aus dem Demokratiedilemma – Mitbestimmung im Corporate Governance Kodex für öffentliche Unternehmen

Hier lohnt sich zunächst ein Blick in vorhandene Corporate Governance-Grundsätze öffentlicher Unternehmen.

- Die Deutsche Bahn AG hat seit 3. Juli 2003 eigene Grundsätze – übernommen vom und angepasst an den Deutschen Corporate Governance Kodex der Regierungskommission (Kodex) vom 21. Mai 2003. Diese Grundsätze gehen auf den öffentlichen Auftrag der Bahn nicht ein und treffen dazu keine besonderen Vorkehrungen.
- Vorstand und Aufsichtsrat der Deutschen Post AG erklären gemeinsam am 9. Dezember 2004, dass sie sämtlichen Empfehlungen des Kodexes entsprochen haben und beabsichtigen, dies auch im Geschäftsjahr 2005 zu tun. Ein Hinweis auf den öffentlichen Auftrag der Deutschen Post fehlt.
- Die Fraport AG hat als eines der ersten Unternehmen 2003 seinen umfangreicheren Corporate Governance-Kodex verabschiedet. Ihr Aufsichtsrat besteht aus 20 Mitgliedern; davon stellen
  - das Land Hessen drei Mitglieder,
  - die Bundesrepublik Deutschland zwei Mitglieder,
  - die Stadt Frankfurt ebenfalls zwei Mitglieder,
  - private Aktionäre drei Mitglieder und
  - die Arbeitnehmer zehn Mitglieder.

Die Fraport-Satzung erlaubt dem Vorstand mit Zustimmung des Aufsichtsrates „Geschäfte und Maßnahmen, die die Unternehmensstruktur oder die Unternehmensstrategie wesentlich ändern oder die zu einer wesentlichen Änderung der Unternehmensentwicklung führen." Dabei ist jedes Mitglied des Aufsichtsrates dem Unternehmensinteresse verpflichtet, so der Kodex.

Erkennbar gehen die Grundsätze auf den öffentlichen Auftrag der Unternehmen nicht ein. Lediglich die Verpflichtung auf das Unternehmensinteresse verbindet Aufsichtsräte von der Anteilseigner- und von der Arbeitnehmerseite. Gleichzeitig aber wird den unterschiedlichen Interessenlagen Rechnung getragen, indem die beiden Bänke zu getrennten Vorbesprechungen zusammenkommen. Erkennbar ist weiter, dass Vorstand und Aufsichtsrat grundlegende Entscheidungen treffen können, die die Unternehmensstruktur und die Unternehmensstrategie tangieren. Es besteht also eine weitgehende Freiheit auf der Seite des Unternehmens im Zusammenwirken von Vorstand und Aufsichtsrat. Rechtlich ist sie einmal in der größeren Freiheit des Bundes und des Landes aufgrund der für sie geltenden Vorschriften und zum andern – was die Fraport AG angeht – in der größeren Freiheit für die Stadt Frankfurt am Main aufgrund der Hessischen Gemeindeordnung als erlaubt zu betrachten. Diese Flexibilität mag gerechtfertigt sein, wenn das Unternehmen erfolgreich am Markt agieren soll. Nur werden dann der arg dünne Legitimationsfaden hin zum Souverän Volk und die Unternehmensmitbestimmung noch dünner.

6. Erste Annäherung an den Inhalt eines Public Corporate Governance Kodexes

Eine solche Annäherung muss sich in den Rahmen der Besonderheiten öffentlicher Unternehmen einfügen. Dazu noch ein paar Hinweise:

- Die Bürgerinnen und Bürger sind nicht nur Adressaten der Dienstleistungen der öffentlichen Unternehmen. Sie sind ganz oder teilweise auch deren „Eigentümer“. Die damit einhergehende Öffentlichkeit ist ein konstitutives Merkmal der Demokratie. Nicht umsonst sind Öffentlichkeitsklauseln eher ausgedehnt als eingeschränkt worden. Das wird im privaten Gesellschaftsrecht nicht berücksichtigt.
- Der Zwang zur Öffentlichkeit der Unternehmen (Aktiengesellschaften und GmbHs) bemisst sich an den Interessen der Eigentümer und für Aktiengesellschaften möglicherweise des Aktienmarktes.[*] Daneben können sie eigene Interessen an Öffentlichkeit haben (Investor Relations, Marketing). Das Interesse einer demokratischen Öffentlichkeit ist davon nicht erfasst.
- Die Bürgerinnen und Bürger können von den öffentlichen Unternehmen die strikte Wahrung des Gleichheitssatzes verlangen.
- Sie können außerdem die Rücksicht auf soziale Gesichtspunkte entsprechend den in der Stadt oder im Land üblichen Gepflogenheiten erwarten.
- Die Bürgerinnen und Bürger können erwarten, dass das Spannungsverhältnis der Vergütungen bei den öffentlichen Unternehmen und bei den Müttern Bund, Land oder Kommune nicht allzu groß ist, transparent gemacht wird[**] und jederzeit zu rechtfertigen ist. Dies gilt für die Top-Manager[***] ebenso wie für die „normalen“ Beschäftigten.

---

* Deshalb gibt es für Aktiengesellschaften weitergehende Publizitätspflichten.

** Dieser Transparenz geht man gerne aus dem Weg, weil die Vorstandsvergütungen oft weit über die Gehälter der Bürgermeister, Ministerpräsidenten oder Bundesminister hinausgehen.

*** Bisweilen wurden hohe Gehälter vorgesehen, damit die besten Leute vom Markt gewonnen werden können, um dann doch ein Ratsmitglied oder einen Mitarbeiter aus der eigenen Verwaltung in den Chefsessel zu hieven. In den Tarifverhandlungen des öffentlichen Dienstes waren viele Jahre lang Zentrifugaltenden-

- Die Bürgerinnen und Bürger können erwarten, dass die Entschädigungen der Aufsichtsräte im Rahmen bleiben und veröffentlicht werden.
- Die Bürgerinnen und Bürger können erwarten, dass die Tätigkeit ihrer Amtsträger für ein Gemeinwesen insgesamt betrachtet wird. Vergütungen und Entschädigungen, sei es bei der Stadt oder in den Tochterunternehmen, sind zusammenzuzählen und zu veröffentlichen.
- Die Eigentümerseite ist bei öffentlichen Unternehmen nur selten homogen. Bürger, Politik, Verwaltung können sowohl in sich als auch über die drei Kategorien hinweg gespalten sein. Für Politik und Verwaltung kann dies eine effektive Beteiligungssteuerung verhindern. Die Bürger haben lediglich über Wahlen und zunehmend auch über Referenden* die Möglichkeit, ihre Meinung kund zu tun.
- Die öffentlichen Unternehmen können – rechtlich oder faktisch – Monopolisten sein. Den Bürgern steht dann nur Voice und nicht Exit (Hirschman) als Ausdrucksmittel für ihre Unzufriedenheit zu Gebote. Dies spricht für die demokratische Legitimationskette und für Öffentlichkeit.
- Die „Währung“ für Politiker heißt nicht „Euro“ sondern „Stimme“.

Daraus ergeben sich Konsequenzen für den Inhalt eines Public Corporate Governance Kodexes hinsichtlich der Mitbestimmung.

- Alle Aufsichtsräte sind dem Einfluss der Mutter unterworfen. Die Entscheidung für den Verkauf ihrer Anteile, dafür sind die Organe der Mutter zuständig, darf nicht dazu führen, dass die Tochter dann Entscheidungen gegen die Mutter trifft und eine solche Entscheidung konterkariert. Diese Bindung kann bei GmbHs für aus dem Gemeinderat entsandte Aufsichtsräte geschaffen werden, weil sie an die Weisung der Kommune gebunden werden können. Dies ist bei Aktiengesellschaften zwar nicht der Fall. Trotzdem darf für sie aus öffentlichem Interesse nichts anderes gelten. Diese Verpflichtung der Arbeitgebervertreter sollte für die Arbeitnehmervertreter Richtschnur sei, um so dem Demokratiegebot Genüge zu tun. Fazit: alle Aufsichtsräte haben sich „mutterfreundlich“ zu verhalten** und die Beteiligungsstrategie der Mutter (Zielvereinbarungen) umzusetzen. Dieses Verhalten kann zwar nicht vorgeschrieben

---

zen zu beobachten – jede Berufsgruppe (Sparkassen, Ver- und Entsorgungsbetriebe, Verkehrsunternehmen, Krankenhäuser) wollte aus dem Tarifgefüge ausscheren. Erst als es zur Ausgliederung (Reinigungs- und Küchenbetriebe) bzw. zum Zukauf von Leistungen kam (Busfahrten), weil der öffentliche Dienst zu teuer geworden war, kam es zu einem Ende dieses Auseinanderdriftens. Mit dem im Februar 2005 gefundenen einheitlichen Tarifgefüge könnte diese Periode endgültig der Geschichte angehören.

* Im Bürgerentscheid haben die Bürger Düsseldorfs sich gegen die vom Rat beschlossene Aufgabe des maßgeblichen Einflusses (mindestens 50,1 Prozent) auf die Stadtwerke Düsseldorf AG entschieden. Heute gibt es mehrere Entscheidungen dieser Art.

** Dass sich die Gewerkschaft oder unterlegene Aufsichtsräte in der Öffentlichkeit gegen diese Entscheidung wenden können, steht auf einem anderen Blatt.

und eingeklagt werden, weil Bundesrecht entgegensteht, sollte aber als Grundsatz für alle Aufsichtsräte anerkannt sein.

- Vorstand und Aufsichtsrat müssen sich auf eine weitergehende Öffentlichkeitspolitik verständigen. Diese sollte in Leitlinien festgehalten werden. Die Öffentlichkeitspolitik hat den Vorteil des öffentlichen Unternehmens, dass nicht alles in öffentlicher Sitzung verhandelt wird, mit dem demokratischen Gebot des Bereitstellens einer öffentlichen Tribüne zum Ausgleich zu bringen[*] und sollte sich an die Vorstellungen der Mutter zu Offenheit und Transparenz anlehnen. Bedauerlich wäre, wenn die Mutter Transparenz groß schreiben und die private Tochter dagegen den Vorhang zuziehen würde. Den genannten Leitlinien haben alle Aufsichträte, Vorstände und Geschäftsführer zu folgen.
- Gehälter für Top-Manager und Entschädigungen für Aufsichtsräte sind individuell zu veröffentlichen.[**]
- Gerade für Monopolbereiche sind der Gleichheitssatz und soziale Gesichtspunkte von besonderer Bedeutung. Deshalb sollten Beschwerde- (Ombudsman?), Mediations- und Ausgleichsmöglichkeiten geschaffen werden. Eine solche Festlegung zwischen Vorstand, Aufsichtsrat und Gesellschaftern sollte sich im Corporate Governance Kodex niederschlagen.

Diese Vorschläge sind als erste Annäherung an ein bisher nicht behandeltes Thema zu verstehen. Wenn man dem Demokratiegebot des Art. 20 GG gerecht werden will, wird man die Mitbestimmung in öffentlichen Unternehmen so handhaben müssen, dass aus der Herrschaft des Volkes und der Herrschaft der Beschäftigten keine Gegensätze entstehen.

Literaturverzeichnis

Hans Böckler Stiftung, Bertelsmann Stiftung, Praxis Unternehmenskultur – Herausforderungen gemeinsam bewältigen. 7 Bände, Gütersloh 2001

Herzog, Roman, Kommentar zu Artikel 20 Grundgesetz „Die Verfassungsentscheidung für die Demokratie“, in: Maunz, Theodor/Dürig, Günter, Kommentar zum Grundgesetz, München 1980

* Deshalb geben die Pressegesetze der Länder den Presseorganen ein Informationsrecht gegenüber den Behörden (z. B. § 4 I SächsPresseG). Dieses gilt zwar auch für Unternehmen im öffentlichen Eigentum, wie der Bundesgerichtshof am 10. 2. 2005 (Az: III ZR 294/04) entschieden hat: Öffentliche Unternehmen fallen unter den presserechtlichen Behördenbegriff. Er sei nicht „organisatorisch-verwaltungstechnisch, sondern funktionell teleologisch zu begreifen.“ (S. 6)

** Die Gehälter der Kommunalen Wahlbeamten sind ja auch bekannt.

Hirschman, Albert O., Exit, Voice, and Loyalty: Responses to Decline in Firms, Organizations and States, London 1970

Schuppert, Gunnar Folke, Verwaltungswissenschaft – Verwaltung, Verwaltungsrecht, Verwaltungslehre, Baden-Baden 2000

Vilmar, Fritz, „Wirtschaftsdemokratie“, in: Meyer, Thomas et al., Lexikon des Sozialismus, Köln 1986, S. 715

Erfahrungen mit Public Corporate Governance in öffentlichen Unternehmen

Deutscher Corporate Governance Kodex und Unternehmen des Bundes: Bedeutung des Kodexes aus der Sicht der Beteiligungssteuerung*

Jürgen Siewert

* Der Beitrag gibt die persönliche Sichtweise des Verfassers wieder. Er ist nicht abgestimmt mit offiziellen Gremien.

1. Einleitung

Volkswagen, Deutsche Lufthansa, TUI, Deutsche Post, E.ON und Deutsche Telekom haben über ihre Bestimmung als unbestrittene Kernadressaten des Deutschen Corporate Governance Kodexes hinaus eine weitere bemerkenswerte Gemeinsamkeit: Die börsennotierten DAX 30-Aktiengesellschaften sind oder waren Unternehmen des Bundes.[*] Dieser Zusammenhang ist einer breiten Öffentlichkeit weitgehend unbekannt geblieben oder wieder in Vergessenheit geraten, selbst der wissenschaftliche Diskurs auch im Kontext der Kodex-Diskussion ist nicht gänzlich frei von gelegentlichen Unschärfen.[**]

Vor diesem Hintergrund ist die grundsätzliche Feststellung nicht weiter überraschend, dass der Kodex für die Beteiligungssteuerung des Bundes zumindest hinsichtlich der börsennotierten Teilmenge seiner Unternehmen eine elementare Bedeutung hat.[***] In welcher Weise diesem Sachverhalt in der Praxis Rechnung getragen wird und ob und in welchem Umfang er auch auf die – ungeachtet der konsequenten Privatisierungspolitik – noch zahlreichen übrigen Beteiligungen des Bundes zutrifft, ist im weiteren Verlauf der Abhandlung näher zu untersuchen und in die Ableitung eines Gesamturteils einzubeziehen.

2. Unternehmen des Bundes: Bedeutung des Kodexes aus der Sicht der Beteiligungssteuerung

Unternehmensführung und Unternehmenskontrolle gehören im Sinne der engen „rechtlich-institutionellen" Begrifflichkeit[*4] zu den zentralen Bestandteilen der modernen Corporate Governance und sind Kernaufgaben der Beteiligungssteuerung des Bundes.

Einen Einblick in die aktuelle Größenordnung des Beteiligungsbestandes gibt eine nach Anzahl, Beteiligungshöhe und Nennkapital strukturierte Übersicht. Sie macht gleichzeitig deutlich, dass der Beteiligungsbestand des Bundes in hohem Maße durch Minder-

---

* Im engen Definitionssinn: Unternehmen des Bundes = öffentliche Unternehmen = Unternehmen im Mehrheitseigentum der öffentlichen Hand. Im weiten Definitionssinn werden auch Unternehmen mit Minderheitsbeteiligung des Bundes einbezogen. Zur Begriffsdefinition vgl. beispielhaft Backhaus, 1980, S. 14 f.

** Schwintowski, 2001, S. 612: „Öffentliche Unternehmen sind in der Corporate Governance Diskussion offenbar vergessen worden"; Pfitzer/Oser (Hrsg.), 2003, S. V, sehen eher einen Gegensatz von börsennotierten Unternehmen einerseits und mittelständischen und öffentlichen Unternehmen andererseits.

*** Die historische börsennotierte Teilmenge des Bundes umfasst neben den genannten DAX 30-Werten (einschließlich Vorgängergesellschaften) auch DEPFA, IVG und – im mittelbaren Bereich – Deutsche Postbank AG, T-Online AG (spin-offs) sowie Fraport AG (öffentliches Unternehmen Land Hessen/Stadt Frankfurt mit Minderheitsbeteiligung Bund). Die aktuelle börsennotierte Teilmenge des Bundes umfasst Deutsche Telekom AG und Deutsche Post AG im DAX 30 sowie Fraport AG im M-DAX. Daneben als mittelbare Beteiligungen: Deutsche Postbank AG, T-Online AG.

*4 Pfitzer/Oser (Hrsg.), 2003, S. 6, die zwischen der „rechtlich-institutionellen" Corporate Governance-Definition im engen Sinn und der „ökonomisch interaktiven" im weiten Sinn unterscheiden.

heitsbeteiligungen und hinsichtlich der Nennkapitalbindung – ungeachtet ihrer geringen Anzahl – nicht unmaßgeblich durch die börsennotierten Beteiligungen geprägt ist:*

Beteiligungshöhe		davon börsennotierte Beteiligungen	nicht börsennotierte Beteiligungen
v. H.	Anzahl	Anzahl	Anzahl
75 – 100	37	-	37
50 – 74	8	1	7
25 – 49	15	1	14
bis 25	51	1	50
	111	**3**	**108**

Nennkapital		davon börsennotierte Beteiligungen	nicht börsennotierte Beteiligungen
Quorum	Mrd. €	Mrd. €	Mrd. €
Gesamt	23,3	12,8	10,5
Bundesanteil	8,7	3,2	5,5

Organisatorisch ist die Beteiligungssteuerung auf der Ebene des Bundes grundsätzlich dezentral ausgerichtet und in die Eigenverantwortung des jeweils zuständigen Fachressorts gestellt. Ungeachtet dessen sind nach Maßgabe der Bundeshaushaltsordnung ressortübergreifende Steuerungsmechanismen dem Bundesministerium der Finanzen zugeordnet.**

Inhaltlich haben Umfang und Bedeutung der Bundesbeteiligungen schon in früheren Zeiten besondere Anforderungen an die interne und externe Führungs- und Kontrollqualität der Beteiligungssteuerung zum Schutz bestehender und künftiger Aktionäre und Kreditgeber (vgl. Strenger, 2002, S. 6) gestellt. Vor diesem Hintergrund war es unumgänglich, ein umfassendes Führungs- und Kontrollgeflecht zu entwickeln und frühzeitig, gleichsam im Vorfeld des Kodexes von der Beteiligungssteuerung des Bundes, umzusetzen. Sorgfältig differenziert nach der jeweiligen Höhe der unmittelbaren oder mittelbaren Beteiligung des Bundes, vernetzt es engmaschig Vorgaben von internem Verbindlichkeitscharakter mit gesetzlichen Vorgaben einschließlich auf wenige Ausnahmen beschränkte Spezialregelungen.*** Aus dem historisch gewachsenen und auf die privat-

* Beteiligungsbericht 2004, S. 179-187
** Beteiligungsbericht, 2004, S. 2
*** Neben §§ 394, 395 AktG z. B. auch nachfolgend § 53 HGrG

rechtliche Führungs- und Kontrollkultur ausgerichteten Instrumentarium sind beispielhaft hervorzuheben (vgl. im Einzelnen: Knauss 1993, S. 24 ff.):

2.1 Hinweise für die Verwaltung von Bundesbeteiligungen

Die bereits auf das Jahr 1963 – mit Überarbeitungen 1978, 1987 und 2001 – zurückgehenden „Hinweise" (vgl. aktuelle Fassung: MinBlFin 2001, S. 950 ff.) tragen zu einer Führung der Bundesbeteiligungen nach übergeordneten Kriterien bei. Sie dienen einer ordnungsgemäßen Wahrnehmung der Interessen des Bundes und erleichtern die Kontrolle der Unternehmen. Die „Hinweise" betreffen alle unmittelbaren und mittelbaren Unternehmen des Privatrechts und Unternehmen in der Rechtsform von juristischen Personen des öffentlichen Rechts ebenso wie Beteiligungen, die treuhänderisch von Dritten für den Bund gehalten werden.

2.2 Berufungsrichtlinien

Die Berufungsrichtlinien – Bestandteil der „Hinweise" – geben auch im Interesse des Transparenzgebotes Regelungen vor für die Berufung von Persönlichkeiten in Aufsichtsräte und sonstige Überwachungsorgane sowie in Vorstände/Geschäftsführungen von Unternehmen, an denen der Bund beteiligt ist.

2.3 Mustersatzungen

Zur Verbesserung der Kontroll- und Führungsaufgaben wurden frühzeitig Mustersatzungen (Bestandteil der „Hinweise") erarbeitet und – wie andere aktuelle Fragen der Beteiligungssteuerung – anlässlich jährlicher, unter Vorsitz des Bundesministeriums der Finanzen *durchgeführter Treffen der Beteiligungsführungen des Bundes und der Länder* weiterentwickelt.

2.4 Grundsätze für die Prüfung von Unternehmen nach § 53 Haushaltsgrundsätzegesetz (HGrG)

§ 53 HGrG räumt den Gebietskörperschaften unter bestimmten Voraussetzungen Rechte ein, die über diejenigen hinausgehen, die den Gesellschaftern nach den allgemeinen Vorschriften des Gesellschaftsrechts zustehen. Aufgabe der u. a. um die Prüfung der Ordnungsmäßigkeit der Geschäftsführung erweiterten Prüfungsrechte ist es, Prüfung/Berichterstattung in dem durch § 53 HGrG gezogenen Rahmen durch den Abschlussprüfer so auszugestalten, dass Aufsichtsrat, zuständiges Ministerium und Bundesrechnungshof sich aufgrund der Berichte ein eigenes Urteil bilden und ggf. die erforderlichen Maßnahmen ergreifen können.*

Eine vollkommen neue Bedeutung erhielt und erhält das auf „best practice“ gerichtete Führungs- und Kontrollinstrumentarium der Beteiligungssteuerung mit der Privatisierungsstrategie auf der Ebene des Bundes. Vor dem Hintergrund des mit der Privatisierung reformbedingt verbundenen Wechsels der Eigentümerstruktur galt und gilt es, überzeugend den Nachweis zu führen, dass die Unternehmen des Bundes den hohen Führungs- und Kontrollstandard nationaler und internationaler Investoren im weltweiten Wettbewerb um knappe Kapitalressourcen erfüllen.

Der Erfolg der umfassenden und auch im internationalen Kontext beachteten Privatisierungspolitik des Bundes und damit die nahtlose Integration öffentlicher Unternehmen in das Umfeld privatwirtschaftlich dominierter Standards ist die Bestätigung dafür, dass die Beteiligungssteuerung des Bundes auch in Bezug auf ihre Führungs- und Kontrollkultur auf das hohe Anforderungsniveau weltweiter Corporate Governance-Kodices hinreichend vorbereitet war und ist.

3. Bedeutung des Kodexes für börsennotierte Unternehmen des Bundes

Börsennotierte Bundesunternehmen sind angesichts der grundsätzlich auf die vollständige Abgabe der Beteiligung gerichteten Privatisierungsstrategie in einer permanenten transitären Übergangsphase. In der Momentaufnahme des aktuellen unmittelbaren Beteiligungsbestandes des Bundes sind

- **Deutsche Post AG** als Unternehmen mit Mehrheitsbeteiligung des Bundes (Bund/KfW: 56 v. H.). Beteiligungssteuerung: Bundesministerium der Finanzen,
- **Deutsche Telekom AG** als Unternehmen mit Minderheitsbeteiligung des Bundes (Bund/KfW: 38 v. H.). Beteiligungssteuerung: Bundesministerium der Finanzen,
- **Fraport AG** als Unternehmen des Landes Hessen/Stadt Frankfurt mit Minderheitsbeteiligung des Bundes (18 v. H.). Beteiligungssteuerung: Bundesministerium für Verkehr, Bau- und Wohnungswesen

* Bereits seit den 70er Jahren ist für die diesbezügliche Berichterstattung der Abschlussprüfer in Zusammenarbeit mit dem Institut der Wirtschaftsprüfer ein ständig aktualisierter Fragenkatalog erarbeitet worden, der die für öffentliche Unternehmen im Vergleich zu Privatunternehmen wesentlich weitergehende Prüfung formalisiert und institutionalisiert. Vgl. auch Pfitzer/Oser (Hrsg.), 2003, S. 412, 423 ff.

börsennotierte Adressaten des Deutschen Corporate Governance Kodexes.* Damit stehen sie – im gleichgerichteten Interesse des Kodexes und der Beteiligungssteuerung – auch in Bezug auf ihre eigene Corporate Governance in transparenter Konkurrenz zu anderen Börsenunternehmen und damit im öffentlichen Rampenlicht unterschiedlichster Corporate Governance-Ranglisten. Die ersten Urteile dieser noch jungen Ranking-Disziplin, die auf objektiv nachvollziehbare Kriterien der Kodex-Akzeptanz der Unternehmen und subjektive Bewertungsurteile mittels Befragung von Kapitalmarktexperten abstellt, sind durchaus ermutigend: Die börsennotierten Bundesbeteiligungen liegen eher in der oberen Hälfte der Untersuchungen mit Spitzenwerten in Einzelrankings.**

Mit dieser Positionierung ist die Performance der Bundesbeteiligungen aus der – im Sinne der auf die nationalen und internationalen Kapitalmärkte gerichteten Kodex-Zielrichtungen besonders wichtigen – Wahrnehmung des Marktes bemerkenswert dokumentiert. Diese überdurchschnittliche Beurteilung ist gleichzeitig eine signifikante Wertung für die Bedeutung, die der Thematik aus der Sicht der Beteiligungssteuerung beigemessen wird:

Eine konsequente und nachhaltige Ausrichtung der Beteiligungssteuerung auf den Kodex ist – unter Beachtung der durch die unterschiedliche Höhe der Beteiligung vorgegebenen Restriktionen – im Interesse der Zukunftssicherung der börsennotierten Bundesbeteiligungen und ihrer Beschäftigten unverzichtbar. Es gilt in Bezug auf öffentliche börsennotierte Unternehmen, den mit dem Kodex angestrebten „good governance Zusatznutzen“,*** auch für die öffentlichen Unternehmen sowie ihre Eigentümer und Kreditgeber zu generieren und verfügbar zu machen. Die Kongruenz von Anspruch und Wirklichkeit der Beteiligungsführung wird durch die aktuellen Corporate Governance-Ranglisten nachdrücklich bestätigt.

Auch wenn die praktische Arbeit der Beteiligungsführung vorrangig auf die Erfüllung des nationalen Kodex-Rahmens gerichtet ist, gilt es darüber hinaus, Sondertatbeständen börsennotierter Unternehmen des Bundes Rechnung zu tragen. So ist – zusammen mit der äußerst geringen Anzahl auch an internationalen Börsen gelisteter deutscher Unternehmen – die Deutsche Telekom AG im Hinblick auf ihr Listing in New York und Tokio gefordert, den Vorgaben internationaler Kodices zu entsprechen. Dies zwingt die Beteiligungssteuerung über die nationale Kodex-Normalität hinaus zu einer Akzeptanz internationaler Vorgaben, insbesondere des SEC-Standards. Sie kann und muss dieser Her-

* Unter Einbeziehung mittelbarer Beteiligungen des Bundes wären Deutsche Postbank AG (als börsennotierte Tochtergesellschaft der Deutsche Post AG) und T-Online AG (als börsennotierte Tochtergesellschaft der Deutsche Telekom AG) zu ergänzen.

** Z. B.: €uromagazin, 2004, S. 22-28: Deutsche Telekom AG (Platz 10 im DAX 30) und Fraport AG (Platz 3 im M-DAX und Platz 1 im Teilranking der objektiven Kodex-Erfüllung) wurden ausgezeichnet. Die Deutsche Post AG ist ebenfalls bewertet worden, kam aber nicht auf die publizierten Plätze 1 bis 10. Handelsblatt, 12. Januar 2005: Zitiert wird das DAX-Ranking der Proxy Voting Service Institutional Shareholder Services. Hier erscheinen die Deutsche Telekom AG auf Platz 4 und die Deutsche Post AG auf Platz 16.

*** Strenger, 2002, S. 6 „Eine häufig zitierte Studie von McKinsey und der Weltbank hat ergeben, dass internationale Investoren bereit sind, für deutsche Unternehmen mit guter Governance eine durchschnittliche Prämie von 20 v. H. zu zahlen“.

ausforderung nicht zuletzt auch dadurch gerecht werden, dass die Beteiligungssteuerung des Bundesministeriums der Finanzen in der OECD-Working Group on Privatisation and Corporate Governance of State-owned Assets vertreten ist und auf entsprechende Erfahrungen und Gestaltungsmöglichkeiten aus dieser Zusammenarbeit zurückgreifen kann.

Die unternehmensspezifische Besonderheit der Deutschen Telekom AG ist gleichzeitig ein Beleg dafür, dass die Bundesbeteiligungen in Bezug auf die Kodex-Diskussion schon aus Sachgründen nicht nach einem standardisierten Einheitsmuster zu führen sind. Unabhängig davon und auch ungeachtet der Tatsache, dass von den börsennotierten Bundesbeteiligungen als „staatlich geführten" Schwergewichten des DAX 30 vielfach eine Vorbildfunktion eingefordert wird, sind die rechtlichen Grenzen bindend, nach denen nicht nur Kodex-Entscheidungen in ihrer konkreten Ausgestaltung allein in die Verantwortung der jeweiligen Unternehmensorgane gestellt sind.

Eine eigentümerspezifische Besonderheit der börsennotierten Beteiligungen des Bundes kommt der Kodex-Akzeptanz der Beteiligungssteuerung aus einem weiteren Aspekt entgegen. Börsennotierte Bundesbeteiligungen sind grundsätzlich auf den Abbau der Kapitalbeteiligung des Bundes gerichtet. Im Wesen der Privatisierungspolitik angelegt ist damit der gezielte – und je nach Größenordnung der Unternehmen stufenweise – Abbau von Führungs- und Kontrollrechten. Die „Zuwachseffekte" der modernen Corporate Governance wirken diesem Führungs- und Kontrollverlust zumindest teilweise entgegen, ohne allerdings etwa formale kapitalersetzende Kompensationen bewirken zu können oder zu wollen.

4. Bedeutung des Kodexes für nicht börsennotierte Unternehmen des Bundes

Die aktuelle Struktur der 108 nicht börsennotierten Bundesbeteiligungen zeigt einen Beteiligungsbestand, der überwiegend durch Minderheitsbeteiligungen geprägt und durch ein anteiliges Nennkapital von 5,5 Mrd. € gekennzeichnet ist. In der weiteren Verfeinerung wird deutlich, dass das anteilige nicht börsennotierte Nennkapital mit 5,2 Mrd. € nahezu ausschließlich in zwei Unternehmen gebunden ist: Deutsche Bahn AG und Kreditanstalt für Wiederaufbau.

Eine weitere Relativierung – auch wenn sich die Bedeutung einer Beteiligung nicht ausschließlich durch die Kriterien Beteiligungshöhe und Nennkapital erschöpft – des nicht börsennotierten Beteiligungsbestandes ist durch die Privatisierungspolitik des Bundes determiniert. Die in zweijährigem Abstand regelmäßig dem Bundeskabinett vorgelegten „Berichte zur Verringerung von Beteiligungen des Bundes" des Bundesministeriums der Finanzen sehen in der Fortschreibung 2003 weitere Privatisierungen vor, die auch den aktuellen, nicht börsennotierten Beteiligungsbereich über Börsengänge oder im Wege von M&A-Transaktionen weiter deutlich zurückführen dürften.

Vor diesem Hintergrund ist die Ausrichtung der Führungs- und Kontrollfunktion der Beteiligungssteuerung zwangsläufig vorgezeichnet. Für die auf eine künftige Börsennotierung vorzubereitenden Beteiligungen des Bundes ist der Deutsche Corporate Governance Kodex bereits in der gegenwärtigen nichtbörslichen und öffentlichen Eigentümerstruktur der unverzichtbare und auf freiwilliger Basis zu erfüllende Maßstab. Mit Blick auf die von den börsennotierten Unternehmen ausgehende „Ausstrahlungswirkung"(vgl. Baum, 2001, S. 58, Ähnlich: Pfitzer/Oser (Hrsg.), 2003, S. V) des Kodexes gilt dies grundsätzlich auch für die Beteiligungen des Bundes, die etwa aus Gründen einer börsenunterkritischen Größenordnung im Wege künftiger M&A-Transaktionen in eine private Eigentümerstruktur überzuleiten sind. Für beide nichtbörslichen Fallgruppen gibt es zahlreiche Beispiele im Bereich der nicht börsennotierten Bundesbeteiligungen, die sich der Ausstrahlung des Kodexes stellen und zumindest in Teilelemente des Kodexes einbezogen sind.

Der außerhalb der aktuellen Privatisierungsdisposition stehende nichtbörsliche Beteiligungsbereich des Bundes ist unter das bewährte Führungs- und Kontrollsystem der „Hinweise" als Mindeststandard gestellt. Auch dieser Bereich unterliegt angesichts des Aufgabenwandels von Bundesunternehmen (vgl. Knauss, 1993, S. 69–119) grundsätzlich im Rahmen künftiger Fortschreibungen des „Berichtes zur Verringerung von Beteiligungen des Bundes" der kritischen Überprüfung des „wichtigen Bundesinteresses", so dass bereits insoweit eine Aufgeschlossenheit gegenüber der Akzeptanz und Weiterentwicklung moderner Führungs- und Kontrollinstrumente erforderlich und angezeigt ist.

5. Zusammenfassung/Ausblick

Der Deutsche Corporate Governance Kodex setzt für das nationale System der Unternehmensführung und -kontrolle einen neuen modernen Standard. Anlass dazu gaben Fehlentwicklungen auch inländischer Unternehmen, deren Ursache nicht zuletzt in möglichen Defiziten der bisherigen Mechanismen vermutet wurde. Darüber hinaus galt es, dem durch Globalisierung und Internationalisierung der Kapitalmärkte bedingten Wandel der Unternehmens- und Marktstrukturen Rechnung zu tragen (vgl. Baums, 2001, S. 1). Der Anwendungsbereich wurde – über gesetzesergänzende Regeln mit dem Charakter von Empfehlungen – auf börsennotierte Unternehmen ausgerichtet mit der Erwartung einer „Ausstrahlungswirkung" auch auf nicht börsennotierte Gesellschaften mit Schwerpunkt auf diejenigen, die einen Börsengang planen (vgl. Baums, 2001, S. 58).

Das die Entstehungsgeschichte des Deutschen Corporate Governance Kodexes bestimmende Umfeld ist nahezu deckungsgleich mit der Ausgangslage und den Herausforderungen, denen sich die Beteiligungssteuerung des Bundes im Hinblick auf die Doppelstrategie Konsolidierung und Privatisierung (vgl. Knauss, 1993, S. 146 ff.) ihres Unternehmensbestandes ausgesetzt sah und sieht. Die Beteiligungssteuerung hat im Zuge der Umsetzung dieser Strategie die überragende Bedeutung eines transparenten Führungs- und Kontrollsystems erkannt, konsequent umgesetzt und mit dem Wandel auf den ab 2003 vollumfänglich geltenden modernen Deutschen Corporate Governance Kodex die sachgerechte Weiterentwicklung vollzogen.

Dies gilt in erster Linie für die börsennotierte Teilmenge des Bundes, deren ehemaliger und aktueller Bestand allein den DAX 30 kapitalgewichtet gegenwärtig mit etwa 25 v. H. repräsentiert.* Der Börsengang 2001 des M-DAX Wertes Fraport AG ist gleichzeitig ein Beleg dafür, dass auch kleinere Unternehmen mit Bundesbeteiligung an der Börse und damit auch in die anspruchsvollen Kodex-Standards privater Aktionäre und Fremdkapitalgeber eingeführt werden können. Unabhängig davon ist die Fraport AG ein bemerkenswertes Beispiel für die effektive Zusammenarbeit von Beteiligungssteuerungen unterschiedlicher staatlicher Ebenen – hier das Land Hessen, die Stadt Frankfurt und der Bund – auch mit Blick auf gemeinsame Kodex-Entscheidungen.

Der „Ausstrahlungswirkung" des modernen Kodexes können sich aber insbesondere auch die Unternehmen des nicht börsennotierten Beteiligungsbestandes des Bundes nicht entziehen, die im Rahmen aktueller Fortschreibungen des „Berichtes zur Verringerung von Beteiligungen des Bundes" auf eine private Börsen- oder M&A-Eigentümerstruktur vorzubereiten sind.

Ob der aktuell verbleibende, zahlenmäßig eher kleine und heterogene Kernbestand nicht börsennotierter Unternehmen des Bundes ebenfalls der „Ausstrahlungswirkung" des Kodexes unterliegt oder ob für ihn – zusammen mit öffentlichen Unternehmen anderer staatlicher Ebenen – ein eigener „Public Kodex" etabliert werden soll, wird kontrovers diskutiert (vgl. Pfitzer/Oser (Hrsg.), 2003, S. 405 ff.; Schwintowski, 2001, S. 607; Ruter, 2004, S. 389 ff.).

Für die Beteiligungssteuerung des Bundes stellt sich diese Frage mit Blick auf den vergleichsweise geringen Kernbestand betroffener Unternehmen schon aus formalen Gründen – zumindest in dieser Schärfe – nicht. Die Führungs- und Kontrollanforderungen an den Kernbestand sind modern und hinreichend abgesichert durch den Mindeststandard der „Hinweise" sowie die „Ausstrahlungswirkung" des Deutschen Corporate Governance Kodexes. Dieses auf die Einheit mit den privatwirtschaftlichen Führungs- und Kontrollstandards ausgerichtete Fundament wird sich auch in Zukunft als belastbar für die Unternehmensführung und die Unternehmenskontrolle der betroffenen Unternehmen des Bundes erweisen und allenfalls der komplementären Ergänzung in Einzelfällen bedürfen.

Mit dieser Vorgehensweise ist generell sichergestellt, dass der öffentliche Unternehmensbestand des Bundes an der modernen Weiterentwicklung ökonomischer und recht-

---

* Im Einzelnen (Stand: Februar 2005): E.ON: 10,2 v. H.; Deutsche Telekom: 8,9 v. H.; Deutsche Post: 1,9 v. H.; Volkswagen: 1,8 v. H.; Deutsche Lufthansa: 1,0 v. H. und TUI: 0,6 v. H.

licher Rahmenbedingungen partizipiert. Die Anpassungszeiträume an den weltweiten Wandel werden immer kürzer und die entsprechenden Handlungszwänge auch für die öffentlichen Unternehmen und die Beteiligungssteuerungen auf allen Ebenen immer größer. Vor diesem Hintergrund ist die Positionierung nicht nur zur Frage eines „Public Kodex" offenkundig: Die Zukunftssicherung öffentlicher Unternehmen des Bundes ist, von Einzelfällen abgesehen, weniger eine Frage von neuen oder geänderten Gesetzen oder Regelungen, zumal wenn sie auf den öffentlichen Unternehmenstypus zugeschnitten und in der Tendenz auf die Entkoppelung von privatwirtschaftlichen Leitlinien und damit der Etablierung einer „öffentlichen Parallelwelt" gerichtet sind. Sachgerecht erscheint vielmehr eine pragmatische und an sich ändernden Rahmenbedingungen ausgerichtete Beteiligungssteuerung auf der Grundlage des vorhandenen flexiblen und an der privatwirtschaftlichen Praxis ausgerichteten Regelwerkes.

Literaturverzeichnis

Backhaus, Jürgen, Öffentliche Unternehmen, Frankfurt 1980

Baums, Theodor (Hrsg.), Bericht der Regierungskommission Corporate Governance, Köln 2001

Beteiligungsbericht 2004, Bundesministerium der Finanzen, Reihe: Berichte und Dokumentationen, 2004

€uro-Magazin, 43(2004)12

Knauss, Fritz, Hrsg, Privatisierungs- und Beteiligungspolitik des Bundes, Baden-Baden 1993

Handelsblatt vom 15. Januar 2004

Gemeinsames Ministerialblatt, Bundesministerium des Innern, 52(2001)47

Pfitzer, Norbert/**Oser,** Peter (Hrsg.), Deutscher Corporate Governance Kodex, Stuttgart 2003

Ruter, Rudolf X., Ein Corporate Governance Kodex für öffentliche Unternehmen?, in: Zeitschrift für öffentliche und gemeinwirtschaftliche Unternehmen, 27(2004)4

Schwintowski, Hans-Peter, Corporate Governance im öffentlichen Unternehmen, in: Neue Zeitschrift für Verwaltungsrecht, 24(2001)6

Strenger, Christian, Corporate Governance in Deutschland, in: Finanzplatz e.V., Nr. 3, Frankfurt 2002

Ansätze zur verbesserten Steuerung öffentlicher Unternehmen

Ralf Seibicke

1. Verlagerung öffentlicher Aufgaben auf öffentliche Unternehmen

Seit langer Zeit werden öffentliche Aufgaben, insbesondere der Daseinsvorsorge, auf allen Ebenen (Bund, Länder, Kommunen) durch mehr oder weniger rechtlich verselbständigte Unternehmen mit öffentlicher Beteiligung (= öffentliche Unternehmen) wahrgenommen. Der Druck aus dem europäischen Wirtschaftsraum zur Deregulierung verstärkt die Privatisierungsbemühungen des Landes und der Kommunen auch in Sachsen-Anhalt.

Das durch Art. 28 Abs. 2 Grundgesetz und Art. 87 Landesverfassung geschützte Recht der kommunalen Selbstverwaltung ermöglicht es *den Kommunen*, sich in Angelegenheiten der örtlichen Gemeinschaft außerhalb ihrer Kernverwaltung in Unternehmen des öffentlichen und des privaten Rechts zu betätigen.

Diese Verlagerung einzelner Aufgaben von der Kernverwaltung auf kommunale Unternehmen ändert nicht den Charakter dieser öffentlichen Aufgaben und reduziert daher nicht die den kommunalen Entscheidungsträgern obliegende Verantwortung für die Art und Weise der Aufgabenerfüllung sowie ihre Steuerung und Kontrolle. Hiervon zu unterscheiden ist das gänzliche Aufgeben von Aufgabenbereichen, die materielle Privatisierung.

Auch *das Land* erledigt einen Teil seiner Aufgaben zum Teil in privater Form bzw. beteiligt sich, bei entsprechendem öffentlichen Interesse, an Unternehmen, die in privatrechtlicher Rechtsform (z. B. Spielbanken Sachsen-Anhalt GmbH) aber auch öffentlich-rechtlich (wie die Norddeutsche Landesbank) organisiert sein können. Zunehmend wird, mit bedingt durch die aktuellen Diskussionen und Entwicklungen in der Privatwirtschaft, auch bei öffentlichen Unternehmen der Ruf nach einem Kodex laut, der die Steuerung und Kontrolle der öffentlichen Unternehmen verbessern soll.

Mit der Einführung des Deutschen Corporate Governance Kodexes (DCGK) bei börsennotierten Unternehmen ist die Hoffnung verbunden, dass Leitung und Überwachung deutscher Gesellschaften transparenter und nachvollziehbarer gestaltet werden. Erwartet wird eigentlich noch mehr, nämlich dass auch das Verhalten der Beteiligten sich verändert.

Können wir von einem speziellen Kodex für öffentliche Unternehmen entsprechendes erwarten? Der Landesrechnungshof Sachsen-Anhalt hat auf der Grundlage seiner zahlreichen Prüfungen der wirtschaftlichen Betätigung der öffentlichen Hand sowohl in den Kommunen – im Rahmen der überörtlichen Kommunalprüfung – als auch auf Landesebene vielschichtige Erfahrungen in Bezug auf die Steuerung öffentlicher Unternehmen gesammelt. Ob ein derartiger Kodex aus Sicht des Landesrechnungshofes erforderlich oder zweckmäßig erscheint, soll im Folgenden dargestellt werden.

2. Ausgangslage für die Beteiligungen der Kommunen und des Landes

Für die Betätigung *einer Kommune* außerhalb ihrer öffentlichen Verwaltung gibt es im Land Sachsen-Anhalt eine Vielzahl von rechtlichen Regelungen. Die für die Gemeinden verbindlichen Regelungen insbesondere der §§ 116 bis 123 GO LSA (Gemeindeordnung für das Land Sachsen-Anhalt) finden dabei gemäß § 65 LKO LSA (Landkreisordnung für das Land Sachsen-Anhalt) auf die Wirtschaftsführung der Landkreise entsprechende Anwendung. Zum besseren Verständnis werde ich mich im Folgenden allein auf die Gemeinde und ihre Unternehmen und die für sie handelnden Organe beziehen.

Die Gemeinde kann ihre Unternehmen sowohl in öffentlich-rechtlicher Form (Eigenbetrieb, Anstalt des öffentlichen Rechts) als auch in einer Rechtsform des Privatrechts führen. Eine Rechtsform des Privatrechts ist für die wirtschaftliche Betätigung der Gemeinde nach den im Land Sachsen-Anhalt geltenden Vorschriften nur dann zulässig, wenn die allgemeinen Voraussetzungen des § 116 Abs. 1 GO LSA vorliegen und der öffentliche Zweck des Unternehmens nicht ebenso durch einen Eigenbetrieb oder eine Anstalt des öffentlichen Rechts erfüllt wird oder erfüllt werden kann. Der Landesgesetzgeber hat damit den öffentlich-rechtlichen Unternehmensformen Vorrang vor den Rechtsformen des Privatrechts eingeräumt. Dieser Vorrang öffentlich-rechtlicher Unternehmensformen ist darin begründet, dass für die Ausgestaltung dieser Unternehmen überwiegend das öffentliche Recht Anwendung findet, während bei den privatrechtlichen Rechtsformen das Privatrecht bei der Ausgestaltung des Unternehmens das öffentliche Recht überlagert.

Die Beteiligungen der öffentlichen Hand in Sachsen-Anhalt und deren Verschuldung sind in nachfolgender Tabelle* dargestellt:

	31.12.1998	**31.12.2000**	**31.12.2003**
öffentliche Wirtschaftsunternehmen (GmbH, AG) darunter mit überwiegender Beteiligung des Landes	309 7	312 7	296 15
rechtlich unselbstständige Unternehmen (Eigenbetriebe der Kommunen)	48	53	73
Schulden der Unternehmen in Mio. Euro	4.921	5.108	4.541
Schulden der Gemeinden und Gemeindeverbände in Mio. Euro	3.100	3.253	3.369

* Statistisches Landesamt Sachsen-Anhalt, Schulden der öffentlichen Haushalte, Einrichtungen und Wirtschaftsunternehmen, Statistische Berichte L III 1 j/98 (Stand 31.12.1998), L III 1 j/00 (Stand 31.12.2000) und L III j/03 (Stand 31.12.2003)

Allein die Schulden der Wirtschaftsunternehmen überstiegen zum 31.12.2003 mit rund 4.541 Mio. Euro die Schulden der Gemeinden und Gemeindeverbände, die bei rund 3.369 Mio. Euro lagen, beträchtlich. Hinzu kommt bei einer Vielzahl von Unternehmen, so z. B. den kommunalen Wirtschaftsförderungsunternehmen und den Nahverkehrsunternehmen, ein regelmäßiger Zuschussbedarf. Diese Zuschüsse belasten die Haushalte der Gemeinden als Gesellschafter. Schon daraus ergibt sich die Notwendigkeit einer angemessenen Steuerung und Kontrolle öffentlicher Unternehmen. Auch *das Land* ist Eigentümer oder Anteilseigner von Unternehmen in einer Rechtsform des Privatrechts oder Unternehmen des öffentlichen Rechts als Körperschaften oder Anstalten. Die hier zur Diskussion stehenden Rechtsformen fasst die öffentliche Verwaltung (hier: das Land) vereinfachend unter dem Begriff Landesbeteiligungen zusammen.

Die Betätigung des Landes in solchen Unternehmen ist rechtlich geregelt in den §§ 65 ff. LHO (Landeshaushaltsordnung) und in den §§ 53 und 54 HGrG (Haushaltsgrundsätzegesetz).

Das Land hatte sich nach seiner Wiedergründung bereits 1992 an insgesamt 23 Gesellschaften unmittelbar oder mittelbar beteiligt und dabei für das Stammkapital der Beteiligungen rund 52 Mio. Euro zur Verfügung gestellt. Einige dieser Gesellschaften bestehen weiterhin. Die übrigen sind in anderen Gesellschaften aufgegangen, wurden liquidiert oder umstrukturiert.

Im Jahr 2005 ist das Land (lt. Ausweisung in einer Beilage zum Haushaltsplan 2005/2006) nunmehr an 52 Unternehmen des öffentlichen und des privaten Rechts unmittelbar oder mittelbar beteiligt. Durch die unmittelbaren Beteiligungen ist Stammkapital in Höhe von rund 85 Mio. Euro gebunden. Beispielhaft sollen folgende Beteiligungen genannt werden:

Name des Unternehmens	Höhe der Beteiligung des Landes in €	Höhe der Beteiligung des Landes in v. H.
Norddeutsche Landesbank, Mitteldeutsche Landesbank	37.000.000	10
Landgesellschaft Sachsen-Anhalt mbH Gemeinnütziges Unternehmen für die Entwicklung des ländlichen Raumes	8.449.098	91,68
IBG Beteiligungsgesellschaft Sachsen-Anhalt mbH	6.000.000	100
Spielbanken Sachsen- Anhalt GmbH	2.607.600	100
Landesmarketing Sachsen-Anhalt GmbH	43.200	54
Historische Kuranlagen und Goethe-Theater Bad Lauchstädt GmbH	25.565	100

Name des Unternehmens	Höhe der Beteiligung des Landes in €	Höhe der Beteiligung des Landes in v. H.
Mitteldeutsche Flughafen AG Diese Gesellschaft hält Anteile an: Flughafen Leipzig/Halle GmbH Flughafen Dresden GmbH PortGround GmbH EasternAirCargo GmbH	1.114.000	13,58
MDSE Mitteldeutsche Sanierungs- und Entsorgungsgesellschaft mbH Diese Gesellschaft hält die Anteile an: MDVV Mitteldeutsche Vermögensverwaltungsgesellschaft mbH	500.000	100

Werden diesen Mitteln die im Haushaltsplan für 2005 für Verlustausgleiche und aus sonstigen Gründen veranschlagten Mittel in Höhe von rund 62 Mio. Euro* hinzugerechnet, ergibt sich ein Betrag in Höhe von rund 147 Mio. Euro, der allein für das betrachtete Jahr gebunden ist.

3. Instrumente der Steuerung öffentlicher Unternehmen

Über die gesetzlichen Regelungen sind *die Gemeinden* verpflichtet, sowohl dem Gemeinderat als auch dem Bürgermeister und der allgemeinen Verwaltung in den Unternehmensorganen Steuerungsmöglichkeiten einzuräumen.

Zunächst regelt § 44 Abs. 3 Nr. 9 GO LSA, dass die Entscheidung über die Errichtung, Übernahme, wesentliche Erweiterung bzw. Einschränkung oder Auflösung kommunaler Betriebe und Einrichtungen, die Beteiligung an privatrechtlichen Unternehmen sowie die Umwandlung der Rechtsform kommunaler Betriebe und Einrichtungen der Beschlussfassung durch das Hauptorgan der Gemeinde, den Gemeinderat, bedarf.

Zur Sicherung des Einflusses der Gemeinde bei einer Betätigung in einer Rechtsform des Privatrechts verlangt § 117 Abs. 1 Nummern 2 und 3 GO LSA, dass durch die Ausgestaltung des Gesellschaftsvertrages oder der Satzung sicherzustellen ist, dass

* Darin enthalten sind rund 37 Mio. Euro Investitionszuschüsse für die Flughafen Leipzig/Halle GmbH.

- der öffentliche Zweck des Unternehmens erfüllt wird,
- die Gemeinde einen angemessenen Einfluss insbesondere im Aufsichtsrat oder in einem entsprechenden Überwachungsorgan des Unternehmens erhält und
- dieser durch Gesellschaftsvertrag, Satzung oder in anderer Weise zu sichern ist.

Darüber hinaus regelt § 119 Abs. 1 GO LSA, dass der Bürgermeister die Gemeinde in der Gesellschafterversammlung oder in dem entsprechenden Organ der Unternehmen in einer Rechtsform des Privatrechts, an denen die Gemeinde beteiligt ist, vertritt. Damit ist über die gemeinderechtlichen Vorschriften sichergestellt, dass die hauptamtliche Verwaltung der Gemeinde neben dem ehrenamtlichen Gemeinderat Einfluss auf die Steuerung der gemeindlichen Beteiligungen hat.

Zur Sicherung der notwendigen Transparenz der Betätigung der Gemeinden sind diese gemäß § 118 GO LSA verpflichtet, bei entsprechendem Umfang der Beteiligungen eine fachlich geeignete Stelle einzurichten, die das Beteiligungsmanagement gewährleistet, und einen Beteiligungsbericht zu erstellen und in öffentlicher Sitzung des Gemeinderates zu erörtern. Die konkrete Ausgestaltung dieser rechtlichen Vorgaben liegt in der Selbstverwaltungskompetenz der Gemeinde.

Das Ministerium des Innern des Landes Sachsen-Anhalt hat als oberste Kommunalaufsicht über die gesetzlichen Regelungen hinaus einige der wichtigsten Punkte, die die Entscheidungsträger der kommunalen Verwaltung, deren Mitarbeiter, die kommunalen Mandatsträger und die kommunalen Vertreter in den Aufsichtsorganen der kommunalen Unternehmen beachten müssen, in drei Leitfäden skizziert, die im Internet veröffentlicht sind (www.sachsen.anhalt.de). Damit haben die für die Steuerung und Kontrolle der Beteiligungen der Gemeinden zuständigen Verantwortungsträger Anhaltspunkte dafür, wie Unternehmen effektiv gesteuert und die Organe der Unternehmen angemessen kontrolliert werden können.

Das Land steuert seine Gesellschaften im Rahmen einer sogenannten dezentralen Beteiligungsverwaltung. Das bedeutet, dass die Gesellschafterrechte des Landes Sachsen-Anhalt durch das für die betreffende Gesellschaft jeweils zuständige Fachressort wahrgenommen werden, also z. B. die Wirtschaftsförderungsgesellschaft Sachsen-Anhalt mbH durch das Ministerium für Wirtschaft und Arbeit.

Die Landesregierung hat dazu eine „Richtlinie Beteiligungsverwaltung“ erlassen. In dieser ist zunächst die fachpolitische Steuerung des Beteiligungsunternehmens geregelt. Das Fachressort hat die Ressortverantwortung, die die fachliche Führung, die betriebswirtschaftliche Effizienz und die Einhaltung von haushaltswirtschaftlichen Vorgaben umfasst. Die finanzpolitische Steuerung nimmt das Ministerium der Finanzen wahr. Es ist bei allen Planungen, Zielveränderungen und Maßnahmen mit finanziellen Auswirkungen rechtzeitig und umfassend zu beteiligen. Letztlich werden noch Querschnittsaufgaben definiert, deren Wahrnehmung auch im Zuständigkeitsbereich des Ministeriums der Finanzen liegt, z. B.

- Erarbeitung und Aktualisierung von Beteiligungsrichtlinien, gesellschaftsrechtlichen Grundsätzen und Mustern für Verträge, Geschäftsordnungen u. ä.,
- Auswahl und Steuerung des Einsatzes der Abschlussprüfer und Herstellung des Einvernehmens mit dem Landesrechnungshof,
- Sammlung und Auswertung betriebswirtschaftlicher und statistischer Daten der Unternehmen,
- Personalangelegenheiten von Vorstandsmitgliedern/Geschäftsführern und der leitenden Angestellten, arbeitsrechtlicher und versorgungsrechtlicher Grundsatzfragen,
- allgemeine Aufsichtsratsangelegenheiten.

Um für die Steuerung der betrachteten Unternehmen konkrete Regelungen zu schaffen, hat die Landesregierung die „Hinweise für die Verwaltung der Beteiligungen des Landes Sachsen-Anhalt an Unternehmen vom 19. Januar 1998“ erlassen.

Im Einzelnen enthalten diese „Hinweise“:

- Eine Zusammenstellung wichtiger Gesetze, Verordnungen und Verwaltungsvorschriften (z. B. Haushaltsgrundsätzegesetz, Landeshaushaltsordnung einschließlich dazu erlassener Verwaltungsvorschriften, Handelsrecht einschließlich Gesellschaftsrecht, Betriebsverfassungsgesetz, Mitbestimmungsgesetz, Kreditwesengesetz),
- Vorgaben zur Prüfung der Voraussetzungen für eine Beteiligung des Landes gemäß § 65 LHO,
- Hinweise zur Bereitstellung von Haushaltsmitteln,
- Besonderheiten bei mittelbaren Beteiligungen,
- Fragen der Mitwirkung des Landtages, der Landesregierung und des für die Finanzen zuständigen Ministeriums, z. B. bei der Gründung oder der Veräußerung eines Unternehmens,
- sehr detaillierte Grundsätze für die gewählten oder entsandten Mitglieder in den Überwachungsorganen und für die Vertreter des Landes in den Haupt- oder Gesellschafterversammlungen,
- allgemeine wirtschaftliche Grundsätze,
- Hinweise zur Prüfung der Unternehmen durch den Abschlussprüfer, durch die zuständige Behörde und durch den Landesrechnungshof,
- Besonderheiten bei Unternehmen des öffentlichen Rechts,
- diverse Muster zur Darstellung der Personalbestands-Entwicklung, der Vermögenslage des Unternehmens, der aufbereiteten Gewinn- und Verlustrechnung u. ä.,
- Muster für Geschäftsordnungen für die Geschäftsführung, für den Aufsichtsrat.

Diese „Hinweise" sind – das soll hier deutlich gemacht werden – sehr umfangreich und konkret. Sie verpflichten alle Beteiligten auf die Einhaltung der rechtlichen Vorgaben und auch auf die Berücksichtigung betriebswirtschaftlicher Gesichtspunkte. Darüber hinaus werden die „Verflechtungen" mit dem Landeshaushalt herausgearbeitet und alle Beteiligten (zumindest implizit) auf die Beachtung der Grundsätze der Wirtschaftlichkeit und Sparsamkeit im Umgang mit öffentlichen Mitteln verpflichtet.

4. Problemfelder und Schwachstellen bei der Unternehmenssteuerung

Der Landesrechungshof Sachsen-Anhalt hat bei seinen Prüfungen trotz der für die wirtschaftliche Betätigung der Gemeinden und des Landes und die Steuerung ihrer Unternehmen geltenden dargestellten umfangreichen Vorschriften vielfach Schwachstellen und Verstöße unabhängig von der gewählten Rechtsform festgestellt. Diese haben auch zu finanziellen Schäden für die Gemeinden und das Land als Träger bzw. Gesellschafter geführt.

4.1 Kommunale Ebene

So hat der Landesrechnungshof festgestellt,* dass in kommunalen Krankenhäusern, die als Eigenbetriebe geführt wurden,

- die Verwaltungsdirektoren in mehreren Fällen ohne Einschaltung des dafür regelmäßig zuständigen Betriebsausschusses und ohne Einholung der erforderlichen Genehmigung durch die oberste Kommunalaufsichtsbehörde leitenden Angestellten übertarifliche Leistungen gewährten;
- bei der Vergabe von Aufträgen die Eigenbetriebe in vielen Fällen die geltenden vergaberechtlichen Vorschriften nicht eingehalten haben und die Betriebsleiter die Aufträge teilweise ohne Einschaltung der zuständigen Betriebsausschüsse vergeben haben.

Diese Verstöße waren bis zur Prüfung durch den Landesrechnungshof weder den Mitgliedern der Betriebsausschüsse noch den mit der Abschlussprüfung beauftragten Wirtschaftsprüfern aufgefallen.

Bei der Prüfung der Betätigung der Gemeinden in Unternehmen in der Rechtsform der GmbH hat der Landesrechnungshof u. a. festgestellt,** dass das Vertrauen in Fähigkeiten und Seriosität von Geschäftsführern ohne gleichzeitige begleitende Kontrolle und Einflussnahme durch die Gemeinde als Gesellschafter und die Aufsichtsgremien in mehre-

---

* Vgl. Jahresbericht 2003, Teil 2, Seite 59 ff., www.lrh.sachsen-anhalt.de.

** Vgl. Jahresbericht 2002, Teil 2, Seite 44 ff., www.lrh.sachsen-anhalt.de.

ren Fällen zur Verselbstständigung der Geschäftsführung und zu finanziellen Schäden für die Gesellschaften und die Gesellschafter geführt hat.

So hat der Geschäftsführer eines kommunalen Unternehmens das Unternehmen und sich selbst entgegen dem Gesellschaftsvertrag an einer anderen Firma beteiligt. Über Jahre hinweg hat die Geschäftsführung desselben Unternehmens mit erheblichen Summen Kultur- und Sportvereine gesponsert, deren leitende Mitglieder Gesellschafter der Firma – an dem sich das Unternehmen beteiligt hatte – leitende Angestellte der Gesellschaft selbst bzw. Mitglied von deren Aufsichtsrat waren. Konsequenzen aus diesem pflichtwidrigen Handeln der Geschäftsführung zogen weder der Aufsichtsrat noch die Gesellschafterversammlung. Die Gesellschafter stimmten der Beteiligung sogar nachträglich zu. Das dargestellte Verhalten der Organe der Gesellschaft zeigt erhebliche Versäumnisse und Handlungsbedarf bei der Steuerung des Unternehmens auf.

Der Landesrechnungshof hat bei seinen Prüfungen allgemein festgestellt, dass zwar in den meisten Gemeinden eine Beteiligungsverwaltung auf dem Papier, jedoch kein Beteiligungsmanagement im Sinne des § 118 Abs. 4 GO LSA eingerichtet ist. Außerdem hat eine Vielzahl der Gemeinden bisher nicht ihre Verpflichtung aus § 129 Abs. 3 und 4 GO LSA erfüllt, wonach die Gemeinde darauf hinzuwirken hat, dass den für sie zuständigen (örtlichen und überörtlichen) Prüfungseinrichtungen die in § 54 HGrG vorgesehenen Prüfungsrechte eingeräumt werden. Die Folge ist, dass sowohl das für die örtliche Rechnungsprüfung zuständige Rechnungsprüfungsamt als auch die für die überörtliche Prüfung zuständige Prüfungseinrichtung, das Rechnungsprüfungsamt des Landkreises bzw. der Landsrechnungshof, keine unmittelbare Untersuchung und Prüfung bei dem Unternehmen mit eigener Rechtspersönlichkeit vornehmen können.

So konnte der Landesrechnungshof die oben dargestellten Feststellungen in den in Form einer GmbH geführten Unternehmen erst treffen, nachdem die Gesellschafter aufgrund von vermuteten weiteren Unregelmäßigkeiten den Landesrechnungshof selbst um eine Prüfung der Gesellschaften gebeten hatten.

Der Landtag hat daher mit Beschluss vom 24. Oktober 2003* die Landesregierung gebeten, einen Gesetzentwurf in den Landtag einzubringen, wonach die Einräumung der Prüfungsrechte zur Zulässigkeitsvoraussetzung für die wirtschaftliche Betätigung einer Kommune in einer Rechtsform des Privatrechts gemacht wird. Der Gesetzentwurf soll noch im Jahr 2005 in den Landtag eingebracht werden.

4.2 Landesebene

Bei der Prüfung der Betätigung des Landes bei öffentlichen Unternehmen hat der Landesrechnungshof festgestellt, dass in Gesellschaften, zum Teil unter Verweis auf die Gegebenheiten in der freien Wirtschaft, Einstellungen losgelöst von den Regelungen im öf-

* Drs. 4/28/1099 B

fentlichen Bereich erfolgen. Besonders bei Geschäftsführern werden höhere Grundvergütungen ebenso wie Tantiemezahlungen gewährt, Beiträge für private Lebensversicherungen und Unfallversicherungen durch den Gesellschafter übernommen sowie die uneingeschränkte und unentgeltliche Nutzung des Unternehmens-Pkw zu privaten Zwecken zugelassen.

Im Zusammenhang mit den Gehältern der Geschäftsführer der Beteiligungsunternehmen hat der Landesrechnungshof festgestellt, dass sich die Gesamtvergütung in zahlreichen Fällen erheblich von der Vergütung vergleichbarer Ämter in der Landesverwaltung entfernt hat.

In einigen Fällen haben Landesvertreter Verträge mit Geschäftsführern nicht nur ohne Not vorzeitig verlängert, sondern bei gleichzeitiger Erhöhung der Geschäftsführervergütung auch zugestimmt, dass diese Erhöhung rückwirkend gilt.

Geschäftsführern werden Tantiemen zugebilligt, ohne dass hierfür (konkrete) Zielvorgaben vereinbart sind. Die Tantiemen werden nach Ablauf des Wirtschaftsjahres vom Aufsichtsrat quasi nach „Gutsherrenart“ verteilt.

In einem Beispiel hat das Land ein Unternehmen des privaten Rechts gegründet und damit folgende Zielstellungen verfolgt:

- Übernahme einer beachtlichen Anzahl Personal aus dem Bestand der Landesverwaltung,
- eine deutliche Entlastung des Landeshaushalts und
- eine sich selbst tragende GmbH mit Gewinnerzielung und schnellstmöglichem Kapitalrückfluss.

Das Land hat als Gesellschafter eine Steuerung des Unternehmens weitgehend unterlassen mit der Konsequenz, dass die ursprünglich verfolgten Ziele deutlich verfehlt wurden. Das Unternehmen führt zwischenzeitlich keinen einzigen Geschäftsbereich mit Gewinn. Die negative Entwicklung des Unternehmens ist zumindest teilweise auch auf nicht ausreichende Kontrolltätigkeiten des Aufsichtsrates, Versäumnisse in der Geschäftsführung und ein nicht befriedigendes Controlling zurückzuführen. So erfolgte beispielsweise keine Umsetzung des bereits frühzeitig beschlossenen Konsolidierungskonzeptes. Dieses ist ein Beispiel für eine deutliche Untersteuerung des Unternehmens durch den öffentlichen Gesellschafter.

An den Beispielen wird auch deutlich, dass nicht alle Fachressorts, die mit der Beteiligungsverwaltung betraut sind, ihre Aufgaben im Rahmen ihrer Kontroll- und Berichtstätigkeit im Sinne des § 69 LHO vollständig wahrnehmen. Die genannte Vorschrift der Landeshaushaltsordnung verlangt von dem zuständigen Fachressort im Zusammenhang mit dem abgelaufenen Geschäftsjahr eine eigenständige Prüfung des Unternehmens. Die Beteiligungsverwaltung des jeweiligen Ressorts fertigt aber oftmals erst im Nachhinein, also nach Feststellung der Jahresabschlüsse und der Entlastung von Geschäftsführung und Aufsichtsrat, die Berichte, die in der Regel eine Wiederholung der Feststellungen des Abschlussprüfers darstellen. Ein derartiges Verfahren ist nicht gerade Ausdruck einer wirksamen Steuerung und Kontrolle.

Der Landesrechnungshof hat weiter festgestellt, dass die Aufsichtsräte in öffentlichen Unternehmen ihre Aufgaben nicht immer mit der notwendigen Intensität wahrnehmen. Die Beschlussfassung der Wirtschaftspläne der Unternehmen erfolgt oftmals zu spät, meist erst im Laufe des betreffenden Wirtschaftsjahres. Die Beauftragung des Abschlussprüfers für den Jahresabschluss erfolgt häufig zu spät; das erforderliche Einvernehmen mit dem Landesrechnungshof bezüglich der Abschlussprüferbestellung wird gelegentlich nicht oder zu spät hergestellt, womit dem Landesrechnungshof Einflussmöglichkeiten z. B. über die Festlegung von Prüfungsschwerpunkten für die Abschlussprüfung oder das Versagen des Einvernehmens erschwert werden.

Alle aufgeführten Beispiele machen deutlich, dass trotz der vorhandenen gesetzlichen Regelungen (z. B. bezüglich der Rechnungslegung nach HGB) und weiterer umfangreicher Vorschriften und Hinweise zahlreiche und zum Teil erhebliche Defizite festzustellen sind.

5. Ein Public Corporate Governance Kodex als Gegenmittel?

Die Probleme bei der Steuerung von Unternehmen sind u. a. darin begründet, dass die Manager bzw. Geschäftsführer nicht die (Mit-)Eigentümer des Unternehmens sind. Das gilt erst recht bei öffentlichen Unternehmen. Die Geschäftsführer sind nicht in der gleichen Weise auf einen bestimmten messbaren Erfolg verpflichtet, den ein Eigentümer benötigt, um sein Unternehmen fortführen zu können. Eine weitere Besonderheit ist, dass der Eigentümer hier die öffentliche Hand ist, die nicht mit dem eigenen Geld zum Erfolg verpflichtet ist, sondern dieses Geld treuhänderisch für den Steuerzahler verwaltet und verwendet. Dieses sollte in besonderem Maße verpflichtend wirken.

Der jeweilige Unternehmensgegenstand ist bei öffentlichen Unternehmen der hier untersuchten Art oftmals nur grob formuliert; die Ziele sind nur selten quantitativ definiert; Wirtschaftspläne existieren manchmal nur nachträglich. Die Kernfrage besteht also darin, wie man einen Manager bzw. Geschäftsführer dazu bringt, sich so zu verhalten, dass er der Absicht der öffentlichen Hand gerecht wird und sparsam und wirtschaftlich mit den öffentlichen Geldern umgeht. Dieser Ansatz gilt nicht nur für die Geschäftsführer, sondern ebenso auch für die Gesellschafterversammlungen und die Aufsichtsräte.

Öffentliche Unternehmen benötigen meines Erachtens eine von privaten Unternehmen zu unterscheidende eigene Corporate Governance. In der Debatte um eine Optimierung der Unternehmenssteuerung und die Gestaltung eines Corporate Governance Kodexes waren sie lange Zeit vergessen worden. Zwischenzeitlich liegen aber Muster für einen speziellen Public Corporate Governance Kodex vor.

Wie dargestellt, sind die Betätigung der Gemeinden außerhalb ihrer Kernverwaltung und die Betätigung des Landes umfassend geregelt. Ein Public Corporate Governance Kodex müsste insbesondere eine Stärkung der Motivation der in den Organen der Unternehmen handelnden Personen bewirken und die Möglichkeit der Abrechnung eröffnen, inwieweit die Verhaltensregeln eingehalten worden sind. Die Abgabe einer „Entsprechenserklärung„ ähnlich der Reglung in § 161 AktG ist hier in Erwägung zu ziehen, um die Verbindlichkeit für diese Personen herzustellen.

Die hohe Regelungsdichte im Bereich der gemeindewirtschaftlichen und landesbezogenen Vorschriften und Vorgaben selbst hat jedoch bisher nicht dazu geführt, dass die Verantwortungsträger beim Land und in den Gemeinden sowie in den öffentlichen Unternehmen ihren Verpflichtungen vollumfassend gerecht werden. Ich kann mir vorstellen, dass die Einführung eines Corporate Governance Kodexes eine Chance darstellt, die Steuerung öffentlicher Unternehmen zu verbessern. Er ist jedoch kein Allheilmittel, das die Gewähr für eine umfassende und wirksame Verbesserung bietet.

Gleichwohl sind entsprechende Hinweise, Mustersatzungen und Mustergeschäftsordnungen ebenso wie die vom Ministerium des Innern veröffentlichten Leitfäden geeignet, das Bewusstsein der handelnden Personen für ihre tatsächliche Verantwortung zu stärken. Entsprechendes gilt für das Land.

Dabei ist es insbesondere im Bereich der kommunalen Betätigung aufgrund der starken Einbeziehung der ehrenamtlichen Ratsmitglieder in Steuerung und Kontrolle der Unternehmen erforderlich, klare und verständliche Hinweise zusätzlich zu den kommunal- und haushaltsrechtlichen Regelungen zu geben. Ein Public Corporate Governance Kodex, der sich an den Deutschen Corporate Governance Kodex der Regierungskommission anlehnt und ebenso eine Vielzahl von Anglizismen und betriebswirtschaftlichen Fachbegriffen verwendet, ist nach meiner Ansicht nicht geeignet, den ehrenamtlichen Vertretern in den Organen der Gemeinde und der Unternehmen hinreichend Hilfestellung zu geben.

Als Fazit ist festzuhalten, dass der Versuch, mittels Einführung eines Public Corporate Governance Kodexes das Bewusstsein und möglicherweise das Verhalten der im Zusammenhang mit öffentlichen Unternehmen handelnden Personen im Hinblick auf mehr Transparenz, Verantwortungsbewusstsein und Mäßigung zu ändern, durchaus lohnen würde. Der nächste schwierige Schritt besteht darin, geeignete Kodex-Texte zu formulieren, die auf die jeweiligen Adressaten zugeschnitten sind. Ein für alle öffentlichen Unternehmen geltender einheitlicher Kodex – in Anlehnung an den von der Regierungskommission Deutscher Corporate Governance Kodex festgelegten Kodex für börsennotierte Unternehmen – ist bei den in der Regel nicht börsennotierten Unternehmen in Land und Kommune angesichts der Vielfalt in Betätigungsfeld und Größe meines Erachtens nicht erforderlich.

Zur Rolle eines Public Corporate Governance Kodexes in einer Landeshauptstadt

Michael Föll

1. Übertragbarkeit eines Kodexes auf Kommunen

1.1 Zielrichtung eines Kodexes

Die Kodex-Kommission hat mit dem Deutschen Corporate Governance Kodex Regeln für eine Verbesserung der Unternehmensleitung, -überwachung und -transparenz erzielt, die nun einen Maßstab für börsennotierte Aktiengesellschaften bilden. Logische Folge ist die damit angestoßene Diskussion nach einem Public Corporate Governance Kodex für den Bereich der öffentlich bestimmten Unternehmen, da hier ebenso – wenn auch teilweise aus anderen Gründen – ein Standard für das Zusammenspiel sinnvoll ist und zudem auch andere Maßstäbe zugrundegelegt werden sollten. So sind z. B. für die Landeshauptstadt Stuttgart in der Gesellschafterfunktion andere Interessen vorrangig als die von Kleinaktionären börsennotierter Aktiengesellschaften.

1.2 Ein Kodex für kommunale Bedürfnisse

Ein Public Corporate Governance Kodex soll analog dem Deutschen Corporate Governance Kodex Standards für öffentlich bestimmte Unternehmen festlegen. In diesem kann unter anderem der spezifischen Struktur der Organe und der bei öffentlichen Unternehmen notwendigen Transparenz Rechenschaft getragen werden.

Durch den vermehrten Hang zu Ausgliederungen und zur Organisation kommunaler Aufgaben in Rechtsformen des privaten Rechts muss es der Kommune als Gesellschafter – konkret der Verwaltungsspitze und dem Gemeinderat – ein Bedürfnis sein, den im Vergleich zur Privatwirtschaft erhöhten Forderungen nach Transparenz, Einwirkungsmöglichkeiten, Kontrolle und Steuerung nachzukommen.

Die *Gesellschafterfunktion* eines öffentlichen Unternehmens übernimmt bei der Landeshauptstadt Stuttgart die Beteiligungsverwaltung, die für die in der Gesellschafterversammlung zu fassenden Beschlüsse grundsätzlich die Legitimation durch den Gemeinderat – als dem Hauptorgan der Stadt – bzw. seiner Ausschüsse herbeiführt. Der Gemeinderat entsendet auch die *Mitglieder des Aufsichtsrates* für den Gesellschafter Stadt Stuttgart, neben einer Vertretung aus der Verwaltungsspitze zumeist Stadträte. Schon allein an der organischen Struktur ist somit zu erkennen, dass ein Kodex anderen Bedürfnissen gerecht werden muss. Da die städtischen Beteiligungsgesellschaften einem *öffentlichen Zweck* dienen und der teilweise defizitäre Betrieb mit Steuergeldern finanziert wird, bestehen erhöhte Anforderungen an die *Transparenz, Steuerung und Kontrolle* durch die zuständigen und verantwortlichen Organe. Dafür sind geeignete Instrumente und konkrete Vorgaben sinnvoll, um z. B. das Berichtswesen, die Zuständigkeitskompetenz des Aufsichtsrates und der Geschäftsführung, das städtische Vorgehen bei der Prüfung des Jahresabschlusses oder der Erstellung des Wirtschaftsplanes „kommunal-spezifisch" zu regeln. So sollten z. B. Prüfungsschwerpunkte und das zeitliche Vorgehen im Vorfeld mit den Beteiligungsunternehmen und den Wirtschaftsprüfungsunternehmen abgestimmt werden, damit rechtzeitig die notwendigen Beschlüsse der städtischen Ausschüsse bzw. des Gemeinderates eingeholt werden können.

1.3 Notwendigkeit eines kommune-spezifischen Kodexes

Neben den speziellen Anforderungen an einen Public Corporate Governance Kodex hat jede Kommune aufgrund ihrer Größe und Organisationshoheit eine eigene Beteiligungsstruktur. So sind die Anzahl der Beteiligungen, die Mitgesellschafter und die kommunalwirtschaftliche Bedeutung der Beteiligungen wie auch die Organisation und der Aufbau der Stadtverwaltung zu berücksichtigen. Es ist daher unentbehrlich, die Schwerpunkte eines Public Corporate Governance Kodexes um die Bedürfnisse und Anforderungen der jeweiligen örtlichen Praxis zu erweitern. Die „städtische Linie" kann damit auf einen Blick vermittelt werden. Eine weitere Konkretisierung auf einzelne Beteiligungsgesellschaften ist nicht unbedingt notwendig, wenn der städtische Kodex die strukturellen Gegebenheiten der Stadt bereits berücksichtigt.

Auch die Öffentlichkeit, Bürgervereinigungen und spezielle Interessensgruppen sind über die Arbeit und das Ergebnis der städtischen Beteiligungsunternehmen zu informieren, geht es hier doch um öffentliche Aufgaben, die von der öffentlichen Hand (mit-)finanziert werden. Somit besteht auch von dieser Seite ein berechtigtes Interesse an Transparenz und Offenlegung; es ist davon auszugehen, dass bestimmte Adressaten und gesellschaftliche Gruppen (z. B. Mieter-, Behinderten-, Umweltvereine etc.) die Informationen für ihre Ziele nutzen.

2. Bisherige Struktur ohne Kodex

Auch ohne spezifischen Public Corporate Governance Kodex ist die Zusammenarbeit der Organe der Beteiligungsgesellschaften untereinander und in Verbindung zur Verwaltung und den gemeinderätlichen Gremien bei der Stadt Stuttgart als durchweg positiv zu beurteilen. Die „gelebten" Grundsätze und Maßnahmen sind nur noch nicht schriftlich fixiert und dokumentiert. Eine gute Unternehmensleitung, -überwachung und -transparenz wird derzeit bei der Stadt Stuttgart durch mehrere Instrumente erreicht: Die z. B. nach dem Gesetz ermöglichte weitgehend freie Gestaltung *der Gesellschaftsverträge* der städtischen Gesellschaften – dabei ist die GmbH die häufigste Rechtsform bei der Stadt – ist wesentliche Grundlage für die Ordnung und Struktur der Gesellschaft. Hier sind auch durch die Rechtsvorschriften (Gemeindeordnung Baden-Württemberg, Haushaltsgrundsätzegesetz etc.) bereits Kriterien festgelegt, die eine große Einflussnahme auf die Gesellschaft ermöglichen sollen. So sind z. B. bestimmte Befugnisse zwingend der

Gesellschafterversammlung einzuräumen (vgl. §§ 103, 103a GemO). Damit wird die *Verbindung zum Gemeinderat* und über die öffentlichen Gemeinderats- oder Ausschusssitzungen und die zugrundeliegenden Gemeinderatsvorlagen zu interessierten Bürgern gewährleistet. Über die *Geschäftsordnung* des Aufsichtsrates und ggf. der Geschäftsführung werden die Befugnisse und Zuständigkeiten innerhalb des Unternehmens zwischen dessen Organen abgegrenzt und konkretisiert. Den *Vorsitz im Aufsichtsrat* hat aufgrund der internen Zuständigkeitsverteilung bei der Stadt Stuttgart zumeist der Oberbürgermeister oder der Erste Bürgermeister inne – als ständiger Vertreter des Oberbürgermeisters und als für die Beteiligungsverwaltung zuständiger Fachbürgermeister. Die Aufsichtsratsunterlagen und Beschlüsse werden durch das spezielle Know-how *der Beteiligungsverwaltung* oder ggf. der Fachämter gesichtet und mit entsprechenden Stellungnahmen versehen. Davon unabhängig ist die *Kommunikation* der Stadt- bzw. Beteiligungsverwaltung und der Stadträte mit den Beteiligungsgesellschaften als durchaus fruchtbar und konstruktiv zu beurteilen.

Bei der Einführung eines spezifischen Public Corporate Governance Kodexes kann es also nur das Motto geben: die gute Zusammenarbeit noch besser machen! Wie kann ein Kodex dies ermöglichen?

3. Innovation durch einen spezifischen Public Corporate Governance Kodex

3.1 Struktur und Vereinheitlichung

Die geltenden und sinnvollerweise im Gesellschaftsvertrag zu verankernden rechtlichen Vorgaben dienen der formalen Absicherung. Für die praktische Umsetzung, die in die Abläufe einer städtischen Verwaltung integriert ist, erscheint ein spezieller Public Corporate Governance Kodex sinnvoll und hilfreich. Hier kann der Kodex ein ordnendes und zielführendes Instrumentarium sein, um die gegenseitige *Informations- und Kommunikationskultur* noch zu verbessern. Auch aus Sicht des „Konzerns Stadt" kann ein Public Corporate Governance Kodex, der um die spezifischen städtischen Belange erweitert bzw. verändert wurde, nur von Vorteil sein.

Neben Regelungen zum Berichtswesen und zur Zusammenarbeit – auf die im Folgenden kurz eingegangen werden soll – ist eine einheitliche Handhabung bestimmter Themen (z. B. Veröffentlichung der Bezüge und Vergütungen) in allen kommunalen Unternehmen festzulegen. Bisher werden jährlich im Beteiligungsbericht der Landeshauptstadt die *Geschäftsführerbezüge* (bei mehreren Geschäftsführern) *und Aufsichtsratsvergütungen* als Gesamtbetrag ausgewiesen. Bei der Erstellung des speziellen Kodexes könnte diskutiert werden, ob – in Anlehnung an die derzeitige Entwicklung in der freien Wirtschaft – die individuellen Geschäftsführer- und Aufsichtsratsvergütungen im Jahresabschluss offengelegt werden sollen. Aus meiner Sicht sollte dies angestrebt werden. Eine Aufteilung in die verschiedenen Bestandteile ist meines Erachtens aber nicht notwendig. Neben der Darstellung im Jahresabschluss ist eine Offenlegung gerade im Beteiligungsbericht vorstellbar, da hier die Informationen über alle städtischen Beteiligungen kompakt zusammenlaufen. In den Kodex könnte die Verpflichtung aufgenommen werden, dass die Vergütung entsprechend dargelegt werden muss. Die Geschäftsführer bzw. Vorstände sind bereits bei der Anstellung auf den Kodex hinzuweisen.

Im speziellen städtischen Kodex sollten, analog dem Deutschen Corporate Governance Kodex, auch die Prinzipien der *Auswahl, Zusammensetzung und Organisation der Organe Aufsichtsrat und Geschäftsführung* festgehalten werden. So ist neben dem Entsendungsverfahren und dem Thema Interessenskonflikte (z. B. Stadträte, die in der Baubranche tätig sind und gleichzeitig ein Mandat in einer Wohnungsbaugesellschaft haben) auch das Thema Vertretungsregelung anzudenken. Die Landeshauptstadt Stuttgart bevorzugt die Stimmbotschaft gegenüber einer Vertreterregelung, da ein Aufsichtsratsmandat grundsätzlich höchstpersönlich ausgeübt werden soll und nicht nach Belieben Vertreter zu den Sitzungen bevollmächtigt werden sollen. Aus praktischen Gründen ist jedoch die Stimmübertragung auf ein anderes Aufsichtsratsmitglied möglich.

Außerdem sind im Kodex bestimmte *Aufgaben, Rechte und Pflichten der Organe* festzuhalten. So ist es – aufgrund unserer bisherigen praktischen Erfahrungen bei der Landeshauptstadt Stuttgart – empfehlenswert, wenn der Aufsichtsrat für spezielle Themen und bei einer bestimmten Größe dazu angehalten wird, Fachausschüsse zu bilden, die spezielle Themen vorberaten oder ggf. eigenverantwortlich entscheiden dürfen. So gibt es in verschiedenen städtischen Unternehmen bereits Personal-, Vergabe- oder Prüfungsausschüsse. Ein anderes Beispiel ist die Verpflichtung der Geschäftsführung, zu den Aufsichtsratssitzungen umfassende und zur Beurteilung der Angelegenheiten vollständige Unterlagen vorzulegen. So sind z. B. zu Investitionsentscheidungen Wirtschaftlichkeitsberechnungen mit verschiedenen Finanzierungsvarianten oder Szenarien den entsprechenden Unterlagen für den Aufsichtsrat und der Beteiligungsverwaltung beizufügen.

3.2 Berichtswesen

In welcher Form die Verpflichtung zur Einführung eines Risiko- und/oder Chancenmanagementsystems eingefordert werden soll, ist von der jeweiligen Verwaltungsspitze und Beteiligungsverwaltung zu beurteilen. Neben einer pauschalen Verpflichtung in einem Public Corporate Governance Kodex, die den Unternehmen bei der konkreten Umsetzung einen großen Freiraum überlässt, sollten auch in diesem Bereich die spezifischen Anforderungen der Kommune berücksichtigt und zusätzlich integriert werden. Bei der Landeshauptstadt Stuttgart könnte eine *Abstufung des Systems über die Beteiligungsquo-*

te und die Größe der Gesellschaft erfolgen, um den speziellen Gegebenheiten der unterschiedlichen Beteiligungsunternehmen gerecht zu werden.

Ein Baustein im Berichtswesen sind die *Quartalsberichte*. Ein spezieller Kodex könnte hier einen Rahmen für die Struktur, den Aufbau und den Inhalt der Berichte vorgeben und den Adressatenkreis festlegen. Damit wäre gewährleistet, dass neben fiskalischen Daten und Kennzahlen auch über andere Ziele und deren Erreichung Rechenschaft abgegeben werden muss. Anhand von Zielvereinbarungen lässt sich ein Unternehmen konkreter steuern. Mögliche Fehlentwicklungen können unterjährig schneller erkannt und Gegenmaßnahmen eingeleitet werden. Der Anforderungskatalog darf allerdings nicht undifferenziert die Besonderheiten und den Charakter des jeweiligen Beteiligungsunternehmens „glattbügeln“. Bei aller notwendigen Vereinheitlichung muss genügend Spielraum für Veränderungen eingeräumt werden. Ein Kodex kann hier also nur den Rahmen, nicht aber jedes Detail regeln.

Neben den Quartalsberichten sind die *Wirtschaftspläne mit der mehrjährigen Finanzplanung* wesentlicher Bestandteil des Berichtswesens. Ein konkretes Muster vorzugeben, nach dem die Beteiligungsunternehmen ihre Pläne aufzustellen haben, halte ich für überzogen. Angemessen wäre aber, im Kodex Eckpunkte verbindlich vorzugeben. Hierzu gehören z. B. der Zeitraum, auf den sich die Planung zu erstrecken hat, welche Vergleichszahlen aus Vorjahren anzugeben sind (i. d. R. das voraussichtliche Ergebnis des laufenden Wirtschaftsjahres und die Ist-Zahlen des Vorjahres), wie detailliert die Finanzplanung aufzuschlüsseln ist und wie umfassend die Cash-flow- und die Investitionsplanung dargelegt werden soll.

Außerdem sollte im Kodex festgehalten werden, dass neben der reinen Planung finanzwirtschaftlicher Zahlen auch geeignete Kennzahlen sowie nicht-fiskale und strategische Ziele in den Wirtschaftsplan mit aufgenommen werden. Eine Steuerung kann damit umfassender erfolgen und weitere Teilaspekte wie Personal, Kunden, Organisation, Betriebszweige etc. umfassen. Außerdem ist eine Sparten- bzw. Profit-Center-Rechnung in der Planung mit zu berücksichtigen und festzulegen, welches Ausmaß diese speziellen Planungen haben sollten.

Auch Risiko- und Chancen-Berichte sowie anlassbezogene Berichte (z. B. Investitionen betreffend) können im Kodex thematisiert und eingefordert werden. So wird eine Information und Diskussion im Aufsichtsrat – und ggf. in den städtischen Ausschüssen und im Gemeinderat – ermöglicht, wenn die Risiken und Chancen bekannt sind (z. B. im personellen, finanziellen Bereich). Nur dann können auch umgehend Gegen- bzw. Unterstützungsmaßnahmen eingeleitet und deren Erfolg überprüft werden. Allerdings halte ich es nicht für sinnvoll, einen detaillierteren Aufbau und eine bestimmte Struktur über den Kodex vorzuschreiben. Entscheidender ist hier, dass rechtzeitig und vollständig berichtet wird, nicht das „wie“.

Wie oben kurz thematisiert sind die Beteiligungsunternehmen in ihrer Größe, Aufgabe, Organisation und Struktur so unterschiedlich, dass bei der Erstellung des speziellen städtischen Kodexes unbedingt überlegt werden muss, ob eine Abstufung der Anforderungen an das Berichtswesen aufzunehmen ist. So wird bei Minderheitsbeteiligungen (unter 25 Prozent) oder sehr kleinen Unternehmen eine halbjährliche Berichterstattung ausreichend sein.

Beim Thema Berichterstattung wird auch immer die Frage des Adressatenkreises eine Rolle spielen. In der Regel erhält der Aufsichtsrat z. B. die vierteljährlichen Berichte aufgrund der gesetzlichen oder gesellschaftsvertraglichen Regelungen. Eine weitere Ausdehnung des Adressatenkreises ist zu überdenken. Auch wird zu diskutieren sein, inwieweit die Quartalsberichte der Beteiligungsverwaltung elektronisch in einer abgestimmten Maske bzw. einem System zu übersenden sind. Für die Beteiligungsverwaltung könnte eine elektronische Aufbereitung sehr hilfreich sein, da nicht nur die Historie, sondern auch konkrete Abfragen, Auswertungen und Zielabweichungen einfacher, zentraler und schneller zu leisten wären.

3.3 Zusammenarbeit

Beteiligungsmanagement der Stadt

Jede Kommune wird für die *Zusammenarbeit* der kommunalen Unternehmen mit der Beteiligungsverwaltung eigene Schwerpunkte setzen müssen, die sich aus dem Miteinander der Gesellschaften, deren Organe und der Struktur und den Ansprüchen der Beteiligungsverwaltung ergeben. Je größer die Stadt und je mehr Beteiligungen diese zu steuern hat, desto notwendiger ist eine gewisse Vereinheitlichung und Vorgabe der städtischen „Linie“ um für mehr Transparenz und Klarheit zu sorgen.

Die Beteiligungsverwaltung der Landeshauptstadt Stuttgart hat auch die Aufgabe, Stellungnahmen an die Aufsichtsratsmitglieder aus der Verwaltung zu erstellen, insbesondere zu den finanzwirtschaftlichen Fragen der Aufsichtsratsunterlagen. Dabei ist es wichtig, dass die Beteiligungsverwaltung die benötigten Unterlagen rechtzeitig bekommt. Ob die Stellungnahmen künftig auch die Aufsichtsratsmitglieder aus dem Gemeinderat erhalten sollen, wird im Rahmen der Erstellung des Kodexes diskutiert werden.

Jahresabschluss

Aus meiner Sicht muss ein spezifischer Kodex im Wesentlichen auch die Belange der Stadt- bzw. der Beteiligungsverwaltung selbst berücksichtigen. Für die Prüfung des *Jahresabschlusses* wird z. B. bei der Erstellung eines Stuttgarter Kodexes darauf geachtet werden, dass der Jahresabschluss rechtzeitig vor der Behandlung im Aufsichtsrat mit der Beteiligungsverwaltung abgestimmt wird. So können Probleme und Besonderheiten des Jahresabschlusses vorab diskutiert werden und städtische Prinzipien besser umgesetzt werden. Außerdem kann die Gesellschafterversammlung zur Feststellung des Jahresabschlusses erst durchgeführt werden, wenn die Jahresabschlüsse im Gemeinderat behandelt wurden. Sofern möglich und sinnvoll, sollte der Jahresabschluss auch eine Spartenrechnung enthalten. Dies wurde bei den Beteiligungen der Landeshauptstadt Stuttgart in der Vergangenheit bereits teilweise eingeführt. Weiter ist es sicher hilfreich, wenn die gesetzlichen Bestimmungen, wie z. B. die Prüfung nach den Vorschriften des HGB für große Kapitalgesellschaften und die Prüfung der Ordnungsmäßigkeit der Geschäftsführung, auch als Grundsatz festgehalten werden (vgl. § 53 HGrG, §§ 103 ff. GemO). Zusätzlich können bestimmte Veröffentlichungspflichten bzgl. des Jahresabschlusses von der Kommune auf die Beteiligungsunternehmen übertragen werden.

Abschlussprüfung

In einen speziellen Kodex sind auch Grundsätze zum regelmäßigen *Wechsel der Wirtschaftsprüfer* aufzunehmen. Bisher wird ein fünfjähriger Turnus angestrebt und praktiziert. Des Weiteren sollten strategische Beratungsleistungen nicht von dem Unternehmen erbracht werden, das mit der Jahresabschlussprüfung betraut ist.

4. Einführung des Kodexes

4.1 Voraussetzungen

Der Erfolg, einen speziellen Public Corporate Governance Kodex einzuführen, hängt wesentlich von der Bereitschaft der betroffenen Organe der Gesellschaften und der Stadt ab. Obwohl bei einer Eigengesellschaft die Einführung und Umsetzung eines Kodexes über den Gesellschafter erzwungen werden kann, wird eine – mit dem Public Corporate Governance Kodex erwünschte – konstruktive und gute Zusammenarbeit nur erreicht werden können, wenn die Gesellschaften in den Einführungsprozess mit einbezogen werden. Außerdem könnte die fachliche Kompetenz externer Dritter wünschenswert sein.

Im Unterschied zum Deutschen Corporate Governance Kodex, der kein verbindliches Recht oder Gesetz ist, sollte die Umsetzung und Einhaltung eines örtlichen Public Corporate Governance Kodex gewährleistet und überprüft werden. Insoweit übernimmt der Gemeinderat über die Gesellschafterversammlung auf Basis der gesellschaftsrechtlichen Legitimation eine Art „Cromme-Kommission-Funktion“.

Wesentlich ist auch die Frage, an wen sich der spezifische Public Corporate Governance Kodex richtet. Sollen neben den Beteiligungsunternehmen auch die Eigenbetriebe der Stadt mit einbezogen werden? Aufgrund der unterschiedlichen Rechtsform erscheint mir dies nicht sinnvoll. Inwieweit möchte sich der Gemeinderat selbst mit bestimmten Grundsätzen „binden“, zum Beispiel zur Auswahl der Aufsichtsräte?

Wichtigste Aufgabe des Kodexes muss es sein, die Zusammenarbeit aller Beteiligten übersichtlich zu strukturieren und für die Abläufe in der Praxis hilfreiche und konstruktive Kriterien und Maßstäbe zu setzen. Deshalb sind auch die Zuständigkeiten der einzelnen Organe des Unternehmens wie auch der städtischen Gremien und Ämter ganz klar abzugrenzen und zu definieren.

Bei der Gründung einer Beteiligungsgesellschaft kann über den Gesellschaftsvertrag oder die Geschäftsordnungen die Geschäftsführung und der Aufsichtsrat zur Einhaltung und Umsetzung verpflichtet werden. Bei bereits bestehenden Gesellschaften kann diese mittels Weisung des Gesellschafters zur Einhaltung des Kodexes verpflichtet werden. Ob die Überprüfung im Rahmen des Jahresabschlusses durch das Unternehmen selbst mit einer Art „Entsprechens-Erklärung zum spezifischen Public Corporate Governance Kodex“ oder von dem Wirtschaftsprüfungsunternehmen oder der Beteiligungsverwaltung bzw. den Rechnungsprüfungseinrichtungen erfolgen soll, bleibt den Kommunen überlassen.

Unstrittig bleibt, dass nach der Einführung und Implementierung eines Public Corporate Governance Kodexes sich dieser in der weiteren Praxis in allen gesellschaftsrechtlichen, steuerrechtlichen, gesetzlichen oder politischen Veränderungen bewähren muss. Dass eine regelmäßige Überprüfung und ggf. Fortschreibung oder Änderung stattfinden muss, ist einleuchtend.

4.2 Zielsetzung

Ein spezifischer Public Corporate Governance Kodex der Landeshauptstadt Stuttgart soll ganz allgemein ausgedrückt folgendem dienen:

- das Zusammenspiel aller Beteiligten (Gemeinderat, Stadtverwaltung und Beteiligungsgesellschaften) festlegen und definieren,
- eine gute Unternehmensführung zwischen dem Aufsichtsrat und der Geschäftsführung fördern und unterstützen,
- aufgrund einer besseren Informationsversorgung kann die Stadtverwaltung, insbesondere die Beteiligungsverwaltung, noch zeitnaher und effizienter arbeiten,
- das öffentliche Interesse durch eine Steigerung der Transparenz und Kontrolle wird weiter abgesichert,
- den Stadträten, insbesondere denen, die gleichzeitig ein Aufsichtsratsmandat innehaben, wird ein übersichtliches Nachschlagewerk zur Hand gegeben,
- neuen Beteiligten – sei es durch Neugründung von Gesellschaften, Wechsel in den Führungspositionen oder der Verwaltungsebene – einen Überblick zu verschaffen,
- Information der interessierten Bürgerinnen und Bürger.

Da es bisher noch keinen spezifischen Public Corporate Governance Kodex bei der Landeshauptstadt Stuttgart gibt, soll dieser aus den oben genannten Gründen nun schriftlich fixiert werden. Die Beteiligungsverwaltung arbeitet derzeit daran, einen Entwurf für einen Kodex (Beteiligungsrichtlinie) zu entwerfen, der im Gemeinderat und mit den Geschäftsführern der Beteiligungsunternehmen diskutiert werden kann.

Natürlich wird mit einem Kodex als verbindliche Messschnur das städtische Handeln bzw. das der Beteiligungsunternehmen und die Umsetzung des Kodexes konkret festgelegt und von daher auch leichter hinterfragbar und überprüfbar. Dagegen schützt der Kodex auch vor unhaltbaren Spekulationen oder Mutmaßungen, denen aufgrund der fixierten Grundlage leichter begegnet werden kann.

Mit dem Entwurf eines spezifischen Public Corporate Governance Kodexes für die Beteiligungen der Landeshauptstadt Stuttgart wird eine spannende Diskussion eröffnet, die von allen Beteiligten als Chance für die Zukunft und nicht als Kritik an der bisherigen Arbeit verstanden werden sollte.

Öffentliche Unternehmen im Wettbewerb – Erfahrungen aus einem Stadtstaat

Thomas Mirow

1. Verantwortung des öffentlichen Sektors

Vertrauen in die Qualität und Integrität von Führung ist ein ebenso unentbehrliches wie kostbares Gut. Wo Vertrauen zerstört wird oder nach und nach zerbröselt, fehlt – zumindest in demokratisch verfassten Gesellschaften – das notwendige Fundament für die Ausübung von Führung. Das gilt für die Wirtschaft, für die Zivilgesellschaft und natürlich erst recht für die Politik und den gesamten öffentlichen Sektor.

In Deutschland ist in diesen Jahren ein rasanter Vertrauensverlust zu beobachten, ein Vertrauensverlust, der sich an vielen Barometern ablesen lässt: an den Wahlurnen, an der Börse, an der Sparquote, im Konsumverhalten, in Umfragen. Und wo kein Vertrauen herrscht, kann auch kein Selbstvertrauen wachsen, das doch zur Entwicklung von mehr Eigenverantwortung und der Bewältigung von großen Umbrüchen, wie wir sie gegenwärtig erleben, so dringend gebraucht wird. Vertrauen zurückzugewinnen ist daher in allen Verantwortungsbereichen eine Schlüsselaufgabe unserer Gesellschaft.

Der öffentliche Sektor trägt dabei naturgemäß eine besondere Verantwortung. Hier geht es um die Gestaltung der öffentlichen Daseinsvorsorge und -fürsorge, die für breite Schichten der Bevölkerung von unmittelbarer Bedeutung für die Qualität ihres täglichen Lebens ist. Hier wird über die Sicherheit der Versorgung mit Strom und Wasser entschieden. Hier fallen die Entscheidungen über wichtige Infrastruktur-Projekte, die ihrerseits die Wettbewerbschancen der privaten Wirtschaft und die Arbeitsplätze in der Region maßgeblich prägen. Hier werden große Ausgaben getätigt, die oft über viele Jahre von den Steuer- und Gebührenzahlern, also von der Mehrzahl der Bürgerinnen und Bürger, durch ihre Beiträge finanziert werden.

2. Zwischen Standortvorsorge und Renditeinteressen

Die strategische Führung und Begleitung wichtiger öffentlicher Unternehmen gehörte zu den Kernaufgaben meiner langjährigen Tätigkeit als Mitglied des Hamburger Senats. Das galt insbesondere für die Zeit als Wirtschaftssenator. Mit den Potenzialen einiger öffentlicher Unternehmen ließen sich wirtschaftspolitische Weichen für die Region stellen, die mit politischen Entscheidungen oder mit Verwaltungshandeln allein nicht möglich gewesen wären. So war ich in jenen Jahren u. a. zugleich Vorsitzender des Aufsichtsrates der Hamburger Hafen- und Lagerhaus AG, der Flughafen Hamburg GmbH, der Hamburg Messe- und Congress GmbH sowie Mitglied des Verwaltungsrats der Hamburgischen Landesbank oder der Kreditanstalt für den Wiederaufbau.

Zahl und Einfluss der öffentlichen Unternehmen in Hamburg bildeten – und bilden – immer wieder einen Gegenstand heftiger Debatten. Gibt es nicht zu viele von ihnen? Überschreitet der Staat damit nicht die vernünftigen Grenzen öffentlichen Handelns zu

Lasten privater Unternehmen, die das alles viel besser können? Ist der öffentliche Sektor fähig, mit den zum Teil beträchtlichen unternehmerischen Risiken angemessen umzugehen? Keine dieser Fragen lässt sich von vorneherein als gänzlich unbegründet und an den Haaren herbeigezogen abqualifizieren. Jedes einzelne öffentliche Unternehmen bedarf in einer marktwirtschaftlich geprägten Demokratie immer wieder der besonderen Begründung und Legitimation. Und es darf nicht an der Bereitschaft fehlen, einmal für richtig befundene Antworten auch wieder in Frage zu stellen, wenn sich das Umfeld, wenn sich die Marktbedingungen verändern.

Aber ebensowenig wie es eine pauschale Berechtigung für möglichst viele und einflussreiche öffentliche Unternehmen geben kann, wäre ein kategorisches Plädoyer für eine radikale Privatisierung öffentlicher Unternehmen vernünftig. Auf den konkreten Einzelfall kommt es an. Und nicht selten geben differenzierte Antworten besonders viel Sinn. An zentralen Aktivitäten der Hamburger Hafen- und Lagerhaus Gesellschaft, etwa den Bau und Betrieb des gegenwärtig wohl modernsten europäischen Container-Terminals in Hamburg Altenwerder, haben wir Hapag Lloyd als führende deutsche Reederei mit dem Heimathafen Hamburg beteiligt. Aber eine vollständige Privatisierung der HHLA würde unabsehbare Risiken heraufbeschwören, die sich daraus ergeben, dass jeder private Gesellschafter in erster Linie seinen Rendite-Interessen verpflichtet ist und erst dann dem Standort. Hamburg aber hat nur einen Hafen. Wird dort nicht angemessen investiert und modernisiert, gibt es für die Stadt, gibt es für die ganze Region keine taugliche Alternative. Und von einem funktionsfähigen, modernen, wettbewerbsfähigen Hafen, in den immer wieder hohe Summen investiert werden müssen, hängen für Hamburg und die Region etwa 150.000 Arbeitsplätze ab.

Beim Flughafen haben wir einen privaten Investor mit 49 Prozent beteiligt und auf diese Weise ein gutes, ausgewogenes Ergebnis erzielt. Der private Gesellschafter hat für die Anteile einen beachtlichen Preis bezahlt und sich anschließend an erheblichen Erweiterungsinvestitionen beteiligt. Und die Stadt hat ihre Stellung als Mehrheitsgesellschafter gesichert, um auch in diesem Bereich nachhaltig dafür sorgen zu können, dass die gesamte Region und ihre Unternehmen auf eine funktionierende Infrastruktur zurückgreifen können, nämlich ein modernes Luftdrehkreuz, in unseren Zeiten gewiss einer der wichtigsten Standort-Faktoren überhaupt.

Auch das Hamburger Congress-Zentrum und die Messe sind für die Wirtschaft der Stadt unentbehrlich. Gewiss: Private Betreiber und Anteilseigner wären hier ebenfalls vorstellbar – soweit sich die wirtschaftlichen Voraussetzungen dafür schaffen lassen –, aber auch auf diesem Sektor wird es darauf ankommen, mehr als nur die betriebswirtschaftlichen Ergebnisse im Auge zu behalten. Große Kongresse und wichtige Messen erzeugen beachtliche regional-wirtschaftliche Effekte und gehören zu den elementaren Instrumenten der Standortsicherung, die von der Wirtschaftspolitik der Stadt nicht zur Gänze aus der Hand gegeben werden dürfen. Denn wie sollte sich die Stadt sonst davor schützen, dass ein privates Messe-Unternehmen aus den eigenen, legitimen Renditeüberlegungen zu dem Entschluss kommt, einige Jahre lieber an einem anderen Standort zu investieren und den Platz Hamburg dafür zu vernachlässigen. Für die Dienstleistungs-Metropole Hamburg, für die Tourismus-Destination Hamburg aber wäre dies eine Katastrophe.

3. Transparente und systematische Regeln für öffentliche Unternehmen

Wer sich allerdings zu einer solchen differenzierten Betrachtung der Berechtigung öffentlicher Unternehmen bekennt, wie dies von den Hamburger Senaten, denen ich angehört habe, getan wurde, muss um so größere Sorgfalt darauf verwenden, über die öffentlichen Interessen hinaus die betriebswirtschaftlichen Erfordernisse unternehmerischen Handelns sorgfältig zu beachten, die Verantwortung für die Beschäftigten sehr ernstzunehmen und für ein hohes Maß an Transparenz der Entscheidungen zu sorgen. Denn Misswirtschaft und Intransparenz wären geeignet, dem allgemeinen Vertrauensverlust weiteren, drastischen Vorschub zu leisten. Öffentliche Unternehmen als Kapitalvernichtungsstellen oder als Versorgungseinrichtungen für Politiker der jeweiligen Regierungsparteien werden von den Bürgern heute zu recht nicht mehr geduldet.

Deshalb hängt sehr viel davon ab, dass eine Gebietskörperschaft wie Hamburg alles dafür tut, einen modernen, effizienten Public Corporate Governance Kodex zu etablieren und stringent danach zu handeln. In der Hansestadt haben wir die Weichen für einen solchen Kodex früh gestellt. Schon vor vielen Jahren wurde eine von der Finanzbehörde geführte strategische Holding für die Steuerung der meisten öffentlichen Unternehmen ins Leben gerufen, die Hamburger Gesellschaft für Vermögens- und Beteiligungsverwaltung mbH, kurz HGV. Die HGV ist eine zu 100 Prozent der Freien und Hansestadt Hamburg gehörende Beteiligungsholding und Immobiliengesellschaft.

Wesentliche Aufgabe der HGV ist es, für Hamburg Beteiligungen an städtischen und öffentlichen Unternehmen zu halten. Im Wesentlichen sind dies Unternehmen im Verkehrsbereich (z. B. Hamburger Hochbahn AG und Flughafen Hamburg), im Immobiliensektor (z. B. GWG Gesellschaft für Wohnen und Bauen mbH und die SAGA Siedlungs-Aktiengesellschaft Hamburg), im Bereich Ver- und Entsorgung (z. B. Hamburger Wasserwerke GmbH und Bäderland Hamburg GmbH) sowie die schon erwähnte Hamburger Hafen- und Lagerhaus-Aktiengesellschaft (HHLA) und die Hamburg Messe und Congress GmbH. Daneben hält die HGV auch vereinzelt Beteiligungen an Privatunternehmen (z. B. an der DaimlerChrysler Luft- und Raumfahrt Holding AG und seit neuestem auch an der Beiersdorf AG), soweit dies im öffentlichen Interesse liegt. Nicht zur HGV gehören z. B. öffentliche Unternehmen des Kultur-, Wissenschafts- und Sozialbereichs.

Zu den Aufgaben der HGV zählen insbesondere:

- die Analyse und Umsetzung geeigneter gesellschaftsrechtlicher Maßnahmen,
- die Vorbereitung und Umsetzung von An- und Verkäufen von Beteiligungen und Immobilien,
- das Controlling der Beteiligungsgesellschaften.

Ihre Geschäftsführung und ihre Mitarbeiter kooperieren eng mit den jeweils fachlich verantwortlichen Ressorts, wirken in den Aufsichts- und Verwaltungsräten der betroffenen Unternehmen mit und sorgen mit einem umfassenden Controlling dafür, dass Fehlentwicklungen vermieden oder rechtzeitig aufgedeckt werden und es nicht zu Missständen kommt, die von möglichen Eigeninteressen der Fachressorts begünstigt werden könnten. So bedürfen alle Aufsichtsratsbeschlüsse von beherrschten Gesellschaften der Zustimmung der HGV.

Das Zusammenwirken von HGV und den Spitzen der jeweils fachlich zuständigen Ressorts war und ist eine der Grundlagen für die professionelle Führung der Hamburger öffentlichen Unternehmen, so wie sie in jüngsten Entwürfen für einen Public Corporate Governance Kodex enthalten sind. So wurde in Hamburg in den öffentlichen Unternehmen beizeiten dafür gesorgt, dass die verschärften Anforderungen an die Unternehmensführung durch das Gesetz zur Kontrolle und Transparenz im Unternehmensbereich vom 1. Mai 1998 (KonTraG) – Einführung verbesserter Überwachungssysteme, erweiterte Berichterstattungspflichten des Vorstandes gegenüber dem Aufsichtsrat, Erhöhung der Sitzungsfrequenzen des Aufsichtsrats, engere Kooperation des Aufsichtsrats und der Abschlussprüfer – umgesetzt werden konnten.

Zu den wichtigsten Anforderungen an eine sachgerechte Unternehmensführung zählt die Personalauswahl – in nicht wenigen öffentlichen Unternehmen ein heikles Thema. Die Vorstände und Geschäftsführer der öffentlichen Unternehmen wurden in Hamburg in aller Regel nach strengen Maßstäben und mit Hilfe professioneller externer Dienstleister ausgewählt: Fachleute, bei denen es nicht um das Parteibuch ging und die bereit und in der Lage waren, die unternehmerischen Aufgaben unter den besonderen Vorzeichen der öffentlichen Interessen wahrzunehmen (und dabei im Verhältnis zu vergleichbaren Unternehmen der privaten Wirtschaft deutlich geringere Bezüge zu akzeptieren). Auch bei den Aufsichtsräten haben wir auf Qualifikation und Professionalität gesetzt. Neben Vertretern der Politik und besonders tüchtigen Mitarbeitern der Verwaltung wurden immer wieder auch Fachleute von außen in die Aufsichtsräte berufen (bei der HHLA z. B. ein prominenter deutscher Banker und ein hervorragender Unternehmer aus dem Speditionssektor). Gerade diese Externen haben uns im Übrigen oft eine gute Arbeit bescheinigt, auch im Vergleich zu privaten Unternehmen.

Schließlich gehört es in Hamburg seit Jahren zur festen Regel, dass die Abschlussprüfung aller öffentlichen Unternehmen im Abstand von fünf Jahren neu ausgeschrieben wird – eine nicht zu unterschätzende, vorbeugende Maßnahme gegen die Gefahr der zunehmenden Betriebsblindheit oder gar eines abträglichen Zusammenwirkens von Unternehmensleitung und Prüfern.

Gemeinsam mit einigen wichtigen anderen Vorkehrungen (wie insbesondere transparente Entscheidungen über den Verkauf städtischer Grundstücke durch ein parlamentarisches Gremium) hat die Implementierung dieser Maßnahmen zwei nachprüfbare Folgewirkungen von großem Wert gezeitigt: zum einen konnten die wirtschaftlichen Ergebnisse der Hamburger öffentlichen Unternehmen nachhaltig verbessert werden (mit den entsprechenden positiven Konsequenzen für den öffentlichen Haushalt), zum anderen hat es im Umfeld der öffentlichen Unternehmen in der Stadt in diesen Jahren keinerlei Ereignisse gegeben, die den Stoff für einen politischen Skandal geboten hätten.

4. Risikominimierung durch einen Public Corporate Governance Kodex

Ein noch so ausgeklügelter Public Corporate Governance Kodex und seine bestmögliche Umsetzung in die alltägliche Praxis werden den öffentlichen Sektor vor Schwierigkeiten und Problemen mit den eigenen Unternehmen nicht bewahren. Unternehmerisches Handeln wird nie gänzlich ohne Risiko bleiben. Aber die Einführung und Beachtung entsprechender systematischer Regeln können die Risiken minimieren und damit diejenigen stärken, die davon überzeugt sind, dass öffentliche Unternehmen einen wichtigen Beitrag zum Funktionieren unseres Gemeinwesens leisten können. Aus den Hamburger Erfahrungen, also aus der Sicht einer sehr großen Stadt, kann ich die Einführung der entsprechenden Instrumente deshalb nur empfehlen. Insbesondere für die Verantwortlichen kleinerer Gebietskörperschaften, für die es einen außerordentlich hohen Aufwand bedeuten würde, für jedes einzelne ihrer Unternehmen die entsprechenden Satzungen und Geschäftsordnungen selbst zu definieren und im Wege einer Beteiligungsverwaltung individuell ein effizientes Controlling neu zu beschreiben, sollte die Übernahme durchdachter Regeln eine wirksame Hilfe sein, die notwendigen, oft komplexen Aufgaben mit zumeist äußerst begrenzten Ressourcen so zu bewältigen, wie es dem Interesse und den Erwartungen ihrer Bürgerinnen und Bürger entspricht.

Bestandteile und Instrumente der Public Corporate Governance in öffentlichen Unternehmen

Assistenz für den Aufsichtsrat – Ein Weg zur Professionalisierung der Aufsichtsratstätigkeit

Gerhard Widder/Silke Reichel

1. Einleitung

Aufsichtsratsmitglieder können zwar ihre Aufgaben nicht durch andere wahrnehmen lassen (vgl. § 111 Abs. 5 AktG), sie können aber Hilfspersonen, etwa zur eigenen Sitzungsteilnahme hinzuziehen, ohne dass dadurch die Höchstpersönlichkeit der Mandatsausübung verletzt wird (vgl. Lutter/Krieger, 1995, S. 258; Hüffer, 2004, S. 563). Solange ein Aufsichtsratsmitglied seine Überwachungs- und Beratungsfunktion z. B. durch Studium von Unterlagen oder Beratung und Beschlussfassung im Gremium wahrnimmt, ist das Prinzip der Höchstpersönlichkeit nicht gefährdet (vgl. Lutter/Krieger, 1995, S. 258). Es ist auch dann gewährleistet, wenn die Aufsichtsratstätigkeit durch untergeordnete Hilfsarbeiten vorbereitet und unterstützt wird (vgl. Lutter/Krieger, 1995, S. 258).

Derartige Hilfsarbeiten werden oft von persönlichen Mitarbeitern (z. B. Sekretariate und Assistenten) der Aufsichtsräte übernommen. Soweit es sich bei Aufsichtsräten gleichzeitig um aktive Vorstände handelt, können diese zumeist auch auf Spezialisten im eigenen Unternehmen zurückgreifen. Jene Mitarbeiter sind dem Mutterunternehmen verpflichtet, nicht aber der zu überwachenden Gesellschaft. Fehlt den Aufsichtsräten ein solches Backoffice, sind sie auf externe Hilfe angewiesen oder besser auf einen im überwachten Unternehmen verankerten Assistenten.

Die nachstehenden Ausführungen beschreiben am Beispiel der MVV Energie AG die speziellen Aufgaben des Aufsichtsratsvorsitzenden im Spannungsfeld Kommune – Unternehmen sowie die Implementierung einer Assistentenfunktion für den Vorsitzenden des Aufsichtsgremiums.

2. MVV Energie AG

Die MVV Energie AG hat ihren Ursprung im Eigenbetrieb „Stadtwerke Mannheim", der im Jahre 1974 aus der städtischen Verwaltung ausgegliedert und in eine privatrechtliche Gesellschaft umgegründet wurde. Die Versorgungstätigkeiten wurden von den Verkehrsaufgaben getrennt und unter einer gemeinsamen Holding, der Mannheimer Versorgungs- und Verkehrsgesellschaft (MVV GmbH) zusammengefasst. Die bisherige Energie- und Wasserwerke Rhein-Neckar AG (RHE AG) blieb als selbständige Tochter des Versorgungsbereiches bestehen. Alleiniger Gesellschafter des MVV Konzerns war die Stadt Mannheim und blieb dies auch bis Ende der 90er Jahre.

Zum Oktober 1998 wurde die MVV Gruppe neu strukturiert. Unter dem Dach der MVV GmbH als Holding arbeiten nun die MVV Energie AG (frühere Stadtwerke Mannheim AG) und die MVV Verkehr AG (frühere Mannheimer Verkehrs-Aktiengesellschaft) voneinander unabhängig. Die MVV Energie AG und ihre Tochter MVV RHE AG bilden die MVV Energie Gruppe, die im März 1999 als erstes kommunales und regionales Versorgungsunternehmen in Deutschland an die Börse ging.

Seit dem Börsengang wächst die MVV Energie AG weit über die frühere Stadtwerke Mannheim AG hinaus. Im Geschäftsjahr 2003/04 erwirtschaften fast 7.000 Mitarbeiter einen Umsatz von 1,7 Mrd. Euro. Die MVV Energie Gruppe wächst: Sie beteiligt sich an Verteiler- und Serviceunternehmen in Deutschland, Polen und Tschechien. Sie weitet ihr Stadtwerke-Netzwerk aus und nutzt es als Grundlage für weiteres Wachstum. Wachstumsfelder sind die thermische Restmüllverwertung, die Biomasse-Nutzung sowie der Ausbau von Energiedienstleistungen.

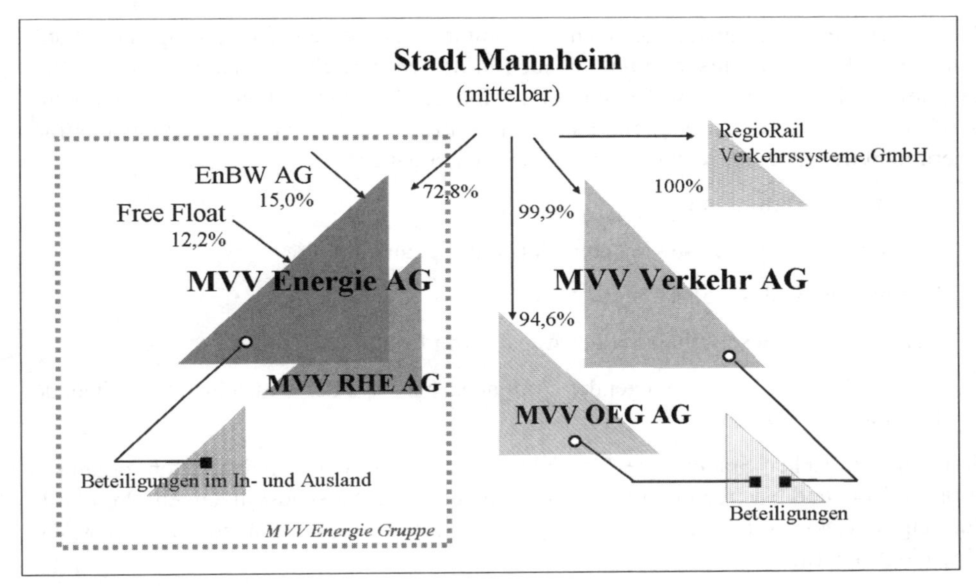

Struktur des MVV-Konzerns

Überwacht wird diese wirtschaftliche Entwicklung primär vom zwanzigköpfigen Aufsichtsrat der MVV Energie AG.* Unter Anrechnung auf die von der Hauptversammlung zu wählenden Aufsichtsratsmitglieder entsendet die Stadt Mannheim den Oberbürgermeister und den zuständigen Fachdezernenten in den Aufsichtsrat. Zehn Mitglieder werden von den Arbeitnehmern nach dem Mitbestimmungsgesetz 1976 gewählt; die übrigen Mitglieder von den Aktionären nach dem Aktiengesetz. Vorsitzender des Aufsichtsrats ist der Oberbürgermeister der Stadt Mannheim. Zu seinem Stellvertreter wurde der Vorsitzende des Konzernbetriebsrates der MVV Energie AG gewählt.

Der Aufsichtsrat der MVV Energie AG bildet drei Ausschüsse:

---

* Die MVV RHE AG verfügt ebenfalls über einen Aufsichtsrat.

- Bilanzprüfungsausschuss
- Personalausschuss
- Vermittlungsausschuss.*

3. Aufsichtsratsvorsitzender der MVV Energie AG und dessen Hilfspersonen

Der Arbeit des Aufsichtsratsvorsitzenden kommt aufgrund seiner herausragenden Stellung sowohl im Aufsichtsgremium als auch in dessen Ausschüssen eine besondere Bedeutung zu. Er steht mit dem Vorstand im ständigen Kontakt und ist für dessen Vorsitzenden ein wichtiger Ansprechpartner. Neben dieser permanenten Beratungsfunktion übernimmt der Aufsichtsratsvorsitzende weitere Aufgaben:

- Informationsvermittlung
- Leitung von Sitzungen sowie deren Vor- und Nachbereitung
- Repräsentation des Aufsichtsrats
- Vertretung der Gesellschaft bei der Abgabe von Erklärungen

Für die Vielzahl der ihm obliegenden Aufgaben benötigt der Aufsichtsratsvorsitzende die Unterstützung Dritter.

In organisatorischen Fragen, wie Terminkoordination mit den Aufsichtsräten, organisatorische Vor- und Nachbereitung von Aufsichtsrats- und Ausschusssitzungen, Protokollführung sowie Versendung von Unterlagen, greift er auf das Vorstandsbüro der MVV Energie AG zurück.

Der Vorsitzende des Aufsichtsrats nimmt als Vertreter der Anteilseigner die Interessen des Hauptaktionärs Stadt Mannheim wahr. In diesem Zusammenhang stehen ihm die Ressourcen der städtischen Verwaltung, insbesondere des städtischen Beteiligungsmanagements, zur Verfügung. Das Beteiligungsmanagement im Dezernat des Oberbürgermeisters betreut nicht nur die diesem Dezernat zugeordneten Beteiligungen, es unterstützt den Oberbürgermeister ferner in seiner Funktion als Aufsichtsratsvorsitzender von Beteiligungsgesellschaften, so auch bei der MVV Energie AG. Dabei stehen die Interessen der Stadt Mannheim als Gesellschafterin der MVV Energie AG im Mittelpunkt.

Weder das städtische Beteiligungsmanagement noch das Vorstandsbüro können die Arbeit des Aufsichtsratsvorsitzenden der MVV Energie AG vollständig und in allen Fragen der Überwachungs- und Beratungsfunktion begleiten. Beim Vorstandsbüro mag dies in

* Vgl. §§ 27 Abs. 3, 31 Satz 1 MitbestG.

erster Linie an einem Interessenkonflikt liegen. Es ist wohl unbestritten, dass die kritische Durchsprache von Aufsichtsratsunterlagen mit dem Vorstandsbüro kaum möglich ist. Beim städtischen Beteiligungsmanagement spielt das Spannungsfeld Kommune – Unternehmen eine Rolle. Aus diesem Grund verfügt der Aufsichtsratsvorsitzende der MVV Energie AG über eine weitere unabhängige Hilfsperson.

4. Aufsichtsratsassistentin der MVV Energie AG

4.1 Etablierung der Assistentin

Die MVV Energie AG hat Ende 2002 die Organisationseinheit „Büro des Aufsichtsratsvorsitzenden" eingerichtet. Diese Organisationseinheit ist dem Aufsichtsratsvorsitzenden als Stabsstelle direkt zugeordnet und seitdem mit einer Assistentin besetzt. Die Assistentin unterstützt den Aufsichtsratsvorsitzenden in der gleichen Art und Weise wie ein Vorstandsassistent den Vorstand.

Bereits im Jahre 1997 hatte ein Gesetzesentwurf zur „ ... Steigerung der Effizienz von Aufsichtsräten und Begrenzung der Machtkonzentration bei Kreditinstituten infolge von Unternehmensbeteiligungen" (vgl. Bundesrat, 1997, S. 3, 21 ff.) die zwingende Einrichtung eines Aufsichtsratsassistenten für alle Gesellschaften gefordert, die dem Mitbestimmungsgesetz bzw. dem Montan-Mitbestimmungsgesetz unterliegen und in der Regel mehr als 2.000 Arbeitnehmer beschäftigen. Ein Ziel dieser Gesetzesinitiative war es, die Überwachungseffizienz von Aufsichtsräten zu erhöhen. Dieses Ziel sollte durch eine Optimierung der Arbeitsorganisation der Aufsichtsräte erreicht werden. Neben einer Intensivierung der Ausschussarbeit, einer Erhöhung der Sitzungsfrequenz etc. war die Einrichtung eines vorstandsunabhängigen Aufsichtsratsassistenten ein wesentlicher Ansatzpunkt für Verbesserungen.*

Trotz Scheiterns dieser Initiative hielten es die Verantwortlichen der MVV Energie AG im Herbst 2002 für geboten, eine solche Assistentenfunktion zu schaffen. Diese Funktion steht nur dem Aufsichtsratsvorsitzenden zur Verfügung. Für das Geschäftsjahr 2001/02 hatte das Unternehmen erstmals eine Compliance-Erklärung nach § 161 AktG abgegeben. Es unterlag fortan den Standards des Deutschen Corporate Governance Kodexes. Außerdem befand sich die MVV Energie AG zu diesem Zeitpunkt auf dem Höhepunkt ihres Expansionskurses. Das rasante Wachstum des Unternehmens galt es aufmerksam und kritisch zu begleiten.

Das Unternehmen präsentierte dem Aufsichtsratsvorsitzenden potenzielle Kandidaten aus den Reihen seiner Nachwuchskräfte. Der Aufsichtsratsvorsitzende wählte seine Mit-

* Der Gesetzesantrag scheiterte. Er wurde in der zweiten Beratung des Bundestages am 05.03.1998 abgelehnt (vgl. Deutscher Bundestag, 05.03.1998, S. 20367D).

arbeiterin selbst aus. Die Mitarbeiterin wird von der Gesellschaft beschäftigt. Sowohl dem Aufsichtsratsvorsitzenden als auch seiner Assistentin werden ein Büro und sämtliche Arbeitsmittel zur Verfügung gestellt. Die Gesellschaft übernimmt alle Kosten, die aus der Beschäftigung der Assistentin resultieren; denn Aufsichtsrat und Assistentin des Aufsichtsratsvorsitzenden arbeiten zum Wohle des Unternehmens.

4.2 Aufgaben der Assistentin

Eine zentrale Aufgabe der Assistentin ist es, den Aufsichtsratsvorsitzenden laufend mit allen überwachungsrelevanten Informationen aus dem Unternehmen und seinem Umfeld zu versorgen. Der Informationsbedarf des Aufsichtsrats und das Informationsangebot eines Vorstandes sind nicht immer deckungsgleich. Manchmal bestehen „ ... zeitliche, inhaltliche oder qualitative Informationsblockade[n] durch ... [den] Informationsgeber“ (vgl. Theisen, 2002, S. 6). In einem solchem Fall beschafft die Mitarbeiterin alle notwendigen Zusatzinformationen. Für diesen Zweck darf sie im Auftrag des Aufsichtsratsvorsitzenden Einsicht in Bücher und Schriften der Gesellschaft nehmen. Sie unterliegt einer strengen Verschwiegenheitspflicht.

Auch die fachliche Vor- und Nachbereitung von Aufsichtsrats- und Ausschusssitzungen gehört ins Aufgabenspektrum der Assistentin. In der Regel umfasst die Sitzungsvorbereitung ein gründliches Studium von Sitzungsunterlagen und anderen Materialien. Kritische Punkte werden identifiziert und vor der Sitzung mit dem Aufsichtsratsvorsitzenden besprochen. Nach den Sitzungen achtet die Assistentin auf die Umsetzung der gefassten Beschlüsse. Teilweise werden in Sitzungen Anregungen und Bitten um zusätzliche Informationen geäußert. Die Assistentin kontrolliert auch deren Umsetzung bzw. erarbeitet die notwendigen Informationsvorlagen.

Daneben fallen weitere Aufgaben in den Tätigkeitsbereich der Aufsichtsratsassistentin:

- Auswertung und Kommentierung der regelmäßigen Vorstandsberichte* für den Aufsichtsratsvorsitzenden
- Überwachung der Einhaltung von Gesetz, Satzung, Geschäftsordnungen und bindenden Aufsichtsratsbeschlüssen
- Durchführung des Beteiligungscontrolling (umfasst Tochter- und Enkelgesellschaften der MVV Energie AG)
- Konzeption, Vorbereitung und Auswertung der Effizienzprüfung des Aufsichtsrats sowie Ableitung von Verbesserungsmaßnahmen
- Vorbereitung der Hauptversammlung sowie Assistenz in der Versammlung
- Erarbeiten von Stellungnahmen an den Aufsichtsratsvorsitzenden

* Vgl. § 90 AktG.

- Erstellen von Redeentwürfen
- Sonderaufgaben
- Sonstige Assistenten- bzw. Sekretariatsaufgaben (Unterstützung bei der Organisation der Aufsichtsratsarbeit)

Die Assistentin agiert dabei stets im Auftrag ihres Vorgesetzten. Sie berät und schlägt Handlungsoptionen vor. Eigene Entscheidungen trifft die Mitarbeiterin nicht.*

4.3 Kommunikation der Assistentin innerhalb des Unternehmens

Mit der Einrichtung einer solchen Assistentenfunktion verfügt der Aufsichtsratsvorsitzende über einen ständigen „Außenposten"** im zu überwachenden Unternehmen. Dies kann zu Unsicherheiten in der Kommunikationsbeziehung zwischen Aufsichtsrat und Vorstand führen. Aufgrund dessen wird der Aufsichtsratsassistent in der Literatur schon mal als Fremdkörper oder Spitzel (vgl: Seibt, Wilde, 2003, S. 386; Wilde, 1998, S. 423–465) bezeichnet. Es scheint daher geboten, die Kommunikation zwischen Vorstand, Aufsichtsrat sowie der Mitarbeiterin des Aufsichtsratsvorsitzenden zu klären, denn „Nur der Vorstand ... ist regelmäßig unmittelbarer Informant des Aufsichtsrats ..." (vgl. Theisen, 2002, S. 10). Dieser Grundsatz gilt auch bei der MVV Energie AG.

Der Vorstand der MVV Energie AG bietet der Aufsichtsratsassistentin zusätzlich die Option, permanent auf den Sachverstand im Haus zurückzugreifen. Das eröffnet der Mitarbeiterin die Möglichkeit, sich Sachverhalte näher erläutern und Fragen beantworten zu lassen. Gewöhnlich gehören Bereichs- und Stabsabteilungsleiter zu den Ansprechpartnern der Aufsichtsratsassistenten. Einzige Ausnahme ist die Konzernrevision. Die Konzernrevision steht der Assistentin nicht als Informant zur Verfügung.

Es ist klar, dass die Kommunikationsbeziehung zwischen dem Unternehmen und dem Büro des Aufsichtsratsvorsitzenden bestimmten Prinzipien unterliegen muss. Bei der Regelung der internen Kommunikation spielt das Vorstandsbüro eine wichtige Rolle. Beide Organisationseinheiten stehen daher im ständigen Kontakt. Richtet das Aufsichtsratsbüro eine Anfrage an einen Spezialisten innerhalb des Unternehmens, so wird das Vorstandsbüro über diesen Vorgang informiert. In der Praxis hat es sich bewährt, das Vorstandsbüro mit in den Verteiler der Originalanfrage aufzunehmen. Diese Vorgehensweise bietet einerseits dem Vorstand gewisse Reaktionsmöglichkeiten und signalisiert andererseits dem Spezialisten die Freigabe für die Bearbeitung dieser Anfrage.

---

* Die fehlende Entscheidungs- sowie Anordnungskompetenz ist ein wichtiges Merkmal für Stabsstellen.

** Die Anteilseigner verfügen erstmals über einen Mitarbeiter im Unternehmen. Die Arbeitnehmervertreter im Aufsichtsrat sind per Definition Mitarbeiter des Unternehmens.

Die Kommunikation zwischen dem Aufsichtsrat und dessen Mitgliedern sowie der Assistentin läuft ausschließlich über den Aufsichtsratsvorsitzenden. Mit ihm steht die Mitarbeiterin im ständigen Kontakt. Nur ihm arbeitet sie zu.

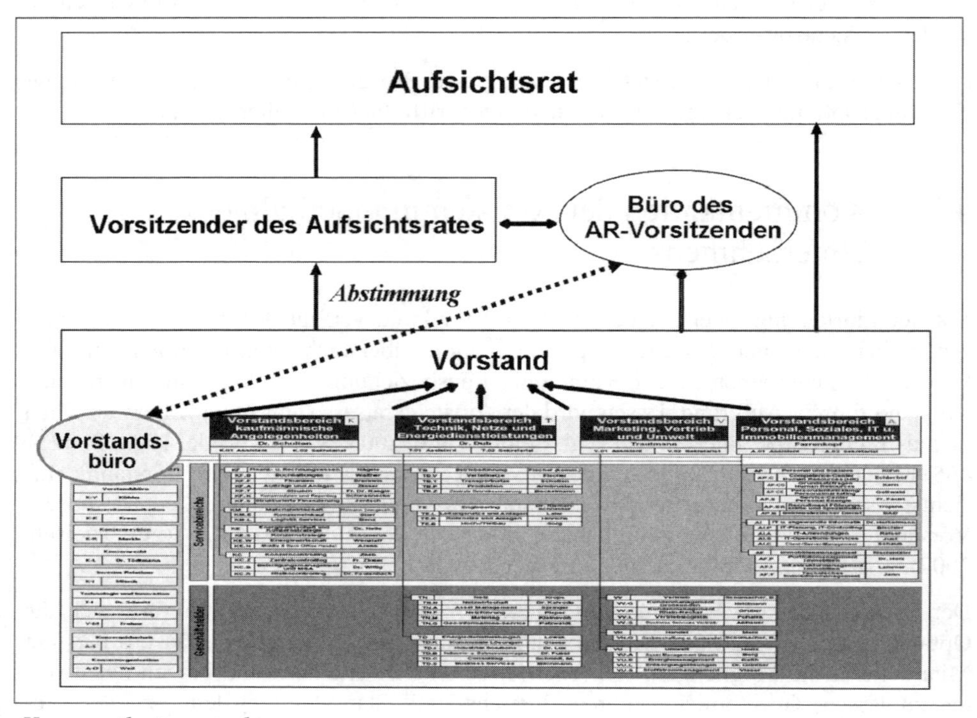

Kommunikationsstruktur

4.4 Konsequenzen für das Unternehmen

Die Einführung eines Assistenten für den Aufsichtsratsvorsitzenden ist für das Unternehmen zunächst mit Kostensteigerungen verbunden. Zusätzlich zu den Personalkosten entstehen Kosten für die Bereitstellung der Infrastruktur. Auch die Ausstattung mit Arbeitsmitteln sowie die Teilnahme an Weiterbildungsveranstaltungen werden vom Unternehmen finanziert.

Dieser vermeintliche Nachteil wird aber durch eine Reihe von Vorteilen für das Unternehmen überkompensiert:

Das Unternehmen hat mit der Assistentin eine permanente Ansprechpartnerin für Aufsichtsratsangelegenheiten im Hause. Eine Vielzahl von Fragen lassen sich oft auf kurzem Wege z. B. über persönliche Gespräche klären. Besser aufbereitete Informationen können einen wichtigen Beitrag zur Versachlichung der Diskussion zwischen Vorstand und Aufsichtsrat leisten; denn Missverständnisse resultieren oft aus Informationsdefiziten.

Die Assistentin verfügt über umfangreiche Unternehmenskenntnisse. Sie beschäftigt sich ausschließlich mit diesem Unternehmen und dessen Marktumfeld. Sie hat zusätzlich einen ausreichenden Überblick über betriebliche Prozesse und kennt die richtigen Ansprechpartner im Unternehmen. Ihr sind die Gepflogenheiten im Haus bekannt.

Die Aufsichtsratsassistentin ist neutral, d. h. frei von Interessenkonflikten. Sie ist dem Wohle des Unternehmens verpflichtet. In ihrer Funktion unterstützt sie den Aufsichtsratsvorsitzenden bei der Wahrnehmung seiner Beratungs- und Überwachungsaufgabe und hat ansonsten keine Eigentümerinteressen zu vertreten.

Die Sicherstellung einer professionellen Aufsichtsratstätigkeit ist das einzige Ziel der Assistentin. In diesem Zusammenhang übernimmt sie manchmal die Rolle einer Vermittlerin. Stellt sich z. B. bei der Vorbereitung von Sitzungen heraus, dass der Aufsichtsrat für seine Entscheidung weitere Informationen benötigt, nimmt die Assistentin mit dem Vorstandsbüro Kontakt auf und regelt die weitere Informationsübermittlung. Die Assistentin fördert eine vertrauensvolle Zusammenarbeit zwischen Vorstand und Aufsichtsrat.

Die Einrichtung der Assistentenfunktion bei der MVV Energie AG ist nicht mit einer Ausweitung der Informationspflichten des Vorstands verbunden. Dieser Sachverhalt wurde bereits in der Begründung zum Gesetzesentwurf von 1997 klargestellt:

„Für den Vorstand bedeutet ... [die Einrichtung einer solchen Assistentenfunktion für den Aufsichtsratsvorsitzenden] keine weitere Auskunftspflicht, da er dieselben Auskünfte bzw. denselben Zugang zu Informationen dem Aufsichtsrat selbst gewähren muss. Das Gesetz sieht ... vor, dass dieses Auskunfts- und Einsichtsrecht vom Aufsichtsrat auf ein Mitglied oder auf einen externen Sachverständigen übertragen werden kann (§ 111 Abs. 2 Satz 2).“*

Die Mitarbeiterin des Aufsichtsratsvorsitzenden der MVV Energie AG ist vollständig in das Unternehmen integriert. Das Büro des Aufsichtsratsvorsitzenden wird sowohl im Aufsichtsrat als auch im Unternehmen als notwendige und nützliche Institutionen anerkannt. Die Teilnahme an Führungskräfteveranstaltungen des Hauses sowie an Sitzungen des Aufsichtsgremiums und dessen Ausschüssen sind deutliche Beweise dafür.

---

* Deutscher Bundestag, 1998, S. 15. Dieser Regelungsgegenstand findet sich auch heute noch im Aktiengesetz, so dass die Begründung noch Gültigkeit besitzt.

5. Ausblick

Die Gesetzesinitiative von 1998 zur obligatorischen Einrichtung einer Assistentenfunktion für mitbestimmte Aufsichtsräte scheiterte zwar, die Forderung nach einer solchen Instanz wird jedoch wieder lauter. Im Lichte der OPEL-Krise diskutierte die Politik über eine Neuordnung der paritätischen Mitbestimmung (vgl. Deutscher Bundestag, 11.11.2004, S. 12645D–12658D). In diesem Zusammenhang steht erneut die Professionalisierung der Arbeit deutscher Aufsichtsräte auf der Tagesordnung.

Konkrete Maßnahmen zur Verbesserung der Aufsichtsratstätigkeit werden bereits vorgeschlagen (vgl. Deutscher Bundestag, 2004, S. 4), z. B.:

- „... Schaffung eines geeigneten und unterstützenden Sekretariatsystems ... „ und
- „... konstante und hauptberufliche Tätigkeit eines Aufsichtsratsassistenten, d. h. eines sachverständigen und vorstandsunabhängigen Dritten ... „

Die steigenden Anforderungen an Aufsichtsräte werden auch andere Unternehmen von der Notwendigkeit einer Assistentenfunktion überzeugen; entweder als Hilfsperson für den gesamten Aufsichtsrat, wie das die verschiedenen Anträge und Initiativen forcieren, oder als direkter Stab für den Vorsitzenden des Aufsichtsgremiums.

Die Notwendigkeit zur Schaffung einer derartigen Assistentenfunktion resultiert nicht aus einer „unprofessionellen“ oder gar „amateurhaften“ Arbeit von Aufsichtsräten, wie die verschiedenen Anträge und Gesetzesinitiativen interpretiert werden könnten, sondern aus einer steigenden Komplexität der Aufsichtsratstätigkeit, die mehr Zeit beansprucht. Solange die Aufsichtsratsarbeit eine nebenberufliche Tätigkeit ist, wird sich der Faktor Zeit auch für noch so engagierte Aufsichtsräte nicht grenzenlos vermehren lassen. Hier hilft der Assistent, der kontinuierlich für den Aufsichtsrat bzw. für dessen Vorsitzenden arbeitet und damit zur Verstetigung der Aufsichtsratsarbeit beiträgt.

Literaturverzeichnis

Bundesrat: „Entwurf eines Gesetzes zur Steigerung der Effizienz von Aufsichtsräten und zur Begrenzung der Machtkonzentration bei Kreditinstituten infolge von Unternehmensbeteiligungen: Antrag des Landes Rheinland-Pfalz“, in: „Drucksache 561/97“, Bonn 1997

Deutscher Bundestag: „Entwurf eines Gesetzes zur Steigerung der Effizienz von Aufsichtsräten und zur Begrenzung der Machtkonzentration bei Kreditinstituten infolge von Unternehmensbeteiligungen: Gesetzentwurf des Bundesrates“, in: „Drucksache 13/9716“, Bonn 1998

Deutscher Bundestag: „Plenarprotokoll 13/222, 05.03.1998“, Bonn 1998, S. 20349–20367

Deutscher Bundestag: „Konzernmitbestimmung neu ordnen – Aufsichtsräte und Eigentümerrechte stärken: Antrag der Abgeordneten Brüderle, FDP; Funke, FDP und andere, FDP“, in: „Drucksache 15/4038“, Berlin 2004

Deutscher Bundestag: „Plenarprotokoll 15/138, 11.11.2004“, Berlin 1/2004, S. 12645D–12658D

Hüffer, Uwe: „Aktiengesetz“, 6. Aufl., München 2004

Lutter, Marcus/**Krieger**, Gerd: „Hilfspersonen von Aufsichtsratsmitgliedern“, in: „Der Betrieb“, 48(1995), S. 257–261

Baumbach, Adolf/**Hueck**, Alfred: „GmbH-Gesetz“, 17. Aufl., München 2000

Seibt Christoph H./**Wilde**, Christian: „Informationsfluss zwischen Vorstand und Aufsichtsrat bzw. innerhalb des Boards“, in: Hommelhoff, Peter/Hopt, Klaus J./v. Werder, Axel: „Handbuch Corporate Governance: Leitung und Überwachung börsennotierter Unternehmen in der Rechts- und Wirtschaftspraxis“, Stuttgart 2003

Theisen, Manuel R.: „Grundsätze einer ordnungsmäßigen Information des Aufsichtsrats“, 3. Aufl., Stuttgart 2002

Wilde, Christian: „Informationsrechte und Informationspflichten im Gefüge der Gesellschaftsorgane“, in: „Zeitschrift für Unternehmens- und Gesellschaftsrecht“, 27(1998), S. 423–465

Evaluation des Aufsichtsrats als Instrument des Beteiligungscontrollings von Gebietskörperschaften

Thomas Müller-Marqués Berger/Isabell Srocke

1. Evaluation des Aufsichtsrats als Instrument des öffentlichen Beteiligungscontrollings

Bund, Länder und Kommunen bedienen sich zunehmend dezentraler, rechtlich selbständiger Organisationseinheiten, um ihre öffentlichen Aufgaben wahrzunehmen. Der wichtigste Grund hierfür sind die finanziellen Engpässe, mit denen fast alle Gebietskörperschaften zu kämpfen haben (Fuest/Kroker, 1981, S. 1; Völmicke, 1996, S. 32). Daneben werden Effizienzziele verfolgt. Insbesondere öffentliche Unternehmen in der Rechtsform einer Gesellschaft mit beschränkter Haftung (GmbH) und einer Aktiengesellschaft (AG) sollen effizienter am Markt agieren können, weil eine Vielzahl rechtlicher Restriktion wie z. B. das öffentliche Dienst- und Besoldungsrecht nicht gelten. Sie sollen die öffentlichen Leistungen kostengünstiger erbringen können, weil ihre internen Strukturen weniger hierarchisch und weniger bürokratisch organisiert werden können (Wohlfahrt/Zühlke, 1999, S. 7 ff.).

Diese Dezentralisierungstendenzen haben dazu geführt, dass sich die Gebietskörperschaften zu konzernähnlichen, heterogenen Gebilden entwickelt haben (Srocke, 2004, S. 15 f.), zu deren Steuerung es eines wirkungsvollen Beteiligungscontrollings bedarf. Für die Entwicklung geeigneter Beteiligungscontrollinginstrumente konzentrieren sich Wissenschaft und Praxis auf die Übertragung der Instrumente, die sich in privaten Unternehmen bewährt haben. Daneben ist jedoch zu beobachten, dass die Einfluss- und Kontrollmöglichkeiten über die Organe der Gesellschaften nur unzureichend genutzt werden. Innerhalb der Corporate Governance öffentlicher Unternehmen kommt insbesondere den Aufsichtsräten der Gesellschaften eine Schlüsselfunktion zu, weil sie per Gesetz zur Überwachung der Gesellschaft verpflichtet sind.

Vor dem Hintergrund der Defizite des öffentlichen Beteiligungscontrollings und der aktuellen Diskussion um gute Corporate Governance soll im Rahmen des vorliegenden Beitrags verdeutlicht werden, dass eine regelmäßige Evaluation des Aufsichtsrats die Kontrolle öffentlicher Beteiligungen verbessern kann. Dazu werden konkrete Vorschläge für die Ausgestaltung der Prüfung des Aufsichtsrats entwickelt.

2. Öffentliches Beteiligungscontrolling

2.1 Gestaltung des Beteiligungscontrollings im öffentlichen Sektor

Beteiligungscontrolling ist die Summe aller Maßnahmen der Planung, Steuerung, Koordination und Überwachung der Beteiligungen im Hinblick auf die Ziele des Mutterunternehmens (Horváth/Reichmann, 2003, S. 77). Diese Definition kann auf den öffentlichen Sektor grundsätzlich übertragen werden. Allerdings müssen die Instrumente des Beteiligungscontrollings den Besonderheiten des öffentlichen Sektors gerecht werden. Das bedeutet vor allem, dass der Zielbeitrag einer öffentlichen Beteiligung i. d. R. nicht oder nicht nur in der Erbringung eines finanziellen Ergebnisses gesehen wird. Im öffentlichen Sektor stehen nicht die monetären Ziele im Vordergrund, sondern vielmehr Sachziele (Schaefer, 2000; Brüggemeier, 1998; Schulte, 1994).

Deshalb ist es erforderlich, dass sowohl auf nicht finanzielle Informationen als auch auf finanzielle Informationen ausgerichtete Instrumente im Rahmen des öffentlichen Beteiligungscontrollings zum Einsatz kommen. Die Beteiligungen sollen mit einer Kosten- und Leistungsrechnung und einem externen Rechnungswesen ausgestattet sein und im Rahmen klar umrissener Reportingstrukturen regelmäßig an ihre Trägergebietskörperschaft über ihre finanzielle Entwicklung und mit Hilfe geeigneter Leistungskennzahlen über die nicht finanzielle Zielerreichung berichten (Schaefer, 2000, S. 535 f.). Der Muttergebietskörperschaft kommt dann die Aufgabe zu, im Rahmen des Beteiligungscontrollings die Informationen der nachgeordneten Einheiten zu verarbeiten, zu koordinieren und im Sinne einer Gesamtzielerreichung in die Konzernplanung und -steuerung aufnehmen. Als geeignete Instrumente werden hier die Portfolioanalyse und die Balanced Scorecard angesehen (Schaefer, 2000, S. 534 f.; Wilms, 2004, S. 497 ff.). Für die Bewältigung der im Rahmen des Beteiligungscontrollings erforderlichen Steuerungsaufgaben haben die Gebietskörperschaften i. d. R. eine zentrale Beteiligungsverwaltung als Stabstelle der Kämmerei bzw. Haushaltsabteilung eingerichtet oder durch die Gründung einer Beteiligungsverwaltungsgesellschaft teilweise ausgegliedert.

Die Praxis zeigt jedoch, dass die Gebietskörperschaften vielfach nur ungenügenden Einfluss auf ihre Beteiligungen ausüben (Schaefer, 2004, S. 123) und ein angemessener Zielbeitrag von den Beteiligungen häufig nicht erbracht wird. In Nordrhein-Westfalen ist z. B. im Rahmen einer Untersuchung festgestellt worden, dass die Städte ihre Konsolidierungsziele nur im Hinblick auf die Verwaltung selbst und die rechtlich unselbständigen Organisationseinheiten formuliert. Die privatrechtlich organisierten Beteiligungen werden in die Sparziele der Gebietskörperschaften nicht oder nur unzureichend einbezogen, weil keine klaren Zielvorgaben gegenüber den Beteiligungen formuliert werden (IM NRW, 2001, S. 53 ff.). Eine Ursache für diese unzureichende Steuerung wird in der fachlichen und/oder quantitativen Überforderung der mit der Beteiligungsverwaltung betrauten Personen gesehen (IM NRW, 2001, S. 21 ff.).

Ein weiterer Grund hierfür ist die Verselbständigung der Gesellschaften. Der Umfang der Einflussmöglichkeiten der Trägergebietskörperschaften wird im Wesentlichen in der konstitutiven Phase, d. h. durch die Gestaltung der Satzung bzw. des Gesellschaftsvertrags, bestimmt. Hier werden die Einfluss- und Kontrollmöglichkeiten der Gebietskörperschaften für die Zukunft festgelegt. Nach Abschluss der Gründungsphase ist dann auf eine geeignete Besetzung der Geschäftsführungs- und Aufsichtsorgane hinzuwirken und der Einfluss als Eigentümer, d. h. im Rahmen der Gesellschafter- bzw. Hauptversammlung, geltend zu machen.

2.2 Aufsichtsrat als wichtiger Bestandteil des öffentlichen Beteiligungscontrollings

Die Möglichkeit der Gebietskörperschaften, Einfluss auf ihre Beteiligungen zu nehmen, bezieht sich vor allem auf den Aufsichtsrat. Dem Aufsichtsrat obliegt die Überwachung der Gesellschaft (§§ 111 Abs. 1 AktG, 52 Abs. 1 GmbHG), und er nimmt damit eine zentrale Funktion im Rahmen der Wahrnehmung der Steuerungs- und Kontrollaufgaben der Gebietskörperschaft ein. Vor dem Hintergrund, dass der Aufsichtsrat der AG gem. § 111 Abs. 3 AktG eine Hauptversammlung einzuberufen hat, sofern es das Wohl der Gesellschaft erfordert und bestimmte Geschäfte gem. § 111 Abs. 4 S. 2 AktG von der Zustimmung des Aufsichtsrats abhängig gemacht werden können, kann die Besetzung des Aufsichtsrats bzw. die Zusammenarbeit zwischen Gesellschaftern und Aufsichtsrat als ein wichtiges Instrument im Rahmen der Beteiligungssteuerung angesehen werden. Es stellt sich insofern die Frage, wie dieses Instrument von den Gebietskörperschaften effektiv genutzt werden kann.

Vor dem Hintergrund der Bilanzskandale der letzten Jahre ist das System der Unternehmensführung und -kontrolle auch im privaten Sektor diskutiert worden. Ergebnis dieser Diskussion ist, dass in vielen Ländern Corporate Governance Kodizes entwickelt wurden, die Standards einer guten und verantwortungsvollen Unternehmensführung festlegen. Diese beziehen sich u. a. auf die Tätigkeit des Aufsichtsrats. Es geht darum, die Zusammenarbeit zwischen dem Geschäftsleitungs- und Überwachungsorgan zum Wohle der Gesellschaft zu verbessern, einen umfassenden Informationsaustausch zu gewährleisten und die persönliche Eignung sowie das Verantwortungsbewusstsein und Engagement der Aufsichtsratsmitglieder zu bewerkstelligen und damit eine wirkungsvolle Überwachungsleistung des Aufsichtsrats zu erzielen.

Dieses Ziel kommt insbesondere in Ziffer 5.6 des Deutschen Corporate Governance Kodex (DCGK) zum Ausdruck, wodurch gefordert wird, dass der Aufsichtsrat „regelmäßig die Effizienz seiner Tätigkeit überprüfen“ soll. Hierunter wird die regelmäßige Selbstevaluation des Aufsichtsrats hinsichtlich seiner Tätigkeit als Ganzes, hinsichtlich der Effektivität und Effizienz seiner Ausschussstruktur und hinsichtlich der Eignung der einzelnen Mitglieder verstanden, um die Wirksamkeit der Tätigkeit des Aufsichtsrats zu erhöhen (Seibt, 2003, S. 2109 f.).

Auch für den öffentlichen Sektor wird zunehmend die Entwicklung von Corporate Governance-Standards gefordert (Koch/Kreuser, 2004; Ruter/Müller-Marqués Berger, 2003; Budäus/Srocke, 2003; Budäus, 2002). Im Hinblick auf die Verbesserung des Beteiligungscontrollings bietet gerade die regelmäßige Evaluation des Aufsichtsrats ein wichtiges Instrument zur Verbesserung der Führungs- und Kontrollstrukturen öffentlicher Unternehmen. Es kann davon ausgegangen werden, dass wenn das unternehmenseigene Überwachungssystem der einzelnen Beteiligungen wirkungsvoll arbeitet, die Risiken innerhalb der öffentlichen Konzerne minimiert werden. Insofern sollte die Leistung der Aufsichtsräte öffentlicher Unternehmen regelmäßig überprüft werden.

Im Folgenden werden daher konkrete Vorschläge für die Gestaltung der Evaluation des Aufsichtsrats erarbeitet (Müller-Marqués Berger/Srocke, 2005). Diese beziehen sich im Gegensatz zum DCGK auf alle öffentlichen Unternehmen, deren Organisationsform ein Geschäftsleitungs- und ein Kontrollorgan aufweist, weil ein alleiniger Bezug auf die AG im öffentlichen Sektor zu kurz greifen würde.

3. Evaluation des Aufsichtsrats

3.1 Prüfungsgegenstand

Der Prüfungsgegenstand der Evaluation des Aufsichtsrats sind die drei Ebenen des Aufsichtsrats:

1. Aufsichtsrat als Gesamtorgan
2. Ausschüsse
3. Aufsichtsratsmitglieder

Die ersten beiden Ebenen sind nicht losgelöst voneinander zu betrachten. Gerade die Interaktion zwischen Gesamtaufsichtsrat und den eingerichteten Ausschüssen ist Gegenstand der Betrachtung. Die Delegation von Fragen und Aufgaben an Ausschüsse einerseits sowie die Berichterstattung der Ausschüsse an das Gesamtorgan andererseits ist für die Effektivität des Gesamtorgans von wesentlicher Bedeutung, so dass diesen Themen im Rahmen der Evaluation besondere Beachtung zu schenken ist (Sünner, 2002, S. 495 ff.). Die dritte Ebene umfasst die Evaluation der einzelnen Aufsichtsratsmitglieder.

Während die Prüfung der beiden ersten Ebenen, d. h. die Prüfung des Aufsichtsrats als Ganzes und der Ausschüsse allgemein für sinnvoll und förderlich angesehen wird, ist die Evaluation des einzelnen Aufsichtsratsmitglieds in der Praxis umstritten. Als Hauptargument gegen die Einzelbewertung wird angeführt, dass sie einen Druck ausübt, der der Organstellung und der erforderlichen Unabhängigkeit der Tätigkeit unangemessen ist und sich daher negativ auf die kollegiale Zusammenarbeit im Gesamtorgan auswirken kann (Seibt, 2003, S. 2109; Bernhardt/Witt, 2003, S. 326 f.). Zudem ist die Einzelbewertung schwierig, wenn die zu bewertenden Personen in einer Gruppe stark interdependent sind (Koch/Kreuser, 2004, S. 26). Andererseits sind die Qualifikation und Einsatzbereitschaft des einzelnen Aufsichtsratsmitglieds das Fundament einer effektiven Beratung und Überwachung der Geschäftsführung, so dass vieles dafür spricht, dass eine Begrenzung der Prüfung auf die Tätigkeit des Organs als Ganzes nicht ausreicht. Die Potenziale zur Effizienzsteigerung liegen wesentlich in den einzelnen Aufsichtsratsmitgliedern und müssen daher im Rahmen der Evaluation identifiziert und ausgeschöpft werden (Bernhardt/Witt, 2003, S. 326 ff.).

Die Vertretung der Gebietskörperschaft in den Überwachungsorganen übernimmt der Bürgermeister bzw. ein von der Gemeindevertretung bzw. vom Landesparlament gewählter oder entsandter Vertreter (§§ 104 GO BW, 65 Abs. 6 LHO/BHO). Gem. § 116 AktG haben die Aufsichtsratsmitglieder ihre Überwachungstätigkeit sorgfältig, verantwortungsvoll und vertraulich im Sinne der Gesellschaft durchzuführen. Bei öffentlichen Unternehmen schreibt § 104 Abs. 3 GO BW jedoch auch vor, dass die Aufsichtsratsmitglieder „bei ihrer Tätigkeit auch die besonderen Interessen der Gemeinde zu berücksichtigen haben." Insofern können die Aufsichtsratsmitglieder in einen Interessenkonflikt geraten und die Aufsichtsratsmandate können primär aufgrund parteipolitischer Interessen und weniger aufgrund fachlicher Gesichtspunkte vergeben werden. Insofern ist die Evaluation der einzelnen Aufsichtsratsmitglieder gerade in öffentlichen Unternehmen unbedingt in den Prüfungsgegenstand einzubeziehen.

Die drei Ebenen des Aufsichtsrats als Prüfungsgegenstand dürfen nicht isoliert betrachtet werden, weil die Qualität der Tätigkeit des Aufsichtsrats entscheidend von der Zusammenarbeit mit der Geschäftsleitung abhängt. Aus Sicht des Aufsichtsrats bezieht sich dies vor allem auf eine regelmäßige, zeitnahe und umfassende Informationsversorgung durch alle Ebenen des Gesamtorgans. Insofern muss die Prüfung des Aufsichtsrats auch eine Evaluierung der Kooperation zwischen den Organen einschließen.

3.2 Prüfung der Tätigkeit des Aufsichtsrats

3.2.1 Prüfung der Aufbau- und Ablauforganisation der Tätigkeit des Aufsichtsrats

Die Aufbau- und Ablauforganisation der Tätigkeit des Aufsichtsrats ist auf Ebene des Gesamtorgans und auf Ebene der einzelnen Ausschüsse zu betrachten. Zudem ist die Zusammenarbeit zwischen den drei Ebenen Gesamtorgan, Ausschüsse und Einzelmitglieder sowie die formale Gestaltung und Dokumentation der Prozesse zu analysieren. In Bezug auf das Gesamtorgan sind beispielsweise folgende Sachverhalte zu beurteilen:

1. Angemessenheit der Sitzungshäufigkeit/-dauer und Zeitnähe zu aktuellen Themen.
2. Zweckmäßige Geschäftsordnung mit Regelungen über Sitzungshäufigkeit, Ablauf der Sitzungen, Rechte und Pflichten der Mitglieder, Lösung interner Konfliktlagen, etc.
3. Organisation der Vorbereitung der Sitzungen: Werden Aufgaben delegiert? Werden diese wahrgenommen und in der folgenden Sitzung kommuniziert?

4. Dokumentation: Werden der Verlauf der Sitzungen, insbesondere die getroffenen Entscheidungen, angemessen dokumentiert?

5. Berichterstattung: Wann bekommt das einzelne Aufsichtsratsmitglied die Sitzungsunterlagen? Sind die Informationsanforderungen an den Vorstand spezifiziert? Wann leitet der Vorstand Informationen an den Aufsichtsrat weiter? Finden regelmäßig Treffen von Aufsichtsrat und Vorstand statt? Erfolgt gegebenenfalls eine zeitnahe und umfassende Weitergabe von Informationen durch den Aufsichtsratsvorsitzenden?

6. Bildung von Ausschüssen: Gibt es klare Vorgaben für welche Themen bzw. unter welchen Voraussetzungen Ausschüsse zu bilden sind und nach welchen Kriterien diese zu besetzen sind? Wird im Sinne einer effizienten Arbeitsweise auf die Arbeit der Ausschüsse im Gesamtaufsichtsrat aufgebaut und nicht erneut grundlegend bearbeitet?

7. Angemessenheit der Zusammensetzung des Aufsichtsrats hinsichtlich Anzahl der Mitglieder und fachlicher Qualifikation.

Hinsichtlich der Evaluierung der Ausschüsse können die aufgelisteten Aspekte mit Ausnahme von Punkt 6 ebenfalls herangezogen werden. In Bezug auf die Berichterstattung ist zu prüfen, ob gegenüber dem Gesamtaufsichtsrat eine angemessene Berichterstattung erfolgt. Die Frage nach einer zweckmäßigen Geschäftsordnung sollte bezogen auf die Ausschüsse in der Form abgewandelt werden, ob klare inhaltliche und zeitliche Ziele gesetzt wurden.

3.2.2 Prüfung der formalen Eignung der Aufsichtsratsmitglieder

Die Prüfung der Eignung der einzelnen Aufsichtsratsmitglieder bezieht sich auf die zusammenfassende Erhebung der formalen Eigenschaften aller Mitglieder. Es handelt sich hierbei z. B. um folgende Aspekte:

1. Fachliche Qualifikation: Ausbildung, beruflicher Werdegang

2. Alter

3. Abwesenheitszeiten

4. Anzahl der Ausschüsse, in denen das Mitglied vertreten ist

5. Anzahl der weiteren Aufsichtsratsmandate (gegebenenfalls als Aufsichtsratvorsitzender) und Vorstandsposten des Mitglieds

5. War das Aufsichtsratmitglied zuvor Mitglied des Vorstands?

6. War das Aufsichtsratmitglied zuvor Mitglied des Vorstands eines wesentlichen Wettbewerbers?

Bei diesen Aspekten handelt es sich um reine Fakten, die zunächst keinen subjektiven Wertvorstellungen unterliegen. Sie sind daher relativ einfach zu erheben. Einige dieser Informationen werden z. T. auch durch externe Institutionen ermittelt (z. B. DSW 2003). Schwierigkeiten könnten sich jedoch ergeben, wie die Ergebnisse im Einzelnen zu bewerten sind. Das heißt z. B., wie viele Aufsichtsratsmandate ein Mitglied innehaben darf.

Mit der Erhebung dieser Informationen wird gleichzeitig geprüft, inwieweit die Zusammensetzung des Aufsichtsrats hinsichtlich Anzahl der Mitglieder und fachlicher Qualifikation angemessen ist (vgl. Punkt 7 der Prüfung des Gesamtorgans). Im Ergebnis wird durch diese Informationen auch die Vergabe der Aufsichtsratsmandate durch die parlamentarische Vertretung der Gebietskörperschaft beurteilt, soweit diese die Mitglieder in den Aufsichtsrat entsendet. Wird aufgrund dieser Prüfung festgestellt, dass der Aufsichtsrat nicht mit Personen unterschiedlicher Qualifikation und ausreichender Erfahrung besetzt wurde oder die Aufsichtsratsmitglieder zu viele Mandate innehaben, ist dies ein Urteil, dass insbesondere die parlamentarische Vertretung der Gebietskörperschaft zu verantworten hat.

3.2.3 Prüfung der Qualität der Tätigkeit des Aufsichtsrats

Gesamtorgan und Ausschüsse

Für die Prüfung der Qualität der Tätigkeit des Aufsichtsrats sind zunächst qualitative Elemente seiner Tätigkeit zu identifizieren, auf die sich die Prüfung bezieht. Diese betreffen in aller Regel die folgenden drei Kompetenzbereiche (Seibt 2003, S. 2109 f.):

1. Personalkompetenz (in Bezug auf die Besetzung der Geschäftsleitung)
2. Geschäftsführungskompetenz im Sinne einer Beratung des Vorstands
3. Überwachungskompetenz

Der Bereich der Personalkompetenz bezieht sich auf die Aufgabe des Aufsichtsrats, den Vorstand zu bestellen. Es handelt sich hierbei um eine der wichtigsten Aufgaben des Aufsichtsrats (Werder 2002, S. 806). Hier ist zu prüfen, ob sinnvolle Kriterien für die Besetzung von Vorstandspositionen entwickelt und beachtet wurden sowie ob anstehende Personalentscheidungen rechtzeitig im Aufsichtsrat behandelt wurden. Die Personalentscheidungen sind angemessen zu dokumentieren. Bei unterschiedlichen Meinungen über die Auswahl des geeigneten Kandidaten ist zu hinterfragen, wie mit diesem Interessenkonflikt umgegangen wird. In Bezug auf die Interessenkonflikte sind zum einen die in der Geschäftsordnung verankerten Regelungen zur Behandlung von Interessenkonflikten zu beurteilen und zum anderen das konkrete Verhalten der einzelnen Mitglieder des Aufsichtsrats. Sollten Personalentscheidungen nicht entsprechend der festgelegten Kriterien getroffen worden sein, ist zu hinterfragen, warum dies erfolgte und welche Konsequenzen für zukünftige Entscheidungen daraus gezogen wurden.

Voraussetzung für eine hohe Geschäftsführungskompetenz des Aufsichtsrats im Sinne einer Beratung des Vorstands ist, dass die einzelnen Mitglieder über entsprechende Qualifikation und Erfahrungen durch ihren beruflichen Werdegang verfügen. Dies ist im Rahmen der Auswahl der einzelnen Mitglieder zu beachten. Damit die Aufsichtsratsmitglieder diese Kompetenz zielführend einsetzen können, ist eine zeitnahe und problemorientierte Berichterstattung des Vorstands an den Aufsichtsrat von großer Bedeutung. Während die Anzahl der Gespräche und Mitteilungen des Vorstands Aufschluss über Regelmäßigkeit und über die Zeitnähe des Informationsflusses gibt, kann eine Auswertung der Gesprächsprotokolle Aufschluss über die Inhalte und Qualität der Informationen geben. Zudem kann durch eine Befragung der Mitglieder des Aufsichtsrats die Qualität der Informationen beurteilt werden. Darüber hinaus ist die Rückkopplung des Aufsichtsrats an die Geschäftsleitung in Form von Berichten, Stellungnahmen etc. hinsichtlich Umfang und Qualität zu betrachten. Hieraus kann abgeleitet werden, ob der Aufsichtsrat die Geschäftsleitung aktiv und qualitativ hochwertig berät. Im Rahmen dieser Prüfung ist zu beachten, dass die Berichtspflichten des Vorstands gegenüber dem Aufsichtsrat nicht ausschließlich als Bringschuld anzusehen sind. Die Ursache unzureichender Informationen bzw. einer schlechten Unterstützung der Geschäftsleitung durch den Aufsichtsrat ist nicht allein beim Vorstand zu suchen. Hier ist zu berücksichtigen, ob der Aufsichtsrat seine Informationsbedürfnisse klar benannt und gegebenenfalls angemahnt hat.

Die Überwachungskompetenz des Aufsichtsrats ist ebenfalls wesentlich von den Informationen der Geschäftsleitung an den Aufsichtsrat abhängig. Insofern ist die Berichterstattung des Vorstandes an den Aufsichtsrat auch dahingehend zu prüfen, ob rechtzeitig auf potenzielle Risiken hingewiesen wird und ob der Aufsichtsrat darauf entsprechend reagiert. Auch hier ist gegebenenfalls zu prüfen, ob der Aufsichtsrat den Vorstand auf kritische Bereiche direkt anspricht und nicht nur auf eine umfassende Informationsversorgung vertraut.

Diese drei Bereiche sind in erster Linie auf Ebene des Gesamtorgans zu prüfen. Innerhalb der einzelnen Bereiche ist dann die Frage zu stellen, inwieweit ein Ausschuss oder einzelne Mitglieder für die Qualität der Aufgabenwahrnehmung maßgeblich sind.

Aufsichtsratsmitglieder

Die materiell-inhaltliche Prüfung der einzelnen Aufsichtsratsmitglieder bezieht sich auf den persönlichen Beitrag jedes einzelnen Mitglieds zur Erfüllung der Kontrollfunktion des Aufsichtsrats. Hierzu sind u. a. folgende Aspekte zu betrachten:

1. Einsatzbereitschaft: Teilnahme an Diskussionen, freiwillige Teilnahme in Ausschüssen, konstruktive Vorschläge, Übernahme von Aufgaben

2. Umgang mit Kritik

3. Verhalten in Konfliktsituationen

4. Unterstützung der Einführung der regelmäßigen Evaluation des Aufsichtsrats
5. Erreichbarkeit

Auf den Aufsichtsratsvorsitzenden als Schlüsselfigur für die Effizienz der gesamten Aufsichtsratstätigkeit sollte im Rahmen der Prüfung besonderes Augenmerk gelegt werden. In Bezug auf die Prüfung des Gesamtorgans und die Ausschüsse kommt dem Vorsitzenden eine hohe Bedeutung hinsichtlich der Gestaltung der Berichterstattung und Informationsverarbeitung zu. Zudem ist der Aufsichtsratsvorsitzende die Hauptkontaktperson des Vorstands, so dass die von ihm geschaffene Diskussionskultur zu bewerten ist. Hinsichtlich der Einzelevaluation ist zu berücksichtigen, ob der Aufsichtsratsvorsitzende entsprechend seiner besonderen Stellung die erforderliche fachliche und persönliche Kompetenz aufweist. Insbesondere die persönlichen Fähigkeiten wie Integrations- und Koordinierungsfähigkeit sowie der Umgang mit Konflikten sind zu beurteilen (Bernhardt/Witt 2003, S. 327 f.). Gegebenenfalls ist für die Evaluation des Aufsichtsratsvorsitzenden ein erweiterter Fragenkatalog zu entwickeln (Higgs 2003, S. 23 ff., 99 f.).

Ebenso wie die formale Qualifikation der einzelnen Mitglieder geben diese Informationen Aufschluss über die Qualität der Entscheidung der parlamentarischen Vertretung betreffend die Besetzung der Aufsichtsratsmandate.

3.3 Prüfungsorgan

3.3.1 Grundsatz der Selbstprüfung im privaten Sektor

Aus der Formulierung der Ziffer 5.6 des DCGK wird abgeleitet, dass der Aufsichtsrat die Prüfung selbst durchzuführen hat. Das heißt, es ist allein Sache des Aufsichtsrats, über die Vorgehensweise und Inhalte der Prüfung zu entscheiden. Die Selbstevaluation wird regelmäßig aus der besonderen Stellung und Persönlichkeit der einzelnen Aufsichtsratsmitglieder abgeleitet, denen eine Überwachung durch Externe nicht zugemutet werden kann (Seibt 2003, S. 2111.). Diese reine Selbstprüfung des Aufsichtsrats birgt naturgemäß die Gefahr einer unkritischen Prüfung. Deshalb wird z. T. befürwortet, das entwickelte Prüfungsprogramm durch einen externen Berater evaluieren zu lassen oder einen Externen in die Entwicklung des Prüfungsprogramms einzubeziehen.

Andererseits kann gerade die Einbeziehung eines Externen in die Durchführung der Prüfung den Vorteil bringen, dass durch die Objektivität des externen Moderators die Vertraulichkeit und damit die Akzeptanz und Mitwirkungsbereitschaft der Aufsichtsratsmitglieder steigt. Zudem wird eine höhere Glaubwürdigkeit der kritischen Selbstprüfung gegenüber der Öffentlichkeit erreicht (Seibt 2003, S. 2111; Sick 2003, S. 10 f.).

Im Rahmen der externen Berichterstattung sind die Ergebnisse der Evaluation nicht darzulegen. Sie verbleiben im Aufsichtsrat. Weder die Geschäftsleitung noch die Aktionäre erlangen Kenntnis über die Ergebnisse. Es ist lediglich zu publizieren, ob eine Evaluation des Aufsichtsrats durchgeführt wurde.

3.3.2 Notwendigkeit einer externen Prüfung im öffentlichen Sektor

Der Grundsatz der Selbstprüfung kann auf öffentliche Unternehmen nicht ohne weiteres übertragen werden. Dies resultiert zum einen daraus, dass die Aufsichtsratsmitglieder überwiegend durch die beteiligte Gebietskörperschaft entsandt werden. Dies hat zur Folge, dass die ausgewählten Aufsichtsratsmitglieder nicht immer einen unternehmerischen Hintergrund mitbringen, der sie als Kontrollgremium und Sparringspartner der Geschäftsführung qualifiziert. Zudem verfolgen die Aufsichtsratsmitglieder u. U. auch subjektive Interessen hinsichtlich ihrer politischen Karriere. Ein weiterer Interessenkonflikt kann sich daraus ergeben, dass das Aufsichtsratsmitglied grundsätzlich im Sinne der Gesellschaft handeln soll, durch die gesetzlichen Vorschriften jedoch darüber hinaus auch die Interessen der Gebietskörperschaft beachten muss. Insofern birgt eine Selbstprüfung neben der Gefahr einer unkritischen Kontrolle der eigenen Leistung zusätzlich die Gefahr, interessengeleiteter Prüfungsergebnisse.

Zum anderen ergibt sich aus der besonderen Eigentumssituation öffentlicher Unternehmen eine besondere Rechenschaftsverpflichtung. Es besteht nicht nur eine Verpflichtung der Gesellschaft, ihren unmittelbaren Eigentümer, die Gebietskörperschaft, zu informieren. Vielmehr ist darüber hinaus die Gebietskörperschaft zur Rechenschaft gegenüber dem Bürger als tatsächlichem Eigentümer verpflichtet. In Bezug auf das Betreiben privatrechtlicher Gesellschaften bedeutet dies, dass die Gebietskörperschaft sicherstellen muss, dass sie sich ihren Einfluss auf die Gesellschaft, u. a. durch geeignete Besetzungen des Aufsichtsgremiums, sichert. Es ist anzunehmen, dass sich die Gebietskörperschaft nur Klarheit über ihren Einfluss auf die Gesellschaft verschaffen kann, wenn sie die Leistung des Aufsichtsrats regelmäßig überprüft. Insofern sollte bei öffentlichen Unternehmen die Evaluation des Aufsichtsrats durch die Gebietskörperschaft erfolgen. Alternativ könnte sie einen externen Prüfer beauftragen.

Die Evaluation der einzelnen Mitglieder wird durch die verschiedenen Interessenlagen erschwert. Ein Parlament, das aus verschiedenen Gründen bestimmte Personen als Aufsichtsratsmitglieder entsendet hat, wird sich u. U. schwer tun, im Rahmen der Evaluation des Mitglieds festzustellen, dass die fachliche Qualifikation dieser Person nicht für eine solche Position ausreicht. Insofern sollte die Einzelevaluation grundsätzlich durch einen externen Prüfer erfolgen.

Aufgrund der allgemeinen Rechenschaftsverpflichtung der öffentlichen Hand gegenüber dem Bürger, in dessen Auftrag die Gebietskörperschaft handelt und dessen Steuergelder sie einsetzt, ist zudem eine Offenlegung der sinnvoll zusammengefassten Prüfungsergebnisse zu fordern. Dies könnte beispielsweise im Rahmen des gesetzlich vorgeschriebenen Beteiligungsberichts erfolgen (z. B. § 105 Abs. 2 GO BW).

3.4 Prüfungsverfahren, Auswertung der Ergebnisse und Prüfungszyklus

Das gängigste Verfahren der Evaluation des Aufsichtsrats ist die Abarbeitung einer zuvor entwickelten Checkliste (DSW 2003a, KPMG 2003, Kramarsch/Schmelter/Ziegler 2004). Die vorstehenden Ausführungen zu den Inhalten der Prüfung machen deutlich, dass die alleinige Prüfung anhand einer Checkliste nicht ausreichend sein kann und eine Abstimmung des Prüfungsverfahrens auf die individuellen Gegebenheiten des Unternehmens erforderlich ist. Es ist daher ein Prüfungsprogramm zu entwickeln, das zum einen eine Prüfung durch Fragen zum Ankreuzen umfasst und zum anderen verbale Stellungnahmen der Mitglieder verlangt. Grundsätzlich sollten alle Mitglieder befragt werden. Allgemeine Informationen, die nicht auf einer subjektiven Einschätzung beruhen, wie z. B. die Sitzungsfrequenz, sollten durch die mit der Prüfung beauftragte Person erhoben werden.

Zudem ist eine systematische Auswertung der Ergebnisse zu gewährleisten. Hierfür sollten die gewonnenen Informationen ausgezählt bzw. zusammengefasst und zu Informationszwecken aufbereitet werden. Im Rahmen der Aggregation der erhobenen Informationen sind die Ergebnisse auf inhaltliche Übereinstimmung zu überprüfen. Das heißt, es ist zu prüfen, ob die Ergebnisse der Prüfung der Aufbau- und Ablauforganisation des Aufsichtsrats mit den Prüfungsergebnissen über die Qualität der Tätigkeit des Aufsichtsrats in Einklang stehen.

Auf Grundlage der Ergebnisse sind Maßnahmen zur Verbesserung der Tätigkeit des Aufsichtsrats abzuleiten und gegebenenfalls Verbesserungen für den Evaluationsprozess. Gleichzeitig ist ein Feedback an die Geschäftsleitung zu formulieren und die Ergebnisse sind gegenüber der parlamentarischen Vertretung der Gebietskörperschaft, sofern diese die Prüfung nicht selbst durchgeführt hat, detailliert zu berichten.

Die Berichterstattung über die Ergebnisse und die Handlungsempfehlungen zur Verbesserung der Tätigkeit des Aufsichtsrats sollte in Form eines ausführlichen Leistungsberichts gegenüber der parlamentarischen Vertretung der Gebietskörperschaft erfolgen. Darin sind auch die Ergebnisse über die Einzelevaluation der Mitglieder des Aufsichtsrats darzustellen, um Transparenz über die Zusammensetzung des Aufsichtsrats zu schaffen.

Für die Durchführung der Effizienzprüfung des Aufsichtsrats liegt ein jährlicher Prüfungszyklus nahe. Um die zeitnahe Umsetzung der abgeleiteten Handlungsempfehlungen zu forcieren, kann jedoch auch unterjährig eine Überprüfung ausgewählter Aspekte vereinbart werden. Zudem können im Sinne einer effizienten Prüfung unterschiedliche Prüfungsschwerpunkte festgelegt werden.

Aufgrund der besonderen Schwierigkeiten bei der Evaluation der einzelnen Aufsichtsratsmitglieder könnte darauf verzichtet werden, die Evaluation jährlich durchzuführen.

Der Evaluationszeitpunkt könnte in Abhängigkeit des Zeitraums der Bestellung nach zwei Jahren und am Ende der Amtszeit festgelegt werden.

4. Fazit

In dem vorliegenden Artikel sind Vorschläge für die Durchführung einer regelmäßigen Evaluation des Aufsichtsrats in öffentlichen Unternehmen erarbeitet worden. Zum Teil ist diese Prüfung mit der Schwierigkeit verbunden, weil die Beurteilung der Arbeit des Aufsichtsrats mit subjektiven Wertvorstellungen verbunden ist.

Andererseits sehen sich die Gebietskörperschaften einer zunehmenden Komplexität ihrer Beteilungsstrukturen gegenüber, die sie durch ein wirksames Beteiligungscontrolling im Sinne der öffentlichen Ziele steuern müssen. Der Aufsichtsrat als unternehmenseigenes Kontrollorgan kann im Rahmen des Beteiligungsmanagements eine wichtige Funktion übernehmen, wenn die Wirksamkeit seiner Überwachungstätigkeit sichergestellt ist. Insofern sollten die Gebietskörperschaften eine regelmäßige Evaluation der Aufsichtsräte ihrer Beteiligungen veranlassen und gegebenenfalls personelle Konsequenzen aus den Ergebnissen ziehen.

Literaturverzeichnis

Bernhardt, W./**Witt**, P., Die Beurteilung der Aufsichtsräte und ihrer Arbeit, in: Hommelhoff, P./Hopt, K. J./Werder, A. v. (Hrsg.), Handbuch Corporate Governance. Leitung und Überwachung börsennotierter Unternehmen in der Rechts- und Wirtschaftspraxis, Köln/Stuttgart 2003, S. 323–334

Brüggemeier, M., Controlling in der öffentlichen Verwaltung. Ansätze, Probleme und Entwicklungstendenzen eines betriebswirtschaftlichen Steuerungskonzepts, 3. Aufl., München 1998

Budäus, D., Von der Rechnungsprüfung zum Reformpromoter, in: Innovative Verwaltung 24(2002), S. 9–12

Budäus, D./**Srocke**, I., Public Corporate Governance Kodex – Ein Ansatz zur Verbesserung des Steuerungs- und Kontrollsystems im öffentlichen Sektor, in: Blümle, E.-B./Pernsteiner, H./Purtschert, R./Andeßner, R. C. (Hrsg.), Öffentliche Verwaltung und Nonprofit-Organisationen. Festschrift für Reinbert Schauer, Wien 2003, S. 79–102

Deutscher Corporate Governance Kodex (DCGK), URL: http://www.corporate-governance-code.de/ger/kodex/index.html (17. Dezember 2004)

DSW (Hrsg.), DSW-Aufsichtsratsstudie, Düsseldorf 2003, URL: http://www.dsw-info.de/Aufsichtsratsstudie_2003.237.98.html (16. Dezember 2004)

DSW (Hrsg.), DSW-Leitfaden zur Effizienzprüfung des Aufsichtsrates, Düsseldorf 2003a

Eibelshäuser, M., Präsident des Hessischen Rechnungshofs (Hrsg.), Zehnter Zusammenfassender Bericht des Hessischen Rechnungshofs – Überörtliche Prüfung kommunaler Körperschaften – über die Feststellung von allgemeiner Bedeutung für die Zeit vom 1. Januar bis 31. Dezember 2000, Darmstadt 2001

Fuest, W./**Kroker**, R., Privatisierung öffentlicher Aufgaben, in: Institut der deutschen Wirtschaft (Hrsg.), Beiträge zur Wirtschafts- und Sozialpolitik, Bd. 2, Köln 1981

Higgs, D., Review of the role and effectiveness of non-executive directors, London 2003

Horváth, P./**Reichmann**, T. (Hrsg.), Vahlens Großes Controlling Lexikon, 2. Aufl., München 2003

Innenministerium NRW (IM NRW), Leitstelle Gemeindeprüfung, Bericht über die vergleichende Untersuchung „Beteiligungsverwaltung". Zusammenfassung der Ergebnisse der Leitstelle Gemeindeprüfung und der Gemeindeprüfungsämter der Bezirksregierungen, Düsseldorf 2001

Koch, H. J./**Kreuser**, S., Wie werden Aufsichtsgremien besser?, in: neue caritas Heft 2(2004), S. 23–26, 43

KPMG (Hrsg.), Scorecard für Audit Committees, Frankfurt/Main 2003

Kramarsch, M. H./**Schmelter**, S./**Ziegler**, S. U., Corporate Governance Report 2004, Frankfurt am Main 2004

Müller-Marqués Berger, T./**Srocke**, I., Evaluation des Aufsichtsrats öffentlicher Unternehmen, in: VM (2005) (im Druck)

Ruter, R. X./**Müller-Marqués Berger**, T., Corporate Governance und öffentliche Unternehmen, in: Pfitzer, N./Oser, P. (Hrsg.), Deutscher Corporate Governance Kodex, Stuttgart 2003, S. 405–436

Schaefer, C., Konzeption eines öffentlichen Beteiligungscontrolling, in: Budäus, D./ Küpper, W./ Streitferdt, L. (Hrsg.), Neues öffentliches Rechnungswesen. Stand und Perspektiven, Wiesbaden 2000, S. 521–547

Schaefer, C., Öffentliches Beteiligungscontrolling vor dem Hintergrund aktueller Reformentwicklungen im öffentlichen Rechnungswesen, in: Verwaltung und Management, 20(2004), S. 120–125.

Schulte, G., Öffentliches Beteiligungscontrolling, Baden-Baden 1994.

Seibt, C. H., Hinweise zur Anwendung von Ziff. 5.6. Deutscher Corporate Governance Kodex, in: DB, 56(2003), S. 2107–2112.

Sick, S., Die Effizienzprüfung des Aufsichtsrats. Ein Leitfaden zur Evaluation, in: Hans-Böckler-Stiftung (Hrsg.), Arbeitshilfe für Aufsichtsräte 16, Düsseldorf 2003, URL: http://www.boeckler.de

Srocke, I., Konzernrechnungslegung in Gebietskörperschaften unter Berücksichtigung von HGB, IAS/IFRS und IPSAS, Düsseldorf 2004

Sünner, E., Effizienz von Unternehmensorganen als Grundsatz der Corporate Governance, in: AG, 45(2002), S. 492–498

Völmicke, C., Privatisierung öffentlicher Leistungen in Deutschland. Potential, Umsetzung, Auswirkung, Frankfurt am Main 1996

Werder, A. v., Der Deutsche Corporate Governance Kodex – Grundlagen und Einzelbestimmungen, in: BB, 57(2002), S. 801–810

Wilms, S., Der Einsatz der Balanced Scorecard im Beteiligungscontrolling, in: Littkemann, J./Zündorf, H. (Hrsg.), Beteiligungscontrolling, Herne/Berlin 2004, S. 497–520

Wohlfahrt, N./**Zühlke**, W., Von der Gemeinde zum Konzern Stadt. Auswirkungen von Ausgliederung und Privatisierung für die politische Steuerung auf kommunaler Ebene, Mühlheim 1999

Effektive Corporate Governance – Der Wechsel des Abschlussprüfers in Unternehmen der öffentlichen Hand

Markus Häfele

1. Einleitung

1.1 Unternehmen der öffentlichen Hand

Seit jeher hat sich die öffentliche Hand wirtschaftlich betätigt. Jede Gründung von Unternehmen in Privatrechtsform durch einen öffentlich-rechtlichen Anteilseigner steht unter der Prämisse, dass das errichtete Unternehmen die Aufgabe, deren Erfüllung dem Gesellschafter (also der Gebietskörperschaft) obliegt, optimal verwirklicht. Die Privatrechtsform ist ein möglicher Weg, Leistungen der öffentlichen Hand sowohl einer effizienten (Kosten-) Kontrolle zu unterwerfen als auch die Leistungsqualität der Verwaltung zu optimieren.

Diese Entwicklung führt – auf Seiten der öffentlichen Hand – all zu leicht zu einer Unübersichtlichkeit der unterschiedlichen Beteiligungs- und Gesellschafterverhältnisse. Zugleich verringert sich die direkte Einflussmöglichkeit der politischen Entscheidungsträger, für die die öffentliche Hand nach wie vor zumindest politisch das Haftungsrisiko trägt. Die Entscheidungen über die wirtschaftlichen Aktivitäten fallen nicht mehr in den Organen der Gebietskörperschaften, sondern in denen des Unternehmens. Es gilt das Primat der Unternehmensleitung. Daher kann die Kontrolle der Unternehmen zu einem Problem werden.

Um bestehende Risiken zu vermeiden bzw. zu minimieren, ist es notwendig, die gesellschaftsrechtlichen Engagements gerade bei Bestehen zahlreicher heterogener öffentlicher Beteiligungsgesellschaften durch ein aktives Beteiligungsmanagement der öffentlichen Hand zu koordinieren.

Einen Baustein dieses Beteiligungsmanagements stellt die mittlerweile in fast allen Gesellschaftsverträgen der neu gegründeten öffentlichen Unternehmen festgeschriebene Pflicht zur jährlichen Prüfung des Jahresabschlusses durch einen externen Abschlussprüfer dar.

1.2 Problemstellung: Prüferwechsel

Die folgende Erörterung befasst sich mit der Frage, ob ein freiwilliger, planmäßiger Prüferwechsel in Unternehmen der öffentlichen Hand einen Beitrag zur Verbesserung der Corporate Governance und zum effektiven Beteiligungsmanagement in der öffentlichen Hand leisten kann.

Unter externer Rotation ist damit zu verstehen

- nach einer festgelegten Anzahl von Jahren ist eine Wiederbestellung des Abschlussprüfers nicht mehr möglich,
- vielmehr wird ein neuer (eventuell vorher schon festgelegter) Prüfer bestellt.

Dieser turnusmäßige Wechsel des Abschlussprüfers ist vom turnusmäßigen Wechsel des verantwortlichen Prüfungsleiters bzw. des Prüfungsteams innerhalb der beauftragten

Prüfungsgesellschaft zu unterscheiden. Bei dieser sogenannten internen Rotation behält das Prüfungsunternehmen weiterhin das Prüfungsmandat. Diese interne Rotation, die ein wichtiger Bestandteil der internen Qualitätssicherung der Prüfung ist, soll nicht weiter Gegenstand der Untersuchung sein (IDW, 1996).

2. Rechtliche Grundlagen

2.1 Prüfungserfordernisse und Vorteile einer Prüfung

Als Vorteile einer Prüfung des Jahresabschlusses durch einen externen Abschlussprüfer werden u. a. die Steigerung der Qualität des jeweiligen Jahresabschlusses, die Erhöhung der Effizienz bei der Jahresabschlusserstellung im Unternehmen (vgl. Bacher/Ruter, S. 5)[*] sowie der verbesserte und beschleunigte Informationsfluss in Richtung Gesellschafter genannt.

Der Abschlussprüfer ist den Eigentümern in Form der Gesellschafterversammlung bzw. dem Aufsichtsrat verpflichtet und nicht – wie oft vermutet – der Geschäftsführung des betreffenden Unternehmens der öffentlichen Hand.

2.2 Rotation und Reformvorschriften

Ziel des KonTraG (Gesetz zur Kontrolle und Transparenz im Unternehmensbereich vom 30. April 1998) und der folgenden Reformbemühungen der Bundesregierung ist es, durch Änderung von handels- und gesellschaftsrechtlichen Regelungen die Kontrolle von Unternehmen zu verbessern, um Anleger stärker schützen und verlorenes Vertrauen zurückgewinnen zu können. Neben dem KonTraG ist das Bilanzrechtsreformgesetz (BilReG) zu nennen. Es geht auf Nr. 5 des sogenannten 10-Punkte-Programms „Unternehmensintegrität und Anlegerschutz" der Bundesregierung vom 25. Februar 2003 zurück und greift die EU-Empfehlungen zur Stärkung der Unabhängigkeit des Abschlussprüfers sowie die US-Regelungen des Sarbanes-Oxley-Acts auf (vgl. Veltins, 2004, S. 445).

Für die öffentliche Hand sind die Gesetzesänderungen in zweierlei Hinsicht von Bedeutung: Unternehmen der öffentlichen Hand, die in Formen des Privatrechts organisiert sind, haben die gesellschaftsrechtlichen Neuerungen zu beachten. Zum anderen beanspruchen die Regelungen Geltung auch für Eigenbetriebe und selbständige Kommunalunternehmen des öffentlichen Rechts, wenn und soweit in den landesrechtlichen Vorschriften auf das Handels- und Gesellschaftsrecht verwiesen wird. Neben der Internatio-

* Gemäß § 319 Absatz 2 Nr. 5 HGB darf der beauftragte Abschlussprüfer bei der Führung der Bücher oder der Aufstellung des zu prüfenden Jahresabschlusses über die Prüfungstätigkeit hinaus nicht mitwirken.

nalisierung des Bilanzrechts stellt die Stärkung der Unabhängigkeit des Abschlussprüfers einen thematischen Schwerpunkt des Bilanzrechtsreformgesetzes dar (vgl. Peemöller/Oehler, 2004, S. 539).

In § 319 Abs. 3 Nr. 6 HGB ist die Pflicht zur internen Rotation festgeschrieben worden. Der Gesetzgeber hat sich bei der Abfassung des KonTraG nicht für eine externe Rotation entschieden, sondern den Abschlussprüfer bestimmter Gesellschaften zu einer internen Rotation verpflichtet (vgl. Strieder, 2003, S. 2227). Die bereits bestehende Pflicht zur internen Rotation wird durch das Bilanzrechtsreformgesetz nochmals mit § 319a HGB deutlich verschärft. In Anlehnung an den Vorschlag der EU-Kommission für die Novellierung der Abschlussprüferrichtlinie wird der Rotationszeitraum für den unterzeichnenden Wirtschaftsprüfer von derzeit sieben auf fünf Jahre verkürzt (vgl. zu Rotation und internationale Regelungen II.5). Die Regelung betrifft die Prüfung von Unternehmen von öffentlichem Interesse und ist erstmals auf das nach dem 31. Dezember 2006 beginnende Geschäftsjahr anzuwenden. Eine externe Rotation ist in der Neufassung jedoch nicht vorgesehen. Die Gesetzesbegründung weist ausdrücklich darauf hin, dass von einer externen Rotation abgesehen wurde, weil die Nachteile einer solchen Regelung die Vorteile überwiegen und die externe Rotation auch im internationalen Vergleich eher unüblich ist.

2.3 Die externe Rotation nach landesrechtlichen Vorschriften

Anders als im Handels- und Gesellschaftsrecht bestehen auf Länder- und Kommunalebene Anordnungen zur externen Rotation von Abschlussprüfern bei Unternehmen der öffentlichen Hand. Die Auswahl und Bestellung des Abschlussprüfers auf Länder- und Kommunalebene sind im Detail recht unterschiedlich geregelt. Die Mitwirkung der Landesrechnungshöfe bei der Prüferbestellung ist in den entsprechenden Landeshaushaltsordnungen festgeschrieben. Auf Landesebene erfolgt die Bestellung im Einvernehmen mit dem Landesrechnungshof. Der für die Beteiligung des Landes zuständige Minister muss vor der Wahl/Bestellung des Abschlussprüfers in der Haupt- oder Gesellschafterversammlung zu einem übereinstimmenden Vorschlag mit dem Landesrechnungshof kommen. Die Landesrechnungshöfe streben – über die Möglichkeit der Versagung des Einvernehmens – eine externe Rotation nach einem bestimmten Zeitablauf (nach internen Verwaltungsvorschriften meist ca. fünf Jahre) an.

Auf kommunaler Ebene existieren verschiedene Regelungsmodelle zum Prüferwechsel. Der Turnus beträgt auch hier ca. fünf Jahre (in Hamburg, Schleswig-Holstein, Brandenburg, Mecklenburg-Vorpommern) bis acht Jahre (in Berlin). Die unterschiedliche Ausgestaltung hinsichtlich der Verfahren und der Zeitdauer des Turnus machen deutlich, dass für eine externe Rotation keine wissenschaftstheoretischen Grundlagen vorhanden sind, die als Leitfaden dienen könnten. Es werden „Gewohnheitszeiten“ von fünf bis acht Jahren angewandt.

Exkurs: Die Rolle der Rechnungshöfe und Rechnungsprüfungsämter

Der Bundesrechnungshof hält es zumindest „im Interesse der Sicherung der Unvoreingenommenheit und Neutralität des Abschlussprüfers und zur Vermeidung von Gewöhnungseffekten“ für angebracht, das eingesetzte Prüfungsteam eines Wirtschaftsprüfungsunternehmens regelmäßig in seiner Zusammensetzung zu ändern.* Damit befürwortet der Bundesrechnungshof die interne Rotation.

Neben der Mitwirkung bei der Bestellung des Abschlussprüfers prüft der Rechnungshof auch die staatliche Betätigung bei den privatrechtlichen Unternehmen (sogenannte Betätigungsprüfung).**

Die Rechnungsprüfungsämter, als nachgeordnete Behörden der Landesrechnungshöfe, können sich, sofern sie mit der Betätigungsprüfung betraut werden, im Rahmen ihres gesetzlichen und gemeinderätlichen Auftrages folgenden Fragestellungen widmen.

- Bewegen sich die Aktivitäten der Unternehmen im gesetzlich umrissenen Rahmen?
- Hat die Gemeinde die ihr eingeräumten Möglichkeiten zur Einflussnahme auf die Gesellschaft ausgeschöpft?
- Wie nehmen die Vertreter in den Organen die Interessen der Gemeinde wahr?

Anhand dieser Fragestellungen wird deutlich, dass Prüfungsgegenstand der Betätigungsprüfung nicht das Unternehmen der öffentlichen Hand selbst ist (das ist Sache der Abschlussprüfer). Vielmehr wird die Beteiligung der öffentlichen Hand einer Prüfung unterzogen.

Der Umfang der Abschlussprüfung

Für Unternehmen in Privatrechtsform, die mehrheitlich im Besitz von Gebietskörperschaften sind, ordnet der Gesetzgeber in § 53 HGrG erweiterte Prüfungshandlungen bei der Abschlussprüfung an. Bei diesen Erweiterungen handelt es sich keineswegs um Sonderprüfungen des betreffenden Unternehmens, sondern um eine erweiterte Prüfung im Rahmen einer „normalen“ Abschlussprüfung.

Betroffen von dieser Erweiterung sind Unternehmen, die die tatbestandlichen Voraussetzungen des § 53 HGrG erfüllen:

---

* Vgl. Bundesministerium der Finanzen, 1994. Ressorts. In dem Schreiben wird weiter ausgeführt, dass zum Beispiel bei einem dreiköpfigen Team alle zwei Jahre jeweils ein Prüfer durch einen neu in das Prüfungsteam aufzunehmenden Prüfer zu ersetzen ist.

** Vgl. § 44 HGrG, § 92 BHO sowie die entsprechenden landesrechtlichen Vorschriften in den Landeshaushaltsordnungen.

- Es muss sich um ein Unternehmen in der Rechtsform des privaten Rechts handeln.
- Des Weiteren muss eine öffentlich-rechtliche Mehrheitsbeteiligung an dem Unternehmen vorliegen.

Ziel des § 53 HGrG ist es, die Gebietskörperschaft durch eine erweiterte Prüfung bei der Überwachung ihrer Beteiligungen zu unterstützen. Der öffentlichen Hand soll ein tieferer Einblick in die Geschäftstätigkeit der Unternehmen ermöglicht und die öffentlich-rechtlichen Anteilseigner auf drohende wirtschaftliche Risiken hingewiesen werden. Um dieses Ziel zu erreichen und die gesetzlichen Anforderungen des § 53 HGrG sachgerecht in die Prüfungspraxis umsetzen zu können, hat der IDW bzw. dessen Fachausschuss für öffentliche Unternehmen und Verwaltungen (ÖFA) gemeinsam mit Vertretern des Bundesfinanzministeriums, des Bundesrechnungshofs und der Landesrechnungshöfe eine Prüfungsrichtlinie (IDW PS 720) erarbeitet.*

Im Rahmen der Prüfung der Ordnungsmäßigkeit des Geschäftsführungsinstrumentariums hat der Abschlussprüfer im Unternehmen der öffentlichen Hand insbesondere festzustellen, ob die Geschäftsführung ein Risiko-Früherkennungssystem eingerichtet hat und ob dieses geeignet ist, seine Aufgaben zu erfüllen: Zwar erlegt das AktG in § 91 Abs. 2 die Errichtung eines derartigen Systems nur der Aktiengesellschaft bzw. ihrem Vorstand auf. Jedoch geht der Gesetzgeber von einer Ausstrahlungswirkung dieser Vorschrift auf andere Gesellschaftsformen aus und hält sie für ein wesentliches Element einer pflichtgemäßen Unternehmensüberwachung. Aus diesem Grund ist es nur folgerichtig, die Einrichtung eines solchen Systems insbesondere bei Unternehmen der öffentlichen Hand, die der effektiven Erfüllung ihrer Aufgabe besonders verpflichtet sind, in eine Prüfung nach § 53 HGrG einzubeziehen.

Eine Regelung über eine externe Rotation ist im Bereich der öffentlich-rechtlichen Haushaltsvorschrift des § 53 HGrG nicht vorgesehen. Das Unternehmen der öffentlichen Hand soll unabhängig von einer externen Rotation intensiver geprüft werden, um die öffentliche Hand bei der Kontrolle über die Unternehmen zu unterstützen.

Ergebnis

Trotz einer umfassenden Überarbeitung des Rechtsbereichs der Corporate Governance ist von einer gesetzlich angeordneten externen Rotation des Abschlussprüfers abgesehen worden. Die gesetzlich angeordnete interne Rotation erschien dem Gesetzgeber ausreichend, um Befürchtungen hinsichtlich einer zu großen Nähe zwischen den gesetzlichen Vertretern und den Abschlussprüfern aufgrund einer langjährigen Zusammenarbeit entgegenzuwirken. Nicht zu übersehen ist auch eine Tatsache, die bei einer externen Rotation und der damit verbundenen „kurzen“ Mandantenbeziehung leicht in Vergessenheit gerät: Eine längerfristige Mandantenbeziehung schafft eine Vertrauensbasis zwischen

* Vgl. Fragenkatalog zur Prüfung nach § 53 HGrG, IDW, 2000, S. 73. Diese bietet eine einheitliche Grundlage für die erweiterte Prüfung von Unternehmen der öffentlichen Hand.

den Parteien und erleichtert die Kommunikation. Externe Rotation gestaltet die Kommunikation schwieriger und erschwert die Lösung von Konflikten (vgl. Quick, 2004, S. 487).

Die Untersuchung der rechtlichen Grundlagen zeigt auch, dass die Unternehmen der öffentlichen Hand einer engmaschigen gesetzlich vorgeschriebenen Kontrolle unterliegen, um auf diese Weise eine effiziente Unternehmensüberwachung zu ermöglichen: Die Regelungen des Handels- und Gesellschaftsrechts gewährleisten eine Basiskontrolle. Die Abschlussprüfung durch den externen Abschlussprüfer ist ein zentrales Element der Information des Aufsichtsrats und dient einer effektiven Unternehmenskontrolle durch das Überwachungsorgan Aufsichtsrat. Die erweiterte Jahresabschlussprüfung nach § 53 HGrG trägt dem erhöhten Informationsbedürfnis der öffentlichen Hand Rechnung und ermöglicht ihr einen tieferen Einblick in die wirtschaftliche Lage und die Aktivitäten des Unternehmens.

Die Betätigungsprüfungen der Landesrechnungshöfe und Rechnungsprüfungsämter ist auf die Kontrolle der wirtschaftlichen Aktivitäten der Gebietskörperschaften ausgelegt. Im Mittelpunkt steht dabei nicht das Unternehmen selbst sondern die Beteiligung der öffentlichen Hand. Das Unternehmen ist mittelbar als Objekt der Betätigung relevant.

Durch das Zusammenspiel der verschiedenen Prüfungen erhalten die Gebietskörperschaft bzw. ihre gesetzlichen Vertreter die notwendigen Einblicke in die Geschäftstätigkeit der Unternehmen, um die Beteiligungen effektiv zu verwalten, Risiken abzuschätzen und gegebenenfalls zu minimieren.

3. Aspekte der externen Rotation

Um die Vor- und Nachteile eines turnusmäßigen Wechsels des Abschlussprüfers beurteilen zu können, muss Ausgangspunkt die Funktion des Abschlussprüfers sein. Wenn die externe Rotation einen wesentlichen Beitrag dazu leisten kann, die Aufgabe des Abschlussprüfers besser zu erfüllen, ist sie sinnvoll.

3.1 Die Funktion des Abschlussprüfers

Immer stärker wird in der aktuellen Diskussion herausgestellt, dass der Abschlussprüfer als fachlich hochqualifizierter Berufsträger in besonderer Form aufgefordert ist, seine verschiedenen Funktionen zusammen mit dem Aufsichtsrat auszuüben, um diesen in die Lage zu versetzen, dem gesetzlichen Auftrag einer ordnungsgemäßen Überwachung des Unternehmens Rechnung tragen zu können.

3.2 Gründe für und gegen eine externe Rotation

Die externe Rotation als Maßnahme zur Qualitätssicherung und -verbesserung der Abschlussprüfung muss sich an mehreren Kriterien messen lassen: Die Rotation muss geeignet sein, die Fähigkeit, Fehler in der Rechnungslegung des Mandanten zu erkennen, zu verbessern und die Unabhängigkeit des Abschlussprüfers, über die Fehler zu berichten, zu erhöhen (Haller/Reitbauer, 2002, S. 2229).

Bei einer langjährigen Prüfungstätigkeit des Abschlussprüfers bestehen zum Teil Befürchtungen hinsichtlich der Objektivität und Qualität seiner Dienstleistung. Es sind vor allem die Punkte der

- Besorgnis der Befangenheit,
- Routine und
- Betriebsblindheit

in der Diskussion.

Wesentlich für die Besorgnis der Befangenheit ist der Verdacht eines Interessenkonflikts zwischen den Beteiligten. Es stellt sich in diesem Zusammenhang die Frage, welche Interessen der Abschlussprüfer zu vertreten hat.

Der Abschlussprüfer ist der Gesellschafterversammlung bzw. dem Aufsichtsrat berichtspflichtig. Er unterstützt den Aufsichtsrat bei der Wahrnehmung seiner Überwachungsaufgabe. Der Gesetzgeber hat dadurch die Unabhängigkeit des Prüfers von der Unternehmensleitung, die den Jahresabschluss erstellt, sichergestellt.

Nur in dem Fall, in dem eine vollständige Interessenübereinstimmung zwischen den Gesellschaftern, dem Kontrollorgan Aufsichtsrat und dem Abschlussprüfer nicht mehr gegeben ist und gleichzeitig eine Interessenübereinstimmung zwischen Geschäftsleitung und dem Prüfer entsteht, die im Gegensatz zu den Interessen der Anteilseigner stehen könnte, ist eine Besorgnis der Befangenheit denkbar. Für diese Besorgnis ist jedoch die mögliche konkrete Interessenkollision maßgeblich und nicht ein abstrakter Zeitfaktor.

Hinsichtlich der Routine bzw. Betriebsblindheit sollte in die Überlegungen mit einbezogen werden, dass der Prüfer erst bei einer mehrjährigen Prüfungstätigkeit in einem Unternehmen tiefer eindringen und alle Bereiche mit wechselnden Methoden prüfen kann. Die erhöhte Genauigkeit der Folgeprüfungen führt nicht zu einer Betriebsblindheit, sondern ist im Gegenteil ein wichtiger Baustein für eine konsequente Risikominimierung im Unternehmen. Die Gefahr einer „Betriebsblindheit" oder eines zu weitgehenden Vertrauensverhältnisses zwischen Prüfer und Mandant kann durch eine interne Rotation sinnvoll und effektiv vermieden werden.

Hinsichtlich einer etwaigen „Prüfungsroutine", die sich einschleichen könnte, sei angemerkt, dass v. a. bei international tätigen Prüfungsgesellschaften aufgrund der großen Bedeutung der Prüfungsstandards ein weitgehend ähnlicher Prüfungsansatz besteht, so dass mit einer externen Rotation kaum grundlegend neue Impulse verbunden sind.

Motivation Kundenzufriedenheit, mangelnde Betreuung

In dem von Anfang an zeitlich festgelegten Wechsel liegt ein wesentlicher systemimmanenter Nachteil der Rotation begründet. Es wird bei der externen Rotation übersehen, dass der Abschlussprüfer auch ohne einen turnusmäßigen Wechsel die Kundenzufriedenheit jedes Jahr neu gewährleisten muss, will er im folgenden Jahr erneut die Jahresabschlussprüfung durchführen. Im Gegenteil kann man das Argument „Motivation durch externe Rotation“ ohne weiteres „umwenden“ und als wenig tragfähig beiseite lassen: Abschlussprüfer, die wissen, dass sie für eine feststehende Anzahl von Jahren „fest“ gewählt wurden, sind nicht gezwungen, die Kundenzufriedenheit jedes Jahr aufs Neue zu erringen. Es fehlt unter Umständen während der Prüfungsdurchführung die eigentlich erforderliche Kapazität und die Motivation für eine umfassende Betreuung des Auftraggebers. Damit steht die Gefahr einer „Unterinvestition des Abschlussprüfers“ in ein neues Mandat im Raum (Haller/Reitbauer, 2002, S. 2229–2234). Im Rahmen einer Erstprüfung fallen als Anfangsinvestition für nachfolgende Prüfungen zunächst höhere Ausgaben an, da sich das Prüfungsteam ein ausreichendes Wissen über den neuen Mandanten erst zeit- und also kostenintensiv zu erarbeiten hat. Diese Anlaufkosten können durchaus beträchtliche Ausmaße erreichen. Ist die Zahl der Folgeprüfungen von vornherein begrenzt, nimmt die Rentabilität dieser Investition ab. Das birgt die Gefahr einer abnehmenden Prüfungsqualität, da die Informations- und Wissensbasis u. U. schmaler ausfällt.

Umgekehrt überzeugt auch das Argument nicht, dass ein Wirtschaftsprüfer, der weiß, dass er im nächsten Jahr (wegen der Rotation) nicht mehr prüfen kann, seine (letztmalige) Prüfung unnachsichtiger durchführen wird, weil er sich sonst der Gefahr aussetzt, dass im folgenden Jahr ein Kollege die Schwächen seiner Arbeit aufdeckt. Diese Argumentation zielt auf die individuelle Qualität und Berufseinstellung des jeweiligen Abschlussprüfers. Ein Abschlussprüfer aber, der seine gesetzlichen und berufsrechtlichen Pflichten nicht gleichmäßig erfüllt, wird diese auch durch einen turnusmäßigen Wechsel nicht mehr oder besser erfüllen: Unabhängigkeit und Qualitätsbewusstsein sind Ausfluss einer Geisteshaltung und können nicht durch Gesetz oder externe Rotation verordnet werden. Im Übrigen sollten bei vermuteten Pflichtverletzungen bzw. Befürchtungen hinsichtlich der Nichteinhaltung von Qualitätsstandards oder Minderqualifikation des Abschlussprüfers dem Einzelfall angemessene Maßnahmen ergriffen werden.

Effizienz und Risikoerhöhung

Die Effizienz einer Erstprüfung ist aufgrund des vorgegebenen Zeitraums bzw. Zeitdrucks in der Regel geringer als die von Folgeprüfungen.* Die externe Rotation vernichtet nach einem bestimmten Zeitablauf automatisch die bislang angesammelte mandan-

---

* Vgl. die bereits erwähnte Studie des American Institute of Certified Public Accountants, 1992, wonach Erst- und Zweitprüfungen dreimal so häufig Haftungsfälle wegen Prüfungsfehlern verursachen, zudem Quick, 2004, S. 487.

tenspezifische und prüferische Erfahrung und macht das Verständnis der oft sehr komplexen Struktur des Unternehmens obsolet (vgl. Haller/Reitbauer, 2002, S. 2229–2230).

In diesem Zusammenhang bietet sich eine Parallele zur Tätigkeit des Aufsichtsratsmitglieds an: Auch ein Aufsichtsrat hat neben der Sicherstellung der Interessen des öffentlich-rechtlichen Anteilseigners die Ordnungsmäßigkeit der Geschäftsführung und den Jahresabschluss zu prüfen. „Hier ist jedermann klar, dass die durch die jahrelange Mitarbeit in einem Aufsichtsrat erworbenen Kenntnisse über das Unternehmen, die Branche und die Mitglieder der Geschäftsleitung dem Aufsichtsratsmitglied die wirksame Durchführung seiner Funktion erleichtert. Demgegenüber ist die Gefahr, dass durch das Vertrauensverhältnis zwischen den Aufsichtsratsmitgliedern und dem Vorstand die Überwachungs- und Prüfungsfunktion leidet, gering. Warum sollte dies beim Abschlussprüfer anders sein?“ (eine Feststellung aus dem Jahr 1976, vgl. Luik, 1976, S. 237).

Mehrkosten

Durch eine zeit- und arbeitsaufwendigere Erst- und Zweitprüfung führt die externe Rotation zwangsläufig und insbesondere bei kurzen Wechsel-Intervallen zu überproportionalen Ausgaben für Prüfungsgebühren bei dem betroffenen Unternehmen (Quick, 2004, S. 487). Gleichzeitig verlängert sich der Einarbeitungsaufwand für den Abschlussprüfer. Auch beim Auftraggeber führt der Einarbeitungsaufwand zu Mehrkosten: Neben den steigenden Prüfungshonoraren entstehen dem Unternehmen Transaktionskosten bei der Suche nach einem neuen geeigneten Prüfer, Kosten für die Einführung und Information des neuen Vertragspartners und nicht zuletzt vermehrter Zeit- und damit Kostenaufwand bzgl. der Bereitstellung sachlicher und personeller Ressourcen (Quick, 2004, S. 487–489). Vor allem bei der Prüfung von Großunternehmen wie Energieversorgungsunternehmen kann die Abschlussprüfung nur dann in vertretbarer Zeit und mit vertretbaren Kosten einen Beitrag zu einer effizienten Unternehmenskontrolle leisten, wenn die Prüfung mittels langfristiger Prüfungspläne mit jährlich wechselnden Schwerpunkten geplant und durchgeführt wird.

Fehlende Vergleichbarkeit

Bei einer Vielzahl gleichzeitig beauftragter Abschlussprüfer* bestehen grundsätzlich schon Reibungsverluste zwischen den jeweiligen Ansprechpartnern in den unterschiedlichen Gremien. Dadurch wird die Vergleichbarkeit der Daten und Informationen von allen eventuell vorhandenen Unternehmen beeinträchtigt.** Eine darüber hinaus zusätzlich praktizierte Rotation zwischen den beauftragten Abschlussprüfern stellt eine Erschwernis dar und behindert ein effektives Beteiligungsmanagement, das wesentlich von der Übersichtlichkeit und Vergleichbarkeit der Daten abhängt.

---

* Vgl. z. B. Stadtkämmerei Stuttgart, 1995, S. 16, wo für 15 verschiedene kommunale Unternehmen der Landeshauptstadt insgesamt neun verschiedene Wirtschaftsprüfungsgesellschaften aufgeführt sind.

** Aus diesem Grund beauftragen selbst große Konzerne, wie beispielsweise die Daimler Chrysler AG mit zahlreichen in- und ausländischen Tochterunternehmen, nur eine Wirtschaftsprüfungsgesellschaft.

3.3 Gesamtschau

Eine Verbesserung der Unternehmensüberwachung ist durch eine schematische externe Rotation nicht zu erreichen. Diese Erkenntnis ist in privatwirtschaftlichen Unternehmen sowohl auf Anteilseigner-Ebene als auch auf Unternehmens-Ebene herrschende Meinung. Eine externe Rotation ist ebenso ungeeignet, die Unabhängigkeit des Abschlussprüfers zu stärken. Um eine Verbesserung der Unternehmensüberwachung zu erreichen, sollte vielmehr die Zusammenarbeit zwischen dem Überwachungsorgan als Interessenvertreter der öffentlich-rechtlichen Anteilseigner und dem grundsätzlich jedes Jahr neu zu wählenden bzw. zu bestätigenden Wirtschaftsprüfer intensiviert werden.

Zudem sollte bei einem Ruf nach einer obligatorischen externen Rotation nicht aus dem Blickfeld geraten, dass der Gesetzgeber durch seine Reformen bereits den wesentlichen Rahmen für die Unabhängigkeit des Abschlussprüfers abgesteckt hat, dies sowohl in Bezug auf dessen innere Einstellung als auch dem äußeren Erscheinungsbild nach. Dies gewährleistet bei sachgerechter Anwendung eine effiziente, gute Unternehmensführung ohne den Rückgriff auf eine externe Rotation.

4. Verbesserung der Kooperation von Überwachungsorgan und Abschlussprüfer

Im Mittelpunkt der Zusammenarbeit von Überwachungsorgan und Abschlussprüfer steht eine effiziente Kontrolle des Unternehmens. „Eine gute Kontrollaufsicht kann zwar keinen wirtschaftlichen Erfolg garantieren, wohl aber für ein unternehmerisches Umfeld sorgen, in dem sich Erfolg eher einstellt." (Vgl. Stranger, 2000, S. 137.) Im Folgenden sollen die notwendigen Elemente, die zu einer Verbesserung der Corporate Governance beitragen, dargestellt werden.

4.1 Einführung eines effektiven Beteiligungsmanagements

Um die Mitglieder des Aufsichtsrats zu entlasten, sollte die Gebietskörperschaft ein qualifiziertes und effizientes Beteiligungsmanagement installieren. Ein effektives Beteiligungsmanagement stellt angesichts der Tatsache, dass die öffentliche Hand in Zukunft verstärkt öffentliche Aufgaben in den Formen des Privatrechts erfüllen wird, die Grundlage für die Erfüllung der bestehenden öffentlich-rechtlichen Aufgaben und eine angemessene Ressourcenverteilung dar.

4.2 Dialog zwischen Aufsichtsrat und Abschlussprüfer

Wesentliches Element der Optimierung der Corporate Governance ist die Intensivierung der Zusammenarbeit zwischen Aufsichtsrat und Abschlussprüfer.* Aufsichtsrat und Abschlussprüfer bilden insoweit eine „Zweckgemeinschaft" zur bestmöglichen Kontrolle des Unternehmens. Die Unternehmensüberwachung selbst kann damit nur so gut sein wie die Kommunikation zwischen Aufsichtsrat, Vorstand und Wirtschaftsprüfer.

Kommuniziert werden müssen vor allem die gegenseitigen Erwartungen, Risikoeinschätzungen sowie die Ergebnisse bzw. Feststellungen. Einzelheiten des geplanten Prüfungsvorgehens können auf diese Weise mit dem Aufsichtsrat abgestimmt und die besonderen Erfahrungen, Kenntnisse und individuellen Bedürfnisse des Aufsichtsrats in die Prüfungsplanungen einbezogen werden.

4.3 Einbeziehung in die Berichterstattung

Der Abschlussprüfer hat über Art und Umfang sowie das Ergebnis der Abschlussprüfung schriftlich zu berichten (vgl. die Neufassung des § 321 HGB). Adressat des Prüfungsberichts ist der Aufsichtsrat, der dadurch in der Überwachung des Unternehmens unterstützt werden soll (Dörner, 2000, S. 101). Eine Erörterung des Berichts mit dem Abschlussprüfer erleichtert diese Überwachung.

Bereits im Entwurfsstadium sollten mit ihm wesentliche Bilanzierungs- und Bewertungsgrundsätze bzw. deren stetige Anwendung und sonstige bilanzpolitische Maßnahmen besprochen werden.** Insbesondere sollte der Aufsichtsrat alle unterjährigen Sonderberichte des Abschlussprüfers einschließlich eines etwaigen Management-Letters unverzüglich nach Auslieferung an die Geschäftsleitung von dieser erhalten und mit dem Abschlussprüfer durchsprechen.

4.4 Verständliche Berichterstattung

Der Abschlussprüfer sollte mit den Mitgliedern öffentlich-rechtlicher Aufsichtsräte mit der gebotenen Klarheit kommunizieren. Insbesondere sollten Prüfungsberichte, Sonderberichte und Management-Letter so abgefasst sein, dass ein „normales Aufsichtsratsmit-

---

* Diese Verbesserung war auch zentrales Anliegen des Gesetzgebers bei der Einführung des KonTraG.

** So hat zum Beispiel die Landeshauptstadt Stuttgart bereits mit Schreiben vom 9. Dezember 1985 an alle Beigeordneten und Referenten bezüglich der Verwaltung der Beteiligung an wirtschaftlichen Unternehmen der Landeshauptstadt Stuttgart geregelt, dass die Stadtkämmerei u. a. vor allem bei der Gestaltung der Jahresabschlüsse einschließlich der Fragen der Bilanzpolitik und der Gewinnverwendung mitwirkt und sie zu den Jahresabschluss-Vorbesprechungen mit den Wirtschaftsprüfern zugezogen werden soll, vgl. Stadtkämmerei der Landeshauptstadt Stuttgart, 1995, S. 3.

glied“ auch ohne wirtschaftliche und/oder unternehmerische Vorbildung den Sinngehalt aus den Berichten entnehmen kann und dadurch in die Lage versetzt wird, sich ein zutreffendes Bild von der wirtschaftlichen Lage des Unternehmens zu machen: Schließlich dienen die Berichte des Abschlussprüfers als Grundlage für die Unternehmenskontrolle (Scheffler, 2000, S. 433). Dabei ist zudem erforderlich, dass auf Seiten der Mitglieder des Aufsichtsrats die Bereitschaft besteht, aktuelle, detaillierte und prozessbezogene Daten zur Kenntnis zu nehmen und zu verarbeiten.

4.5 Sonderaufträge an den Abschlussprüfer

Vor allem bei fehlenden Controlling- und internen Revisionsabteilungen in den Unternehmen der öffentlichen Hand sollte der Aufsichtsrat aus gegebenem Anlass die Vergabe von Sonderaufträgen an Wirtschaftsprüfer erwägen (entweder im Rahmen der Jahresabschlussprüfung oder unterjährig separat), wobei die Berichterstattung ebenfalls direkt an den Aufsichtsrat erfolgt.

4.6 Qualifikation der Aufsichtsratsmitglieder

Dem Aufsichtsrat als unternehmensinternem Kontrollorgan kommt in der Verwirklichung des deutschen Modells der Corporate Governance eine besondere Bedeutung zu. Es besteht jedoch die Gefahr, dass Mitglieder des Aufsichtsrats, die als Vertreter der Anteilseignerin Gebietskörperschaft handeln, die Anforderungen, die an sie hinsichtlich der wirtschaftlichen Kenntnisse gestellt werden, unterschätzen. Da das Organ Aufsichtsrat Träger der Unternehmensüberwachung ist, muss für das persönliche Anforderungsprofil des einzelnen Mitglieds der Grundsatz „Unternehmer überwachen Unternehmer“ gelten. Inwieweit bei den Aufsichtsratsmitgliedern öffentlicher Unternehmen diese Fachkenntnisse vorhanden sind, soll hier nicht Gegenstand weiterer Erörterungen sein. Zwingend erforderlich sind nach der Rechtsprechung des BGH Mindestkenntnisse allgemeiner, wirtschaftlicher, organisatorischer und rechtlicher Art, um die anfallenden Geschäftsvorgänge, die der Aufsichtsrat zu überwachen hat, ohne fremde Hilfe verstehen und sachgerecht beurteilen zu können (vgl. BGHZ 85, S. 293).

Es sollte darauf geachtet werden, dass jedes Mitglied des Aufsichtsrats vor allem bei seinem Amtsantritt Mindestinformationen über das zu kontrollierende Unternehmen erhält (vgl. Scheffler, 2000, S. 433; Thümmel, 1999, S. 1891). Zuweilen sind Aufsichtsräte über die Vorgänge des operativen Geschäfts unzureichend informiert, ist der Sitzungsturnus zu lang, die Gremien erweisen sich als zu groß oder es sind zu wenige Unterausschüsse vorhanden (vgl. Stranger, 2000, S. 137).

Anteilseigner fordern auch in der Privatwirtschaft „statt Pöstchenschieberei einen effizient arbeitenden Aufsichtsrat, in dem geeignete Persönlichkeiten die jeweiligen Fachbereiche mit juristischem, kaufmännischem und technischem Sachverstand ebenso vertreten sind wie Aktionärs- und Arbeitnehmerinteressen“ (vgl. Stranger, 2000, S. 132–134). Das Bild des Aufsichtsrates befindet sich im Wandel. Es ist kein (und war noch nie ein) Ehrenamt (vgl. Scheffler, 2000, S. 433). Gefragt sind neben der Aufsicht auch Rat und aktive Teilnahme an der wirtschaftlichen Entwicklung des Unternehmens.

4.7 Fort- und Weiterbildungsmaßnahmen für Mitglieder des Aufsichtsrats

Als ein weiterer Bestandteil der Unternehmenskontrolle empfiehlt es sich vor allem bei der turnusmäßigen Bestellung neuer Mitglieder des Aufsichtsrats eines Unternehmens der öffentlichen Hand, die aufgrund von Veränderung durch politische Wahlen notwendig werden, zur Fort- und Weiterbildung den Abschlussprüfer mit heranzuziehen. Insbesondere Aufsichtsratsmitglieder, die von den Gebietskörperschaften entsandt werden, stehen in einem Spannungsfeld zwischen den gesetzlichen Anforderungen des Gesellschaftsrechts und des öffentlichen Rechts. Um allen Anforderungen gerecht zu werden, die an das einzelne Mitglied zwangsläufig gestellt werden, bedarf es fortwährender systematischer Beschäftigung mit einer komplexen Materie.

5. Resümee

Abschließend ist festzustellen, dass für eine verbesserte Zusammenarbeit zwischen Aufsichtsrat und Abschlussprüfer eine externe Rotation keine geeignete und sachgerechte Lösung darstellt. Im Gegenteil erschwert ein derartiges Vorgehen eine vernünftige, langfristige Zusammenarbeit und ist einer effektiven Unternehmensüberwachung eher hinderlich.

Eine erfolgreiche Corporate Governance kann durch andere Maßnahmen, die auf eine intensivere Zusammenarbeit von Aufsichtsrat und Abschlussprüfer gerichtet sind, schneller und effektiver erreicht werden.

Ein Wechsel um des Wechsels willen sollte nicht erwogen werden. Alle Erfahrungen sprechen dagegen, dass die Prüfung des Jahresabschlusses dann effizienter gestaltet werden kann.

Nicht zuletzt ist das wohl auch der Grund, warum der Bundesgesetzgeber diesbezüglich – trotz entsprechender Diskussionen – keinen Regelungsbedarf sieht.

Literaturverzeichnis

American Institute of Certified Public Accountants, Studie des American Institute of Certified Public Accountants aus dem Jahr 1992

Bacher, Albrecht/**Ruter,** Rudolf X., Effiziente Erstellung des Jahresabschlusses bei Unternehmen der öffentlichen Hand, in: Bürgermeisterhandbuch – Von der Behörde zum Dienstleistungsbetrieb, Augsburg 1995

Bundesministerium der Finanzen, Schreiben vom 4. Mai 1994 an das Presse- und Informationsamt der Bundesregierung bzw. an die zuständigen Ressorts

Bundesgerichtshof, Entscheidungen in Zivilsachen, Band 85, S. 293

Dörner, Dietrich, Zusammenarbeit von Aufsichtsrat und Wirtschaftsprüfer im Lichte des KonTrag, in: Der Betrieb 53(2000), S. 101

Fragenkatalog zur Prüfung nach § 53 HGrG (IDW PS 720) in: IDW-Fachnachrichten Heft 3(2000), S. 73

Haller, Axel/**Reitbauer,** Susanne, Obligatorische externe Rotation des Abschlußprüfers – Felix Austria?, in: Der Bertrieb 55(2002), S. 2229

IDW, IDW-Stellungnahme VO 1/1995: Zur Qualitätssicherung in der Wirtschaftsprüferpraxis, in: Wirtschaftsprüfer Kammer Mitteilungen, 35(1996)1

Luik, Hans Ist ein obligatorischer Prüferwechsel fürAktiengesellschaften sinnvoll?, in: Der Betriebs-Berater 41(1976), S. 237

Oehler, Ralph/**Peemöller,** Volker H., Referentenentwurf eines Bilanzrechtsreformgesetzes: Neue Regelung zur Unabhängigkeit des Abschlußprüfers, in: Der Betriebs-Berater 59(2004), S. 539

Quick, Reiner, Externe Pflichtrotation – eine Maßnahme zur Stärkung der Unabhängigkeit des Abschlußprüfers?, in: Der Betriebswirt 44(2004), S. 487

Scheffler, Eberhard, Zum Rollenverständnis der Aufsichtsräte, in: Der Betrieb 53(2000), S. 433

Stadtkämmerei der Landeshauptstadt Stuttgart, Erster Beteiligungsbericht der Landeshauptstadt Stuttgart, Juli 1995, S. 3

Stranger, Christian, Studie der Fondsgesellschaft DWS, in: ManagerMagazin Heft 2(2000), S. 137

Strieder, Thomas, Interne Rotation bei Abschlußprüfern: Sonderfragen zum Regelungskreis des § 319 Abs. 3 Nr. 6 HGB, in: Der Betriebs-Berater 59(2004), S. 2227

Thümmel, Roderich C., Aufsichtsräte in Unternehmen der öffentlichen Hand – Professionell genug?, in: Der Betrieb 52(1999), S. 1891

Veltins, Michael, Verschärfte Unabhängigkeitsanforderungen an Abschlußprüfer, in: Der Betrieb 57(2004), S. 445

Public Corporate Governance Kodex – Wie er erstellt wird und was er beinhaltet

Rudolf X. Ruter

1. Corporate Governance

Die Entwicklung der Corporate Governance in Deutschland begann mit dem am 1. Mai 1998 in Kraft getretenen Gesetz zur Kontrolle und Transparenz im Unternehmensbereich (KonTraG) und den darin enthaltenen weitreichenden Maßnahmen zur Verbesserung der Unternehmensführung und -überwachung. Damit wurden insbesondere aktien- und handelsrechtliche Vorschriften modifiziert und bereits erste Anpassungen in der deutschen Corporate Governance vorgenommen. Zu erwähnen sind insbesondere die Verpflichtung zur Einrichtung eines Überwachungssystems durch die gesetzlichen Vertreter von Aktiengesellschaften gemäß § 91 Abs. 2 AktG, die nach dem Willen des Gesetzgebers auch auf andere Rechtsformen eine Ausstrahlungswirkung besitzen soll:

- erweiterte Berichterstattungspflichten des Vorstands gegenüber dem Aufsichtsrat gemäß § 90 Abs. 1 AktG,
- die Erhöhung der Sitzungsfrequenzen des Aufsichtsrats gemäß §§ 110 Abs. 3, 171 Abs. 2 AktG,
- die engere Zusammenarbeit von Aufsichtsrat und Abschlussprüfer durch Änderung der Zuständigkeiten der Auftragserteilung sowie Präzisierung und Erweiterung der Berichterstattungspflichten (insbesondere §§ 111 Abs. 2, 170 Abs. 3, 171 Abs. 1 AktG und § 321 Abs. 1 HGB) und weitreichende Modifikationen der gesetzlichen Abschlussprüfung gemäß §§ 316 bis 324 HGB, insbesondere die Prüfung des Überwachungssystems im Sinne des § 91 Abs. 2 AktG bei amtlich notierten Aktiengesellschaften.

Die bisherige Entwicklung konzentrierte sich demnach im Wesentlichen auf börsennotierte Aktiengesellschaften. Allenfalls wird die Beachtung des Deutschen Corporate Governance Kodexes für nicht börsennotierte Aktiengesellschaften empfohlen (vgl. www.corporate-governance-code.de).

2. Public Corporate Governance

Wenn sich nun privatwirtschaftliche, börsennotierte Unternehmen einem Corporate Governance Kodex unterwerfen müssen, ist die Frage berechtigt, ob und ggf. in welcher Form dieser Kodex auch auf den öffentlichen Bereich anzuwenden ist bzw. ob hierfür ein spezieller, gemeinwohlorientierter Public Corporate Governance Kodex (im Folgenden PCG-Kodex) als Bestandteil von Good Governance zu entwickeln ist (vgl. Ruter, 2004, S. 15 ff.). Zurzeit ist festzustellen, dass in Deutschland öffentliche Unternehmen immer mehr in die Corporate Governance-Diskussion mit einbezogen werden. Allerdings existiert in Deutschland noch kein eigenständiger PCG-Kodex. Immer häufiger beschäftigen sich die öffentliche Hand, die Wissenschaft und Nonprofit-Organisationen in Deutschland mit den Inhalten einer solchen Kodifizierung für den Public Sector.

In einem ausführlichen Kommentarbeitrag (vgl. Ruter/Müller-Marqués Berger, 2003) wurde im Oktober 2003 erstmals ein Muster-PCG-Kodex in seinen Grundsätzen entwickelt, in enger Anlehnung an den Deutschen Corporate Governance Kodex in der Fassung vom 21. Mai 2003 der Regierungskommission Deutscher Corporate Governance Kodex. Der PCG-Kodex stellt die wesentlichen gesetzlichen Vorschriften zur Leitung und Überwachung von Gebietskörperschaften in der Rechtsform des privaten Rechts dar. Er enthält darüber hinaus anerkannte Standards guter und verantwortungsvoller Unternehmensführung. So wie der Deutsche Corporate Governance Kodex auf deutsche börsennotierte Aktiengesellschaften abzielt, ist der PCG-Kodex auf die Betätigung der öffentlichen Hand in der Rechtsform der GmbH ausgerichtet. Dies ist aufgrund der kommunalrechtlichen Vorgaben einer Haftungsbeschränkung die häufigste Rechtsform, der sich die öffentliche Hand bei wirtschaftlicher Betätigung bedient.

Der PCG-Kodex ist dafür vorgesehen, dass er entweder von Unternehmen der öffentlichen Hand in der Rechtsform der GmbH (im Folgenden öGmbH) oder von Gebietskörperschaften für einzelne oder alle ihre privatwirtschaftlichen Unternehmen in der Rechtsform der GmbH durch eine gesonderte und den Bürgern gegenüber bekannt gegebene Erklärung für verbindlich erklärt wird.

Der im Folgenden dargestellte Muster-PCG-Kodex kann keine Rücksicht auf landesspezifische Besonderheiten in den gesetzlichen Vorgaben der Bundesländer für eine Betätigung der öffentlichen Hand in Privatrechtsform nehmen. Trotz der bestehenden Regelungsunterschiede im Detail beinhalten die Kommunalverfassungen der Bundesländer überwiegend folgende – oder ähnliche – rechtsformunabhängige Vorgaben für die Errichtung, Übernahme, wesentliche Erweiterung oder Beteiligung einer Gebietskörperschaft an einem Unternehmen in Privatrechtsform:

- Durch Ausgestaltung des Gesellschaftsvertrages oder der Satzung muss sichergestellt sein, dass der öffentliche Auftrag des Unternehmens erfüllt wird,
- die Kommune muss einen angemessenen Einfluss, insbesondere im Aufsichtsrat oder in einem entsprechenden Überwachungsorgan des Unternehmens erhalten,
- die Haftung der Kommune muss auf einen ihrer Leistungsfähigkeit angemessenen Betrag begrenzt werden,
- der Jahresabschluss und der Lagebericht des Unternehmens müssen entsprechend den für große Kapitalgesellschaften geltenden Vorschriften des Dritten Buchs des Handelsgesetzbuchs aufgestellt und geprüft werden.

3. Der Erstellungsprozess

Die wesentlichen Beteiligten und Entscheidungsträger der öGmbH aus den Bereichen Politik und Gemeinderat (zum Beispiel in Person der Fraktionsvorsitzenden), Verwaltungsspitze (zum Beispiel in Person des Finanzbürgermeisters und des Kämmerers), Verwaltung (zum Beispiel aus dem Bereich des Beteiligungsmanagements und der betreffenden Fachressorts), Aufsichtsrat der öGmbH (zum Beispiel in Person des Aufsichtsratsvorsitzenden und den AR-Ausschussvorsitzenden) und Geschäftsleitung der öGmbH (zum Beispiel in Person des Sprechers der Geschäftsleitung und des kaufmännischen Leiters) sollten in gemeinsamen Sitzungen, basierend auf den für das Trägergemeinwesen gültigen Public Governance-Regeln und den schriftlichen Zielvereinbarungen einen PCG-Kodex-Erstellungsprozess einleiten und zur gegebenen Zeit die Ergebnisse rechtzeitig mit den für die öGmbH zuständigen Prüfungsgremien (zum Beispiel Rechnungshof oder Gemeindeprüfungsanstalt, kommunales Rechnungsprüfungsamt, bestellter gesetzlicher Wirtschaftsprüfer etc.) abstimmen.

Als Ergebnis sollte ein schriftlicher PCG-Kodex in den zuständigen Gremiensitzungen verabschiedet und veröffentlicht werden – bei gleichzeitiger Aktualisierung der entsprechenden Verfassungsregelungen. Hierbei ist insbesondere darauf zu achten, dass der PCG-Kodex nicht die Vorschriften des zwingenden Gesetzesrechts zur Unternehmensverfassung wiederholt, sondern diese ausschließlich in überarbeiteten und aktuellen Verfassungsregelungen einbindet, wie zum Beispiel den öGmbH-Gesellschaftsvertrag, den öGmbH-Geschäftsführer-Anstellungsvertrag, die öGmbH-Geschäftsordnung für die Geschäftsführung, die öGmbH-Geschäftsordnung für den Aufsichtsrat, das Merkblatt für die Mitglieder von Aufsichtsgremien der öGmbH, die Hinweise für die Verwaltung von kommunalen Unternehmen des Trägergemeinwesens (i. e. umfangreiches Beteiligungshandbuch – beispielhaft sei das Bremer Beteiligungshandbuch unter www.bremen.de genannt).

Weiterhin ist darauf zu achten, dass der PCG-Kodex nur die Regelungen enthält, die über das Gesetz hinausgehen oder das Gesetz in bestimmter Weise ausfüllen (Empfehlungen). Somit wird der PCG-Kodex deutlich verkürzt und erleichtert die umfangreiche politische, verwaltungsinterne und unternehmensinterne Gremienarbeit erheblich.

Der PCG-Kodex sollte sich auf Vorschläge/Anregungen für gemeinwohlorientiertes und unternehmensförderndes abgestimmtes Verhalten konzentrieren, das insbesondere von den zahlreichen (partei-)politischen, verwaltungs- und unternehmensorientierten Beteiligten eingefordert werden sollte. Hier ist insbesondere persönliches Verhalten zu nennen wie Verschwiegenheit und Unabhängigkeit (keine eigenen Interessenskonflikte), Kompetenz, persönliche Fort- und Weiterbildung und Branchenwissen.

Der PCG-Kodex sollte die regelmäßigen Überwachungs- und Prüfungsroutinen einschließlich der damit verbundenen Veröffentlichungsinstanzen enthalten, damit bei einer Nicht-Einhaltung des zwingenden Gesetzesrechts, der Verfassungsregelungen und des

PCG-Kodexes umgehende Sanktionsmechanismen greifen können und das Vertrauen insbesondere des oberen Souveräns, des Bürgers, in eine an das Gemeinwohl der Kommune orientierte Beteiligungs- und Privatisierungspolitik gefördert und weiter entwickelt werden kann.

4. Muster PCG-Kodex

Der im folgenden dargestellte Muster-PCG-Kodex verdeutlicht die an das Gemeinwohl als Trägergemeinwesen orientierte Beteiligungs- und Privatisierungsproblematik und sollte in der Regel einmal jährlich vor dem Hintergrund internationaler und kommunaler Entwicklung überprüft und bei Bedarf weiter entwickelt werden.

Muster-PCG-Kodex

1. Vorwort/Präambel

2. Politik und Gemeinderat

2.1 Aufgaben von Politik und Gemeinderat als Gesellschafter der öGmbH

2.1.1 Unsere Musterstadt ist Alleingesellschafterin der öGmbH. Als Gesellschafterin wird sie kraft Gesetzes vom Oberbürgermeister vertreten. Er ist als Vertreter der Gesellschafterin aller öffentlichen Unternehmen unserer Musterstadt für die Einrichtung einer Public Governance verantwortlich in Abstimmung mit unserem Gemeinderat, der gewählten Vertretung unserer Bürgerschaft.

2.1.2 Die Gesellschafter sollen wesentliche Zielvorgaben im Hinblick auf den im Gesellschaftsvertrag wiedergegebenen öffentlichen Auftrag der öGmbH definieren. Diese Zielvorgaben sollen dabei klar und messbar formuliert werden und für die Geschäftsleitung und die Aufsichtsratsmitglieder Handlungsleitlinie sein und nicht zu deren Disposition stehen. Sie sollen im internen Regelwerk der öGmbH, z. B. in der Geschäftsordnung für die Geschäftsleitung, enthalten sein.

2.1.3 Bei ihrem Handeln sollen sich die Gesellschafter im Wesentlichen auf Organisations- und Steuerungsvorgaben beschränken. Insbesondere sollen sie aktuelle und an den Zielen des Unternehmens orientierte Verfassungsregeln für die öGmbH erstellen. Die Höhe und die Dauer der Beteiligung soll dem damit verfolgten Zweck entsprechen.

2.1.4 Bei der Besetzung des Aufsichtsrats sollen die Gesellschafter für eine kompetente und interessenskonfliktfreie Besetzung sorgen.

2.1.5 Die Gesellschafter sollen dafür Sorge tragen, dass eine regelmäßige Berichterstattung an den Bürger über die öffentliche und unternehmerische Zielerreichung der öGmbH erfolgt.

2.1.6 Sofern die öGmbH von einzelnen Regelungen dieses Kodexes abweicht, sollen diese Abweichungen zusammen mit der Kommentierung der Gesellschafter jährlich im Rahmen ihrer Finanzberichterstattung offengelegt werden.

2.2 Gesellschafterversammlung

2.2.1 Die Gesellschafterversammlung soll von der Geschäftsleitung mindestens einmal jährlich unter Angabe der Tagesordnung einberufen werden. Die Geschäftsleitung soll die vom Gesetz für die Gesellschafterversammlung verlangten Berichte und Unterlagen einschließlich des Geschäftsberichts nicht nur auslegen und den Bürgern auf Verlangen übermitteln, sondern auch auf der Internet-Seite der öGmbH oder der Musterstadt zusammen mit der Tagesordnung veröffentlichen und somit den interessierten Bürgern zur Verfügung stellen.

2.2.2 Weil die öffentlichen Unternehmen privatrechtlicher Art wie jede andere privatrechtliche Gesellschaft im Wirtschaftsleben und damit im Wettbewerb stehen, finden die Gesellschafterversammlungen grundsätzlich nicht öffentlich statt. Wird im Gesellschaftsvertrag die Hinzuziehung Dritter im Einzelfall gestattet, darf diese nicht erfolgen, sofern die Interessen der Gesellschaft oder berechtigte Interessen der Gesellschafter oder sonstiger schutzwürdiger Dritter gefährdet würden.

2.2.3 Der Bürgermeister vertritt die Gemeinde in der Gesellschafterversammlung oder in dem entsprechenden Organ der Unternehmen in der Rechtsform des privaten Rechts, an denen die Gemeinde beteiligt ist; er kann einen oder mehrere Beamte oder Angestellte der Gebietskörperschaft mit seiner Vertretung beauftragen. Die Musterstadt kann ihren Vertretern Weisungen erteilen.

3. Verwaltungsspitze

3.1 Die Verwaltungsspitze soll auf der Basis des vom Gemeinderat formulierten öffentlichen Auftrags klare strategische Zielvorgaben für die öGmbH definieren.

3.2 Des Weiteren soll die Verwaltungsspitze für den Aufbau eines wirkungsvollen Beteiligungsmanagements für alle öffentlichen Unternehmen der Musterstadt sorgen und dieses qualitativ und quantitativ in angemessener Form personell und materiell ausstatten.

3.3 Die Verwaltungsspitze sollte für die Musterstadt ein Gesamt-Risikomanagementsystem (für die Kernverwaltung und alle öffentliche Unternehmen) im Rahmen einer Public Governance entwerfen.

3.4 Die Verwaltungsspitze soll durch regelmäßige und zeitnahe Informationen (Beteiligungsberichte) an Politik und Gemeinderat diese bei der Erfüllung ihrer Überwachungs- und Kontrollfunktion unterstützen. Diese Beteiligungsberichte sollen auch den Bürgern zugänglich sein.

4. Verwaltung

4.1 Die Verwaltung soll für die Durchführung eines zielorientierten und zeitnahen Beteiligungsmanagements einschließlich Beteiligungscontrolling sorgen. Insbesondere soll die Verwaltung durch die Erstellung aussagekräftiger Beteiligungsberichte die Verwaltungsspitze bei der Erfüllung ihrer Informationspflichten gegenüber den Gesellschaftern unterstützen.

4.2 Die Verwaltung soll durch regelmäßige und zeitnahe Berichte an die Verwaltungsspitze über die Risiken für die Kommune aufgrund der Beteiligung an der öGmbH informieren.

4.3 Die Verwaltung soll die Prüfungsberichte und Prüfungsfeststellungen aller Prüfungsinstanzen im Entwurf mit den jeweiligen Prüfern besprechen.

4.4 Die Verwaltung sollte für eine angemessene Fort- und Weiterbildung der Mitglieder des Aufsichtsrats sorgen.

5. Aufsichtsrat

5.1 Aufgaben und Zuständigkeiten

5.1.1 Die Mitglieder des Aufsichtsrats bilden das oberste Überwachungs- und Kontrollorgan und sind für die Einhaltung der politischen und unternehmerischen Vorgaben der öGmbH persönlich verantwortlich.

5.1.2 Als Überwachungs- und Kontrollorgan soll der Aufsichtsrat insbesondere für die Einhaltung der vereinbarten Wirtschaftspläne und des Risikomanagementsystems der öGmbH sowie der Einhaltung von Genehmigungspflichten für Nebentätigkeiten und anderer Verfassungsregeln sorgen.

5.1.3 Der Aufsichtsrat soll für die Abstimmung der operativen Zielvorgaben (sowohl Leistungs- als auch Finanzziele) der öGmbH mit den strategischen Zielvorgaben der Musterstadt sorgen.

5.1.4 Der Aufsichtsrat sollte durch eigene persönliche und fachliche Fort- und Weiterbildung dafür sorgen, dass er seine Aufgabe und Verantwortlichkeit im Sinne dieses Kodexes erfüllen kann.

5.1.5 Die ausreichende Informationsversorgung des Aufsichtsrats ist gemeinsame Aufgabe von Geschäftsleitung und Verwaltungsspitze (Verwaltung/Beteiligungscontrolling).

5.1.6 Der Aufsichtsrat ist für die Personalauswahl, Besetzung und regelmäßige Evaluation der Mitglieder der Geschäftsleitung der öGmbH verantwortlich. Der Aufsichtsrat bestellt und entlässt die Mitglieder der Geschäftsleitung. Er soll gemeinsam mit der Geschäftsleitung für eine langfristige Nachfolgeplanung sorgen. Der Aufsichtsrat kann die Vorbereitung der Bestellung von Mitgliedern der Geschäftsleitung einem Ausschuss übertragen, der auch die Bedingungen des Anstellungsvertrages einschließlich der Vergütung ausführlich festlegt. Bei Erstbestellungen von Mitgliedern der Geschäftsleitung sollte eine Bestelldauer von fünf Jahren nicht überschritten werden. Eine Wiederbestellung vor Ablauf eines Jahres vor dem Ende der Bestelldauer bei gleichzeitiger Aufhebung der laufenden Bestellung soll nur bei Vorliegen besonderer Umstände erfolgen. Eine Altersgrenze für Mitglieder der Geschäftsleitung sollte festgelegt werden.

5.1.7 In mitbestimmten Aufsichtsräten sollten die Vertreter der Gesellschafter und der Arbeitnehmer die Sitzungen des Aufsichtsrats jeweils gesondert, gegebenenfalls mit Mitgliedern der Geschäftsleitung, vorbereiten. Der Aufsichtsrat sollte bei Bedarf ohne die Geschäftsleitung tagen.

5.1.8 Der Aufsichtsrat soll sich eine Geschäftsordnung geben.

5.19 Der Aufsichtsrat sollte regelmäßig die Ablauf- und Aufbauorganisation der öGmbH auf seine Angemessenheit überprüfen.

5.2 Aufgaben und Befugnisse des Aufsichtsratsvorsitzenden

5.2.1 Der Aufsichtsratsvorsitzende koordiniert die Arbeit im Aufsichtsrat und leitet dessen Sitzungen.

5.2.2 Der Aufsichtsratsvorsitzende soll zugleich Vorsitzender der in Ziffer 5.4 geregelten Ausschüsse sein, die die Verträge der Geschäftsleitung behandeln und die Aufsichtsratssitzungen vorbereiten. Den Vorsitz im Prüfungsausschuss (Audit Committee) sollte er nicht innehaben.

5.2.3 Jedes Aufsichtsratsmitglied ist zu strikter Vertraulichkeit aller Kenntnisse aus dem öffentlichen Unternehmen inklusive der Beratungen im Aufsichtsrat Dritten gegenüber verpflichtet. Der Aufsichtsratsvorsitzende soll auf die Einhaltung dieser Verschwiegenheitsregelung durch alle Mitglieder des Aufsichtsrats achten.

5.3 Zusammenwirken von Aufsichtsrat und Geschäftsleitung

5.3.1 Der Aufsichtsratsvorsitzende soll mit der Geschäftsleitung, insbesondere mit dem Sprecher der Geschäftsleitung, regelmäßig Kontakt halten und mit ihm die Strategie, die Geschäftsentwicklung und das Risikomanagement des Unternehmens beraten. Der Aufsichtsrat wird über wichtige Ereignisse, die für die Beurteilung der Lage und Entwicklung sowie für die Leitung des Unternehmens von wesentlicher Bedeutung sind, unverzüglich durch den Sprecher der Geschäftsleitung informiert. Der Aufsichtsratsvorsitzende sollte bei Bedarf eine außerordentliche Aufsichtsratssitzung einberufen.

5.3.2 Der Gesellschaftsvertrag soll das Recht des Aufsichtsrats vorsehen, die Berichts- und Informationspflichten der Geschäftsleitung festlegen zu können. Werden hiernach Berichts- und Informationspflichten durch den Aufsichtsrat bestimmt, sollen diese dem Aufsichtsrat von der Geschäftsleitung in der Regel in Textform erstattet werden. Ebenso soll die Satzung vorsehen, dass dem Aufsichtsrat entscheidungsnotwendige Unterlagen, insbesondere der Jahresabschluss und der Prüfungsbericht, rechtzeitig vor dessen Sitzungen zugeleitet werden. Unabhängig von einer Regelung des Gesellschaftsvertrag kann der Aufsichtsrat von der Geschäftsführung jederzeit einen Bericht über die Angelegenheiten der öGmbH verlangen und hat ein Recht auf Einsicht und Prüfung der Bücher und Schriften der Gesellschaft sowie der Vermögensgegenstände.

5.3.3 Der Gesellschaftsvertrag soll für wesentliche Geschäfte der Geschäftsleitung einen Zustimmungsvorbehalt des Aufsichtsrats vorsehen.

5.3.4 Geschäftsleitung und Aufsichtsrat beachten die Regeln ordnungsgemäßer Unternehmensführung und -überwachung. Hierzu gehört insbesondere die Einhaltung der gesetzlichen und in der jeweiligen Verfassungsregelung gegebene Verschwiegenheitsverpflichtungen durch alle Organmitglieder und der von ihnen eingeschalteten Mitarbeiter. Verletzen sie die Sorgfalt eines ordentlichen und gewissenhaften Geschäftsleiters bzw. Aufsichtsratsmitglieds schuldhaft, so haften sie der öGmbH gegenüber auf Schadensersatz. Schließt die öGmbH für die Geschäftsleitung und den Aufsichtsrat eine D&O-Versicherung ab, so soll ein angemessener Selbstbehalt vereinbart werden.

5.3.5 Die Gewährung von Krediten der öGmbH an Mitglieder des Aufsichtsrats und der Geschäftsführung sowie deren Angehörige bedarf der Zustimmung des Aufsichtsrats.

5.3.6 Geschäftsleitung und Aufsichtsrat sollen jährlich im Geschäftsbericht über die Public Corporate Governance des Unternehmens im Sinne des § 161 AktG berichten. Hierzu gehört auch die Erläuterung eventueller Abweichungen von den Empfehlungen dieses PCG-Kodex.

5.4 Bildung von Ausschüssen

5.4.1 Der Aufsichtsrat sollte abhängig von den spezifischen Gegebenheiten der öGmbH und der Anzahl seiner Mitglieder fachlich qualifizierte Ausschüsse bilden (u. a. Personalausschuss, Technischer Ausschuss). Diese dienen der Steigerung der Effizienz der Aufsichtsratsarbeit und der Behandlung komplexer Sachverhalte. Die jeweiligen Ausschussvorsitzenden berichten regelmäßig an den Aufsichtsrat über die Arbeit der Ausschüsse.

5.4.2 Der Aufsichtsrat soll einen Prüfungsausschuss (Audit Committee) einrichten, der sich insbesondere mit Fragen der Rechnungslegung und des Risikomanagements, der erforderlichen Unabhängigkeit des Abschlussprüfers, der Erteilung des Prüfungsauftrags an den Abschlussprüfer, der Bestimmung von Prüfungsschwerpunkten und der Honorarvereinbarung befasst. Der Aufsichtsrat soll auch für die Abstimmung und Koordination aller beteiligten Prüfungsinstanzen sorgen, insbesondere hat der Aufsichtsrat die Prüfungsberichte und Prüfungsfeststellungen aller Prüfungsinstanzen im Entwurf mit den jeweiligen Prüfern zu besprechen.

5.4.3 Der Aufsichtsrat kann weitere Sachthemen zur Behandlung in einen oder mehrere Ausschüsse verweisen. Hierzu gehören u. a. die Strategie der öGmbH, die Vergütung der Mitglieder der Geschäftsleitung, Investitionen und Finanzierungen.

5.4.4 Der Aufsichtsrat kann vorsehen, dass Ausschüsse die Sitzungen des Aufsichtsrats vorbereiten und darüber hinaus auch anstelle des Aufsichtsrats entscheiden.

5.5 Zusammensetzung und Vergütung

5.5.1 Bei Vorschlägen zur Wahl von Aufsichtsratsmitgliedern soll darauf geachtet werden, dass dem Aufsichtsrat jederzeit Mitglieder angehören, die über die zur ordnungsgemäßen Wahrnehmung der Aufgaben erforderlichen Kenntnisse, Fähigkeiten und fachlichen Erfahrungen verfügen und hinreichend unabhängig sind. Ferner sollen die Tätigkeit des Unternehmens, potenzielle Interessenkonflikte und eine festzulegende Altersgrenze für Aufsichtsratsmitglieder berücksichtigt werden.

5.5.2 Eine unabhängige Beratung und Überwachung der Geschäftsleitung durch den Aufsichtsrat wird auch dadurch ermöglicht, dass Aufsichtsratsmitglieder keine Organfunktionen oder Beratungsaufgaben bei wesentlichen Wettbewerbern der öGmbH ausüben sollen.

5.5.3 Jedes Aufsichtsratsmitglied achtet darauf, dass ihm für die Wahrnehmung seiner Mandate genügend Zeit zur Verfügung steht.

5.5.4 Durch die Wahl bzw. Neuwahl von Aufsichtsratsmitgliedern zu unterschiedlichen Terminen und für unterschiedliche Amtsperioden kann Veränderungserfordernissen Rechnung getragen werden.

5.5.5 Die Vergütung der Aufsichtsratsmitglieder wird durch Beschluss der Gesellschafterversammlung oder im Gesellschaftsvertrag festgelegt. Sie soll der Verantwortung und dem Tätigkeitsumfang der Aufsichtsratsmitglieder sowie der wirtschaftlichen Lage und dem Erfolg der öGmbH Rechnung tragen. Dabei sollen der Vorsitz und der stellvertretende Vorsitz im Aufsichtsrat sowie der Vorsitz und die Mitgliedschaft in den Ausschüssen hinreichend berücksichtigt werden. Die Vergütung der Aufsichtsratsmitglieder sollte im Anhang des Jahresabschlusses individualisiert, aufgegliedert nach Bestandteilen ausgewiesen werden. Auch die von der öGmbH an die Mitglieder des Aufsichtsrats gezahlten Vergütungen oder gewährten Vorteile für persönlich erbrachte Leistungen, insbesondere Beratungs- und Vermittlungsleistungen, sollen individualisiert im Anhang zum Jahresabschluss gesondert angegeben werden.

5.5.6 Falls ein Mitglied des Aufsichtsrats in einem Geschäftsjahr an weniger als der Hälfte der Sitzungen des Aufsichtsrats teilgenommen hat, soll dies im Bericht des Aufsichtsrats vermerkt werden.

5.5.7 Jedes Aufsichtsratsmitglied soll Interessenskonflikte, insbesondere solche, die aufgrund einer Beratung oder Organfunktion bei Kunden, Lieferanten, Kreditgebern oder sonstigen Geschäftspartnern entstehen können, dem Aufsichtsrat gegenüber offenlegen. Berater- oder sonstige Dienstleistungs- und Werkverträge eines Mitglieds des Aufsichtsrats mit der öGmbH bedürfen der vorherigen Zustimmung des gesamten Aufsichtsrats.

5.5.8 Der Aufsichtsrat soll in seinem Bericht an die Gesellschafterversammlung über aufgetretene Interessenkonflikte und deren Behandlung informieren. Wesentliche und nicht nur vorübergehende Interessenkonflikte in der Person eines Aufsichtsratsmitglieds sollen zur Beendigung des Mandats führen.

5.6 Effizienzprüfung

5.6.1 Der Aufsichtsrat soll regelmäßig die Effizienz seiner Tätigkeit überprüfen.

6. Geschäftsleitung

6.1 Aufgaben und Zuständigkeiten

6.1.1 Die Geschäftsleitung der öGmbH soll die politischen und unternehmerischen Zielvorgaben für die öGmbH zur Erfüllung des öffentlichen Auftrags erfüllen.

6.1.2 Die Geschäftsleitung soll ihren Beratungspflichten zur Entwicklung neuer strategischer Zielvorgaben gegenüber den Gesellschaftern und dem Aufsichtsrat proaktiv nachkommen.

6.1.3 Die Geschäftsleitung soll sich auf die vollständige Umsetzung des öffentlichen Auftrags konzentrieren.

6.1.4 Die Geschäftsleitung soll ein Berichtswesen implementieren. Sie informiert den Aufsichtsrat und das Beteiligungsmanagement regelmäßig, zeitnah und umfassend über alle für das Unternehmen relevanten Fragen der Planung, der Geschäftsentwicklung, der Risikolage und des Risikomanagements. Sie geht auf Abweichungen des Geschäftsverlaufs von den aufgestellten Plänen und Zielen unter Angabe von Gründen ein.

6.1.5 Die Geschäftsleitung soll für den Aufbau und die Einhaltung eines adäquaten Risikomanagementsystems im Sinne des § 317 Abs. 4 HGB einschließlich eines wirksamen internen Kontrollsystems der öGmbH sorgen.

6.2 Zusammensetzung und Vergütung

6.2.1 Die Geschäftsleitung kann aus mehreren Personen bestehen und einen Sprecher haben. Eine Geschäftsordnung soll die Geschäftsverteilung und die Zusammenarbeit in der Geschäftsleitung regeln.

6.2.2 Die Vergütung der Mitglieder der Geschäftsleitung wird vom Aufsichtsrat unter Einbeziehung von sonstigen Bezügen in angemessener Höhe auf der Grundlage einer Leistungsbeurteilung festgelegt. Die Vergütung der Mitglieder der Geschäftsleitung soll fixe und variable Bestandteile umfassen. Die variable Vergütung sollte einmalige sowie jährlich wiederkehrende, an den geschäftlichen Erfolg gebundene Komponenten und auch Komponenten mit langfristiger Anreizwirkung enthalten. Der geschäftliche Erfolg soll mit vorher festgelegten Vergleichsparametern, wie z. B. das Erreichen bestimmter messbarer Ziele im Zusammenhang mit dem öffentlichen Auftrag, bewertet werden. Eine nachträgliche Änderung der Erfolgsziele soll ausgeschlossen sein.

6.2.3 Die Vergütung der Mitglieder der Geschäftsleitung soll im Anhang des Jahresabschlusses aufgeteilt nach Fixum, erfolgsbezogenen Komponenten und Komponenten mit langfristiger Anreizwirkung ausgewiesen werden. Die Angaben sollten individualisiert erfolgen.

6.2.4 Die Mitglieder der Geschäftsleitung unterliegen einem umfassenden Wettbewerbsverbot; sie und ihre Mitarbeiter dürfen weder für sich noch für andere Personen von Dritten Zuwendungen oder sonstige Vorteile fordern oder annehmen oder Dritten ungerechtfertigte Vorteile gewähren.

6.2.5 Jedes Mitglied der Geschäftsleitung soll Interessenkonflikte dem Aufsichtsrat gegenüber unverzüglich offenlegen und die anderen Mitglieder der Geschäftsleitung hierüber informieren. Alle Geschäfte zwischen der öGmbH einerseits und den Mitgliedern der Geschäftsleitung sowie ihnen nahestehenden Personen oder ihnen persönlich nahestehenden Unternehmungen andererseits haben branchenüblichen Standards zu entsprechen. Wesentliche Geschäfte sollen der Zustimmung des Aufsichtsrats bedürfen.

6.2.6 Mitglieder der Geschäftsleitung sollen Nebentätigkeiten nur mit Zustimmung des Aufsichtsrats übernehmen.

7. Rechnungslegung und Prüfungsgremien

7.1 Rechnungslegung

7.1.1 Gesellschafter, Verwaltung (Beteiligungsmanagement) und die Öffentlichkeit (Bürger) werden neben den Beteiligungsberichten auch durch den Jahresabschluss informiert. Sie sollen während des Geschäftsjahres durch Zwischenberichte unterrichtet werden. Der Jahresabschluss und die Zwischenberichte sollen unter Beachtung international anerkannter Rechnungslegungsgrundsätze aufgestellt werden. Für gesellschaftsrechtliche Zwecke (Ausschüttungsbemessung, Gläubigerschutz) werden Jahresabschlüsse nach nationalen Vorschriften (HGB) aufgestellt, die auch Grundlage für die Besteuerung sind.

7.1.2 Der Jahresabschluss wird von der Geschäftsleitung aufgestellt und vom Abschlussprüfer sowie vom Aufsichtsrat geprüft. Der Jahresabschluss soll binnen 180 Tagen nach Geschäftsjahresende, die Zwischenberichte sollen binnen 45 Tagen nach Ende des Berichtszeitraums öffentlich zugänglich sein.

7.1.3 Die öGmbH soll eine Liste von Drittunternehmen veröffentlichen, an denen sie eine Beteiligung von für das Unternehmen nicht untergeordneter Bedeutung hält. Handelsbestände von Kredit- und Finanzdienstleistungsinstituten, aus denen keine Stimmrechte ausgeübt werden, bleiben hierbei unberücksichtigt. Es soll angegeben werden: Name und Sitz der Gesellschaft, Höhe des Anteils, Höhe des Eigenkapitals und Ergebnis des letzten Geschäftsjahres.

7.1.4 Im Jahresabschluss sollen Beziehungen zu Mitgliedern des Gemeinderats bzw. zur Verwaltung erläutert werden, die im Sinne der anwendbaren Rechnungslegungsvorschriften als nahestehende Personen zu qualifizieren sind.

7.2 Gesetzlicher Jahresabschlussprüfer

7.2.1 Vor Unterbreitung des Wahlvorschlags soll der Aufsichtsrat bzw. der Prüfungsausschuss eine Erklärung des vorgesehenen Prüfers einholen, ob und ggf. welche beruflichen, finanziellen oder sonstigen Beziehungen zwischen dem Prüfer und seinen Organen und Prüfungsleitern einerseits und der öGmbH und seinen Organmitgliedern andererseits bestehen, die Zweifel an seiner Unabhängigkeit begründen können. Die Erklärung soll sich auch darauf erstrecken, in welchem Umfang im vorausgegangenen Geschäftsjahr andere Leistungen für das Unternehmen, insbesondere auf dem Beratungssektor, erbracht wurden bzw. für das folgende Jahr vertraglich vereinbart sind. Der Aufsichtsrat soll mit dem Abschlussprüfer vereinbaren, dass der Vorsitzende des Aufsichtsrats bzw. des Prüfungsausschusses über während der Prüfung auftretende mögliche Ausschluss- oder Befangenheitsgründe unverzüglich unterrichtet wird soweit diese nicht beseitigt werden.

7.2.2 Der Aufsichtsratsvorsitzende erteilt dem Abschlussprüfer den Prüfungsauftrag und trifft mit ihm die Honorarvereinbarung. Hierbei sollte der Aufsichtsratsvorsitzende von der Möglichkeit, eigene Prüfungsschwerpunkte der Abschlussprüfung festzulegen, Gebrauch machen.

7.2.3 Der Aufsichtsrat soll vereinbaren, dass der Abschlussprüfer über alle für die Aufgaben des Aufsichtsrats wesentlichen Feststellungen und Vorkommnisse unverzüglich berichtet, die sich bei der Durchführung der Abschlussprüfung ergeben.

7.2.4 Der Aufsichtsrat soll vereinbaren, dass der Abschlussprüfer ihn informiert bzw. im Prüfungsbericht vermerkt, wenn er bei Durchführung der Abschlussprüfung Tatsachen feststellt, die eine Unrichtigkeit der von der Geschäftsleitung und Aufsichtsrat abgegebenen Erklärung zum PCG-Kodex ergeben.

7.2.5 Der Abschlussprüfer nimmt an allen Beratungen des Aufsichtsrats über den Jahres- und Konzernabschluss teil und berichtet über die wesentlichen Ergebnisse seiner Prüfung.

Literaturverzeichnis

Ruter, Rudolf X., Corporate Governance für den öffentlicher Sektor, in: Innovative Verwaltung, Heft 1–2(2004), S. 15 ff.

Ruter, Rudolf X./**Müller-Marqués Berger**, Thomas, Corporate Governance für öffentliche Unternehmen, in: Pfitzer, Norbert/Oser, Peter (Hrsg.), Deutscher Corporate Governance Kodex – Ein Handbuch für Entscheidungsträger, Stuttgart 2003

www.bremen.de

www.corporate-governance-code.de

Corporate Governance in Nonprofit-Organisationen

Ein Corporate Governance Kodex für die Freie Wohlfahrtspflege – Mehr Transparenz und Kontrolle bei sozialen Dienstleistungen

Dominik H. Enste

1. Herausforderungen für die Freie Wohlfahrtspflege

Demographischer Wandel, Globalisierung, Strukturwandel, Arbeitslosigkeit und steigende Defizite bei den öffentlichen Haushalten erfordern weiterhin große Flexibilität und Anpassungsbereitschaft der Menschen, damit die wirtschaftliche Stagnation überwunden werden kann. Dies gilt in zunehmendem Maße auch für die Anbieter sozialer Dienstleistungen, die lange Zeit von der Auslagerung dieser vormals staatlichen Angebote profitiert haben. Vor allem die Einrichtungen der Freien Wohlfahrtspflege erbringen diese Leistungen in Krankenhäusern, Kindertagesstätten und Pflegeheimen sowie durch ambulante Dienste und Beratungsstellen im Gesundheits- und Pflegebereich sowie in der Familien-, Jugend- und Altenhilfe.

Die Marktbedingungen für das Angebot sozialer Dienstleistungen werden sich weiter deutlich verändern. Zwar wird angesichts der demographischen und gesellschaftlichen Entwicklungen die Nachfrage nach sozialen Dienstleistungen weiter stark zunehmen, ein wachsender Teil dieser Nachfrage wird jedoch nicht mehr von den unter Finanzknappheit leidenden öffentlichen Haushalten, sondern von den privaten Haushalten selbst finanziert werden (müssen). Zugleich intensiviert sich der Wettbewerb zwischen den Anbietern, zu denen vermehrt auch privatgewerbliche Unternehmen und im Rahmen der Europäisierung auch ausländische Dienstleister zählen. Denn viele soziale Dienstleistungen, gerade im Gesundheits- und Pflegebereich, haben längst den Charakter marktmäßiger Austauschbeziehungen erlangt.

Die bisherige Form der Finanzierung der Sozialversicherungssysteme hat zu leistungsfeindlichen Steuer- und Abgabesätzen geführt, die mit Blick auf die demographische Entwicklung baldmöglichst eine Reform der Kranken-, Renten- und Pflegeversicherung erfordern. Zur Begrenzung unter anderem der Sozialversicherungsbeiträge bei gleichzeitiger Sicherstellung einer guten Qualität ist neben der Umstellung auf ein kapitalgedecktes Finanzierungssystem der Renten- und Pflegeversicherung auch eine größere Effizienz und Effektivität der derzeitigen Angebotsbedingungen sozialer Dienstleistungen erforderlich. Dazu gehören auch mehr Transparenz und Kontrolle, die u. a. durch einen Corporate Governance Kodex (CGK) erreicht werden könnten.

Die Wohlfahrtsverbände befinden sich als Anbieter sozialer Dienste in einer „Zwitterstellung" und müssen den Spagat zwischen zunehmender Ökonomisierung und Konkurrenz durch private Anbieter auf der einen und ihrem traditionellen Selbstverständnis in Verbindung mit nachlassendem ehrenamtlichem Engagement auf der anderen Seite bewältigen. Gleichzeitig haben „Caritas und Co." mit einem massiven Vertrauensverlust in der Bevölkerung zu kämpfen. Gemäß der repräsentativen Umfrage „Perspektive Deutschland 2004" hat sich das Misstrauen gegenüber dem Diakonischen Werk (DW) verdoppelt. Während 2002/03 nur knapp 8 Prozent dem DW misstrauten, sind dies im Jahr 2004 fast 16 Prozent. Ähnlich sieht dies bei der Caritas aus, bei der die Zahl der Menschen, die ihr überhaupt nicht vertrauen, von 8,7 auf 14,7 Prozent anstieg. Auch die

Zahl derjenigen, die Verbesserungsbedarf sehen, hat sich von knapp 13 auf 21 Prozent (Diakonie) beziehungsweise 23,5 Prozent (Caritas) erhöht. Da einmal zerstörtes Vertrauen, gerade im sensiblen Spendenmarkt und bei sozialen Dienstleistungen am Menschen, sehr schwer wieder aufgebaut werden kann, sind baldige Reformen unumgänglich, die sowohl den Besonderheiten des Dritten Sektors als auch den kommenden Herausforderungen Rechnung tragen.

Über die richtige Strategie herrscht dabei sowohl zwischen als auch innerhalb der Wohlfahrtsverbände Uneinigkeit (vgl. Eurich, 2005). Mehr wettbewerbliche Orientierung fordern zum Beispiel Ottnad/Wahl/Miegel (2000), die Monopolkommission (1998) sowie Meyer (2003). Kritik an der Ökonomisierung und an den Einsparungen im sozialen Bereich äußern hingegen Bauer (2003), Lahrmann (2003) und Meiwes (2004). Auch die Resonanz auf die in diesem Aufsatz vertretene Auffassung war ambivalent (Institut der deutschen Wirtschaft Köln, 2004). Von heftiger Ablehnung aus den Spitzenverbänden der Freien Wohlfahrtspflege bis hin zur Unterstützung der Forderungen durch Einrichtungsträger reichten die Reaktionen. So fordert Rückert (2004) als Reaktion auf die hier skizzierte ordnungspolitische Position: „Wir müssen die inzwischen harsche Kritik an der Intransparenz und mangelnden Wirtschaftlichkeit der Wohlfahrtsverbände endlich ernst nehmen. Es geht um unsere Glaubwürdigkeit." Impulse für die Intensivierung der Diskussion sind notwendig, um den Dialog zwischen Ökonomen und Wohlfahrtsverbänden zu vertiefen, um gemeinsam Wege und Lösungen für die drängenden Zukunftsfragen der sozialen Dienste zu finden:

Wie kann in Zukunft die Versorgung mit sozialen Dienstleistungen gesichert werden? Welche Leistungen können innerhalb eines wettbewerblichen Rahmens sowohl von privatgewerblichen als auch freigemeinnützigen Einrichtungen angeboten werden? Welche Leistungen bedürfen der staatlichen Subventionierung und wie sollte diese ausgestaltet werden? Wie kann das Angebot verbessert werden, ohne die Lohnzusatzkosten weiter zu erhöhen? Inwiefern kann ein Verhaltenskodex das Vertrauen wiederherstellen? Wie kann es gelingen, das Wachstum des Marktes für soziale Dienstleistungen nicht ausschließlich als Problem in Verbindung mit steigenden Kosten zu sehen, sondern als positiven Wachstumsmotor für die Volkswirtschaft? Diese Aspekte werden ausführlich bei Enste (2004) behandelt.

Hier wird aufgezeigt, warum die Wohlfahrtsverbände mit ihren Einrichtungen dringend einen Corporate Governance Kodex entwickeln sollten. Dazu werden die Herausforderungen geschildert und empirisch belegt, vor denen die Anbieter sozialer Dienstleistungen stehen und denen sie unter anderem mit einem CGK begegnen sollten.

2. Demographische Herausforderungen für das Angebot sozialer Dienstleistungen

Die zunehmende Alterung der deutschen Gesellschaft ist mittlerweile weiten Teilen der Bevölkerung bewusst und viele Menschen stellen sich darauf durch die Aufstockung der privaten Vorsorge für das Alter und für die möglichen Kosten der Pflege ein. Denn der demographische Wandel – bedingt durch immer weniger Kinder und eine höhere Lebenserwartung – betrifft alle Lebensbereiche: von der Altersarmut über das Bildungssystem und die Finanzierungsprobleme der Sozialversicherungen bis hin zur medizinischen Versorgungslücke und zur Zuwanderungspolitik. Insbesondere die Inanspruchnahme der sozialen Dienstleistungen im Alter (unter anderem Betreuung, Beratung, Pflege) wird aufgrund der höheren durchschnittlichen Lebenserwartung zunehmen. Gleichzeitig sinkt aber die Zahl der abhängig Beschäftigten, die mit ihren Sozialbeiträgen viele dieser Leistungen derzeit noch über die Sozialversicherungssysteme finanzieren.

Die Lebenserwartung hat sich seit dem Jahr 1880 mehr als verdoppelt: für Männer von 36 auf 75 Jahre und für Frauen von 38 auf 81 Jahre. Gleichzeitig umfasst die Lebensarbeitszeit heutzutage nur noch knapp die Hälfte der Lebenszeit und die Lebenserwartung steigt weiter. Eine 60-Jährige lebt im Jahr 2050 im Durchschnitt noch 28 Jahre, während ein Mann immerhin noch knapp 24 Jahre vor sich hat. Diese an sich gute Nachricht wird erst dadurch zu einem Problem, dass immer mehr ältere Menschen pro Erwerbstätigem in Deutschland leben.

Denn aufgrund der Konstruktion unserer umlagefinanzierten Sozialversicherungssysteme müssen die steigenden Gesundheits- und Pflegekosten von den nachfolgenden Generationen finanziert werden. Und diese schrumpfen. Die Geburtenrate liegt in Deutschland weit unter dem bestandserhaltenden Niveau von 2,1 Kindern pro Frau (2002: 1,36). Nur Griechenland, Italien, Spanien, Ungarn und Tschechien haben eine geringere Geburtenrate (zwischen 1,34 und 1,18 Kinder pro Frau), während in den USA und in Mexiko eine Frau im Durchschnitt mehr als zwei Kinder bekommt. Die Elterngeneration wird in Deutschland hingegen nur zu etwa zwei Dritteln durch Kinder ersetzt (siehe nachfolgende Abbildung). Die Sterbefälle überwiegen also die Geburten, so dass die Alterspyramide sich stetig nach unten verengt. Verteilungskämpfe zwischen Jung und Alt könnten die Folge sein.

Die gleichzeitig drohende Zunahme der Gesundheits- und Pflegekosten lässt sich beispielhaft an der prognostizierten Entwicklung der Zahl der Pflegeheimplätze ablesen. Bereits bei konstanter Pflegewahrscheinlichkeit und konstanter Heimquote wird sich der Bedarf an Pflegeheimplätzen mehr als verdoppeln (siehe Abbildung).

Rückgang der Kinderzahl

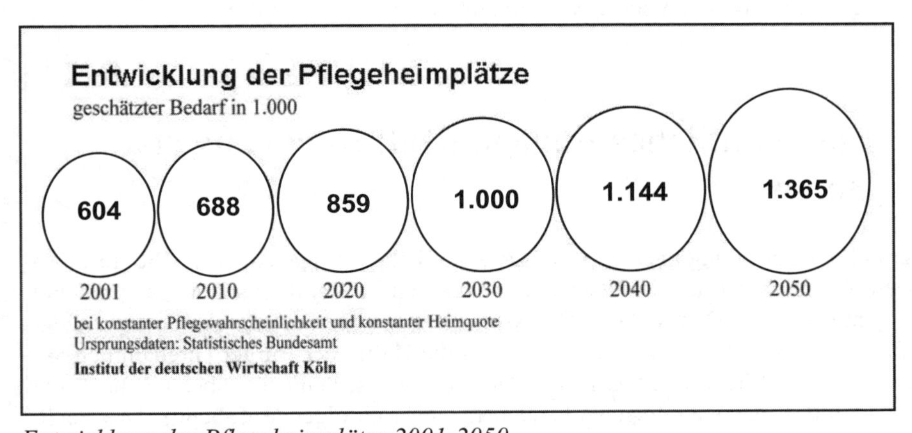

Entwicklung der Pflegeheimplätze 2001-2050

Dabei ist sogar mit einer gewissen Dynamik zu rechnen, denn derzeit werden noch 50 Prozent der Pflegebedürftigen zu Hause versorgt. Da aber die Zahl der Kinder deutlich zurückgeht, fehlt dafür zukünftig der Nachwuchs. Bereits bei einer jährlichen Dynamik von nur einem Prozent würde der Bedarf an Pflegeheimplätzen im Jahr 2050 bereits bei 2,3 Millionen liegen, bei einer eher unwahrscheinlichen dreiprozentigen Dynamik pro Jahr sogar bei 5,8 Millionen.

Die Finanzierung der sozialen Dienstleistungen über die Sozialversicherungssysteme gerät durch die längere Lebenserwartung bei gleichzeitig weniger Beitragszahlern weiter unter Druck. Vorschläge, die auf eine Dynamisierung der Leistungsentgelte, eine weitere Erhöhung der Beiträge zur Pflegeversicherung, auf die Ausdehnung der Beitragsbemessungsgrenze oder die Einführung einer Bürgerpflegeversicherung zielen, verkennen den Ernst der (demographischen) Lage und vernachlässigen die Folgen einer Beitragserhöhung für den Arbeitsmarkt und die Beschäftigung. Denn das Sozialbudget beträgt bereits im Jahr 2002 rund 685 Milliarden Euro, was einer Sozialquote (Anteil der Sozialausgaben am Bruttoinlandsprodukt) von über 32 Prozent entspricht. Damit haben sich die Sozialleistungen pro Einwohner nach Angaben des Statistischen Bundesamtes preisbereinigt von 2.061 Euro (1960) auf über 8.300 Euro (2002) mehr als vervierfacht. Die sozialen Leistungen werden schon heute überwiegend aus der Gesetzlichen Rentenversicherung (32,2 Prozent) und der Gesetzlichen Krankenversicherung (19,5 Prozent) gespeist, gefolgt von Steuervergünstigungen (10,3 Prozent) und der Arbeitslosenversicherung/Arbeitsförderung (9,8 Prozent).

Die mit den demographischen Entwicklungen verbundenen, steigenden Kosten werden zukünftig nicht mehr durch staatliche Sicherungssysteme finanziert werden können. Dies ist auch der Politik bewusst, weshalb sie jetzt verstärkt die Bürger zu mehr ehrenamtlichem Engagement bewegen möchte (vgl. Enquete-Kommission, 2002).

3. Ehrenamtliches Engagement: Rückgang statt Boom

Hintergrund der Forderung nach mehr bürgerschaftlichem Engagement ist die im internationalen Vergleich geringe Bereitschaft zur Mitarbeit in Wohlfahrtsorganisationen und Freiwilligendiensten in Deutschland. Der Mittelwert der westeuropäischen Staaten liegt bei 33 Prozent. In den USA sind sogar mehr als die Hälfte der Bürger ehrenamtlich aktiv. Das bürgerschaftliche Engagement in Deutschland ist demgegenüber nur noch bei 26 Prozent (2003) der Menschen vorhanden (siehe nachfolgende Tabelle). Das heißt, fast drei Viertel der Bevölkerung engagieren sich nie ehrenamtlich in Vereinen, Verbänden oder anderen Organisationen. Diese Unterschiede haben eine Ursache in der generellen Bewertung des Freiwilligendienstes. In Amerika ist bürgerschaftliches Engagement ein Zeichen für soziale Kompetenz. In Deutschland herrscht hingegen die Ansicht vor, der Staat wäre für die sozialen Belange zuständig: eine Folge der zunehmenden staatlichen Eingriffe, verbunden mit einer Staatsausgabenquote von mittlerweile 46 Prozent des Bruttoinlandsproduktes.

Ehrenamtliches Engagement

Ehrenamtliche Tätigkeiten*)	1998	2003
Nie	71,0	74,1
Seltener als einmal im Monat	14,1	10,5
Mindestens einmal im Monat	7,5	7,1
Mindestens einmal in der Woche	7,4	8,3
Ehrenamt (insgesamt)	29,0	25,9

**) So viel Prozent der Deutschen ab 16 Jahre haben sich ehrenamtlich engagiert*
Quelle: Eigene Berechnungen auf Basis der SOEP-Daten (2004)

Im Jahr 1998 hatten wenigstens noch 29 Prozent der Befragten ab 16 Jahre angegeben, ehrenamtlich tätig gewesen zu sein. Rund 15 Prozent engagieren sich zurzeit täglich oder einmal in der Woche (acht Prozent) beziehungsweise einmal im Monat (sieben Prozent) für die Gesellschaft. Die restlichen zehn Prozent tun dies eher projektbezogen und sporadisch. Damit sind Vereine und Verbände weiter aus der Mode gekommen und haben innerhalb von fünf Jahren mehr als zehn Prozent der ehrenamtlich Tätigen verloren. Dennoch engagieren sich immerhin noch gut zehn Millionen Bundesbürger mindestens einmal im Monat in Verein, Kirche und Verband ehrenamtlich. Das Engagement von Männern (knapp 30 Prozent) ist dabei noch etwas ausgeprägter als das der Frauen (knapp 24 Prozent) – vor allem aufgrund der Beliebtheit von Fußball- und Schützenvereinen bei den Männern.

Auch das Engagement in Wohlfahrtsorganisationen ist laut der European Value Study (2003) in Deutschland vergleichsweise gering. Arbeiteten in Europa im Jahr 2000 im Durchschnitt 4,3 Prozent der Befragten ehrenamtlich für eine Wohlfahrtsorganisation, so waren dies in Deutschland hingegen nur 1,8 Prozent. In anderen Ländern sind die Menschen somit sehr viel stärker ehrenamtlich in Wohlfahrtsorganisationen aktiv: insbesondere im Vereinigten Königreich (13,7 Prozent), in Finnland (9,6 Prozent), Schweden (9,3 Prozent) und auch den Niederlanden (9,2 Prozent). Mitglied in einer Wohlfahrtsorganisation sind 3,9 Prozent der Deutschen, während dies im europäischen Durchschnitt 6,1 Prozent sind.

Die Wohlfahrtsverbände selber gehen von rund 1,5 Millionen ehrenamtlichen Mitarbeitern in einer ihrer Einrichtungen aus. Schätzungen auf Basis der Umfragen des John-Hopkins-Projekts (vgl. Priller/Zimmer, 2001) ergeben eine Größenordnung von etwa 1,8 Millionen Ehrenamtlichen (1995), die in größerem Umfang im gesamten Dritten Sektor tätig sind. Verglichen mit den Ergebnissen dieser Umfrage, hat sich die Zahl der ehrenamtlichen Mitarbeiter in Wohlfahrtsorganisationen von 1995 bis 2000 demnach deutlich verringert. Von den 20- bis 90-Jährigen engagierten sich im Jahr 2000 nur rund 1,15 Millionen ehrenamtlich in einer Wohlfahrtsorganisation. Selbst wenn 1,8 Prozent der 15- bis 20-Jährigen hinzugerechnet werden (100.000 Personen), liegt die Zahl mit 1,25 Millionen gut 16 Prozent niedriger als von den Wohlfahrtsverbänden vermutet.

Ehrenamtliches Engagement in Wohlfahrtsorganisationen im europäischen Vergleich

Land	**Ehrenamtliche Arbeit für Wohlfahrtsorganisationen**	**Mitgliedschaft in Wohlfahrts-organisationen**
Vereinigtes Königreich	13,7	6,7
Finnland	9,6	11,3
Schweden	9,3	20,8
Niederlande	9,2	21,2
Griechenland	7,7	6,5
Belgien	6,4	12,5
Italien	5,1	6,4
Irland	4,4	5,9
Frankreich	4,2	5,6
Österreich	3,1	6,6
Spanien	2,6	3,7
Deutschland	1,8	3,9
Portugal	1,5	2,0
Dänemark	–	7,7

Angaben in Prozent der Bevölkerung (20 bis 90 Jahre); 18.460 Befragte
Ursprungsdaten: European Value Study EVS (2003), Zentralarchiv der Universität zu Köln

Insofern ist auch das freiwillige Engagement keine Lösung für die Sicherstellung eines ausreichenden Angebots an Sozialen Dienstleistungen. Vielleicht könnte jedoch ein Corporate Governance Kodex helfen, verlorengegangenes Vertrauen zurück zu gewinnen und so ehrenamtliches Engagement neu zu beleben. Denn auf der Finanzierungsseite sind die Möglichkeiten der Gewinnung zusätzlicher Ressourcen ohne gravierende Konsequenzen für die Wettbewerbsfähigkeit anderer Branchen z. B. durch steigende Personalzusatzkosten ausgeschöpft, so dass v. a. die Überprüfung der Effizienz und Effektivität der Mittelverwendung beim Angebot u. a. der Freien Wohlfahrtspflege bleibt.

4. Die Freie Wohlfahrtspflege als Anbieter sozialer Dienstleistungen

Der deutsche Caritasverband hatte in Deutschland im Jahr 2003 fast 500.000 hauptamtlich Beschäftigte, dicht gefolgt vom Diakonischen Werk der evangelischen Kirche mit gut 450.000 hauptamtlichen Mitarbeitern. Damit beschäftigte sie deutlich mehr Mitarbeiter als der beschäftigungsstärkste deutsche Industriekonzern: Der Siemens-Konzern hatte im Jahr 2003 weltweit 417.000 Mitarbeiter (davon 170.000 in Deutschland). Caritas und Diakonie haben zusammen mit der Arbeiterwohlfahrt (AWO), dem Deutschen Paritätischen Wohlfahrtsverband (DPWV), dem Deutschen Roten Kreuz (DRK) und der Zentralwohlfahrtsstelle der Juden (ZWSt) insgesamt rund 1,3 Millionen Mitarbeiter, die in rund 100.000 Einrichtungen tätig sind (siehe nachfolgende Abbildung). Für die Freie Wohlfahrtspflege arbeiten nochmals rund 1,25 Millionen Menschen ehrenamtlich.

Insgesamt erwirtschaften die gemeinnützigen Einrichtungen der Wohlfahrtsverbände nach Schätzungen von Enste (2004) einen Jahresumsatz von etwa 55 Milliarden Euro (2002). Innerhalb von fünf Jahren ist der Umsatz damit – ausgehend von 46 Milliarden Euro – um 20 Prozent gestiegen. Dies geschieht weitgehend unbemerkt von der Öffentlichkeit. Dabei haben sich die Wohlfahrtsverbände mit ihren Einrichtungen immer mehr zu einem wichtigen Wirtschaftsfaktor entwickelt. Sie bieten ein umfassendes Angebot an sozialen Dienstleistungen, das mit der Geburt beginnt und über Kinderbetreuung, Familienberatung, Notfallrettungsdienst und Krankenhausbetrieb schließlich bei der Pflege alter Menschen endet. Dieses Angebot ist in den letzten 30 Jahren massiv ausgebaut worden, weshalb sich die Beschäftigtenzahl mehr als verdreifacht hat.

Die Marktanteile der Wohlfahrtsverbände betragen zum Beispiel bei Pflegeheimen 56 Prozent, bei Kindertagesstätten 49 Prozent, bei Pflegediensten 46 Prozent und bei Krankenhäusern 40 Prozent. Das Deutsche Rote Kreuz kontrolliert zu 80 Prozent die Blutversorgung in Deutschland und ist bei der Bergrettung mit 90 Prozent fast alleiniger Anbieter. Diese herausgehobene Marktstellung führte dazu, dass die Monopolkommission (1998) die damit verbundene Macht der Wohlfahrtsverbände kritisierte und mehr Wettbewerb und eine Marktöffnung forderte.

Ihre wirtschaftliche Bedeutung verdanken die Wohlfahrtsverbände vor allem dem Ausbau sozialstaatlicher Leistungen, die zu einem wesentlichen Teil vom Staat an sie ausgelagert werden. Die Verbände und ihre Einrichtungen haben sich von privaten karitativen Hilfsorganisationen zu professionellen Dienstleistern gewandelt. Zugleich sind sie als „Sozialanwalt“ und „Armutsfunktionär“ erfolgreiche politische Akteure. Trotz knapper öffentlicher Mittel streben sie als Lobbyverbände nach einer Expansion des Sozialstaates – auch zu ihren eigenen Gunsten, denn dadurch sichert sich die Freie Wohlfahrtspflege ein bedeutsames Mitspracherecht in der Politik.

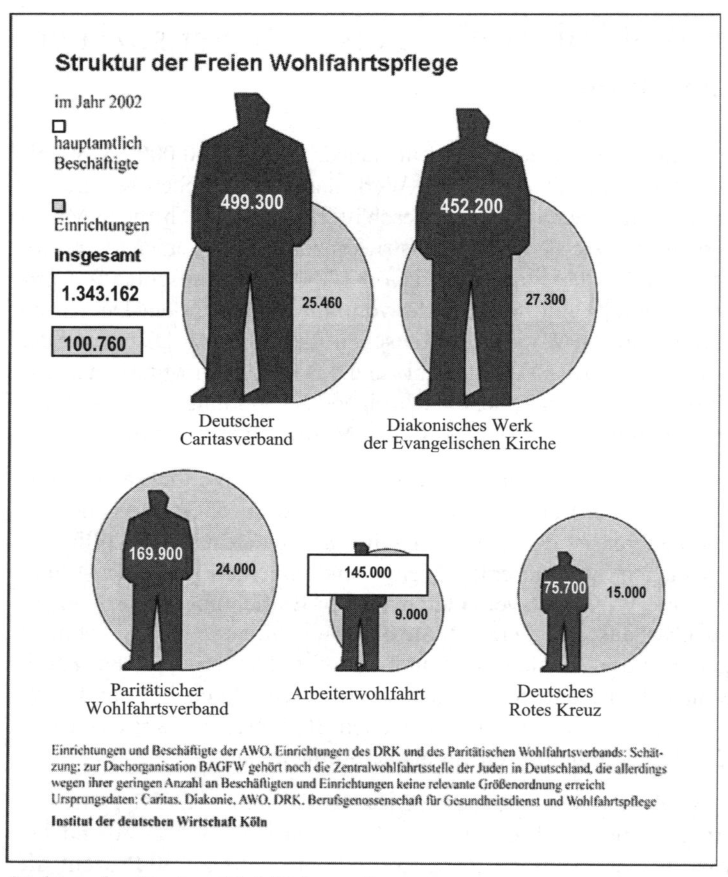

Stuktur der Freien Wohlfahrtspflege

Gleichzeitig befindet sich die Freie Wohlfahrtspflege in einer ausgeprägten rechtlichen und finanziellen Abhängigkeit von den öffentlichen Haushalten. Zurzeit stammen schätzungsweise 83 Prozent der Gesamteinnahmen der Freien Wohlfahrtspflege aus öffentlichen Haushalten. 69 Prozent dieser Zahlungen sind Leistungsentgelte der Sozialhilfeträger, Kranken- und Pflegekassen usw.; hinzukommen staatliche Zuwendungen in Form von Subventionen. Die eigenen Mittel der Wohlfahrtsverbände (vor allem kirchliche Zuwendungen, Spenden und Beiträge) bilden den Rest von 17 Prozent, wobei auf Spenden – entgegen verbreiteten Vorstellungen – nur ein geringer Anteil am Mittelaufkommen der Freien Wohlfahrtspflege von circa drei Prozent entfällt, obwohl die Einwerbung von Geld-, Zeit- und Sachspenden durch den Staat steuerlich erheblich begünstigt wird. Nicht konfessionelle Verbände sind aufgrund der fehlenden Zuschüsse der Kirchen noch stärker vom Staat abhängig (vgl. Ottnad/Wahl/Miegel, 2000, S. 32 f.).

Der gesamte Nonprofit-Sektor (einschließlich Kultur-, Sport- und Freizeiteinrichtungen) profitierte von Finanzhilfen, Steuervergünstigungen (unter anderem für Spenden) und Subventionen in Höhe von 57 Milliarden Euro, davon entfallen allein rund 40 Milliarden Euro auf soziale Dienstleistungen, die allerdings nicht nur den Wohlfahrtsverbänden zugute kommen. Dies entspricht 36 Prozent aller Subventionen (Enste, 2004; Boss/Rosenschon, 2003).

Das Bild der gemeinnützig tätigen Helfer in der Öffentlichkeit hat allerdings durch Skandale, aber auch einzelne Insolvenzen gelitten. Landesrechnungshöfe berichten regelmäßig von Veruntreuung von Spendengeldern, Missmanagement durch überforderte Laien, fehlende Kontrollen innerhalb der Einrichtungen und durch unabhängige Prüfer sowie von persönlicher Bereicherung einzelner Geschäftsführer. Die politischen Verflechtungen zwischen Politik und Freier Wohlfahrtspflege sind ebenfalls ein wichtiger Grund, für mehr Transparenz und öffentliche Kontrolle zu sorgen, damit Steuergelder und Sozialbeiträge nicht der Kontrolle der Beitragszahler entzogen werden. Es gibt somit genügend Gründe (u. a. Größe, Bedeutung, Wachstum, Struktur, Finanzierungsarten) einen Corporate Governance Kodex zu verabschieden.

5. Was ist zu tun?

Sowohl die Freie Wohlfahrtspflege als auch die Nutzer sozialer Dienstleistungen müssen sich künftig auf neue Rahmenbedingungen einstellen. Dazu zählen unter anderem

- Veränderungen der rechtlichen Rahmenbedingungen (u. a. Gesundheitsreform);
- die Finanzknappheit von Bund, Ländern und Gemeinden;
- eine Zunahme des Wettbewerbsdrucks (durch privatgewerbliche Einrichtungen und unabhängige Selbsthilfegruppen sowie durch den Prozess der Europäisierung) und geänderte Förderbedingungen sowie
- gesellschaftliche und kulturelle Veränderungen (Spendenbereitschaft, Ehrenamt usw.).

Diesen Herausforderungen sollte mit umfassenden Reformen begegnet werden:

5.1 Einführung eines modernen Managementsystems

Im Rechnungswesen, Controlling, Qualitätsmanagement und bei der Einrichtungssteuerung gibt es bei vielen Einrichtungsträgern noch erhebliche Defizite, bis hin zur Beibehaltung einer kameralistischen Buchführung. Umsetzungsorientierte Anregungen sowie Beispiele für moderne Lösungen („Best Practice“) können bei den Reformen helfen. Benchmarking-Projekte sind bereits in einigen Landesverbänden initiiert worden und können Hilfestellungen für weitere Optimierungen innerhalb der beteiligten Einrichtungen bieten.

5.2 Wettbewerb und Wirtschaftlichkeit

Die Öffnung weiterer Bereiche der Daseinsvorsorge für den Wettbewerb könnte auch bei sozialen Dienstleistungen zu niedrigeren Preisen, weniger Verschwendung knapper Ressourcen und mehr Innovationen führen. Dazu gehört Chancengleichheit für privatgewerbliche und freigemeinnützige Anbieter bei der Auftragsvergabe und somit der weitere Abbau von Marktzutrittbeschränkungen.

Die Bindung an den Bundesangestelltentarif stellt für die Wohlfahrtsverbände aufgrund der inflexiblen und nicht leistungsbezogenen Entlohnung einen Wettbewerbsnachteil dar. Einige Tarifverträge wurden aus diesem Grund bereits gekündigt. Bei geringeren Personalkosten könnten zukünftig die Leistungsentgelte der Sozialleistungsträger sinken und/oder bei gleichen Kosten die Qualität verbessert werden.

5.3 Subjekt- statt Investitionsförderung

Die Umstellung der Gewährung von staatlichen Subventionen auf die Subjektförderung würde den Wettbewerb fördern und viele Kosten bei der Mittelvergabe einsparen helfen. Außerdem könnten die Menschen selbst entscheiden, wie sie im Alter leben möchten und welche Dienstleistungen sie in welcher Qualität in Anspruch nehmen wollen. Statt staatlich geplanter und verordneter Ausgestaltung z. B. der Pflegeheime würde es innovative Lösungen geben, die besser auf die zukünftigen Anforderungen abgestimmt sind. Auch Kinder (über ihre Eltern), Schwache, Alte und Behinderte (gegebenenfalls über einen kundigen und zuverlässigen Vormund) können in vielen Fällen ihre Vorstellungen äußern und haben ein Recht auf freie Willensäußerung („Konsumentensouveränität“).

5.4 Ein Corporate Governance Kodex für die Freie Wohlfahrtspflege

Ein entscheidender Schritt, um die Wohlfahrtsverbände zukunftsfähig zu machen, ist neben der Professionalisierung des Managements, die Verbesserung der externen Kontrollen und mehr Transparenz in der Rechnungslegung. Damit die Steuer- und Beitragszahler umfassend über die Verwendung der staatlichen Mittel informiert werden können, ist z. B. die Offenlegung der Bilanzen erforderlich.

Die Umsetzung der Empfehlungen des „Gesetzes zur Kontrolle und Transparenz im Unternehmensbereich“ (KonTraG) und des „Transparenz- und Publizitätsgesetzes“ (TransPuG) auch bei den als Vereinen geführten Einrichtungen wäre ein wichtiger Schritt zu mehr Transparenz (vgl. Solidaris, 2003). Dies würde unter anderem bedeuten, dass ein Risikomanagement einzurichten wäre, externe Kontrollen durch Wirtschaftsprüfer auf Basis eines Lageberichts erfolgen würden und die Laienvorstände durch qualifizierte Berater unterstützt würden.

Durch die Erstellung eines „Governance-Kodexes für Wohlfahrtsverbände„ in Anlehnung an die Forderungen aus dem „Deutschen Corporate-Governance-Kodex“ könnten Steuer- und Beitragszahler das Geschäftsgebaren und die Verflechtungen leichter durchschauen. Neben der Auflösung der engen Verbindungen zwischen Politik und Wohlfahrtsverbänden sollte damit auch die Trennung von Verband und Einrichtung einhergehen, um den Interessenkonflikt zwischen der Interessenvertretung und dem Angebot an Dienstleistungen aufzulösen.

6. Ausblick

Viele konkrete Hinweise und Beispiele für die Formulierung und Ausgestaltungsmöglichkeiten eines Corporate Governance Kodexes finden sich in den übrigen Beiträgen dieses Sammelbandes. Schwerpunkt dieses Beitrages war es deshalb, Überzeugungsarbeit anhand von Daten und Fakten zu leisten und aufzuzeigen, dass es keine Argumente (mehr) für die Wohlfahrtsverbände gibt, keine CGK zu verabschieden. Im Gegenteil, angesichts des hohen staatlichen Finanzierungsanteils sind die Wohlfahrtsverbände noch mehr als Aktiengesellschaften aufgefordert, ihre Bilanzen offenzulegen und mehr Kontrolle zu ermöglichen. Denn während ein Aktionär freiwillig Aktien eines Unternehmens erwirbt und diese verkaufen kann, wenn ihm die Geschäftspolitik oder die Nichteinhaltung eines CGK nicht gefällt, haben Steuerzahler diese Möglichkeit nicht. Steuern sind Zwangsabgaben und über deren Verwendung kann allenfalls indirekt bei Wahlen (alle vier Jahre) mitbestimmt werden. Bei den Wohlfahrtsverbänden sind die Steuergelder allerdings vollständig der Kontrolle der Steuerzahler entzogen. Grund genug, dass die häufig in der Rechtsform eines gemeinnützigen Vereins geführten Einrichtungen über eine Selbstverpflichtung freiwillig mehr Offenheit und Transparenz wagen. Ein CGK wäre ein erster Schritt mit den hier skizzierten Herausforderungen offensiv umzugehen.

Außerdem würde die Umsetzung dieser Reformagenda nicht nur die Finanzierung des Sozialstaates zukünftig erleichtern, sondern auch für qualitativ hochwertige soziale Dienstleistungen sorgen. Darüber hinaus wäre es aus wirtschaftspolitischer Sicht wünschenswert, wenn eine Diskussion über die Angebots- und Finanzierungsbedingungen sozialer Dienstleistungen insgesamt geführt würde. Denn soziale Dienstleistungen können den Wandel vom Kostenfaktor zum Wachstumsfaktor schaffen. Über die zunehmende Nachfrage nach den superioren Gütern „Gesundheit und Pflege“ werden mehr (standortgebundene) Arbeitsplätze für soziale Dienste geschaffen, die aufgrund der zunehmenden Abkoppelung von der Finanzierung über die Lohnzusatzkosten nicht mehr mit einem Verlust von Arbeitsplätzen in anderen Branchen einhergeht. Dies sollte Anreiz genug für die Umsetzung der Strukturreformen und für eine offensive Strategie der Wohlfahrtsverbände sein.

Literaturverzeichnis

Bauer, Rudolph, Höher, weiter, schneller! Olympiade der Freien Träger? – Über die Folgen betriebswirtschaftlich motivierter „Wettkämpfe“ bei den Wohlfahrtsverbänden, in: Sozialextra, Juli 2003, S. 13–18

Boss, Alfred/**Rosenschon**, Astrid, Finanzhilfen des Bundes, Kieler Arbeitspapier Nr. 1188, Institut für Weltwirtschaft, Kiel 2003

Enquete-Kommission „Zukunft des bürgerschaftlichen Engagements“, Bürgerschaftliches Engagement auf dem Weg in eine zukunftsfähige Bürgergesellschaft: Bericht der Enquete-Kommission des Deutschen Bundestages, Berlin 2002

Enste, Dominik H., Die Wohlfahrtsverbände in Deutschland – Eine ordnungspolitische Analyse und Reformagenda, IW-Analysen, Köln 2004

Eurich, Johannes, Nächstenliebe als berechenbare Dienstleistung. Zur Situation der Diakonie zwischen Ökonomisierung, theologischem Selbstverständnis und Restrukturierung, Zeitschrift für Evangelische Ethik, 49(2005)1, S. 58–70

EVS – European Value Study, Zentralarchiv für empirische Sozialvorschung, Universität zu Köln, Köln, 2003

Institut der deutschen Wirtschaft Köln, Auf den Schultern der Schwachen – Wohlfahrtsverbände in Deutschland, Köln 2004

Lahrmann, Markus, Schlimmer als erwartet – Wohlfahrtsverbände rechnen mit massiven Versorgungsengpässen, in: Caritas in NRW Aktuell, Nr. 5/2003

Meiwes, Andreas, Vertrauen zerschlagen – Der Landeshaushalt 2004/2005 beschleunigt den Sozialabbau, in: Caritas in NRW Aktuell, Nr. 1/2004

Meyer, Dirk, Für mehr Wettbewerb im stationären Altenhilfesektor – Handlungsbedarf aufgrund Kapazitätsprognose 2050, Schriften der Gesellschaft für Sozialen Fortschritt e.V., Band 24, Berlin 2003

Monopolkommission, Marktöffnung umfassend verwirklichen, 12. Hauptgutachten – 1996/97, Bonn 1998

Ottnad, Adrian/**Wahl**, Stefanie/**Miegel**, Meinhard, Zwischen Markt und Mildtätigkeit – Die Bedeutung der Freien Wohlfahrtspflege für Gesellschaft, Wirtschaft und Beschäftigung, München 2000

Priller, Eckhard/**Zimmer**, Annette, Der Dritte Sektor international – Mehr Markt – weniger Staat?, Berlin 2001

Rückert, Markus, „Einrichtungen mit Millionen Umsätzen müssen Rechenschaft geben", in: epd (2004)31

SOEP, Sozio-oekonomisches Panel, http://www.diw.de/soep, Berlin 2004

Solidaris, KonTraG, TransPuG, DCGK – Auswirkungen auf die Arbeit von Geschäftsführungen und Aufsichtsgremien gemeinnütziger Organisationen, Köln 2003

Ein Corporate Governance Kodex für gemeinnützige Organisationen: Projekt zur Entwicklung eines Kodexes für eine Nonprofit-Organisation – Umsetzung und konkrete Instrumente

Robert Bachert

1. Einführung

Nonprofit-Organisationen (NPO) sehen sich immer komplexeren Veränderungen in Ihrem Umfeld ausgesetzt: Gesetze werden geändert, die Finanzierungsstrukturen diesen angepasst. Damit einhergehend verändern sich auch grundlegend die Rahmenbedingungen der Leistungserbringung in allen Hilfebereichen von der Jugendhilfe über die Behindertenhilfe bis zur Altenhilfe. In dieser Situation wird der permanente Wandel zum Normalfall. Die strukturierte Führung, Aufsicht und die strategische Neuausrichtung zur langfristigen Existenzsicherung der Nonprofit-Organisation ist nötig. Zunehmend erkennen auch die Spitzenverbände der freien Wohlfahrtpflege sowohl landesweit als auch bundesweit die Bedeutung der Sicherung einer guten und standardisierten Unternehmensführung bei ihren Mitgliedseinrichtungen. Die sechs anerkannten Spitzenverbände sind:

- Arbeiterwohlfahrt
- Deutscher Caritasverband
- Deutscher Paritätischer Wohlfahrtsverband
- Deutsches Rotes Kreuz
- Diakonisches Werk
- Zentralwohlfahrtsstelle der Juden in Deutschland

Die haupt- und ehrenamtlichen Führungs- und Aufsichtsgremien sind diesen Anforderungen institutionell und instrumentell teilweise nicht gewachsen. Hinzu kommen mangelnde Kompetenzen im Sinne der Zuständigkeitsklärung und Rollendefinition sowie kein adäquates Verständnis der damit verbundenen Aufgaben. Ein stringentes betriebswirtschaftlich ausgerichtetes Konzept, welches die unterschiedlichen Instrumente verbindet und Standardregeln für eine gute Unternehmensführung definiert, wäre dringend geboten.

Die bestehenden Corporate Governance-Modelle sind auf Herrschafts- und Verwaltungsstrukturen in Kapitalgesellschaften ausgerichtet (vgl. Schuhen, 2002, S. 17). Grundlegende Unterschiede zwischen Profit und Nonprofit-Bereich werfen zunächst die Frage auf, ob diese Modelle auf die Nonprofit-Organisation übertragbar sind und welche Gründe es dafür gibt. Wird dies bejaht, ist zu klären in welcher Form beispielsweise ein Kodex für gemeinnützige Organisationen entwickelt und kommuniziert werden kann und welche ethischen Grundsätze dabei aufgenommen werden sollten. Daneben ist die Frage der Umsetzung guter Nonprofit-Governance und die Anwendung von Instrumenten zu beantworten.

2. Grundlagen

Die Grundlagen- und Theorieschilderung soll auf wenigen Seiten die markanten Punkte zusammenfassen, die für ein Verständnis und die Adaption dieses Themas für die Nonprofit-Organisationen maßgeblich sind. Fragen die dabei beantwortet werden, lauten:

- Was bedeutet Corporate Governance?
- Welche Kriterien gibt es für eine gute Corporate Governance?
- Welche Gründe sprechen für die Einführung eines Nonprofit-Kodexes?

2.1 Corporate Governance

Was bedeutet Corporate Governance?

„Der feststehende Ausdruck ‚Corporate Governance' leitet sich ab aus ‚Corporate', das man mit körperschaftlich übersetzen kann und ‚Governance', das seinen Ursprung im Lateinischen gubernare in der Bedeutung von das Steuerruder führen, lenken, leiten hat" (vgl. Solidaris, 2003, S. 7).

In diesem Sinne könnte man Corporate Governance definieren als ein System mit dem Unternehmen geführt und kontrolliert werden. Die Kernaufgabe der Corporate Governance besteht darin, die Führung und Kontrolle so zu gestalten, dass die langfristige Existenzsicherung der Organisation gewährleistet wird und dass es zu einem Interessenausgleich zwischen allen internen und externen Anspruchsgruppen kommt. Der Deutsche Corporate Governance Kodex wirkt vor allem in drei Richtungen. Er dokumentiert die Grundsätze deutscher Corporate Governance, er flexibilisiert die ordnungspolitischen Rahmengrundsätze und kodifiziert den Leitgedanken der Transparenz. Das Gesetz zur Kontrolle und Transparenz im Unternehmensbereich (KonTraG) wurde 1998 verabschiedet und hatte zum Ziel, die Kontrolle und Transparenz bei Unternehmen zu erhöhen. Dies geschah durch Änderungen des Aktien- und Handelsgesetzes (vgl. Solidaris, 2003, S. 7). „Darauf aufbauend wurden im Jahr 2002 mit dem Deutschen Corporate Governance Kodex (DCGK) zusätzliche Empfehlungen erarbeitet, die im selben Jahr durch das Gesetz zur weiteren Reform des Aktien- und Bilanzrechts, zu Transparenz und Publizitätsgesetz – kurz Transparenz und Publizitätsgesetz (TransPuG) genannt – weitgehend umgesetzt worden sind. ... Dieser liefert über die gesetzlichen Vorschriften zur Leitung und Überwachung deutscher börsennotierter Aktiengesellschaften (AG) hinaus konkrete Handlungsempfehlungen bzw. Standards für eine gute und verantwortliche Führung durch die Vorstände und Aufsichtsräte und deren Zusammenarbeit mit der Hauptversammlung bzw. den Gesellschaftern (Aktionären)" (vgl. Solidaris, 2003, S. 7).

Die nachfolgende Tabelle zeigt die Verteilung der betrieblichen Aufgaben und Qualifikationen, die um die Governance Funktion erweitert worden sind:

Hierarchie	Qualifikation	Aufgabe
Governance-Organ/ -Funktion	Primär „visionäre“ Fähigkeiten	Setzen und kontrollieren der strategischen Ziele, Leitlinien, Visionen
Top-Management	Primär konzeptionelle Fähigkeiten	Ideen zu Konzepten verknüpfen
Mittleres Management	Primär soziale Fähigkeiten	Konzepte implementieren
Operative Ebene	Primär fachliche Fähigkeiten	Eigentliche Leistungserbringung

Quelle Schuhen, 2002, S. 86, Governance-Funktion

2.2 Gute Corporate Governance

Welche Kriterien gibt es für eine gute Corporate Governance?

Gute Corporate Governance ist geprägt durch eine Reihe unterschiedlicher Faktoren. Maßgeblich hängt die Beurteilung ab von den mit dem Unternehmen in Beziehung stehenden Personen und Personengruppen, die meist unterschiedliche oder auch divergierende Interessen vertreten. Aus diesem Grund wird es sich stets um eine subjektive Wertung anhand der zugrunde liegenden Werte und Normen handeln (vgl. Pfitzer/Oser, 2003, S. 8).

Das folgende Schaubild zeigt mögliche Kriterien guter Corporate Governance auf:

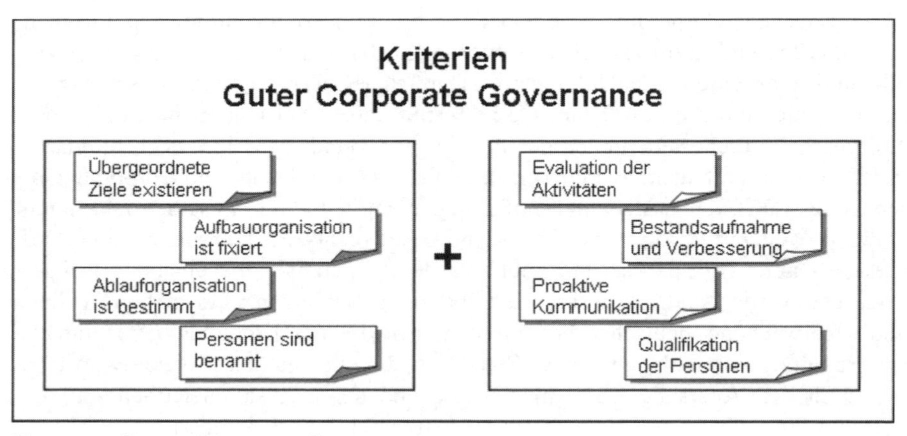

Kriterien Guter Corporate Governance

Aus der Fachliteratur lassen sich die oben angeführten Kriterien für ein gute Corporate Governance wie folgt beschreiben (vgl. Werder, 2000, S. 3). Zunächst geht es darum, die übergeordneten Ziele eines Unternehmens festzulegen. Ist dies geschehen, müssen die Aufbau- und Ablauforganisation entwickelt und die Personen bestimmt werden, mit denen diese Zielsetzung verwirklicht werden soll. Im Weiteren sollte eine regelmäßige Evaluation der Führungskraftaktivitäten erfolgen. Das damit verfolgte Ziel lautet: Bestandsaufnahme und kontinuierliche Verbesserung der Modalitäten der Unternehmensführung. Ferner zeichnet sich eine gute Corporate Governance dadurch aus, dass die Unternehmenskommunikation proaktiv ist. Dadurch wird das Vertrauen und die existenznotwendige Unterstützung der relevanten Bezugsgruppen des Unternehmens gewonnen und gefestigt. Ergänzend dazu kann gesagt werden, dass die Intensivierung der Qualifikation, der Unabhängigkeit und der Tätigkeit der Überwachungsorgane erfolgen (vgl. Strenger, Wels und Scholz in Pfitzer/Oser, 2003, S. 9).

2.3 Gründe/Nutzen

Welche Gründe sprechen für die Einführung eines Nonprofit-Kodexes?

Es gibt eine Reihe von Gesetzen und Regelungen, die bereits an anderer Stelle geregelt sind und jetzt unter der Rubrik Corporate Governance aufgegriffen werden. Insofern erscheint es fraglich, ob über die gesetzlichen Mindestforderungen hinausgehend gute Corporate Governance mit einem Zusatznutzen für die Unternehmen verbunden ist (vgl. Pfitzer/Oser, 2003, S. 10). Vor allem für die Sozialbranche muss die Frage gestellt werden, ob es sich lohnt, die Grundsätze an die individuellen Belange zu adaptieren und zu beachten sowie dies gegenüber der Öffentlichkeit bekanntzugeben. Mögliche Gründe für die Anwendung eines Corporate Governance Kodexes in der NPO stellen sich wie folgt dar:

- Entwicklung und Definition des multiplen Zielsystems der jeweiligen Nonprofit-Organisation
- Festlegung der Grundsätze für das System der Unternehmensführung und dessen Kontrolle
- Darstellung der klaren Trennung zwischen Aufsicht und Leitung
- Transparente Darstellung der Instrumente guter und verantwortungsvoller Unternehmensführung
- Festlegung der Ablauf- und Aufbauorganisation
- Dokumentation der Bestrebungen, um die Qualität und Qualifikation der Aufsichtsgremien zu gewährleisten
- Instrumente zum Risikomanagement verankern

Vorteile, die sich daraus ergeben können, sind:

- Stärkung des Vertrauens der Öffentlichkeit in die Managementkompetenz der Nonprofit-Organisation
- Wettbewerbsvorteile bei der Spendenakquisition
- Vermeidung von Insolvenzen und Ansehensverlusten der Sozialbranche
- Belegungs- und Liquiditätsvorteil
- Besseres Rating durch die Banken
- Betriebswirtschaftliche Instrumente kommen optimiert zum Einsatz
- Führungskräfte und Mitglieder der Aufsichtsgremien sind zur Erledigung ihrer Aufgaben optimal qualifiziert

3. Entwicklung eines Kodexes

Die Spitzenverbände der freien Wohlfahrtpflege legen sowohl landesweit als auch bundesweit vermehrt Wert auf die Sicherung einer guten und standardisierten Unternehmensführung bei ihren Mitgliedseinrichtungen. Sie stellen ihren Mitgliedern in der Regel, neben der Öffentlichkeitsarbeits- und Vertretungsfunktion, umfangreiche Beratungs- und Unterstützungsleistungen zur Verfügung. Bei den Mitgliedern handelt es sich beispielsweise um Organisationen der Jugend-, Behinderten- und Altenhilfe. Aktuell gibt es verschiedene Corporate Governance-Projekte mit der Zielrichtung der Entwicklung eines Nonprofit-Corporate Governance Kodexes für die Wohlfahrtsverbände. Dieser soll die verbandlichen Belange in Bezug auf die Corporate Governance der Mitgliedsorganisationen und des Spitzenverbands regeln. Die Entwicklung eines Kodexes stellt die betreffenden Organisationen vor große Herausforderungen. So muss zunächst die Akzeptanz und Sinnhaftigkeit mit den Leitungsgremien kommuniziert werden. Ist dies geschehen und anerkannt, müssen die für den Profitbereich entwickelten Regelungen beispielsweise des Deutschen Corporate Governance Kodexes an die individuellen Bedürfnisse des jeweiligen Wohlfahrtsverbandes und seiner Mitglieder adaptiert werden. Der erarbeitete Kodex muss in die Verbandssatzung dort integriert werden, wo die Rechte und Pflichten der Mitglieder definiert sind. Daneben sind die betriebswirtschaftlichen Instrumente zu erarbeiten, um den Kodex mit Leben zu füllen und in der Praxis einzusetzen. Die folgende Schilderung beschreibt eine mögliche Verfahrensweise zu einem Projekt zur Entwicklung eines Corporate Governance Kodexes für die Spitzenverbände der freien Wohlfahrtspflege. Fragen, die dabei beantwortet werden, lauten:

- Wie sieht ein Projektfahrplan zur Entwicklung eines Kodexes aus?
- Wie gestaltet sich die Projektarchitektur?
- Welche Inhalte sollte ein Nonprofit-Kodex enthalten?

3.1 Projektfahrplan

Wie sieht ein Projektfahrplan zur Entwicklung eines Kodexes aus?

Ein Projekt zur Entwicklung eines Kodexes und der benötigten betriebswirtschaftlichen Instrumente wird in unterschiedlichen Phasen ablaufen. Die folgende Grafik stellt einen denkbaren Phasenplan dar.

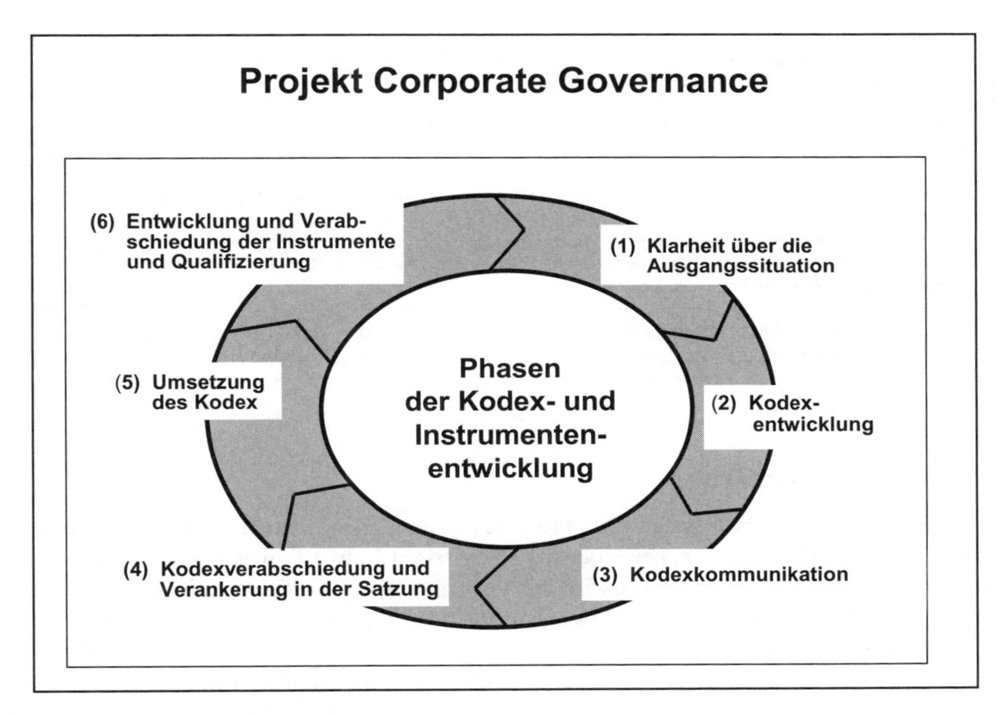

Projekt Corporate Governance, Phasen

Phase 1: Klarheit über die Ausgangssituation

Die Phase 1 dient dazu, eine Klärung der Ausgangssituation herbeizuführen. Dabei kommt es vor allem darauf an, alle Gesichtspunkte im Sinne von Chancen und Risiken transparent aufzulisten. Ferner muss Klarheit darüber bestehen, dass die Einführung eines Corporate Governance Kodexes immer auch Folgekosten mit sich bringt.

Die folgende Checkliste gibt einen ersten Überblick grundlegender Fragen, die zu klären sind:

Checkliste: Klarheit über die Ausgangssituation	
Benötigen wir für unseren Spitzenverband einen Nonprofit Corporate Governance Kodex?	
Ließen sich die Belange eines Kodexes auch auf anderem Weg verwirklichen?	
Ist die Entwicklung eines Kodexes mit unserem Wertesystem kompatibel?	
Überwiegen die Vorteile eines Kodexes gegenüber den ggf. auftretenden negativen Wirkungen?	
Gibt es eine Einschätzung darüber, wie die Mitgliedsorganisationen der Einführung und Anwendung eines Kodexes gegenüberstehen?	
Können die Mitgliedsorganisationen von der Notwendigkeit einer Kodexentwicklung und -anwendung überzeugt werden?	
Stehen ausreichend personelle und finanzielle Ressourcen für die Entwicklung des Kodexes zur Verfügung?	
Stehen ausreichend personelle und finanzielle Ressourcen für die Implementierung und Umsetzung des Kodexes zur Verfügung?	
Ist der Wille vorhanden, die nötigen finanziellen Mittel zur Verfügung zu stellen, um die Instrumentenentwicklung und die Qualifizierung der Personen zu gewährleisten?	

Checkliste Phase 1

Phase 2: Kodexentwicklung

In Phase 2 wird zunächst ein internes Projektteam ins Leben gerufen, welches z. B. auf Basis des Deutschen Governance Kodexes einen ersten Entwurf eines Kodexes erarbeitet. In diesem ersten Arbeitsschritt wird die Vorlage von den Gesichtspunkten bereinigt, die dem Werte und Normensystem des entsprechenden Verbandes zuwiderlaufen. Ferner werden alle verbandlichen Aspekte ergänzt die aus betriebswirtschaftlicher, rechtlicher, sozialpolitischer, theologischer oder auch ethischer Sicht hinzuzufügen sind.

Zeitbedarf: Diese Phase sollte in ein bis zwei Monaten zu erledigen sein.

Phase 3: Kodexkommunikation

Der erste Entwurf wird in Kommunikationsrunden mit den Mitgliedsorganisationen eingebracht und diskutiert. Hierzu sollten mehrere Runden eingeplant werden. Es ist hierbei wichtig, dass die trägerspezifischen Belange in den Kodexentwurf Eingang finden. Vor allem wird es hierbei darauf ankommen, die multiplen Organisationsformen und die heterogenen Zielsysteme abzubilden. Daneben sind die Besonderheiten der Personen in den Leitungs- und Aufsichtsgremien beachtenswert (Altersgrenzen, Qualifikation, Ehrenamt/Hauptamt …)

Zeitbedarf: Für diese Phase sollte ausreichend Zeit eingeplant werden. Sie wird aufgrund eigener Erfahrungswerte vier bis sechs Monate in Anspruch nehmen.

Phase 4: Kodexverabschiedung und Verankerung in der Verbandssatzung

Der Kodex wird im Anschluss an die Kommunikationsrunden mit den Trägern so aufbereitet, dass er von den verbandlichen Gremien verabschiedet werden kann. Sind dazu Satzungsänderungen nötig, müssten diese im Zusammenhang mit der Kodexverabschiedung ebenso auf den Weg gebracht werden.

Zeitbedarf: Die Termin- und Zeitplanung für die Verankerung des Kodexes in der Verbandssatzung richtet sich nach den Intervallen der Sitzungen der Verbandsgremien. Dies erfordert eine entsprechende Zeitplanung. Es sind dafür mindestens ein bis zwei Monate anzusetzen.

Phase 5: Umsetzung des Kodexes

Ein Kodex wird in Bezug auf die Verbindlichkeit der darin enthaltenen Regelungen verschiedene Verbindlichkeitsgrade (Stichwort: Muss-, Soll-, Kann-Vorschriften) enthalten. Daneben wird es Ausnahmeregelungen und Öffnungsklauseln geben, die der Heterogenität der Trägerstrukturen Rechnung tragen müssen. In der Umsetzungsphase erhalten alle Mitgliedseinrichtungen den Kodex. Jedes Mitglied müsste dann eine vorgefertigte Erklärung unterschreiben, in der es die Anwendung des Kodexes erklärt (Formblatt). Gibt es Öffnungsklauseln, müsste kenntlich gemacht werden, an welcher Stelle abweichende Regelungen angewendet werden bzw. der Kodex nicht zur Anwendung gelangt. Flankierend zum Versand sollten Informationsveranstaltungen angeboten werden, in welchen über die Ziele des Kodexes und die weitere Umsetzung (Instrumente und Qualifizierung) informiert wird.

Zeitbedarf: Der Zeitraum reicht von zwei Monaten für die Kodexeinführung (Unterzeichnung des Formblattes und Rücksendung) bis hin zu mehreren Jahren in Bezug auf die Informationsveranstaltungen

Phase 6: Entwicklung und Verabschiedung der Instrumente/Qualifizierung

Die Phase 6 dient der Entwicklung und Verabschiedung betriebswirtschaftlicher Instrumente, Beschreibungen und Formblätter sowie der Qualifizierung der handelnden Personen in den Unternehmen. Hier sollte mit den entsprechenden Trägergruppierungen in ausgewählten Kleingruppen (Teilprojektgruppen/Arbeitsgruppen) themen- und ggf. handlungsfeldspezifisch gearbeitet werden. Diese Phase wird sehr viel Zeit in Anspruch nehmen, da es darum geht, alle Instrumente (Controlling, Lageberichte, Risikomanagement …) standardmäßig zu entwickeln und zu kommunizieren sowie diese Instrumente den Mitgliedseinrichtungen zur Verfügung zu stellen. Die optimale Aufbereitung der Instrumente ist ein wichtiger Aspekt in dieser Phase. Daneben werden die Instrumente flächendeckend nur angewendet, wenn Schulungen und Qualifizierungen für die Leitungs- und Aufsichtsgremien angeboten werden. Das Personal für die Durchführung dieser Veranstaltungen muss eingeplant werden.

Zeitbedarf: Es handelt sich dabei um einen permanenten Prozess.

3.2 Projektarchitektur

Wie gestaltet sich die Projektarchitektur?

Bei der Projektarchitektur für das Projekt muss berücksichtigt werden, dass die Kodexentwicklung und -verabschiedung sicherlich den wichtigsten Bestandteil des Projektes darstellt. So steht in der hierarchischen Gliederung einer Projektarchitektur die Kodexentwicklung an erster Stelle (Teilprojekt 1). Der Kodex bildet die Basis guter Corporate Governance. Daneben sind die betriebswirtschaftlichen Instrumente zu entwickeln und zu verabschieden, die bei der Umsetzung des Kodexes zum Einsatz kommen (Teilprojekt 2). Flankierend dazu müssen die Führungskräfte und Personen in den Aufsichtsgremien qualifiziert werden (Teilprojekt 3). Die Teilprojekte können bei Bedarf in unterschiedliche Arbeitspakete eingeteilt werden. Insbesondere empfiehlt sich dies beim Teilprojekt 2, in dem die Instrumente entwickelt werden, die verbandlicherseits zur Realisierung einer guten Corporate Governance zum Einsatz kommen (siehe Kapitel „Konkrete Instrumente“). Für jedes Instrument bzw. jede Instrumentengruppe kann hier ein eigenes Arbeitspaket gebildet werden. So wäre bezüglich des Teilprojektes Instrumente ein mögliches Arbeitspaket das Risikomanagement. Dieses Arbeitspaket wäre wiederum unterteilt in:

- Instrumente des verbandlichen Risikomanagements
- Instrumente der Träger /Einrichtungsbezogene Risikobewertung und -minimierung

Zur Bearbeitung des Projektes können verschiedene Gremien/Arbeitsgruppen gebildet werden. Der Vorstand/die Geschäftsführung sollte das Thema zur Chefsache erklären. Er muss hinter der Idee und den zu realisierenden Zielen und umzusetzenden Instrumenten stehen. Insofern obliegt ihm die Projektsteuerung und -leitung. Das Projektteam, welches vom Vorstand geleitet wird, ist für die Projektsteuerung und -koordination verantwortlich. Die Aufgaben des Projektteams sind:

- Erarbeitung von Zielen, Vorgaben und konkreten Arbeitsaufträgen für die Teilprojektgruppen
- Überprüfung und Vernetzung der Arbeitsergebnisse der Teilprojektgruppen
- Rückkoppelung der Arbeitsergebnisse in die Teilprojektgruppen
- Koordination des Gesamtprojektes und Zeitplanung.

Ihm gehören neben ausgewählten Vertretern aus den Mitgliedsorganisationen auch Fachleute aus dem Spitzenverband an. Dazu zählen die jeweiligen fachlichen Berufsgruppen ebenso wie Betriebswirte und Juristen. Ferner können Experten und Fachleute themenbezogen von Banken oder auch Wirtschaftsprüfungsgesellschaften einbezogen werden. In den Teilprojektgruppen soll die konkrete Arbeit zur Erstellung der Konzepte erledigt werden. Sie sind besetzt mit Vertretern aus den Mitgliedsorganisationen, den Mitarbeitern aus dem Wohlfahrtsverband und ggf. Fachleuten. Jede Teilprojektgruppe erhält einen konkreten Arbeitsauftrag. Dieser beschreibt das Ziel und die Teilziele, die beteiligten Personen, die konkreten Maßnahmen, Kosten und die Zeitschiene des Teilprojektes.

3.3 Corporate Governance Kodex

Welche Inhalte sollte ein Nonprofit-Kodex enthalten?

Es gibt verschiedene Möglichkeiten einen Corporate Governance Kodex für den Nonprofit-Bereich zu entwickeln. Eine Möglichkeit besteht darin, den Deutschen Corporate Governance Kodex heranzuziehen und diesen zum einen um die Gesichtspunkte, die keine Relevanz für den NPO-Bereich haben, zu reduzieren und zum anderen darin, ihn um zusätzliche Aspekte zu ergänzen.

Der Deutsche Corporate Governance Kodex hat sechs Themengebiete, die sich wie folgt darstellen (vgl. Oser/Pfitzer, 2003, S. 27):

- Aktionäre und Hauptversammlung
- Zusammenwirken von Vorstand und Aufsichtsrat
- Vorstand
- Aufsichtsrat
- Transparenz
- Rechnungslegung und Abschlussprüfung

Ausgewählte Stichworte zu einzelnen Regelungen mit Relevanz für die NPO sind:

- Berichtspflicht des Vorstands gegenüber dem Aufsichtsrat,
- Verschwiegenheitspflicht der Mitarbeiter muss durch Aufsichtsrat und Vorstand sichergestellt werden,
- Die Zusammenarbeit im Vorstand sollte, wenn es sich um mehrere Personen handelt durch eine Geschäftsordnung geregelt werden,
- Der Aufsichtsrat sollte sich eine Geschäftsordnung geben,

- Der Vorstand muss organisatorische Vorkehrungen treffen, durch die Risiken frühzeitig erkannt werden können,
- Aufsichtsratsmitglieder müssen entsprechend ihrer Aufgaben erforderliche Kenntnisse, Fähigkeiten und fachlichen Erfahrungen besitzen.

Auf der Grundlage dieser Stichworte und des DCGK könnte sich eine Präambel eines Kodexes wie folgt gestalten:

Präambel

Der vorliegende Kodex wurde auf der Grundlage des Deutschen Corporate Governance Kodexes erarbeitet. Er enthält Rahmenbedingungen, die eine gute Unternehmensführung auszeichnen. Wir gehen als gemeinnützige Organisation davon aus, dass die betreffenden Gesetze des Handelsgesetzbuches und des Aktiengesetzes wichtige Grundlagen einer guten Unternehmensführung darstellen. Auch wenn diese aufgrund der Heterogenität der Rechtsformen unserer Mitglieder für deren Mehrzahl nicht gesetzlich verpflichtend sind und zur Anwendung gelangen müssen, haben sie dennoch eine Ausstrahlungswirkung auf unseren Verband.

Der Kodex wurde in einem intensiven verbandlichen Entwicklungsprozess entwickelt. Wir verstehen die Inhalte und Kerngedanken dieses Kodexes als Selbstverpflichtung für den Gesamtverband und unsere Mitgliedsorganisationen. Es liegt nun ein Kodex vor, der das deutsche Corporate Governance System für unsere Mitglieder und den Verband adaptiert, ergänzt, transparent und nachvollziehbar macht. Er beschreibt dabei die wesentlichen Grundlagen zur Befähigung der Leitung der Organisationen. Ziel ist es, das Vertrauen der Öffentlichkeit, Geschäftspartner, Mitarbeiter und der Klienten in die Wirtschaftlichkeit und Fachlichkeit unseres Verbandes zu stärken. Der operativen Leitung der Rechtsträger wird daher ausdrücklich empfohlen, die geeigneten Instrumente zur Verstärkung des wirtschaftlichen Handelns anzuwenden und weiterzuentwickeln. Flankierend zur Kodexentwicklung werden diese betriebswirtschaftlichen Instrumente als Standard für unsere Mitgliedsorganisationen entwickelt, kommuniziert und zum Einsatz gebracht. Die Instrumente, die wir zum Einsatz bringen wollen, sind in die Bereiche **Controlling, Risikomanagement sowie Aufsicht und Leitung** eingeteilt. Um die nötige Qualifizierung aller Führungs- und Aufsichtsgremien zu erreichen, ist ein Qualifizierungsprogramm ins Leben zu rufen. Dabei sollen vor allen die wesentlichen Eckpunkte der oben genannten Instrumente vermittelt werden.

Der vorliegende Kodex richtet sich an die Mitgliedsorganisationen unseres Verbandes. Die Inhalte des Kodexes sind nicht im Sinne einer statischen Fixierung zu verstehen, sondern als dynamische fortwährende verbandliche Kommunikations- und Entwicklungsaufgabe.

Stuttgart, den xx.xx.xxxx

____

(Unterschrift)

4. Ausgewählte Instrumente

Die im folgenden Text dargestellten Instrumente stellen Mindestanforderungen an eine gute Corporate Governance dar. Sie sind unterteilt nach den Grobgliederungspunkten Controlling, Risikomanagement, Aufsicht und Führung. Es werden für jeden dieser Bereiche ausgewählte Instrumente vorgestellt. In der betrieblichen und verbandlichen Praxis einer guten Corporate Governance sollten selbstverständlich weitere Instrumente angewandt werden. Folgende Fragen werden bei der Instrumentenschilderung beantwortet:

- Welche Instrumente des Controlling sind Voraussetzung zur Verwirklichung guter Corporate Governance?
- Wie sieht ein verbandliches und einrichtungsbezogenes Risikomanagement aus, um zu einer guten Corporate Governance zu gelangen?
- Welche Punkte können für den Bereich Aufsicht und Führung von Bedeutung sein?

Jedes Instrument wird nach der folgenden Systematik vorgestellt:

- Kurzbeschreibung
- grafische Darstellung, Auszug wichtiger Bestandteile der Praxisanwendung
- Nutzen für die Realisierung der Corporate Governance

4.1 Controlling

Welche Instrumente des Controlling sind Voraussetzung zur Verwirklichung guter Corporate Governance?

Das Controlling bietet eine Vielzahl an möglichen Instrumenten. Jedoch kann gesagt werden, dass die Auswahl in Bezug auf eine gute Corporate Governance im Sinne von Mindestanforderungen die Menge stark reduziert. Im operativen finanzwirtschaftlichen Bereich soll die Wirtschaftsplanung/Budgetierung vorgestellt werden. Im strategischen Bereich handelt es sich um die Portfolio-Methode. Neben diesen beiden Instrumenten wird ferner die Balanced Scorecard beschrieben. Durch die Anwendung der vorgestellten Instrumente werden die Gesichtspunkte Steuerung/Planung, Strategische Ausrichtung und Kennzahlenbildung im Hinblick auf eine gute Corporate Governance realisiert.

Wirtschaftsplanung/Budgetierung

Die Wirtschaftplanung in der NPO ist die Grundlage für die Soll-Ist-Vergleiche und damit die Basis des Berichtswesens. Hier werden die Plan- oder Sollwerte für Kosten und Leistungen ermittelt. Wichtige Hilfsmittel der Institutionalisierung und Organisation der finanzwirtschaftlichen Planung sind:

- „Dokumentiertes und bekanntes Flussdiagramm zur Wirtschaftsplanung (siehe nachfolgende Abbildung)
- Beschreibung aller Planungsgesichtspunkte

- Bildung und Verwendung von Kostenstellen
- Jahresabschluss: Gewinn- und Verlustrechnung sowie Bilanz werden mit den Budgetverantwortlichen kommuniziert
- Fixierung der Rahmenvorgaben für die Planung durch den Vorstand und Kommunikation mit den Budgetverantwortlichen
- Planungsformulare für die Erstellung der Teilpläne durch die Budgetverantwortlichen (Papierform oder Excel-Datei)
- betriebswirtschaftliche Auswertungen auf Kostenstellenbasis: Soll-Ist-Vergleiche“ (Bachert/Pracht, 2003, S. 57)

Die folgende Darstellung stellt auszugsweise ein mögliches Flussdiagramm zur Dokumentation der Arbeitsschritte bei der Wirtschaftplanung in der NPO dar. In der ersten Spalte der folgenden Tabelle wird die Nummer des Vorgangs/Arbeitsschrittes (Nr. V.) angegeben. In der zweiten Spalte folgt der jeweilige Arbeitsschritt. In der dritten Spalte wird die Zeitschiene dafür benannt.

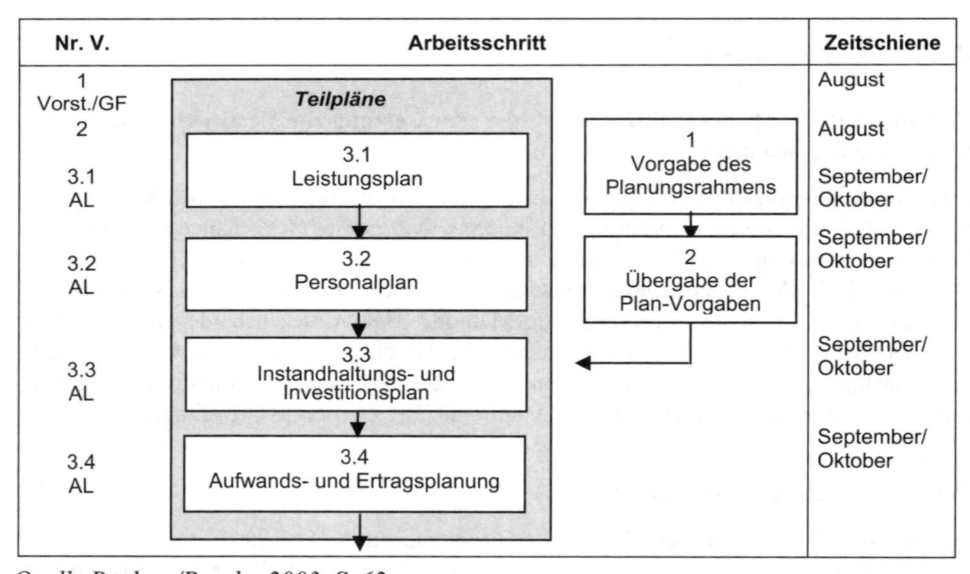

Quelle Bachert/Pracht, 2003, S. 62

Die Beschreibung aller Planungsschritte muss ebenso erfolgen und dokumentiert werden, wie die Erstellung und Handhabung der dafür benötigten Formblätter und Kalkulationshilfen. Ein optimaler Wirtschaftplan enthält verschiedene Teilpläne (Leistungsplan, Personal-/Stellenplan ...). Daneben sollten differenzierte Bereichspläne erstellt werden (Abteilungen, Leistungsbereiche, Referate ...).

Die finanzwirtschaftliche Wirtschaftsplanung der Leistungen und Kosten leistet eine Übertragung der von Vorstand und Aufsichtsgremien vorgegebenen unternehmerischen Ziele in konkrete finanzwirtschaftliche Größen. Nur bei standardisierter, institutionalisierter und differenzierter Planung wird eine gute Corporate Governance erreicht werden können. Auch hierzu sollten die entsprechenden standardisierten Instrumente den Mitgliedseinrichtungen zur Verfügung gestellt werden. Die Wirtschaftplanung ermöglicht die fundierte Planung der finanzwirtschaftlichen Daten der Nonprofit-Organisationen.

Portfolio-Methode

Die Portfolio-Methode stellt ein Instrument zur Produktplanung-Steuerung und Kontrolle dar. Mit ihrer Hilfe kann für jeden Leistungsbereich eine fundierte Ist-Analyse und grafische Aufbereitung vorgenommen werden. Ferner können Strategien gebildet und Maßnahmen formuliert werden, die diese realisieren helfen. Sie sollte in allen Nonprofit-Organisationen in regelmäßigen, jährlichen Abständen zum Einsatz gelangen (vgl. Bachert/Pracht, 2005, S. 59). Die folgende Grafik zeigt ein Beispiel für die Anwendung der Methode in einer Sozialstation.

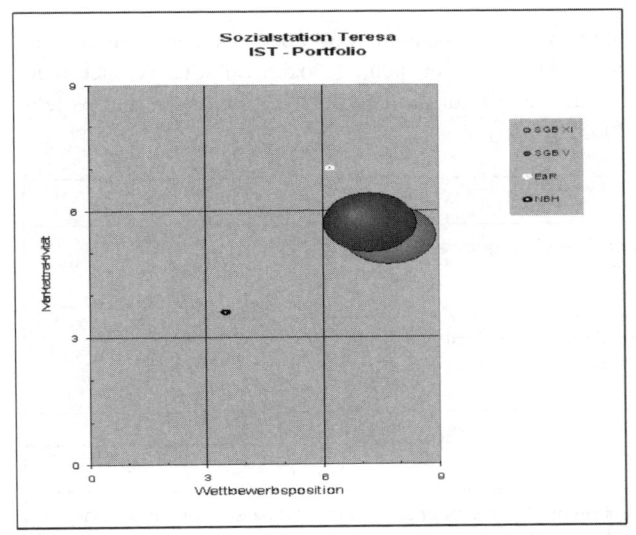

Quelle Bachert/Pracht, 2003, S. 75, Portfolio-Methode

Anhand der Positionierung der Strategischen Geschäftseinheiten in obiger Matrix in Form der unterschiedlichen Kugeln kann eine Strategie für jedes Produkt und darauf aufbauend die Maßnahmen zu deren Realisierung formuliert werden.

Der Nutzen bei der Anwendung von strategischen Instrumenten und insbesondere der Portfolio-Methode für die Corporate Governance liegt darin, dass die unternehmerischen

Ziele stringent in Strategien umgesetzt werden. Vorstand und Aufsichtsrat benötigen diese Instrumente, um die strategische Ausrichtung bezogen auf die Leistungsbereiche (Produkte) der Nonprofit-Organisation zu erreichen.

Balanced Scorecard

Die Grundidee der Balanced Scorecard fußt auf der Erkenntnis, dass die finanzwirtschaftlichen Kennzahlen im Sinne von Spätindikatoren eine Erweiterung im Hinblick auf Frühindikatoren erhalten müssen. Neben dieser Erweiterung der finanzwirtschaftlichen Kennzahlen in zeitlicher Hinsicht, nimmt die BSC eine weitere perspektivische Ausweitung vor. Sie stellt das Unternehmen aus verschiedenen Perspektiven dar. Diese Perspektiven sind die:

- finanzwirtschaftliche Perspektive
- Kundenperspektive
- interne Prozessperspektive und
- die Lern- und Entwicklungsperspektive!

Für jede dieser Perspektiven werden Ziele, Kennzahlen, Vorgabewerte und Maßnahmen formuliert. Für eine Jugendhilfeeinrichtung ergibt sich, bezogen auf die Perspektiven folgende Ziel-, Kennzahl- und Vorgabetabelle für die Perspektiven Finanzen und NutzerInnen (Quelle: Pracht/Bachert, 2005, S. 113).

Finanzen	
Ziel: Kennzahl: Vorgabe:	Ausgeglichenes Betriebsergebnis Betriebsergebnis >= 0
Ziel: Kennzahl: Vorgabe:	Jedes Angebot deckt seine Kosten Deckungsbeitrag >= 0

NutzerInnen	
Ziel: Kennzahl: Vorgabe:	Hohe Zufriedenheit der Nutzergruppen (junge Menschen, Leistungsträger, Personensorgeberechtigte) Zufriedenheitsindex 90%
Ziel: Kennzahl: Vorgabe:	Hohe Inanspruchnahme der Einrichtung Auslastungsgrad 98%

(auszugsweise) Raster für Perspektiven

Der Nutzen der Anwendung der Balanced Scorecard im Hinblick auf die Corporate Governance stellt sich wie folgt dar:

- Die Klärung und Überarbeitung der Vision und Strategie findet statt.
- Die Verknüpfung der strategischen Zielsetzung mit den operativen, finanzwirtschaftlichen Zielvorgaben wird geleistet.
- Die Kommunikation der Strategie in der gesamten Organisation wird durchgeführt.
- Die partizipative Entwicklung eines Instrumentes zur Kommunikation der Ziele der Organisation, der Vorgabewerte, der entsprechenden Kennzahlen und der Maßnahmen für alle Perspektiven geschieht.
- und schließlich werden die Ziele der Einrichtungsbereiche und der einzelnen Mitarbeiter mit denen der Gesamtorganisation und der Strategie abgeglichen (vgl. Pracht/ Bachert, 2005, S. 112).

Als Fazit könnte man formulieren, dass die Balanced Scorecard wichtige Kennzahlen für die Unternehmensführung und Überwachung entwickelt und in der Praxis anwendet.

4.2 Risiko und Risikomanagement

Wie sieht ein verbandliches und einrichtungsbezogenes Risikomanagement aus, um zu einer guten Corporate Governance zu gelangen?

Bezüglich des Risikomanagements sollen zwei Stoßrichtungen aufgezeigt werden. Einerseits handelt es sich dabei um ein Verfahren des Verbandes zur Risikobewertung/-minimierung der Mitgliedsorganisationen und andererseits um die konkrete Risikohandhabung durch betriebswirtschaftliche Instrumente für die Mitgliedsorganisationen.

Verbandliches Risikomanagement

Als Oberziel des verbandlichen Risikomanagement kann die Existenzsicherung der Mitgliedsorganisationen formuliert werden. In einem Phasenmodell zur Prozessüberwachung kann dabei die Risikoidentifikation an erster Stelle genannt werden. Ist das Risiko identifiziert, muss es beurteilt werden (vgl. Diederichs, 2004, S. 15). Dies kann in den Spitzenverbänden auf Grundlage von Vergleichswerten mit anderen Mitgliedsorganisationen geschehen, indem die Jahresabschlussdaten ergänzt um Frühwarnindikatoren dokumentiert, verglichen und ausgewertet werden. Daneben besteht die Möglichkeit, sich an ein vorhandenes „Rating“ einer Bank anzulehnen. Die BfS bietet hier beispielsweise internetgestützt ein Basel II-fundiertes Rating an. In diesem Fall wird die Kreditausfallwahrscheinlichkeit anhand eines algorithmischen Verfahrens, welches qualitative und quantitative Daten auswertet, ermittelt. Die Risikosteuerung kann über geeignete betriebswirtschaftliche Beratungs- und Unterstützungsleistungen erfolgen. In jedem Fall sollte jeder Spitzenverband einen systematischen, institutionalisierten und kontinuierlichen Umgang im Sinne einer Risikobeobachtung bezüglich der unternehmerischen Daten seiner Mitglieder betreiben.

Einrichtungsbezogenes Risikomanagement

Jede Nonprofit-Organisation sollte unabhängig von deren Rechtsform und Größe ein institutionalisiertes Risikomanagement betreiben. Ein umfassendes Risikomanagement- und Überwachungssystem kann in der Regel die drei Teilsysteme beinhalten (vgl. Solidaris, 2003, S. 24), die je nach Betriebsgröße und Rechtsform unterschiedlich ausgeprägt sein können:

- Frühwarnsystem
- internes Überwachungssystem (IÜS) und
- Controlling

Im Bereich des Frühwarnsystems geht es darum, Informationen nach Beobachtungsbereichen mit Hilfe von vorher definierten Frühwarnindikatoren zu erheben. Über bestimmte Sollwerte und Toleranzgrenzen und die Festlegung der Informationsverarbeitung werden diese erfasst, analysiert und bewertet. In der Folge geht es um die Formulierung von Maßnahmen, um Risiken abzuwehren oder abzumildern. Beim internen Überwachungssystem handelt es sich um einen mehrstufigen Informations- und Entscheidungsprozess, der sicherstellt, dass Prozesse und Maßnahmen nach vorher definierten Normen durchgeführt werden (vgl. Solidaris, 2003, S. 24). Controlling dient der Ausrichtung der Nonprofit-Organisationen auf die unternehmerischen Ziele hin. Es umfasst die Gesichtspunkte der Planung, Steuerung, Kontrolle und Informationsversorgung (siehe dazu die Instrumente des Controlling in diesem Beitrag).

Die folgende Tabelle stellt Beobachtungsbereiche und Frühwarnindikatoren für den Nonprofit-Bereich zusammen:

Beobachtungsbereiche	Frühwarnindikatoren
Tarifentwicklungen	Extern vorgegebene Entwicklungen des Budgets, der Löhne und Gehälter, der Pflegesätze oder der Personalaufwandszuschüsse
Personaleinsatz	Vollkräftestatistik, Stellenpläne
Mitarbeiterstruktur	Altersaufbau
Mitarbeiterqualifikation	Anteil der Fachkräfte mit spezifischen Examina bzw. Abschlussprüfungen

Beobachtungsbereiche	Frühwarnindikatoren
Zufriedenheit und Motivation der Mitarbeiter	Fehlzeitenstatistik, Fluktuationsrate, Fernbleiben von betrieblichen Veranstaltungen
Sachkosten und bezogene Leistungen	Entwicklung der Beschaffungs- und Bezugspreise, vertragliche Konditionen, ABC- Analysen, Ausschreibungen, Verbrauchsentwicklung nach Kostenstellen, Umschlagshäufigkeit der Vorräte
Belegung, Fehlbelegung ...	Entwicklung der Pflege- bzw. Betreuungstage, Abweichung vom vereinbarten Budget
Strukturelle Verschiebung zwischen Leistungsbreichen ...	Verschiebung zwischen Budgetbereich, Fallpauschalen, Sonderentgelten, Veränderungen zwischen den Pflegeklassen
Leistungsakzeptanz am Markt	Nachfrageentwicklung, Image, Qualität der (Dienst-)Leistungen
Preisentwicklungen	Budgetänderungen, Änderungen der Leistungsentgelte
Vermögens- und Kapitalstruktur	Finanzierungskennzahlen, Kapitalausstattung im Vergleich zum Branchendurchschnitt, Strukturzahlen, Investitions- und Instandhaltungsplan
Liquidität	abgestufte Liquiditätskennzahlen, Entwicklung des Kontokorrentzinsaufwands und der Lieferantenkredite, Veränderung der dinglichen Sicherheiten

Quelle: Solidaris, 2003, S. 25, Beobachtungsbereiche und Frühwarnindikatoren

Aufgrund der Ausstrahlungswirkung des § 289 Absatz 1 Handelsgesetzbuch der für den Lagebericht die Abbildung der Risiken künftiger Entwicklungen fordert, sollte eine systematische Analyse und Bewertung von Risiken für die Nonprofit-Organisationen erfolgen. Daneben sollten die Aufsichtsgremien ein Risikofrüherkennungs- und -überwachungssystem installieren (vgl. Aktiengesetz § 93 Absatz 1). Der Nutzen besteht in der Realisierung des Oberziels des Risikomanagements und damit in der Sicherung der Existenz der Mitgliedsorganisationen.

4.3 Aufsicht und Führung

Welche Punkte der Aufsicht und Führung müssen im Sinne guter Corporate Governance beachtet werden?

Die folgenden Hinweise und Instrumente beziehen sich auf drei ausgewählte Gesichtspunkte für eine effektive Arbeitsweise und Zusammenarbeit der Aufsichts- und Führungsgremien. Daneben wird auf die Gliederung und den Inhalt des Lageberichts eingegangen. Neben diesen Punkten lassen sich viele weitere Aspekte nennen, die im Deutschen Corporate Governance Kodex genannt werden, die jetzt nicht vertieft, jedoch ebenso formuliert und dokumentiert werden müssen.

Gremiensitzungen

Ein wichtiger Bestandteil eines Kodexes z. B. in Form eines Anhangs oder in anderen Regelwerken der Nonprofit-Organisationen sollten Festlegungen über die Aufsichtsgremiensitzungen sein. Dabei ist neben der Sitzungshäufigkeit auch der Inhalt der Sitzungen zu bestimmen. Geht man von vier Sitzungen im Jahr aus, empfiehlt sich die folgende standardisierte Inhaltsübersicht.

Tagesordnung und Inhalte von Gremiensitzungen	
1. Quartal:	Bilanzsitzung (Jahresabschluss und Risikomanagement)
2. Quartal:	Strategie, mehrjährige Eckdaten, Investitionsschwerpunkte
3. Quartal:	Unternehmensorganisation, Personal- und Managemententwicklung
4. Quartal:	Unternehmensplanung und Budget für das kommende Geschäftsjahr

Quelle: Solidaris, 2003, S. 39

Der Nutzen für die Realisierung einer guten Corporate Governance liegt darin, dass durch die inhaltliche Grobstrukturierung der Sitzungen keine Pflichtthemen für Aufsicht und Führung außer Acht gelassen werden. Jede Sitzung ist gut vorzubereiten unter Einbeziehung der entsprechenden Instrumente zur Entwicklung und Dokumentation sowie der Darstellung der Ergebnisse. So könnten beispielsweise im 2. Quartal die Potfolio-Methode und im 4. Quartal die Wirtschafts- und Budgetplanung angewandt werden.

Berichte an den Aufsichtsrat

Die Trennung zwischen Aufsicht und Leitung in der Unternehmensverfassung erfordert ein enges und vertrauensvolles Zusammenwirken von Geschäftsführung und Aufsichtsgremien. Besonders die strategische Ausrichtung erfordert einen ständigen Diskurs. Obwohl es sich dabei um eine Bringschuld der Geschäftsführung handelt, sollte das Aufsichtsgremium seinen Anspruch verbalisieren (vgl. Solidaris, 2003, S. 36).

§ 90 AktG Berichte an den Aufsichtsrat sieht folgende Inhalte vor:

Berichte an den Aufsichtsrat
Der Vorstand hat dem Aufsichtsrat zu berichten über 1. die beabsichtigte Geschäftspolitik und andere grundsätzliche Fragen der Unternehmensführung ...; 2. die Rentabilität der Gesellschaft, insbesondere die Rentabilität des Eigenkapitals; 3. den Gang der Geschäfte, insbesondere den Umsatz, und die Lage der Gesellschaft; 4. Geschäfte, die für die Rentabilität oder Liquidität der Gesellschaft von erheblicher Bedeu tung sein können. Ist die Gesellschaft Muttergesellschaft (§ 290 Abs. 1,2 des Handelsgesetzbuches), so hat der Bericht auch auf die Tochterunternehmen ... einzugehen. Außerdem ist dem Vorsitzenden des Aufsichtsrates aus sonstigen wichtigen Anlässen zu berichten. ...

Quelle: Solidaris (auszugsweise), 2003, S. 36

Der Nutzen einer strukturierten und standardisierten Berichterstattung liegt darin begründet, dass die Aufsichtsgremien möglichst umfassende, richtige und wichtige Informationen über die Nonprofit-Organisation erhalten.

Lagebericht

Die Verantwortlichkeit zur Erstellung eines Lageberichts ergibt sich aus dem KonTraG § 289 Abs 1 HGB. Sie gilt auch für diejenigen gemeinnützigen Organisationen, die freiwillig oder gesetzlich dazu verpflichtet sind. Sie haben bei der Darstellung der Lage der Organisation auch auf die zukünftigen Risiken hinzuweisen (vgl. Solidaris, 2003, S. 3). Der Lagebericht hat grundsätzlich eine Ergänzung und Verdichtung der Jahrsabschlussinformationen vorzunehmen. Bei der Erstellung sind die folgenden Grundsätze ordnungsmäßiger Lageberichterstattung zu berücksichtigen (GoL) (vgl. Diederichs, 2004, S. 35):

- Richtigkeit
- Vollständigkeit
- Vergleichbarkeit
- Vorsicht
- Wesentlichkeit
- Informationsabstufung
- Klarheit

Zum Inhalt des Lageberichts soll die folgende Aufstellung Auskunft geben:

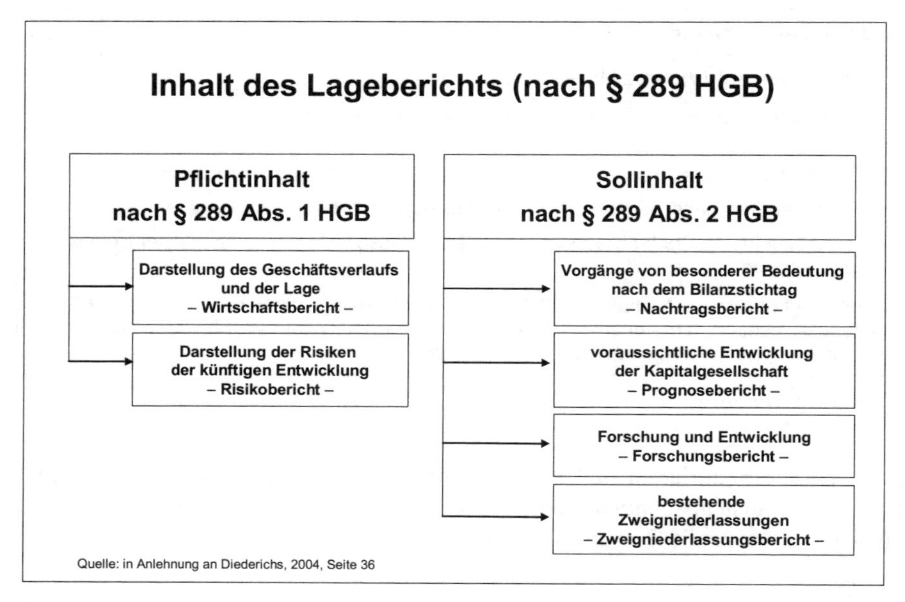

Lagebericht

Unabhängig davon, ob die gemeinnützige Organisation zur Erstellung eines Lageberichtes verpflichtet ist, sollten sowohl die Pflichtinhalte als auch die Sollinhalte eines Lageberichtes in einem Nonprofit-Lagebericht beschrieben werden. Der Nutzen liegt in der dokumentierten und verschriftlichten Ergänzung und Verdichtung der Jahresabschlussinformationen. Diese stellen sowohl für die Geschäftsführung als auch die Aufsichtsgremien unerlässliche Informationen dar.

Literaturverzeichnis

Bachert, Robert, Kosten- und Leistungsrechnung, Weinheim und München 2004

Bachert, Robert/**Pracht**, Arnold, Basiswissen Controlling und operatives Controlling, Weinheim und München 2004

Bachert, Robert/**Pracht**, Arnold, Strategisches Controlling, Weinheim und München 2005

Bachert, Robert (Hrsg.), Controlling in der Altenpflege, Loseblattsammlung, Kissing 2003

Diederichs, Mark, Risikomanagement und Risikocontrolling, München 2004

Pfitzer, Norbert /**Oser**, Peter (Hrsg.), Deutscher Corporate Governance Kodex. Ein Handbuch für Entscheidungsträger, Stuttgart 2003

Schuhen, Axel, Not-for-ProfitGovernance in der Freien Wohlfahrtspflege, Baden-Baden 2002

Solidaris, KonTrag, TransPug, DCCK, Arbeitshilfe, Auswirkungen auf die Arbeit von Geschäftsführungen und Aufsichtsgremien gemeinnütziger Organisationen, Köln 2003

Werder, Axel von, German Code of Corporate Governance (GCCG), Stuttgart 2000

Modernisierung einer gemeinnützigen Organisation

Berthold Kuhn/Andreas Lingk

1. Das Christliche Jugenddorfwerk Deutschlands e.V. (CJD)

Das Christliche Jugenddorfwerk Deutschlands (CJD) ist ein Jugend-, Bildungs- und Sozialwerk, das jungen und erwachsenen Menschen Ausbildung, Förderung und Unterstützung in ihrer aktuellen Lebenssituation anbietet. Nach dem Motto „Keiner darf verloren gehen!" orientiert es die Inhalte seiner Arbeit am christlichen Menschenbild.

An über 150 Orten unterstützen 8000 CJD-Mitarbeiterinnen und Mitarbeiter jährlich mehr als 144 000 Menschen – beispielsweise durch die Ausbildung von Jugendlichen mit Lernbeeinträchtigungen, Schulen für asthmakranke oder hochbegabte junge Menschen, Integrationsberatung für jugendliche Migranten, Werkstätten für behinderte Menschen oder Hilfe für gefährdete Jugendliche. Gegründet wurde das CJD 1947 auf Initiative von Pastor Arnold Dannenmann.

Als freier Träger der Wohlfahrtspflege übernimmt das CJD nach dem Subsidiaritätsprinzip staatliche Aufträge und erhält dafür Einnahmen, die über Kostensatzverhandlungen vereinbart wurden. Diese werden aufgrund der Rechtsform des CJD grundsätzlich umsatzsteuerfrei gewährt. Das CJD ist von der Körperschaftssteuer befreit, da es steuerbegünstigte Zwecke im Sinne der Abgabenordnung verfolgt und seine Ziele ausschließlich und unmittelbar gemeinnützige und mildtätige Zwecke beinhalten. Demnach strebt das CJD keinen wirtschaftlichen Gewinn an und ist selbstlos tätig.

2. Die drei Entwicklungsphasen des CJD

2.1 Das CJD in den Jahren bis 1992

Seit seiner Gründung 1947 mit der ersten Einrichtung in Vaihingen/Enz hat das CJD durch seinen charismatischen Gründer und Präsidenten Pastor Arnold Dannenmann eine rasante und positive Entwicklung genommen. Unter seiner Leitung kamen weitere Jugenddörfer, Christophorusschulen, Lehrlingswohnheime hinzu. Ebenso hat man sich damals schon der Erwachsenenbildung und der Rehabilitation behinderter Menschen angenommen.

In den 70er Jahren sind durch die Ostverträge viele Spätaussiedler nach Deutschland gekommen. Zu diesem Zeitpunkt hat man auch die Förderlehrgänge für spezifische Zielgruppen im CJD entwickelt. Ebenfalls in den 70er Jahren gründete das CJD neue Jugenddörfer, die sich berufspädagogischen Aufgaben stellten und junge Menschen ohne Schulabschluss oder Sonderschülern zu einem Berufsabschluss verhalfen.

Im Jahre 1985 hat der Gründerpräsident die Leitung des Werkes an seinen Sohn, Dr. Christopher Dannenmann, übergeben, der das Werk weiterentwickelte und bis 1992 als Präsident leitete.

Das alte Präsidialsystem wurde 1992 abgeschafft und die Funktionen von Präsidium und neuer Geschäftsleitung wurden getrennt. Gleichzeitig wurden Erkenntnisse des modernen organisatorischen und ökonomischen Managements in der Arbeit des CJD umgesetzt.

Vorausgegangen war ein rasantes Wachstum des CJD im Zuge der Wiedervereinigung. Die Betriebsübernahmen vieler ehemaliger staatlicher Einrichtungen der DDR sowie viele Neugründungen führten im Zeitraum von vier Jahren, d. h. von 1989 bis 1992, zu einem Wachstum

- des Umsatzes von 95 Prozent
- der Mitarbeiter von 70 Prozent
- der Standorte von 38 Prozent.

Diesem Wachstum konnten weder die damaligen Organisations- und Kommunikationsstrukturen, die Führungsprinzipien, noch der Cash-Flow und die Ertragskraft standhalten. Zudem fehlten die operativen Instrumente, um zeitnahe betriebswirtschaftliche Informationen zu erhalten, damit die Steuerung wichtiger Kennzahlen möglich war. Dadurch wurden einer „Goldgräberstimmung“ gleichkommend teilweise übereilt neue Standorte eröffnet. Eine koordinierte und gremiengesteuerte Vorgehensweise fehlte.

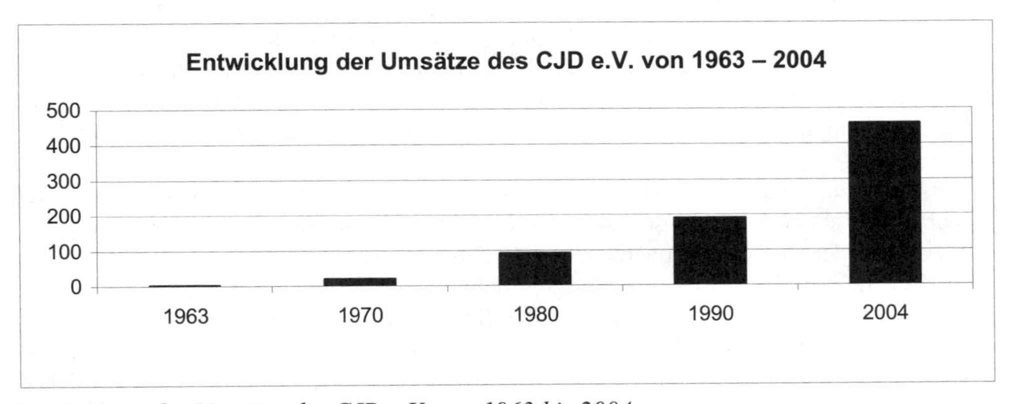

Entwicklung der Umsätze des CJD e.V. von 1963 bis 2004

Insbesondere die Organisationsstruktur war auf die Führung durch eine Person – den Präsidenten – zugeschnitten. Dieser war sowohl Vorsitzender des Präsidiums, welches aus insgesamt sieben ehrenamtlichen Personen und ihm selbst bestand, als auch Vorsitzender der achtköpfigen Geschäftsführung in Personalunion. Er hatte in allen Gremien ein Vetorecht und konnte Entscheidungen ändern.

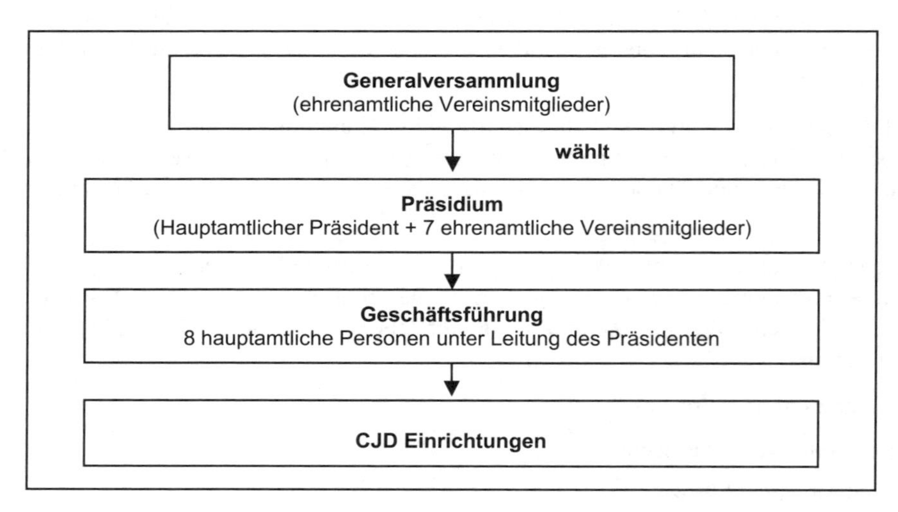

Organisationsstruktur des CJD bis 1992

2.2 Das CJD von 1993 bis 2001

Die Nachteile einer auf eine Person ausgerichteten Organisations- und Führungsstruktur sollten aufgebrochen und die Instrumente des Risikomanagements an die Größe des CJD ausgerichtet werden. Zudem sollten Kapitalgeber, Stakeholder und Kostenträger auf der einen Seite und die CJD-Organe, CJD-Einrichtungen und CJD-Mitarbeitenden auf der anderen Seite einen offeneren, von Vertrauen geprägten Umgang miteinander führen, um die Steuerung des CJD im pädagogischen wie im ökonomischen Sinne zu verbessern.

Hierfür schien eine eigene Corporate Governance das geeignete Instrument zu sein. Deshalb wurde ab 1993 mit der schrittweisen Einführung, Ergänzung und Verbesserung von Elementen der Corporate Governance im CJD begonnen. Aus diesem Grund hat im Jahre 1992 die organisatorische Neustrukturierung des CJD mit den Ebenen Präsidium, Geschäftsleitung, CJD-Landesgruppen und CJD-Jugenddörfern begonnen. Sie setzt auf gemeinsame Verantwortlichkeit und ein von solidarischem Teamgeist getragenes, in sich stimmiges Handeln auf allen Ebenen. Die Strukturelemente: Ergebnisverantwortliches CJD-Jugenddorf, CJD-Landesgruppen, das Führungsinstrument „Führen durch Zielvereinbarungen", betriebswirtschaftliches und betriebspädagogisches Berichtswesen, Qualitätsmanagement, effiziente Kommunikation und Kooperation sind Stützen einer Gemeinschaft, die sich gemeinsamer Aufgaben verpflichtet fühlt. Die Einordnung der CJD-Jugenddörfer und der CJD-Landesgruppen in ein umfassendes, durch klare Vorgaben gekennzeichnetes Rechnungswesen fördert das Bewusstsein für den Rang eines auch wirtschaftlich gesunden CJD.

Die Vernetzung zwischen allen Ebenen und allen Beteiligten respektiert die Jugenddörfer als die Kerneinheiten der Arbeit des CJD und fördert die für sie spezifischen Antriebskräfte. Zugleich gewährleistet sie die Einheit seines Wirkens nach innen und nach außen. Dem entspricht ein „Gegenstromprinzip" als Maxime der Meinungsbildung von oben und von unten. Es gehört zum Prinzip funktionierender Informationsströme mit hoher Dichte, dass sie weder durch Abschottungen auf welcher Ebene auch immer, noch durch Direktiven als dominantes Führungsinstrument gestört werden. Das im CJD verankerte Kollegialprinzip wird sich deshalb auf Dauer nur bewähren, wenn sich im hierarchischen Aufbau des CJD (vertikale Dimension) das erforderliche Maß an „Steuerung von oben" in einer Balance mit den Initiativen und Anregungen „von unten" befindet. Zugleich müssen auf jeder Entscheidungsebene (horizontale Dimension) Formen einer kollegialen und kooperativen Willensbildung praktiziert werden. Das CJD ist so gesehen auch ein Gebilde eigener Art und nicht einfach mit Unternehmens- und Betriebseinheiten der gewerblichen Wirtschaft zu vergleichen.

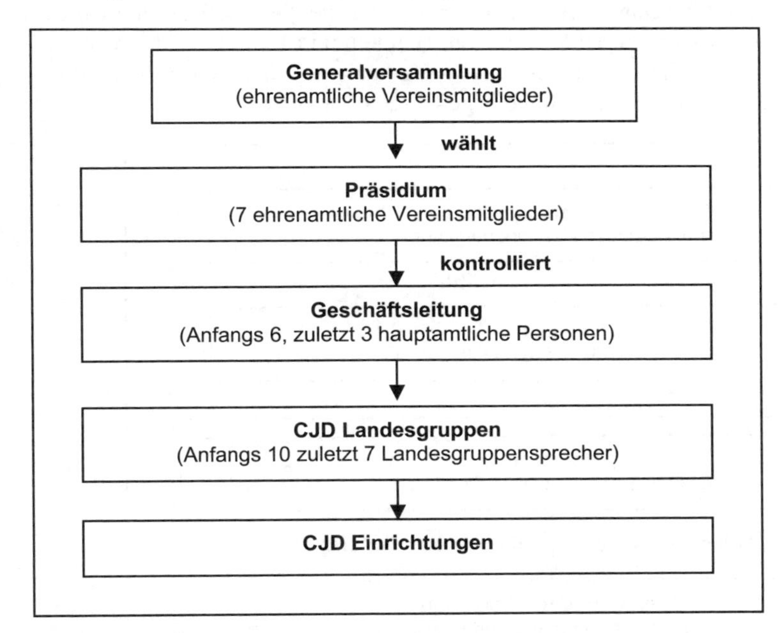

Organisationsstruktur des CJD von 1993 bis 2001

2.3 Das CJD seit 2002

Präsidium und Geschäftsleitung des CJD haben wiederholt vor allem geprüft, ob sich die Arbeitsteilung zwischen den beiden leitenden Gremien und die Einrichtung der Ebene der Landesgruppen bewährt haben oder ob sich bessere Alternativen anbieten. Bei einer

Änderung der Satzung – gegebenenfalls auch der Rechtsform des CJD – muss gewährleistet sein, dass Bisheriges durch Überlegenes ersetzt wird. Was neu ist, muss zum Ganzen passen. Es darf vor allem nicht adäquate Reaktionen auf sich heute schon abzeichnende zukünftige Entwicklungen verbauen. Zudem gilt es, innerhalb des CJD die Gewichte der beteiligten Ebenen in der Balance zu halten.

Damit das CJD schnell und unbürokratisch auf Veränderungen im Markt reagieren kann, wurden die Organe „Präsidium" und „Geschäftsleitung" mit neuen Befugnissen ausgestattet. Nach dem BGB war das ehrenamtlich tätige Präsidium als Vereinsvorstand für alle Entscheidungen der Geschäftsleitung verantwortlich. Jedoch konnte dieses Organ letztlich die umfangreichen Betätigungen und damit verbundenen Risiken nicht umfassend kennen und sollte daher zukünftig nicht mehr dafür im Sinne des BGB verantwortlich sein. Aus diesem Grunde wurde zum 1. Januar 2002 eine Organisation in Anlehnung an eine Aktiengesellschaft in Kraft gesetzt.

Das Präsidium erhielt die Funktion eines Aufsichtsrates. Aus der Geschäftsleitung wurde der heute zweiköpfige geschäftsführende Vorstand. Handeln und Verantwortung wurden somit in eine Hand gelegt. Zusammen mit sieben regional- und fachlich verantwortlichen Direktoren bildete sich die neue, neunköpfige Geschäftsleitung.

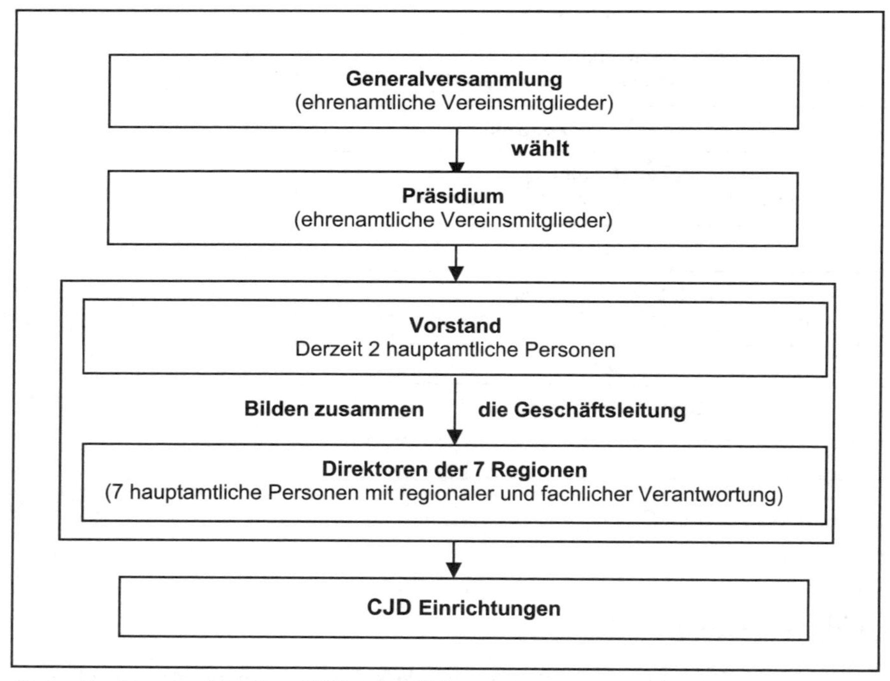

Organisationsstruktur des CJD seit 2002

Der Vorstand ist nach § 26 BGB gesetzlicher Vertreter, der nach der Satzung das CJD gemeinsam vertritt. Die Direktoren sind als Mitglieder der Geschäftsleitung mit einer übergreifenden Personal- und Handlungsvollmacht ausgestattet. Zudem haben in jeder Einrichtung des CJD mindestens zwei leitende Mitarbeiter eine örtliche Personal- und Handlungsvollmacht für Geschäfte, die der laufende Betrieb gewöhnlich mit sich bringt. Eine detaillierte Zuständigkeitsmatrix regelt den Handlungsrahmen zwischen Vorstand, Geschäftsleitung und Einrichtungsleitung.

3. Die Organe des CJD

3.1 Die Generalversammlung des CJD

Die ordentliche Generalversammlung des CJD findet innerhalb der ersten sieben Monate des Jahres statt. Das Präsidium setzt die Tagesordnung fest und lädt mindestens vier Wochen vorher ein. Jedes Mitglied der Generalversammlung ist berechtigt, weitere Tagesordnungspunkte einzubringen. Den Vorsitz hat der Präsident in Anlehnung an die Funktion eines Aufsichtsratvorsitzenden.

Die Generalversammlung ist beschlussfähig, wenn mindestens die Hälfte der Mitglieder stimmrechtlich vertreten ist. Beschlüsse sind mit einfacher Mehrheit der abgegebenen Stimmen zu fassen. Satzungsänderungen sind dagegen nach § 33I BGB mit einer dreiviertel Mehrheit zu beschließen. Der Vorstand ist während seiner Amtszeit Mitglied der Generalversammlung und somit automatisch und mit voller Stimme vertreten.

Von den hauptberuflichen Mitarbeitern des CJD nehmen mit beratender Stimme teil:

- kraft Amtes die Direktoren der CJD-Regionen,
- drei auf die Dauer von zwei Jahren gewählte Vertreter der CJD-Einrichtungen, die Mitglied der örtlichen Dienststellenleitung sein müssen,
- drei Mitglieder der CJD-Gesamtmitarbeitervertretung.

Die Generalversammlung ist insbesondere für folgende Angelegenheiten zuständig:

- Wahl des Präsidiumsvorsitzenden (Aufsichtsratvorsitzenden) und aller weiteren Mitglieder des Präsidiums (Aufsichtsrates),
- Verabschiedung des vom Wirtschaftsprüfer zu testierenden Jahresabschlusses,
- Wahl des vom Präsidium vorgeschlagenen Wirtschaftsprüfers,
- Entlastung des Präsidiums (Aufsichtsrates) und des Vorstandes.

3.2 Der Aufsichtsrat des CJD

Das Präsidium (Aufsichtsrat) besteht aus mindestens sechs und höchstens neun Mitgliedern. Der Aufsichtsratvorsitzende oder einer seiner Stellvertreter vertritt das CJD gegenüber dem Vorstand und nimmt die Aufgaben des Aufsichtsrates zwischen seinen Sitzungen wahr.

Der Aufsichtsrat bestimmt die Grundlinien der Geschäftspolitik des CJD und übt die Aufsicht über die Tätigkeit des Vorstandes aus. Zu seinen Aufgaben gehört insbesondere:

- Einberufung der Generalversammlung,
- Berufung und Abberufung von Vorstandsmitgliedern,
- Billigung des Jahresabschlusses.

Der Aufsichtsrat ist beschlussfähig, wenn mehr als die Hälfte der Mitglieder anwesend ist und vorher eine ordentliche Einladung erfolgte. Der Aufsichtsrat gibt sich selbst und dem Vorstand eine Geschäftsordnung.

3.3 Der Vorstand des CJD

Der Vorstand besteht aus mehreren natürlichen Personen, die für die Dauer von fünf Jahren gewählt werden. Er führt die Geschäfte des CJD eigenverantwortlich nach Maßgabe der Gesetze, der Satzung, der mit dem Aufsichtsrat vereinbarten Grundlinien der Geschäftspolitik und seiner Geschäftsordnung. Demnach wird das CJD durch zwei Mitglieder des Vorstandes gerichtlich und außergerichtlich vertreten.

Durch mehrere Maßnahmen wird die Zusammenarbeit zwischen Aufsichtsrat und Vorstand zum Wohle des CJD gekennzeichnet: Der Vorstand tagt wöchentlich. Einmal im Monat wird der Präsidiumsvorsitzende eingeladen und über die wesentlichen Entwicklungen des CJD informiert.

Folgende strategische Maßnahmen benötigen vorher die Zustimmung des Präsidiums (Aufsichtsrates):

- Verabschiedung des jährlichen Geschäftsplanes,
- Erwerb, Veräußerung und Belastung von Grundstücken über eine Mio. EUR,
- Veräußerung und Übertragung von Unternehmensteilen, auf die mehr als drei Prozent des Umsatzes oder der Sachanlagen entfallen,
- Gründung, Auflösung und Veräußerung von Tochtergesellschaften,
- Änderungen des Arbeitsvertragsrechtes des CJD.

Indem diese Geschäfte von grundlegender Bedeutung dem Zustimmungsvorbehalt des Aufsichtsrates unterliegen, kann er seiner Überwachungsfunktion in vollem Umfang gerecht werden.

Der Vorstand legt dem Präsidium (Aufsichtsrat) und der Generalversammlung den testierten Jahresabschluss vor und informiert zudem das Präsidium zu jeder der vier unterjährig stattfindenden Sitzungen über die Entwicklung der Vermögens-, Finanz- und Ertragslage.

3.4 Die Geschäftsleitung des CJD

Die CJD-Geschäftsleitung besteht aus den Mitgliedern des Vorstandes und den Direktoren. Die Mitglieder der CJD-Geschäftsleitung nehmen eine territoriale Verantwortung und/oder eine Fachverantwortung wahr. Die Mitglieder der CJD-Geschäftsleitung führen die Dienststellenleitungen derjenigen Einrichtungen, welche in ihren Regionen liegen. Hierfür erforderliche Beschlüsse werden in der CJD-Geschäftsleitung getroffen. Fachliche Angelegenheiten werden mit dem fachverantwortlichen Mitglied der CJD-Geschäftsleitung einvernehmlich geklärt.

In der Regel hält jedes Mitglied der CJD-Geschäftsleitung einmal im Quartal eine Konferenz mit den Leitern/innen der in seiner Region liegenden Einrichtungen ab. Die Mitglieder der CJD-Geschäftsleitung tragen gemeinschaftlich die Verantwortung für ihre Geschäftsleitungsaufgabe. Sie arbeiten kollegial zusammen und unterrichten sich gegenseitig über alle Maßnahmen und Vorgänge in ihren Zuständigkeitsbereichen.

Die Geschäftsleitung trifft sich im 14tägigen Rhythmus. Der Vorstand leitet die Sitzungen und hat ein Vetorecht, so dass keine Beschlüsse gegen das Vorstandsinteresse getroffen werden können.

Folgende Angelegenheiten sind im Verhältnis zwischen CJD-Geschäftsleitung und Vorstand der Beschlussfassung seitens des Vorstandes vorbehalten (Auszug):

- Angelegenheiten, welche der Vorstand an sich zieht,
- Angelegenheiten, welche dem Vorstand vorbehalten sind. Hierzu gehören:
  - Verabschiedung des jährlichen Geschäftsplans, der einen aus den Grundlinien der Geschäftspolitik abgeleiteten strategischen und operativen Rahmen beschreibt.
  - Erwerb, Veräußerung oder Belastung von Grundeigentum einschließlich grundstücksgleicher Rechte über eine Million EUR.
  - Veräußerung oder Übertragung von Unternehmensteilen, auf die mehr als drei Prozent des Umsatzes oder der Sachanlagen entfallen.
  - Gründung, Auflösung und Veräußerung von Tochtergesellschaften, an denen der Verein mehrheitlich beteiligt ist.
  - Entscheidungen über die Gründung und Schließung von Einrichtungen.

- Grundsätzliche Änderungen des Arbeitsvertragsrechts, Übernahme von Versorgungsleistungen.
- Abweichungen vom Geschäftsplan.
- Investitionen über eine Million EUR im Einzelfall.

4. Integration und Information der Stakeholder

4.1 Kapitalgeber des privatwirtschaftlichen Sektors

Das CJD unterhält zu ausgewählten Banken und Kreditgenossenschaften wirtschaftliche Beziehungen sowohl für langfristige als auch für kurzfristige Kapitalverwendung. Dabei wird zur Vermeidung von Abhängigkeiten auf eine ausgewogene Streuung der Kapitalaufnahme geachtet. Einmal miteinander in Geschäftsbeziehungen getreten, wird im Rahmen des Berichtswesens und der Jahresabschlussprüfung regelmäßig über die Entwicklung der Vermögens-, Finanz- und Ertragslage berichtet. Im Rahmen der Ratinggespräche werden zudem Informationen über die Lage des CJD gegeben.

4.2 Erziehungsberechtigte, Personen des öffentlichen Lebens, Freunde und Förderer des CJD

Sowohl in den CJD-Einrichtungen, als auch CJD-weit bieten sich Menschen, die mit dem CJD auf vielfältige Weise in Kontakt gekommen sind, Möglichkeiten zur Teilnahme und zur Gestaltung im CJD. Den ehrenamtlich Tätigen sind in den Einrichtungskuratorien und im Bundeskuratorium sowie den Fördervereinen des CJD Möglichkeiten gegeben, helfend, fördernd und beratend einen Beitrag zu leisten. Auf diese Weise bleiben Beziehungen erhalten. Im Gegenzug werden diesen Förderern regelmäßig Informationen gewährt und Möglichkeiten zur Teilhabe am Leben und an Veranstaltungen in den Einrichtungen geboten.

4.3 Spender

Als gemeinnütziger Verein ist das CJD daran interessiert, seine Spender auch zukünftig an das CJD zu binden und neue Spender zu gewinnen. Dass dies gelingt, ist zum einen Aufgabe eines Teams von Sozialmarketingfachleuten. Zum anderen erfolgt es über die persönliche Kontaktpflege der Mitarbeitenden in den Einrichtungen. Darüber hinaus wird durch Einsatz moderner Instrumente eine neigungsbezogene Ansprache des Spenders erreicht. Regelmäßige Informationen werden durch Flyer, Prospekte, Einladungen zu CJD-Veranstaltungen und durch die Zeitschrift „CJD Extra" sicher gestellt.

4.4 Finanziers und Politikberatung

Eine auf Dauer ausgerichtete Partnerschaft mit den Finanziers erfordert immer auch Vertrauen, Aussagekraft der betriebswirtschaftlichen Unterlagen und die Einhaltung hoher fachlicher Qualitätsstandards. Zudem wird das CJD durch moderne Software zur Abbildung seiner Leistungen sowohl im ökonomischen als auch im fachlichen Sinne gerecht. Unterstützt wird dies durch das CJD-Qualitätsmanagement. Als Instrumentenmix ist es Information, Dokumentation und Werbung für die eigenen Angebote zugleich. Unterstützt durch Flyer, Prospekte, Internetpräsentationen, Fachpublikationen und Gesprächsangebote sowohl auf Messen als auch auf kommunaler, Landes- und Bundesebene werden Information und Politikberatung angeboten.

5. Betriebswirtschaftliche Instrumente des CJD

Im Jahre 1993 begann das CJD sukzessive mit der Modernisierung der betriebswirtschaftlichen Steuerungsinstrumente. Institutioneller Ausdruck der Spezifika des CJD sind genau definierte Bündel an Rechten und Pflichten für jede Ebene und alle Beteiligten. Ein hohes Maß an Eigenverantwortlichkeit ist unabdingbar. Darüber hinaus sind Berichtspflichten der jeweils „unteren" und Durchgriffsrechte der jeweils „höheren" Ebene zu gewährleisten.

Im CJD sorgt ein aufeinander abgestimmtes Netzwerk an wirksamen Vorkehrungen für Wirtschaftlichkeit. Alle Teilbereiche des CJD, angefangen von der Maßnahmen- und Personalkostenplanung, über die Finanz-, die Cash-Flow- und die Investitionsplanung bis hin zur Kostenstellen- und Gesamtergebnisplanung werden hinsichtlich organisatorischer Struktur, Aufgabenspektrum und Zielvereinbarungen geplant und budgetiert. Beteiligt an diesem Prozess sind die CJD-Ebenen Vorstand, Geschäftsleitung, CJD-Regionen und CJD-Jugenddorf.

Das betriebswirtschaftliche Berichtswesen erfasst den Stand von Planung und Budgetierung mehrmals im Verlaufe eines Rechnungsjahres. Die unterjährige Berichterstattung dient als entscheidungsstützende Informationsbasis. Das Finanzmanagement – insbesondere das Cash-Management – hilft, Mittelherkunft und Mittelverwendung im CJD optimal zu steuern. Die Aufwandsströme (Fremdleistungen) sollen u. a. durch die Koordination der Einkaufsbedingungen, z. B. bei Versicherungen, Beratungsdienstleistungen, EDV, Telekommunikation und Kraftfahrzeugen, optimiert werden.

Die genannten Instrumente und Verfahren begründen das CJD-typische Controlling. Es umschließt sowohl eine der Wirtschaftlichkeit im CJD dienende Denkhaltung als auch die Gesamtheit der angewandten Verfahrenstechniken.

Zuletzt wurde in den Jahren 2001 bis 2003 eine neue betriebswirtschaftliche Software eingeführt, die – auf einer Datenbank basierend – die über 100 Mandanten des CJD in den Bereichen Finanzbuchhaltung, Anlagenbuchhaltung, Controlling, Fakturierung und Berichterstattung abbildet. Der Mangel der über 15 Jahre zuvor angewandten dezentralen Datenhaltung hinsichtlich Informationsschnelligkeit, Vollständigkeit und Aussagekraft wurde beseitigt. Jetzt sind Informationen für verschiedene Adressatenkreise in einer Granulierung möglich, die eine zeitnahe und verantwortungsvolle Steuerung erst sicherstellen.

Neben der Datenintegration der Lohn- und Gehaltsabrechnung werden immer weitere Bereiche mittels Schnittstellen zusammengeführt, um so Datenintegrität herzustellen.

6. Risikomanagement

Das Risikomanagement des CJD wird permanent ergänzt und verbessert. Das in der CJD-Struktur verankerte Prinzip, die Ergebnisverantwortung vor Ort, also dezentral in den Einrichtungen zu belassen, ist an sich ein Teil des Risikomanagements, da Risiken am Ort des Geschehens am besten gemanagt werden können. Die Verantwortung für viele Risiken liegt somit in den Einrichtungen. Selbstverständlich sorgt der Vorstand zusammen mit den Stabsleitungen und Direktoren zudem für ein übergreifendes Risikomanagement.

Das Risikomanagementsystem umfasst derzeit folgende Bestandteile:

- Betriebswirtschaftliches Risikomanagement durch Controlling, Interne Revision und Wirtschaftsprüfung.
- Investitionsrisikomanagement durch Einsetzen eines Investitionsprüfungsgremiums, das im Wege standardisierter Verfahren betriebswirtschaftliche und marktrelevante Beurteilungen vornimmt und zudem Cash-Flow und Finanzergebnis beachtet.
- Personalrisikomanagement durch Fort- und Weiterbildung sowie Personalentwicklungsmaßnahmen für Führungsnachwuchskräfte und Ausbildung CJD-eigener Erzieher.
- Finanz- und Liquiditätsrisikomanagement durch Überwachung der Liquidität und des Zinsrisikos; auch zur Optimierung des Ratings nach Basel II.
- Geschäftsrisikomanagement- und Risikokommunikation durch regelmäßige Top-Down- und Buttom-Up-Berichterstattung auf allen Ebenen und zwischen allen Orga-

nen des CJD über aktuelle Marktentwicklungen und Dokumentation in Protokollen und Newslettern.

- Qualitätsrisikomanagement durch konsequente Einführung und Weiterentwicklung des Qualitätsmanagements in allen CJD-Einrichtungen.
- Betriebswirtschaftliches Standortrisikomanagement durch standardisierte Verfahren, die eine Projektgruppe zur Sanierung oder Schließung von Einrichtungen initiieren.
- Branchen- und Wettbewerberrisikomanagement durch Mitgliedschaft und aktive Mitarbeit in branchenbezogenen Vereinen, Verbänden, Interessensgemeinschaften zur Wahrung der eigenen Interessen, Informationsgewinnung und durch Lobbyarbeit.

7. Förderung der Information, Kommunikation und Öffentlichkeitsarbeit

Effiziente und schnelle Steuerung, Information und Controlling erfordern leistungsfähige Formen von Information und Kommunikation nach innen und außen. Dem soll insbesondere ein eigenes modernes Intranet (WAN) mit Verknüpfung zum Internet mittels Firewall dienen. In diesem sind mehr als 70 Standorte und 2300 Mitarbeitende eingebunden. Insbesondere alle leitenden Mitarbeiterinnen und Mitarbeiter können mittels E-Mail-Verteilerlisten sehr schnell mit den neuesten Informationen versorgt werden. Ad hoc können abgestimmte und zeitnahe Aktionen organisiert werden. Dies hat sich bei der Abstimmung und Vorbereitung von Ausschreibungen verschiedenster Kostenträger bewährt.

Ein weiterer wichtiger Baustein für erfolgreiche Kommunikation ist die Aufbereitung und Darstellung von Richtlinien und Wissen im CJD. So wird mit Hilfe eines modernen Content-Management-Systems (CMS) dafür Sorge getragen, dass eine Wissensdatenbank von allen Mitarbeitenden genutzt werden kann, in der erfolgreiche Maßnahmekonzepte zur Wiederverwendung ebenso abgelegt sind, wie Informationen über Fördermöglichkeiten in der Bundesrepublik oder der EU. Ergänzt wird dies durch die CJD-Informationsplattform (CIP) als Container für Dokumente des Organisationshandbuches und der Verfahrensanleitungen des Qualitätsmanagements.

Die Öffentlichkeitsarbeit des CJD gewährleistet eine umfassende, aktuelle und zeitnahe Information nach innen und außen. So sorgt die Zeitschrift „CJD Intern" vier mal im Jahr dafür, dass alle Mitarbeitenden des CJD über aktuelle Entwicklungen im Werk informiert werden. Zudem werden Regeln für das Corporate Design des CJD und Hilfestellungen für die Einrichtungen gegeben. Dadurch sollen die diversen Internetpräsentationen, CJD-Flyer und Prospekte in einem wieder erkennbaren Layout relevante Informationen an die Stakeholder und Interessenten des CJD geben.

Nicht zuletzt werden die Stakeholder mittels der Zeitschrift „CJD Extra“ und des Jahresberichts – einschließlich Auszügen des Jahresabschlusses – regelmäßig über aktuelle, inhaltliche und wirtschaftliche Entwicklungen informiert.

8. Ausblick

Selbstverständlich ist, dass das CJD sich auch als Wirtschaftsunternehmen in Zukunft zu bewähren hat und offen bleibt für neue Techniken der Planung, Rechnungslegung und Finanzierung. Die ökonomische Verwendung verfügbarer Mittel sowie adäquate Formen der Erlangung von Mitteln sind zu einem tragenden Pfeiler der CJD-Kultur geworden und müssen dies bleiben.

Des Weiteren sind die Angebotsentwicklung, der Ausbau internationaler Kontakte und der Kontakt zur Wirtschaft wichtige Meilensteine für die Zukunft des CJD. Seine Vorstellungen und Erwartungen an die Zukunft des CJD hat der Vorstand im Jahre 2004 in sieben Zielen der Unternehmensstrategie „COM 2008 – Mit Strategie in Führung gehen“ beschrieben. Diese Ziele, zu denen auch die Neuausrichtung der Organisationsstruktur gehört, sind Ausprägung dessen, was das CJD unter „Risikomanagement der Zukunft“ versteht.

Die sieben Ziele lauten:

1. Die Marke CJD in der Öffentlichkeit stärken.
2. Zukunftssicherung durch neue Angebote.
3. Kooperation mit Wirtschaft und Verbänden vertiefen und neue Partner gewinnen.
4. Internationale Arbeit ausbauen, den Sprung über die Grenzen wagen.
5. Solide Finanzbasis sichern.
6. Qualitätsmanagement – Erfolgsfaktor für die Zukunft.
7. Strukturanpassung – ein notwendiger und ständiger Prozess.

Balanced Scorecards – Ein Aspekt der Corporate Governance-Kultur in Nonprofit-Organisationen

Klaus Paffen

1. Einleitung

Nonprofit-Organisationen (NPO) in zahlreichen Ländern stecken vermehrt in einer Leistungs-, Image- und Glaubwürdigkeitskrise. Die Ursachen hierfür sind vielfältig. So werden NPO heute zunehmend in eine Wettbewerbssituation gestellt, private Anbieter schließen in Feldern, die NPO besetzt hatten, Lücken, die durch Rückzug des Staates aus vielen Bereichen entstanden sind (der sogenannte „dritte Sektor" verstärkt im Zuge der Privatisierung die Effektivität und Effizienz des Leistungsauftrages), die öffentlichen Zuschüsse an NPO gehen wegen hoher Haushaltsdefizite zurück (Institutionen müssen neue Geldgeber suchen, mit geringer finanzieller Unterstützung wirtschaften), Finanzsysteme werden umgestellt (prospektive Pflegesätze treten an Stelle des Prinzips der Selbstkostendeckung), und es werden neue Forderungen nach mehr Qualität und Transparenz gestellt. Zudem haben – wie bei privaten Unternehmen – Fälle von Misswirtschaft die Managementkompetenz und -kultur sowie das Verhalten von Verwaltungs- und Aufsichtsräten in das Rampenlicht diverser Anspruchsgruppen gestellt. Gefordert werden Regeln, Prinzipien und Instrumente, um Professionalität, Transparenz und Qualität der Führung von NPO zu erhöhen und ihre Kontrolle zu verstärken. Die Forderungen werden heute nicht selten bei NPO – wie in der Privatwirtschaft – unter dem Begriff „gute" Corporate Governance (CG) subsumiert und mit einer Vielzahl von Empfehlungen zu einzelnen CG-Gestaltungsfeldern belegt. Eine dieser Empfehlungen zielt auf den Aufbau eines strategiefokussierten Informationswesens für Führung und Aufsicht. Ein Weg zum Aufbau eines solchen Informationswesens kann entlang des Denkmusters Balanced Scorecards (BSC) genommen werden.

2. Nonprofit-Organisation

2.1 Begriff

In Deutschland und in den meisten europäischen Ländern ist der Gebrauch des Begriffes Nonprofit-Organisationen meist auf die Wissenschaft beschränkt (vgl. Badelt, 2002, S. 19). Der Begriff ist ein Anglizismus und wird in der Wissenschaft, der NPO-Literatur und in länderspezifischen wie in internationalen Statistiken (z. B. International Classification of Non Profit Organizations) unterschiedlich weit gefasst und abgegrenzt (vgl. Anheier/Salamon, 1992, S. 267-309).

Badelt (vgl. Badelt, 2002, S. 8 ff.) definiert den Begriff der NPO für den „Interdisziplinären Forschungsschwerpunkt NPO" der Wirtschaftsuniversität Wien in einem Verständnis, das allgemein weit verbreitet ist (vgl. Eschenbach, 1998, S. 3). Er ordnet die NPO als Organisationen des sogenannten „dritten Sektors" ein und sieht sie in einer Brückenfunktion zwischen Privatwirtschaft und dem öffentlichen Bereich. Die Merkmale der Organisationen des dritten Sektors kennzeichnet Badelt wie folgt:

1. NPO sind formale Organisationen, die als zentrales Unterscheidungskriterium zu anderen sozialen Systemen eine formale Regelung der Mitgliedschaft besitzen.
2. NPO werden als private, also nicht als staatliche Organisationen verstanden.
3. NPO dürfen, falls sie Gewinne erzielen, diese nicht an ihren oder ihre Eigentümer ausschütten. Es ist den NPO jedoch nicht verwehrt, Gewinne zu erzielen.
4. NPO sind durch ein Minimum an Selbstverwaltung und Freiwilligkeit gekennzeichnet; oft findet man ein Mindestmaß an ehrenamtlichen Mitarbeitern.

Die Definitionsmerkmale der NPO und das Bild der Brückenfunktion zwischen Privatwirtschaft und dem öffentlichen Bereich grenzen private wie öffentliche Institutionen aus dem Begriff der NPO aus. Insbesondere sind staatliche Organisationen, öffentliche Unternehmen und Betriebe nach diesem Verständnis keine NPO.

Luthe und andere Autoren fassen den Begriff der NPO weiter und stellen fest: „Gemeinsam ist allen Nonprofit-Organisationen (...), dass sie (...) nicht kommerziellen Zwecken im Sinne einer Profitwirtschaft zugunsten einzelner Personen dienen“ (vgl. Luthe, 1995, S. 56).

Bei den nachfolgenden Ausführungen stehen NPO in der eher engen Begriffsauslegung im Vordergrund. Die öffentliche Verwaltung selbst wird nicht näher betrachtet. Dies gilt insbesondere auch für die besondere Stellung und Beziehung der öffentlichen Verwaltung zum Politik-Souverän und dem Verhältnis Bürger und Kunde.

2.2 Generische Zielsetzung der Corporate Governance

Aus Ausgangspunkt und Endziel jeglicher CG, ob im engeren Sinne nur für börsennotierte Kapitalgesellschaften (originäre CG) oder im weiteren Sinne für jegliche Organisation (Total Organizational Governance) wird häufig die „optimale“ Unternehmensführung und Unternehmenssteuerung genannt (vgl. Nippa, Petzold, Kürsten, 2004, S. 9). Dementsprechend werden CG-Grundsätze oft als Codes of Best Practice bezeichnet und von einer Vielzahl von Fachdisziplinen und Interessenvertretern thematisiert. Das Spektrum der „Optimalitäts-Bedingungen“ reicht von allen Teilbereichen der Mikroökonomie über die Finanzwissenschaft, Rechnungswesen und Recht bis Psychologie und Politologie.

Aus jeder dieser Perspektiven erhält der Begriff eine mehr oder weniger umfassende Dimension. So werden, je nach fachlichem Standpunkt und Ansatz, unterschiedliche Probleme in den Vordergrund gerückt und spezifische Lösungsansätze zu Teilaspekten der Unternehmensführung vorgestellt. So verwundert es auch nicht, dass Erklärungs- und Gestaltungsansätze des Begriffs CG stark voneinander abweichen und durch eine große Spannweite und Unschärfe gekennzeichnet sind (vgl. Treichler, Wiemann, 2004, S. 16). Die Mehrdeutigkeit des Kernbegriffes nimmt zu, wenn Forderungen wie Corporate Social Responsibility, Public

Value Management, Good Citizenship in die Zielsetzungen des CG aufgenommen und mit Lösungsansätzen bedacht werden.

Die Optimierungsforderungen einer „guten" CG in Organisationen sind nur zu erfüllen, wenn vollkommene Informationen und eine vollständige Kenntnis der Zielwirkung von Steuerungs- oder Kontrollmaßnahmen verfügbar sind. Die Informationsarchitektur einer Organisation und der verantwortliche Umgang mit Informationen rücken insoweit als eine wesentliche, infrastrukturelle Komponente eines Good CG ins Blickfeld. Da aber die Annahme vollkommener Informationen praktisch keine Rolle spielt, ist die Forderung der Infomationsversorgung von Management und Aufsicht in einem Konzept begrenzter Rationalität zu definieren. Es muss sicherstellen, dass alle Entscheidungen und jegliches Handeln im „Dienst der Sache" erfolgen und Fehlentscheidungen und das Verfolgen von Partikularinteressen möglichst ausgeschlossen werden. Das Denkmuster des BSC-Konzeptes – dessen Fortentwicklung in Strategy Maps (vgl. Kaplan, Norton, 2004, S. VII) – bietet eine methodische Basis, eine solche Informationsinfrastruktur für Führung und Aufsicht einer Organisation zu schaffen. Zudem bringt das Konzept seine Überzeugung – „If you can't measure it you can't manage it" – die Themenfelder der CG möglichst direkt oder indirekt messbar zu gestalten, in die Diskussion ein.

3. Balanced Scorecards-Konzept

Die US-Amerikaner Robert S. Kaplan und David Norton veröffentlichten erstmals 1992 in der ersten Ausgabe des Harvard Business Review (vgl. Kaplan/Norton, 1992, S. 71) einen Artikel über den Aufbau von Balanced Scorecards („The Balanced Scorecard – Measures That Drive Performance"). Kernaussage des Konzeptes ist, dass es nicht ausreicht, den Erfolg einer Organisation allein in monetären Leistungsgrößen zu messen und die Verantwortlichkeit von Führung und Aufsicht auf eine Profit Responsibility zu reduzieren. Es sei vielmehr notwendig, Kriterien nicht-finanzieller Art in das Steuerungssystem aufzunehmen und Führung wie Aufsicht in einem mehrdimensionalen Set von finanziellen und nicht finanziellen Größen zu verankern.

Kaplan/Norton nennen in ihrem Standardkonzept vier vitale Perspektiven (Finanzen, Kunden, Prozesse und Lernen/Entwickeln), die bei allen Entscheidungen gemeinsam und ausgewogen zu bewerten sind. Jede der Perspektiven wird im BSC Konzept mit fünf Elementen beschrieben: strategische Ziele, Messgröße zu den Zielen, die aktuelle Ist-Ausprägung der Messgröße, die Soll-Ausprägung der Messgröße in der jeweils neuen Zeitperiode und Aktionen, die helfen den Weg vom Ist zum Soll zu unterstützen.

Aufbau einer Scorecard (Berichtsbogen)

Perspektiven	Ziele	Kenngrößen IST	Kennzahlen Ziel im Zeitraum X	Unterstützende Maßnahmen/ Aktionen
–	–	–	–	–
–	–	–	–	–
–	–	–	–	–

Aufbau einer Scorecard (vgl. Scherer, 2002, S. 201)

Das so definierte System der Perspektiven wird in einem drill down-Verfahren von der obersten Führungsebene auf die nachfolgenden Ebenen geführt und in ebenenspezifischen Kategorien und Messgrößen übersetzt. Die Verantwortung der Führungskraft jeder Ebene wird dadurch breit ausgelegt und in Kategorien ausgedrückt, die im täglichen Geschäft erlebbar sind („everyone´s everyday job“ (vgl. Kaplan/Norton, 2001, S. 10)) und dort gemessen werden können („If you can´t measure it, you can´t manage it“) (vgl. Kaplan/Norton, 2001).

Das Standarddenkmuster der BSC entspricht in ganz besonderem Maße den Bedingungen in NPO, wenn ausgeführt wird: „One fundamental idea in the balanced scorecard concept is that financial measure do not always capture what is important. Therefore the model is particulary suitable for operations where profit is not the primary objective” (vgl. Olve/ Roy/Wetter, 1999, S. 19). So definieren NPO ihr Oberziel in Sachkategorien und/oder Gemeinwohlzielen. Finanzziele sind bei NPO gleichermaßen vorhanden. In der Regel setzen sie aber Restriktionen und sind Grundlage einer nachhaltigen Sicherung der Tätigkeit. Die Kunden- und Leistungsbeziehungen einer NPO sind oft komplex, die Leistungsempfänger sind oft nicht die Geldgeber der Leistung. NPO sind in der Regel weiter durch eine Vielzahl von Interessengruppen/Kunden mit oft ganz unterschiedlichen Erwartungen gekennzeichnet (Stakeholder). Das Demokratie- und Öffentlichkeitsprinzip, eine Corporate Social Responsibility spielen in Verbindung von Stakeholder und NPO eine große Rolle. Forderungen nach guten Prozessen und Lernen, Entwickeln und Innovation sind für NPO wie für die Privatwirtschaft gleichermaßen von großer Bedeutung.

Das mehrdimensionale Konzept der Führung und Kontrolle ist auch von anderen Autoren aufgenommen und mit neuen oder neu gewichteten Perspektiven fortentwickelt worden (vgl. Maisel, 1992, S. 50, Olve/Roy/Wetter, 1999, S. 34, McNair, 1990, S. 30, Adams/ Roberts, 2993, S. 504 f.). Es ist aber auch in anderen Grundmustern, wie z. B. dem formalen

Denkansatz des EFQM–Modells (vgl. Zink, 1995, S. 99-225) der European Foundation for Quality Management erkennbar. Kaplan/Norton selbst haben das BSC-Konzept Anfang 2000 um einen Strategie-Rahmen erweitert und die Verbindung von BSC mit Strategiemustern unter dem Begriff Strategy Map in die Praxis und wissenschaftliche Diskussion eingeführt (vgl. Kaplan, Norton, 2004, S. IX-XVII).

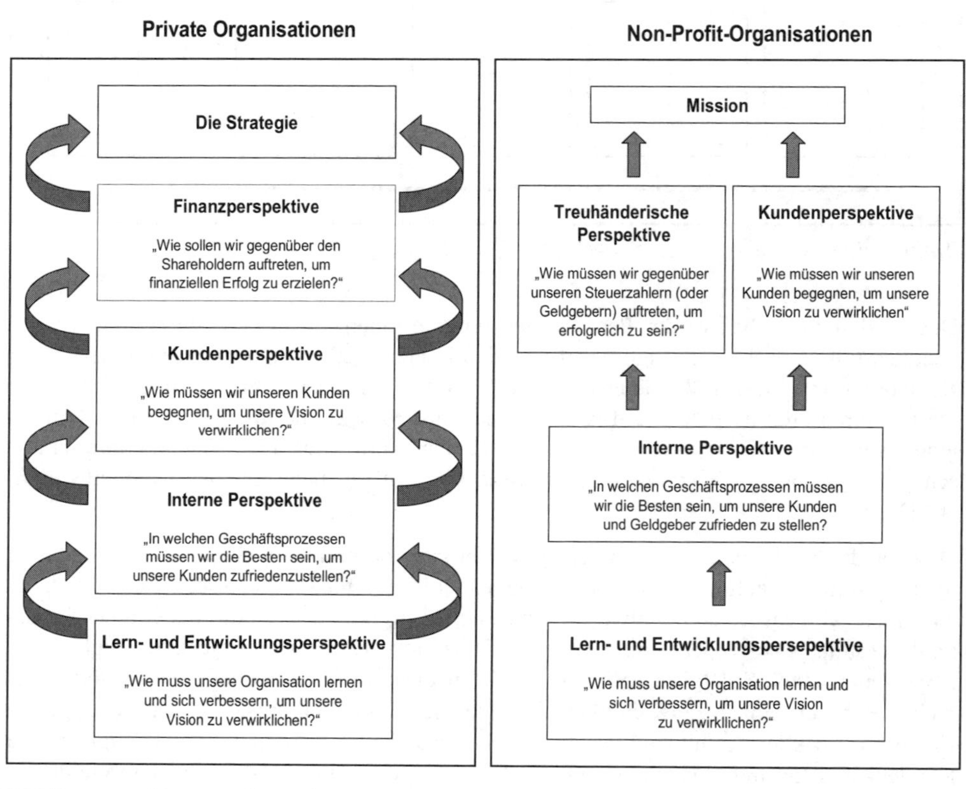

BSC/Strategy Maps, vgl. Kaplan/Norton, 2004, S. 7

4. BSC/Strategy – Map-Vorgehensmodell

4.1 Kontinuierlicher Managementprozess für NPO

Das Strategy Map/BSC-Konzept und seine Ausprägungsmerkmale sind geeignet, der CG-Kultur der Informationsversorgung der Führung und Aufsicht in NPO eine feste Orientierung zu geben. Dabei können im Grundsatz zwei Wege mit gleicher oder ähnlicher Ergebniswirkung verfolgt werden. Zum einen können Management und Aufsicht beschließen, eine BSC-Informationsarchitektur für die NPO neu und unabhängig von dem bestehenden Informationswesen zu schaffen. Zum anderen kann BSC als ein Werkzeug zu Diagnostik der Stärken/Schwächen des vorhandenen Führungs- und Steuerungsinformationssystem verwendet werden – das BSC-Konzept tritt hier quasi in einem Boxenstopp in den Funktionen von Checkliste und Werkzeug auf. Im Zentrum der Prüfung stehen alle relevanten Informationsschichten wie Mission/Vision/Leitbild, Strategie, operative Ziele, Messgrößen und deren Wirkung und Beitrag zur bestmöglichen Führung.

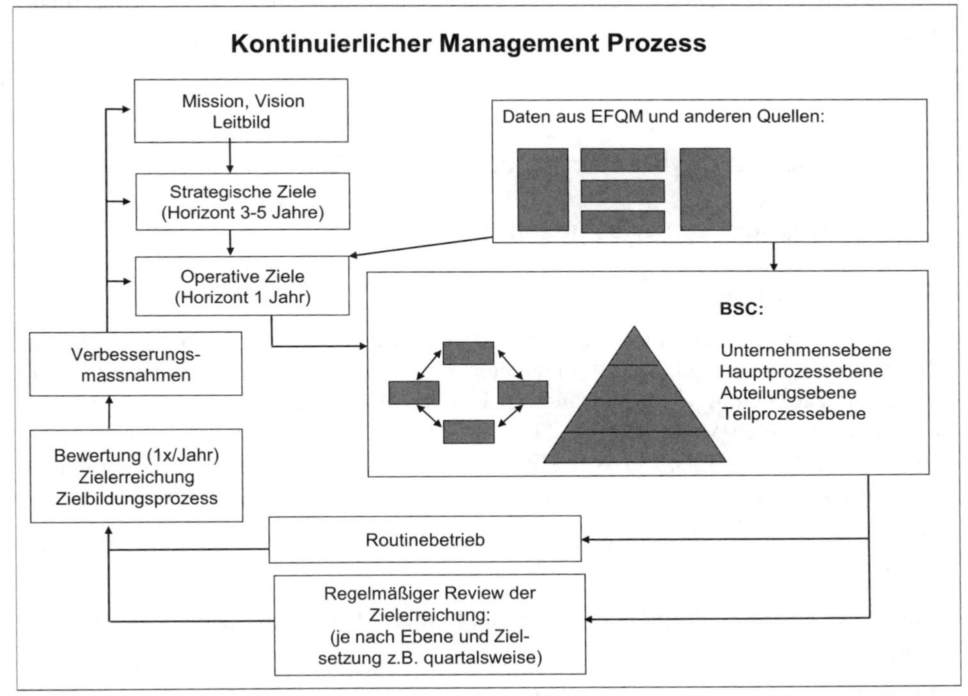

Strategie als kontinuierlicher Prozess, vgl. Zink (1995), S. 128

Auf dem Weg, das BSC-Konzept in der Funktion eines „Boxenstopp“ zu nutzen, werden allgemeine, oft unausgesprochene Erfahrungen thematisiert. Wir haben eine Vielzahl von Informationen, ein überbordendes Informationswesen, uns fehlen aber relevante Führungs- und Steuerungsinformationen, unsere Kosten der Informationsbereitstellung sind sehr hoch, zu hoch. Ziel ist, die „Verschmutzung“ von Organisationen mit Informationen zu beseitigen, wenige relevante Führungsinformationen zu identifizieren und für Steuerung und Entscheidung bereitzustellen.

4.2 Vorgehenskonzept

Der Aufbau oder eine Stärken/Schwächen-Analyse eines BSC-Führungssystems sind sowohl in der Privatwirtschaft als auch für NPO komplex und zeitaufwendig. Sie werden daher am Besten im Rahmen eines Projektes organisiert. Der Ablaufplan des Projektes sollte im Grundsatz in eine Vorphase und in fünf Hauptphasen gegliedert werden (vgl. Horváth & Partner, 2001, S. 97). Beteiligte und Treiber der Vorphase und Phase 1 sind die oberste Führungsebene und, in geeignetem Umfang, auch Mitglieder des Aufsichtsgremiums. Die Phasen 2 bis 5 werden durch das Management aller Führungsebenen bearbeitet.

4.3 Phasen und Modellelemente

4.3.1 Vorphase: Voraussetzungen

Initiative/Mobilisierung

Ohne dass die oberste Führungsebene die Initiative und Promotion für das BSC-Projekt übernimmt und ohne „sichtbares" Engagement aller nachgeordneten Führungskräfte lässt sich die Zielsetzung einer Führung mit BSC nicht realisieren. Dahmen und andere Autoren (vgl. Dahmen/Maier/Kamps, 2000, S. 22) fordern dementsprechend eine „top-down" Einführung der BSC. Der kollektive Lern- und Entwicklungskreislauf beginnt an der organisatorischen Spitze (vgl. Alt, 2002, S. 46). Wesentliche Aspekte sind:

- Die oberste Führungsebene ergreift die Initiative, setzt sich an die Spitze der Bewegung.
- Mitglieder der Aufsichtsgremien treten als Förderer/Forderer erkennbar in Erscheinung.
- Vorbildfunktion im täglichen Geschäft in Bezug auf umfassende Qualität.
- Anerkennung der Anstrengungen von Einzelpersonen/Teams zur Verbesserung der Qualität.
- Förderung durch Bereitstellung geeigneter Ressourcen.

Das Top-Management, wie auch die Mitglieder der Aufsichtsgremien, sind insoweit beiderseits gefordert.

Perspektiven

Eine der Aufgaben der Vorphase ist, den Rahmen der BSC-Perspektiven für die NPO festzulegen. Im Ergebnis ist die Frage zu beantworten, ob der Rahmen der Perspektiven von

Kaplan/Norton oder anderen vergleichbaren Ansätzen als Grundlage der weiteren Arbeiten geeignet ist oder ob er der besonderen Aufgabenstellung der NPO folgend, erweitert und/oder begrifflich modifiziert werden muss. Beispiele für solche Modifikationen der Perspektiven der Balanced Scorecard sind nachfolgend für NPO und die öffentliche Verwaltung dargestellt:

1) Beispiel Kaplan für NPO	**2) Beispiel Horváth & Partner für den öffentlichen Bereich**
Mission	Perspektive Leistungsauftrag
Wie müssen wir gegenüber unseren Geldgebern auftreten, um Erfolg zu haben?	Kundenperspektive
Wie müssen wir unseren Kunden begegnen, um unsere Vision zu verwirklichen?	Prozessperspektive
In welchen Geschäftsprozessen müssen wir die Besten sein, um unsere Kunden und Geldgeber zu befriedigen und unsere Mission zu erfüllen?	Mitarbeiterperspektive
Wie müssen unsere Mitarbeiter lernen, kommunizieren und zusammenarbeiten, um unsere Mission zu erreichen?	Finanzperspektive

3) Beispiel Olve; Roy; Wetter für den Public Sector	**4) Beispiel Gmür für eine Mitgliedschaftliche NPO**
Performance focus	Erreichen der obersten Organisationsziele
Activity focus	Zufriedenstellung der Kunden/Adressaten
Relationship focus	Optimierung der Leistungserstellung
Future focus	Sicherung der Lern- und Innovationsfähigkeit

Verschiedene Modifikationsvorschläge der BSC für NPO (vgl. Kaplan/Norton, 2001, S. 121; Horváth, 2001, S. 397; Olve/Roy/Wetter,1999, S. 305; Gmür, 2002, S. 37.

Die Struktur der Perspektiven kann zunächst vorläufig gehalten werden. Sie muss sich in der weiteren Auseinandersetzung mit dem „strategischen Rahmen“ der NPO als zielführend bestätigen oder, wenn das nicht der Fall ist, begrifflich/inhaltlich fortgeschrieben werden.

Information/Beteiligung der Mitarbeiterinnen und Mitarbeiter

In der Regel sind neue Management- und Führungsvorstellungen wie diejenigen einer BSC-Einführung von Widerständen begleitet. Dem wird am ehesten durch eine umfassende Information in Veranstaltungen oder Workshops Rechnung getragen. Insbesondere geht es in solchen „start-up“-Veranstaltungen darum, das BSC-Konzept vorzustellen, den Anlass der Initiative zu begründen, deren Ziele zu verdeutlichen, den inhaltlichen und zeitlichen Weg des Projektes darzustellen und „Ängste“ vor den Wirkungsmechanismen des BSC-Konzepts abzubauen. Wie bei jeder Informationsvermittlung ist auch hier eine nachgehende Erfolgskontrolle sinnvoll, um zu erfahren, was tatsächlich vermittelt wurde.

4.3.2 Phase 1: Strategischer Rahmen

Mission, Leitbild

Die Mission einer NPO bildet den Ausgangspunkt für den strategischen und normativen Rahmen. Sie beschreibt, weshalb die Organisation existiert und mit welchen unternehmenskulturellen, normativen und ethischen Grundsätzen sie lebt.

Die Mission in Form von Mission Statements ist vor allem bei angloamerikanischen NPO verbreitet. Im Idealfall wird die Mission in einem Satz ausgedrückt: „Je kürzer, desto besser“ („It has to fit on a T-Shirt“ (vgl. Eschenbach, 1998, S. 15)). Laut Drucker muss ein Mission Statement von drei Punkten getragen werden (vgl. Drucker, 1990, S. 7 f.):

Wofür halten wir uns kompetent, nachdem wir unsere Stärken und Schwächen analysiert haben?

1. Wo liegen die wahren Möglichkeiten und Bedürfnisse in unserem Umfeld? Wie können wir diese Bedürfnisse mit unseren begrenzten Mitteln realisieren?
2. Glauben wir daran, haben wir das Commitment, die gestellten Aufgaben zu erfüllen?

Ein prägnantes Beispiel für die Mission einer NPO ist das Mission Statement des Girl Scout USA. Die Mission lautet: „It is our mission to help each girl reach her own highest potential“ (vgl. Eschenbach, 1998, S. 16).

Im europäischen Raum tritt die Mission einer NPO überwiegend unter dem Begriff Leitbild auf. Mit dem Leitbild werden ähnliche Ziele wie mit dem Mission Statement verfolgt. Es ist in der Regel umfangreicher als ein Mission Statement. Je nach Situation werden die Schwerpunkte auch unterschiedlich gesetzt, z. B. eher inhaltlich strategisch oder intern kulturell. Ein gutes Leitbild sollte folgende Grundfragen bzw. Wirkungen erzielen (vgl. Eschenbach, 1998, S. 18):

- Klarheit und Akzeptanz nach innen und außen: Jeder Interessierte kann sich ein klares Bild über die NPO machen.
- Langfristige und fokussierte Orientierung: Das Leitbild ist eine Orientierungshilfe für alle Entscheidungen, um sich auf das Wesentliche konzentrieren zu können.
- Synchronisierung des Verhaltens: Einheitliches Grunddenken ermöglicht raschere Entscheidungen und erleichtert Delegation.
- Orientierungshilfe für alle wichtigen Entscheidungen durch schriftliche Form.

Ein Beispiel für ein Leitbild kann mit demjenigen des Hegau-Klinikum veranschaulicht werden. Es lautet: „Das Hegau-Klinikum ist kompetenter Ansprechpartner in gesundheitlichen Belangen für Menschen jeglichen Alters. Es bietet mit Dienstleistungen aus einer Hand hohe Leistungsqualität, Patienten und Mitarbeiterzufriedenheit und finanzielles Gleichgewicht. Es hilft durch Angebote der Vorsorge, der Akutmedizin, der Rehabilitation und der Pflege“ (vgl. Roth, 2002, S. 251).

Stakeholder-Analyse*

Stakeholder sind Anspruchs- und Interessengruppen einer NPO. Freeman definiert Stakeholder als „any group or individual who can affect or who is affected by the achievement of the organizations objectives” (vgl. Freeman, 1984, S. 52). Die Stakeholder-Analyse dient dazu, die relevanten Stakeholder einer NPO zu identifizieren. Dabei werden oft interne (Vertreter des Organisationszwecks, die die Sinnerfüllung der NPO überwachen), primäre (z. B. Kunden, Lieferanten, Konkurrenten, haupt- und ehrenamtliche Mitarbeiter) und sekundäre (z. B. Gemeinden, Verbände, politische Rahmenbedingungen) Stakeholder unterschieden. Zudem wird im Rahmen der Analyse festgestellt, wie Stakeholder „Macht“ auf die NPO ausüben. Ordnungskriterien sind hier die Entscheidungsmacht (Voting Power), die Macht durch Ausüben von wirtschaftlichem Druck (Economic Power) und die politische Macht durch Meinungsbildung (Political Power) (vgl. Haddad, 1998a, S. 24).

Strategische Ziele

Kaplan und Norton beschreiben mit der Feststellung „strategy is about choice“ (vgl. Kaplan/Norton, 2001, S. 98) das Fundament der Strategie als die Auswahl derjenigen Aktivitäten, die einer Organisation Wettbewerbsvorteile verschaffen: „Letztendlich sind alle Unterschiede zwischen Unternehmen hinsichtlich ihrer Kosten und Preise auf hunderte von Aktivitäten zurückzuführen (...). Differenzierung entsteht sowohl durch Auswahl der Aktivitäten als auch durch deren Umsetzung“ (vgl. Scherer, 2002, S. 35).

---

* Vgl. Haddad, 1998b, S. 22 ff.

Im Rahmen dieses Arbeitsschrittes sind zunächst die vorhandenen strategischen Pläne und Aktivitäten zu identifizieren, auf Konsistenz zu überprüfen und gegebenenfalls zu bereinigen.

- Auswertung vorhandener strategischer Pläne.
- Erfassung und Aufbereitung der strategischen Sichtweisen des Management.
- Ableitung von Treiberbäumen zur Identifikation von Ursache-Wirkungs-Zusammenhängen.
- Identifikation der kritischen Erfolgsfaktoren.
- Konkretisierung der Strategie bzw. des Zielsystems je Perspektive.
- Konsistenzprüfung der Strategie.

Strategische Ziele sollten anspruchsvoll aber auch motivierend und zugleich realistisch formuliert sein. Strategische Zielvorstellungen können in Form von strategischen Stoßrichtungen des großen Sozialunternehmens Diakonie Neuendettelsau veranschaulicht werden (vgl. Beyer/Horneber, 2002, S. 196).

- **Wachstum:** Die Erreichung einer kritischen Größe wird in allen Fachbereichen der Diakonie Neuendettelsau zum Erfolgsfaktor, vor allem dort, wo die zukünftige Finanzierung bröckelt.
- **Innovation:** Sowohl im Behandlungs- und Betreuungsbereich als auch im Bereich der Arbeitsplätze werden verstärkt innovative Technologien und Verfahren entwickelt, getestet und eingesetzt.
- **One-Stop-Shop:** Der strategische Vorteil der Diakonie Neuendettelsau liegt in ihrem vielfältigen Angebot. Es besteht im Gegensatz zu kleineren spezialisierten Wettbewerbern die Chance einer lebenslangen Kundenbindung. Strategischer Erfolgsfaktor zur Verzahnung der Dienstleistungsangebote („Systemangebote“) ist vor allem die Schaffung einer durchlässigen Organisationsstruktur.
- **Marktidentität:** Zeitgleich mit der organisatorischen Veränderung muss sich auch der Außenauftritt weg von einem komplexen, stark ausdifferenzierten Organisationsbündel hin zu einer fokussierten, problemlösungsorientierten Einheit weiterentwickeln

4.3.3 Phase 2: Operative Ziele/BSC

Ziele

Mit dem weiteren Herunterbrechen der strategischen Ziele auf operative Ziele der Unternehmensebenen und Unternehmensprozesse beginnt das „tägliche“ Leben der BSC in einer Organisation. Ziel und Ergebnis der Arbeiten dieser Phase ist, die Ziele mit Hilfe von Kennzahlen messbar zu machen. Diese Aufgabe ist schwierig. Sie wird über die gesamte Breite der Organisation einer NPO in einem ersten Entwurf nicht immer gelingen.

Innerhalb der Messgrößen sind zwei Kategorien zu unterscheiden. Zum einen gibt es Messgrößen mit eindeutigen Aussagen, z. B. die Höhe von Einnahmen für bestimmte Dienstleistungen. Maßgrößen dieser Art messen „Ergebnisse“ unmittelbar und lassen eindeutig Aussagen zu, inwieweit ein Planziel im Ist erreicht wurde. Wo solche Maßgrößen zur unmittelbaren Messung nicht zur Verfügung stehen, sind Indikatoren zu nutzen. Aus Prozesssicht ist es zweckmäßig, Messzahlen zu unmittelbarem Output für externe Kunden und Leistungen für interne Kunden aufzustellen.

Mit Übernahme allgemein verwendeter Kennzahlen kann sich die NPO die Möglichkeit zu externen Betriebsvergleichen (Benchmarking) mit der Privatwirtschaft erschließen – zumindest für die Unterstützungsprozesse, wie z. B. Rechnungswesen, Einkauf, Personalwirtschaft oder Informationsverarbeitung.

BSC Kennzahlen/Indikatoren im Gesamtzusammenhang

Ein Beispiel (weitere Beispiele vgl. Buder/Meyer, 1997, Scherer, 2002, S. 94 ff.) für BSC-Kennzahlen im Gesamtzusammenhang des Managementsystems soll an einem Beispiel einer stationären Altenhilfeeinrichtung veranschaulicht werden (vgl. Esslinger, 2002, S. 211–238). Einrichtungen dieser Art sind zugleich Hotel, Krankenhaus, Freizeiteinrichtung, Restaurant und Familie. Der Weg der Einrichtung zu einem BSC-Kennzahlensystems ist durch folgende Eckpunkte markiert.

1. **Mission:** Sicherstellung einer bestmöglichen Lebens- und Versorgungsqualität unter der Prämisse, die Pflegeeinrichtung dauerhaft im Markt zu positionieren.

2. **Perspektiven:** Es wurden vier Perspektiven als Managementfelder gewählt:

   a) Qualifizierung der Mitarbeiter und Schaffung eines angenehmen Arbeitsumfeldes,
   b) interne Prozesse,
   c) Bewohner- und Stakeholder-Interessen,
   d) dauerhaftes Überleben der Einrichtung.

3. **Kennzahlen:** Kennzahlen zu den relevanten Perspektiven wurden wie folgt gewählt:

Ziel	Kennzahl	Zielvorgabe
Qualifizierung der Mitarbeiter und Schaffung eines motivierenden Arbeitsumfeldes		
Fortbildung	Anzahl Fortbildungen pro Mitarbeiter	X Tage im Jahr
Psychische Belastbarkeit der Mitarbeiter	Anzahl Supervisionssitzungen pro Mitarbeiter/Anzahl der Teilnahmen	X Sitzungen pro Jahr Anteil aller Mitarbeiter
Angemessene Vergütung	Ausschüttung von Prämien	X Euro pro Jahr
Arbeitsmotivation vor Ort	Nutzung der Ruheräume Dienstplangestaltung	Prozent-Anteil der Arbeitszeit Anzahl der Nachtschichten pro Mitarbeiter
Bewohner- und Stakeholderinteressen		
Sicherung der Lebensqualität	Fragebogen zur Bewohnerzufriedenheit Anzahl Umfang der Hotelleistungen Grad der Selbstständigkeit	100 % zufrieden Alles Nötige vor Ort
Sicherung der Versorgungsqualität	Verweildauer in Tagen und Monaten nach Einweisung Anzahl der modernen Therapien	X Zeit bis zum Zeit X Zeit bis zur Genesung 100 % aller Therapien
Geldgeber zufrieden stellen	Rendite/Ausschüttung Einsatz eventueller Spenden nachweisen	Prozent- Anteil am Gewinn X Euro Anteil in Projekte, im Sinne des Spenders
Träger zufrieden stellen	Trägerziele beachten	100 % Erfüllung des Ziels
Zahler zufrieden stellen	Preis/Leistungsverhältnis	Optimieren
Serviceanbieter zufrieden stellen	Verlässlichkeit in Abläufen > Anzahl von Aushängen, Rundschreiben, Briefen	Struktur im Tagesablauf konstant halten 100 % Informiertheit
Interne Prozesse		
Optimale Prozesse	Registrierung der Doppelarbeit Dauer einzelner Prozesse Infektion pro Bewohner/Wundliegen	0 % der Arbeiten Rund-um-die-Uhr-Betreuung 0 % Anteil Bewohnerfälle
Einrichtungen Interdisziplinärer Assesments	Regelmäßige Meetings Gegenseitige Akzeptanz der Mitglieder durch Einrichtung von Qualitätszirkeln	Meetings pro Woche und Bewohner 100 % aller Beteiligungen an den Assessments
Dauerhaftes Überleben der Einrichtung		
Gewinne erzielen	Deckungsbeitrag Cash-Flow	Optimieren
Kostendeckung erreichen	Ausgaben/Einnahmen pro Bewohner > Auslastung von einzelnen Bereichen	100 %-Anteil Kostendeckung > 100 %-Auslastung

Kennzahlen für die relevanten Perspektiven (vgl. Esslinger, 2002, S. 231 f.)

4.3.4 Phase 3: Führungsvereinbarungen

Zielvereinbarung

In diesem Teilschritt werden die Kennzahlen, die für die vier Perspektiven entwickelt wurden, in einem typischen Zielvereinbarungsprozess zwischen der Führung und den jeweils nachgeordneten Führungsebenen gestellt und konkrete Zielwerte für die jeweiligen Kennzahlen im Zeitraum vereinbart. Das Prinzip gilt auch für das Verhältnis von Top-Management und Aufsicht. Die einzelnen Zielwerte werden um Maßnahmen, Initiativen, Aktionsprogramme oder Projekte ergänzt. Sie sollen helfen, die Zielwerte zu erreichen.

Verantwortlichkeiten

Nach Abschluss dieses Schrittes darf kein Zweifel mehr daran bestehen, wer was macht und was dies zu den strategischen Zielen beiträgt (vgl. Haddad, 1998a, S. 63).

4.3.5 Phase 4: Messen und berichten

Messen von Kennzahlen

Zu allen Kennzahlen, die vereinbart werden, muss sichergestellt sein, dass Sie im Routinebetrieb auch „gemessen“ werden. So können Kennzahlen zur Kundenzufriedenheit nur dann Teil der Scorecard sein, wenn sichergestellt ist, dass sie durch Kundenbefragungen oder Indikatoren regelmäßig gemessen werden.

Berichtswesen aufbauen

Die Kennzahlen, die vereinbart sind und gemessen werden können, sind in das Berichtswesen aufzunehmen. Der Berichtszyklus ist zu bestimmen und die Berichtswege in der Organisation festzulegen.

IT–Infrastruktur, Schulung, Hotline

Die Berichterstattung der einzelnen Scorecards wird heute meist durch Standardsoftware unterstützt. Eine Eigenentwicklung von Programmen und Software lohnt sich häufig nicht, es ist eine Vielzahl von Standard-Scorecard-Software auf dem Markt verfügbar. Einen guten Überblick über die derzeit für NPO verfügbaren Softwarepakete liefert der „Nonprofit-Software-Guide“ (vgl. Non Profit Software Guide, 1999, S. 17–26).

Die Einführung von BSC ist mit einem intensiven Schulungs- und Trainingsprogramm zu begleiten. Für Fragen im betrieblichen Alltag sollte eine telefonische/E-Mail-Hotline zur Verfügung stehen.

4.3.6 Phase 5: Kontinuierliche Verbesserung

Zeitbezogener Review

Die Kennzahlen, die je Perspektive auf Prozess- und Teilprozessebene verankert wurden, sollten anfangs monatlich, später in größeren Zeitabschnitten kritisch überprüft werden. Im Review sind Fragen wie

- Steht die Kennzahl im Berichtszeitraum zur Verfügung (Problem des „Messens“)?
- Wird die Kennzahl zu Verbesserungsmaßnahmen genutzt?
- Wird die Kennzahl für Entscheidungen herangezogen?

zu beantworten. Fragen dieser und ähnlicher Art zeigen, wo Kennzahlen ergänzt und welche Kennzahlen als nicht zweckmäßig gestrichen werden müssen.

Ereignisbezogener Review

Ein ereignisbezogener Review ist erforderlich, wenn in der NPO besondere Ereignisse, wie der Ausbau der Dienstleistungen um eine neue Sparte, das Gewinnen eines neuen Großkunden mit besonderen Anforderungen oder ähnliche Änderungen eintreten

Erfolgskontrolle

Der aufmerksame, kritische Umgang mit den Kennzahlen ist für Management wie Aufsicht dauerhaft notwendig. Ziele und Notwendigkeit eines kontinuierlichen Verbesserungsprozesses sind als Verhaltensweisen aller Mitglieder der Organisation bewusst zu halten (vgl. Kaplan/Norton, 1997, S. 46 ff.), Erfolge und Misserfolge, die in Verbindung mit dem Führungsinstrument stehen, sind zu dokumentieren und für die laufende Verbesserung zu nutzen.

5. BSC-Berichtswesen in Aufsichtsgremien

Die Perspektiven eines BSC-Konzeptes und deren Ausprägung auf der obersten Führungsebene der NPO bilden eine geeignete Vorlage für das Berichtswesen und die Steuerung und Kontrolle durch die Aufsichtsgremien. Das BSC-Berichtswesen ist insoweit operativ in die Aufsichtsgremien als Informationsbasis für Steuerung und Kontrolle der NPO zu „verlängern“. Es erlaubt den Mitgliedern der Aufsichtsgremien, die Strategie in operativen Ausprägungen zu übersetzen und ihre Steuerungs- und Kontrollaufgaben „strategiefokussiert“ auszurichten (vgl. Kaplan, Norton, 2004, S. XI).

Die American Diabetis Association (ADA), eine der größten NPO-Gesundheitsorganisationen in den USA, verfolgt in ihrer Organisationskultur einen solchen Weg. Sie nutzt das BSC-Konzept, um „Disziplin“ in die Strategieumsetzung zu bringen und die Informationsversorgung für alle Führungsschichten und die Aufsicht mehrdimensional und organisationsbezogen zu systematisieren.

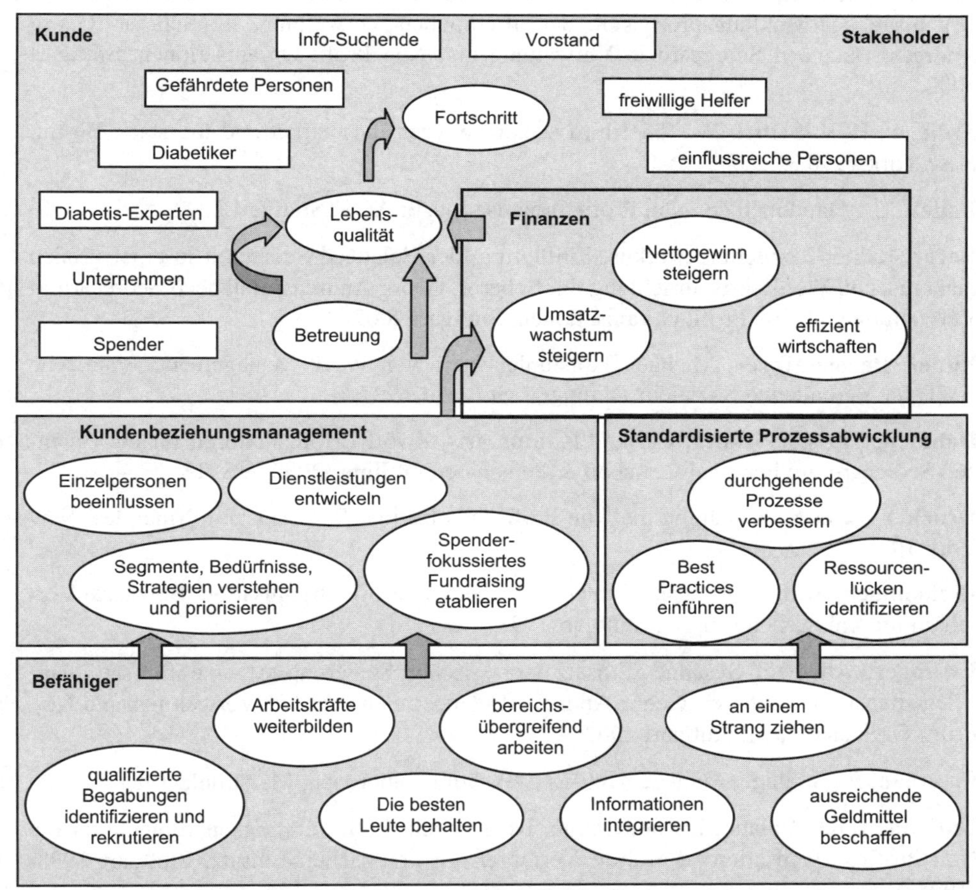

Vgl. Robert S. Kaplan/David P. Norton, 2004, S. 27: Strategy Map der American Diabetis Association

Der methodische Ansatz und das Denken in BSC-Kategorien machen deutlich, was „gute“ Corporate Governance in Teilbereichen und sehr konkreten Entscheidungssituationen von Führung und Aufsicht fordern und bedeuten (vgl. Clarkson, 1994, S. 10). Er hilft, die Machtteilung von Management und Aufsicht in Teilbereichen konkret zu machen, eine mehrdimensionale und offene Diskussionskultur in der Steuerung und Kontrolle zu finden und Werte für seine Interessengruppen (d. h. Stakeholder) zu kreieren (F).

Literaturverzeichnis

Alt, Jens Michael, Banlanced Government – Die Eignung der Balanced Scorecard als Organisatiosentwicklungsprozess in der öffentlichen Verwaltung, in: Scherer, Georg Andreas, Balanced Scorecard in Verwaltung und Non Profit Organisationen, Stuttgart 2002

Anheier, H. K./**Seibel**, W., The third sector between the market and the state, Berlin; New York 1990

Badelt, C. , Handbuch der Non Profit Organisation, 3. Aufl., Stuttgart 2002

Beyer, Rainer/**Horneber**, Markus, Einführung der Balanced Scorecard in einer großen diakonischen Wohlfahrtseinrichtung, in: Scherer, Georg Andreas, Balanced Scorecard in Verwaltung und Non Profit Organisationen, Stuttgart 2002

Buder, Renate/**Meyer**, Michael, Fallstudien zum Non Profit Management: Praktische BWL für Vereine und Sozialeinrichtungen, Stuttgart 1997

Dahmen, Christian/**Maier**, Gerhard/**Kamps**, Iris, Zwölf Erfolgsfaktoren für die Balanced Scorecard, in: Personalwirtschaft & Personalcontrolling (2000)7, S. 18

Drucker, Peter F., Managing the Non Profit Oranization: Practices and Principles, New York 1990

Eschenbach, Rolf, Führungsinstrumente für die Non Profit Organisation: Bewährte Verfahren im praktischen Einsatz, Stuttgart 1998

Esslinger, Adelheid Susanne, Einsatz strategischer Steuerungssysteme für stationäre Pflegedienste, in: Scherer, Georg Andreas, Balanced Scorecard in Verwaltung und Non Profit Organisationen, Stuttgart 2002

Freeman, E., Strategic Management – A stakeholder approach, Marshfield 1984

Haddad, Tarek, Balanced Scorecard, in: Eschenbach, Rolf, Führungsinstrumente für die Non Profit Organisation: Bewährte Verfahren im praktischen Einsatz, Stuttgart 1998. (1998a)

Haddad, Tarek, Instrumente für das strategische Management in NPO, in: Eschenbach, Rolf, Führungsinstrumente für die Non Profit Organisation: Bewährte Verfahren im praktischen Einsatz, Stuttgart 1998. (1998b)

Hendrik, Vater/**Bender**, Christian/**Hildebrand**, Katharina, Corporate Governance, Bern, Stuttgart, Wien 2004

Horváth & Partner, Balanced Scorecard umsetzen, 2. Aufl., Stuttgart 2001

Kaplan, Robert S./**Norton**, David P., The Balanced Scorecard – Measures that drive performance, in: Harvard Business Review (1992)1, S. 71

Kaplan, Robert S./**Norton**, David P., Balanced Scorecard, Stuttgart 1997

Kaplan, Robert S./**Norton**, David P., Die strategiefokussierte Organisation: Führen mit der Balanced Scorecard, Stuttgart 2001

Kaplan, Robert S./**Norton**, David P., Strategy Maps, Stuttgart 2004

Luthe, Detlef, Öffentlichkeitsarbeit für Nonprofit-Organisationen: Eine Arbeitshilfe, Augsburg 1995

Malik, Frederic, Die neue Corporate Governance, Frankfurt 2002

Nippa, Michael/**Petzold**, Kersten/**Kürsten**, Wolfgang, Corporate Governance, Heidelberg 2002

Non Profit Software Guide, in: Fund Raising Management 29(1999)8

Roth, Sonja, Entwicklung einer Balanced Scorecard als strategisches Steuerungsinstrument im öffentlichen Klinikum, in: Scherer, Georg Andreas, Balanced Scorecard in Verwaltung und Nonprofit-Organisationen, Stuttgart 2002

Scherer, Georg Andreas, Balanced Scorecard in Verwaltung und Non Profit Organisationen, Stuttgart 2002

Teichler, Christoph/**Wiemann**, Eva, Corporate Covernance und Mangementberatung, Wiesbaden 2004

Worschischek, Michael, Die Balanced Scorecard als Grundlage für ein integratives Kennzahlengestütztes Controlling in der Jugendhilfe, in: Scherer, Georg Andreas, Balanced Scorecard in Verwaltung und Non Profit Organisationen, Stuttgart 2002

Erfahrungen aus der Schweiz und Österreich

Public Governance in der Schweiz – Rückblick, heutiger Stand und Ausblick

Albert E. Hofmeister

1. Rückblick

Wenn heute – im Nachgang zur privaten Wirtschaft – auch im öffentlichen Sektor ein stärker werdendes Interesse für den Begriff „Governance“ festgestellt werden kann, dann ist dies zunächst erfreulich. Dabei wird allerdings gerne übersehen, dass diese Entwicklung nur auf der Grundlage von New Public Management (NPM) möglich geworden ist, welches in der Schweiz in den 90er Jahren die Verwaltungslandschaft geprägt und auch verändert hat. Das ist gleichzeitig erstaunlich, denn diese Entwicklung wird aus heutiger Sicht in wesentlichen Punkten kritisch kommentiert. Im Folgenden soll diese vordergründig widersprüchliche Ausgangslage kurz analysiert werden.

Mit dem Übergang vom klassischen Hoheitsstaat zum modernen Sozialstaat haben Dienstleistungen im öffentlichen Bereich stark an Bedeutung gewonnen. Es lag deshalb nahe, von den Erfahrungen der Privatwirtschaft zu profitieren und auch den öffentlichen Sektor verstärkt „unternehmerisch“ zu führen, z. B. durch die Definition von Produkten, die Formulierung von Leistungsvereinbarungen, die Einführung von Anreizsystemen oder den Aufbau einer Kosten-Leistungs-Rechnung. Dieses neue Führungsmodell ist unter dem Begriff „New Public Management“ (NPM) bekannt geworden. Die Wurzeln liegen im angloamerikanischen Raum und damit in Ländern mit einer grundsätzlich unterschiedlichen Verwaltungskultur. Trotzdem hat dieses Heil versprechende Gedankengut angesichts schwieriger Rahmenbedingungen auch bei uns schnell Fuss gefasst.

Die Politik hatte wenig Grund, sich dieser Entwicklung entgegenzustellen, im Gegenteil. Im Umfeld einer angespannten Finanzsituation, zunehmender Politikverdrossenheit und Problemstaus in wichtigen Politikbereichen musste jede Verbesserung der Effizienz und der Effektivität als willkommenes Geschenk betrachtet werden. Dies selbst dann, wenn anfänglich nur Konzepte vorhanden waren, gepaart vielleicht mit der löblichen Absicht, die Bürokratie zu entstauben und die Verwaltungsorganisation aktuellen Bedürfnissen anzupassen. Schliesslich hat sich NPM dabei aus dem bewährten Werkzeugkasten der Wirtschaft bedient, welcher zu jenem Zeitpunkt in Managementfragen noch weitgehend unbestritten als Referenzgrösse galt. Die Vertreterinnen und Vertreter der Legislative haben sich damals allerdings wenig Gedanken darüber gemacht, welcher Beitrag von ihnen selbst nötig sein würde, um dieser Reform zum Erfolg zu verhelfen. Vereinzelte Kritiker betrachteten die Reform damals als Revolution, viele andere übereinstimmend als Paradigmenwechsel. Viele Informationen waren damals erst bruchstückhaft vorhanden. Die Politik pflegt sich in solchen Situationen möglichst nicht festzulegen und alle Optionen offen zu halten. Dazu kommt, dass man von dieser Seite wohl mehrheitlich der Meinung war, es handle sich um eine Verwaltungsreform und damit um eine Angelegenheit der Verwaltung. Diese hat den Auftrag im Wesentlichen auch so verstanden und darin Möglichkeiten erblickt, veraltete bürokratische Strukturen zu überwinden und die eigenen Handlungsspielräume zu erweitern – auch auf Kosten der Politik. Über allfällige unerwünschte Auswirkungen einer Ökonomisierung des Verwaltungs- und Politikmanagements hat man sich zu Beginn kaum Gedanken gemacht. Eine kritische Finanzsituation und der damit verbundene Zwang zum Sparen standen im Vordergrund. Sogar die Forderung nach einer klareren Aufgabenteilung zwischen Politik und Verwaltung wurde als Leitmotiv der Reform vorerst unwidersprochen zur Kenntnis genommen. Die Politik sollte sich auf strategische Fragen beschränken, auf das „Was" und das operative Tagesgeschäft, das „Wie" der Verwaltung überlassen.

Heute lässt sich rückblickend feststellen, dass die Vermengung von ökonomischer und politischer Rationalität dem Reformprozess eher Schaden zugefügt hat. Diese Beurteilung ist für die Governance-Thematik wichtig. Während in der Betriebswirtschaftslehre die Gliederung in eine strategische und operative Ebene eine Selbstverständlichkeit darstellt, unterscheidet die Politik nach den Kriterien „wichtig" und „unwichtig". Dabei wird Wert gelegt auf die Feststellung, dass die Politik selber bestimmt, was für sie wesentlich ist:

„Die Bundesversammlung wird sich allerdings im eigenen Interesse und im Interesse der Funktionsfähigkeit des Staates als Ganzes auf die Behandlung der wesentlichen Fragen beschränken müssen. Was wesentlich ist, lässt sich nicht nach abstrakten rechtlichen Kriterien beurteilen, sondern darüber entscheidet die Bundesversammlung nach politischen Kriterien" (vgl. Staatspolitische Kommission des Nationalrates, 2001).

Die aus Managementsicht naheliegende Schlussfolgerung, nämlich „strategisch" = „wichtig" = Aufgabe der Politik (Legislative) und damit „operativ" = „unwichtig"' = Aufgabe von Regierung bzw. Verwaltung verkennt die politische Realität. Das aus ökonomischer Sicht Wichtige ist nicht notwendigerweise deckungsgleich mit dem aus politischer Sicht Wichtigen. Die Politik lässt sich nicht über die ökonomische Rationalität „disziplinieren" bzw. in ihrer Handlungsfreiheit einschränken.

Nach etwas mehr als zehn Jahren NPM im deutschsprachigen Raum zeigen sich zwar vereinzelt ermutigende Erfolge. In der Gesamtbilanz macht sich aber eher Ernüchterung breit. Die Finanzsituation ist nach wie vor kritisch, die Handlungsspielräume sind kaum grösser geworden, die Politikverdrossenheit ist weiterhin ein Phänomen und das Image der Verwaltung hat sich höchstens punktuell verbessert. Eine nicht unbedeutende Anzahl von Reformen ist gescheitert oder abgebrochen worden. Reformmüdigkeit kommt vor allem bei Projekten auf, bei denen sich der Erfolg auch nach Jahren nicht eingestellt hat oder nur punktuell nachzuweisen ist.

Die Gründe für diese unerfreuliche Situation sind vielfältig. Sie liegen bei allen Beteiligten und sind teilweise auch systembedingt. Im Mittelpunkt stehen als Hauptakteure aber zweifellos die Verwaltung und die Politik. Diese Schnittstelle war für den Erfolg des NPM entscheidend und sie wird es auch bei Public Governance sein.

Zentraler Erfolgsfaktor Kultur

Die Reformen sind im Wesentlichen Binnenreformen der Verwaltung geblieben. Sie haben sich hauptsächlich auf die Einführung neuer Instrumente konzentriert und den viel schwierigeren Aufbau einer neuen Verwaltungskultur verdrängt. Die Instrumente sind zudem meist nicht systematisch eingesetzt worden. Nicht zu Unrecht hat sich in der Literatur der Begriff des „basket shopping" etabliert: Wie im Supermarkt hat man bei Verwaltungsreformen aus einem übergrossen Angebot unterschiedliche Methoden „eingekauft", ohne sich über eine systematische Auswahl und die richtige Umsetzung hinreichend Gedanken zu machen bzw. die notwendigen Rahmenbedingen zu schaffen.

Wichtig ist dabei die Feststellung, dass diese Instrumente wiederum schwergewichtig auf die Binnenorientierung ausgerichtet und Vernetzungsaspekte nur vereinzelt einbezogen sind. Die nachstehende Abbildung verdeutlicht diesen Sachverhalt anhand eines Governance-Modells, welches weiter unten näher erläutert wird. Es zeigt sich sehr deutlich, dass die gängigen Management Tools schwergewichtig auf die Binnenorientierung und damit wohl auf die kurzfristige Rendite ausgerichtet sind. Der Bereich der Vernetzungsorientierung wird im Vergleich geradezu stiefmütterlich behandelt. Auch diese Feststellung ist für die Governance-Problematik bedeutsam.

Die Reformen waren auch bei der Überführung der traditionell bürokratischen Querschnittsfunktionen – vor allem Personal und Finanzen – zu Dienstleistungsorganisationen nur ansatzweise erfolgreich. Diese haben es häufig verstanden, die Reformen für den Aufbau neuer „NPM-Bürokratien" zu nutzen und damit sogar ihre Position zu stärken. Es sind weitere bürokratische Vorschriften aufgestellt worden, welche neue Freiräume und Ansätze für leistungsorientiertes Verhalten gleich im Keim erstickt haben. Zwar hat man durchaus auch versucht, dem System durch Anreizsysteme eine bestimmte Eigendynamik zu geben, doch auf dem Hintergrund einer tief verwurzelten Misstrauenskultur sind diese Möglichkeiten beschränkt. Dazu kommt, dass „Gerechtigkeit" noch immer ausgeprägt als Gleichbehandlung verstanden wird. Man wird daraus Lehren ziehen und auf jeden Fall vermeiden müssen, dass in einer nächsten Phase die NPM-Bürokratien durch zusätzliche Governance-Bürokratien überlagert werden. Gleichzeitig bietet sich eine gute Gelegenheit, im Rahmen einer Ethikdiskussion den Begriff „Gerechtigkeit" grundsätzlich zu überdenken. Im Rahmen der NPM-Diskussionen über die Leistungsorientierung ist dies weitgehend verpasst worden.

Die Reformen haben schliesslich auch kaum dazu geführt, dass Verwaltung und Politik – von Ausnahmen abgesehen – neue wirkungsorientierte Formen der Zusammenarbeit gefunden haben. Vor allem in Bereichen, welche von der Politik selber als wesentlich bezeichnet werden, hat sich deshalb nur wenig verändert. Die Führung über Leistungsaufträge muss sich damit fast zwangsläufig mit einem Schattendasein zufrieden geben. Hier zeigen sich wahrscheinlich am deutlichsten die Governance-Defizite der NPM-Reformen, für die wohlverstanden nicht nur die Politik verantwortlich gemacht werden kann. Die Verwaltung muss sich rückblickend den Vorwurf gefallen lassen, dass es ihr nicht gelungen ist, der Politik aussagekräftige und steuerungsrelevante Leistungs- und Wirkungsindikatoren zur Verfügung zu stellen. Die Schwierigkeiten der Leistungs- und Wirkungsmessung sind sowohl von der Wissenschaft als auch von der Verwaltungspraxis lange unterschätzt worden. Gleichzeitig hat die Politik den Reformprozess mehrheitlich passiv in der Rolle des (unbeteiligten) Zuschauers mitverfolgt oder dabei verkannt, dass die Parlamente selber durch neue Vernetzungs- und Kooperationsformen das Gelingen respektive das Scheitern von NPM-Reformen entscheidend mitbestimmen können.

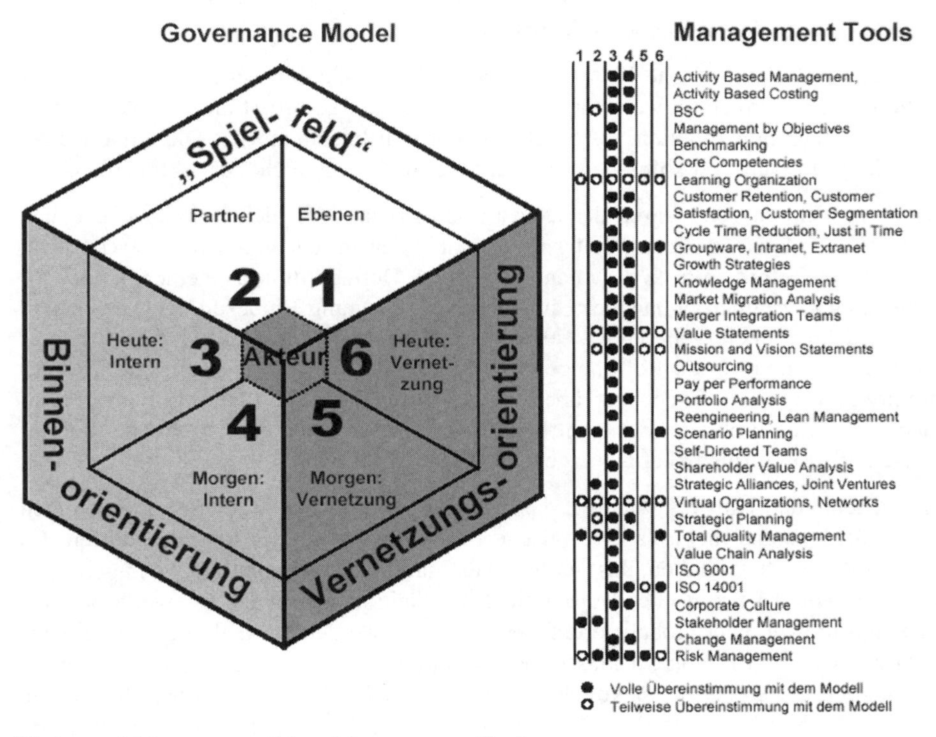

Wirkungsfelder ausgewählter Management Tools

Verständnis und Terminologie in der Schweiz

Neben den Managementaspekten hat auch die politische Kultur den Reformprozess mitgeprägt. Die ursprünglich formulierten Befürchtungen, NPM würde zu einem Eintopf der Verwaltungskulturen führen, haben sich eindeutig nicht bewahrheitet. Im Gegenteil: Nationale Besonderheiten haben den Reformprozess in den verschiedenen Ländern von Anfang an stark mitbeeinflusst. Diese Feststellung gilt in besonderem Masse auch für die Schweiz und beginnt bereits bei der Terminologie. Man spricht hier weniger von „New Public Management“, als von WOV – der **w**irkungs**o**rientierten **V**erwaltungsführung – und bezieht damit die Bürger zumindest in ihrer Funktion als Leistungsempfänger in die Betrachtung ein. Das politische System der direkten Demokratie hat dazu beigetragen, auch die Wirkungen von Anfang an stärker zu berücksichtigen – oder zumindest eine entsprechende Absicht erkennen zu lassen.

Ebenfalls dem politischen System dürfte es zuzuschreiben sein, dass – stärker als in anderen Ländern – die NPM-Konzepte nicht einfach übernommen, sondern von Anfang an kritische Schnittstellen thematisiert worden sind. Beispiele sind NPM und Rechtsstaat, NPM und Politik oder NPM und Föderalismus.

Durch stark auf ökonomische Kriterien ausgerichtete Indikatoren und Messgrössen haben die NPM-Reformen teilweise neue Segmentierungen gefördert und damit die übergeordnete Integrationsfunktion des Staates tendenziell beeinträchtigt. Die Governance-Fähigkeit öffentlicher Verwaltungen und Betriebe ist dadurch nicht gestärkt worden.

Obwohl sich in den 90er Jahren der Dienstleistungsstaat unter dem anhaltenden Druck einer kritischen Finanzsituation weiter in Richtung Gewährleistungsstaat entwickelt hat, sind die NPM-Reformen trotz der oben angeführten Defizite im Managementbereich allerdings kaum systematisch aus der Binnenoptik in Richtung Einbezug der Aussensicht und der Nachhaltigkeit weiterentwickelt worden. Governance-Aspekte sind weit stärker unter anderen Titeln in die Reformagenden einbezogen worden, z. B. über die Zusammenführung von Gemeinden oder über eine eigenständige Staatsleitungs- oder Parlamentsreform. Das Problem liegt nicht bei der Reformbereitschaft, sondern eher bei der Bereitschaft zu Reformen über den eigenen Gartenzaun hinweg.

Dabei scheint der Hinweis wichtig, dass die NPM-Reformen trotz ihrer zahlreichen Mängel rückblickend nicht als eine falsche Entwicklung eingestuft werden dürfen. Im Gegenteil lässt sich festhalten, dass es sich dabei um einen zwingend notwendigen Zwischenschritt von der klassischen Bürokratie des Hoheitsstaates zu den netzwerkorientierten Organisationen einer globalisierten Gesellschaft gehandelt hat und noch immer handelt. Der direkte Schritt von der klassischen Bürokratie zur vernetzten Gesellschaft wäre nicht möglich gewesen. Der rückblickend nur beschränkte Erfolg der NPM-Philosophie ändert nichts an dieser Feststellung. Es lassen sich aber durchaus Erkenntnisse ableiten, die für die nachfolgende Phase der Governance-Projekte von Nutzen sein können.

Überblickt man die gesamte Reformlandschaft der Schweiz, lässt sich feststellen, dass sich die Begriffe NPM bzw. WOV und Public Governance teilweise überlappen. Man könnte vermuten, dass bedingt durch die politische Kultur der direkten Demokratie die Weiterführung oder Überführung von NPM-Projekten in Governance-Projekte grundsätzlich begünstigt wird. Diese These lässt sich aber nicht verifizieren. Public Governance geht im Sinne eines Reifegradmodells einen Schritt weiter und schliesst – ohne die Bedeutung der Binnenoptik zu schmälern – zusätzlich die Aussenoptik mit in die Betrachtung ein. Während NPM und WOV den Staat in wesentlichen Punkten als Wirtschaftsunternehmen verstehen und die ökonomische Dimension in den Vordergrund stellen, werden im Governance-Konzept „all those interactive arrangements“ mitbeachtet, „in which public as well as private actors participate aimed at solving societal problems, or creating societal opportunities, attending to the institutions within these governance activities take place, and the stimulation of normative debates on the principles underlying all governance activities“ (vgl. Kooiman, Jan, Governance. A Social-Political Perspective, S. 73). Diese Sichtweise entspricht stärker dem Stakeholder-Ansatz.

Public Governance nach OECD:
Definition: Bei Public Governance geht es um die qualitative und dauerhafte Zusammenarbeit von Politik und Verwaltung mit gesellschaftlichen Gruppen, welche das Ziel hat, das Gemeinwohl zu mehren. Public Governance definiert sich wie folgt: - Leitlinien für „gutes“ Regieren bzw. Verwalten in Parallele zu Corporate Governance für private Unternehmen - Vernetzung: Es wird darunter ein neues Verständnis von Regierung und Verwaltung verstanden, das eine Gesamtsteuerung der gesellschaftlichen Entwicklung unter Einbeziehung gesellschaftlicher Akteure (Bürger, Verbände wie NGOs usw.) umfasst. - Weiterentwicklung des Konzeptes des aktivierendes Staates – eine neue Verantwortungsteilung zwischen Staat und Gesellschaft: Selbstregulierung soll Vorrang vor staatlicher oder hierarchischer Aufgabenübernahme haben.

2. Aktuelle Entwicklungen

Ein Blick auf die schweizerische Reformlandschaft zeigt, dass nur in wenigen Kantonen Projekte existieren, die als eigentliche „Public Governance-Projekte“ bezeichnet werden können.

Dass die Weiterentwicklung von NPM (= Binnenmanagement) zu Public Governance (= Vernetzungsmanagement) in der Schweiz insgesamt eher schleppend verläuft, kann auf verschiedene Gründe zurückgeführt werden. Eine Befragung der Direktbetroffenen hat ergeben, dass zwei Aspekte im Vordergrund stehen. Nach teilweise mehr als zehn Jahren Reformarbeit ist eine Reformmüdigkeit deutlich erkennbar. Diese wird ergänzt durch die anhaltend kritische Finanzsituation bzw. den Umstand, dass man vielerorts noch immer auf den Payback der eben umgesetzten Projekte wartet.

Wie oben bereits kurz angedeutet, gilt es auf der anderen Seite jedoch zu bedenken, dass in der Schweiz durch das politische System der direkten Demokratie und die damit verbundene Konsens- und Kompromisskultur für Public Governance in wichtigen Bereichen gute Voraussetzungen bestehen. Dazu zählen die direktdemokratischen Instrumente, wie Wahlen, Abstimmungen oder Volksinitiativen. Aber auch eine aktive Rolle der Medien, eine unabhängige Justiz und der Rechtsstaat spielen eine wichtige Rolle (vgl. Frey, 2002).

Auf Bundesebene ist beim Eidgenössischen Departement für Umwelt, Verkehr, Energie und Kommunikation (UVEK) im Zusammenhang mit dem Beteiligungsmanagement des

Bundes (Swisscom, Post und Schweizerische Bundesbahnen) in Sachen „Public Governance" wegweisende Arbeit geleistet worden. Eine der Grundlage dieser Aktivitäten ist das sogenannte „Vier-Kreise-Modell", das im Folgenden kurz vorgestellt werden soll. Es folgen die Darstellung von zwei ausgewählten Public Governance-Projekten auf kantonaler Stufe und anschliessend einige Hinweis auf Projekte, welche zumindest interessante Entwicklungen im Sinne von Governance-Dienstleistungen beinhalten.

Das Vier-Kreise-Modell der Bundesverwaltung als Grundlage

Die schweizerische Bundesverwaltung hat für die Umsetzung des NPM und eine stärkere Ausrichtung nach Holding- und Konzernprinzipien ein sogenanntes Vier-Kreise-Modell entwickelt (vgl. www.flag.admin.ch/d/archiv_d/konzeptbericht1996.doc). Der erste oder innerste Kreis umfasst die Ministerialverwaltung (politische Koordinations- und Steuerungsleistungen). Zum zweiten Kreis zählen Organisationseinheiten, welche mit Leistungsaufträgen und Globalbudget geführt werden („Agencies"). Im dritten Kreis finden wir Betriebe und Anstalten, welche vollständig im Besitz des Bundes sind und eine eigene Rechtspersönlichkeit besitzen, grösstenteils Monopolaufgaben erfüllen und über gesetzliche Leistungsaufträge geführt werden. Der vierte Kreis schliesslich umfasst gemischtwirtschaftliche und private Unternehmungen mit eigener Rechtspersönlichkeit, welche Aufgaben des Bundes erfüllen, bei denen dieser i. d. R. am Unternehmenskapital massgeblich beteiligt ist und die primär über den Wettbewerb gesteuert werden, wobei die Politik aber auch Leistungsaufträge erteilen kann.

Mit dem Vier-Kreise-Modell sind beim Bund Grundvoraussetzungen vorhanden, um die Governance-Anforderungen für gemischtwirtschaftliche Unternehmen mit Bundesbeteiligung (sogenannter vierter Kreis) und Anstalten im Eigentum des Bundes (dritter Kreis) zu definieren. Trotz der umfassenden Handlungsspielräume dieser Unternehmen muss eine angemessene, unbürokratische Steuerungsfähigkeit durch den Staat jederzeit gewährleistet werden können. Die Steuerungsmöglichkeiten sind darum parallel zur Ausprägung der Handlungsspielräume stufengerecht zu stärken. Der Staat muss die Gewähr haben, dass die in seinem Namen respektive in seinem Auftrag angebotenen Leistungen den gesetzten Anforderungen wirklich entsprechen und nicht mit Folgewirkungen verbunden sind, die für ihn später problematisch sind. Weil die Kernverwaltungen (erster und zweiter Kreis) zunehmend kundenorientiert arbeiten und mit Partnern in Wirtschaft und Gesellschaft in Verbindung stehen, ist Public Governance auch in diesen Kreisen von immer größerer Bedeutung. Generell gilt: Je privatwirtschaftsnaher öffentliche Organisationen geführt werden, je mehr Partner zusammenarbeiten und je folgenschwerer allfällige Fehlentwicklungen sind, desto bedeutender sind klare Spielregeln für die Public Governance. Im Vier-Kreise-Modell des Bundes bedeutet dies, dass auch die Anforderungen an Public Governance respektive die dafür einzusetzenden Instrumente differenziert gehandhabt werden müssen. Entsprechend den unterschiedlichen Anforderungen unterstützt eine ausgewogene Führung die Public Governance-Bestrebungen und vermindert die Führungsrisiken. Die durch NPM-Reformen beeinträchtigte Integrationsfunktion des Staates kann durch Governance wieder gestärkt werden. Dabei geht es vor allem darum, Formen der freiwilligen Selbstverpflichtung aller Partner zu stärken. Flexibles „Soft Law“ ist in einem Umfeld starken Wandels starren gesetzlichen Regelungen tendenziell vorzuziehen. Für die zunehmende Vernetzung der Partner aus Staat, Wirtschaft und Gesellschaft und die vermehrt notwendigen Kooperationen soll darum mit einem Kodex auf der Basis der dargelegten Grundsätze eine zukunftsgerechte ethische Grundlage geschaffen werden. Das politische System der Schweiz bietet gute Voraussetzungen, um die Vorteile der politischen Steuerung mit denjenigen der gesellschaftlichen Selbstregelung und des wirtschaftlichen Wettbewerbes zu verbinden und damit Synergien zu erzielen.

Plattform Aargau-Solothurn (PASO)

Dieses Projekt ist auf kantonaler Ebene eines der wenigen beispielhaften Public Governance-Projekte (vgl. www.ag.ch und www.so.ch). Der Staat stellt seine Netzwerkaktivität in den Vordergrund und versucht – als Gegenstück zu den Wirtschaftsräumen Zürich, Basel und Bern – den bereits existierenden, jedoch weniger bedeutsamen Wirtschaftsraum Aarau-Olten-Zofingen dadurch zu fördern, dass die Kantonsgrenzen „aufgeweicht“ werden. Hauptzielsetzung des Projektes innerhalb des Wirtschaftsraums Aargau-Solothurn ist die Schaffung eines Städtenetzes Aarau-Olten-Zofingen. Dies soll unter Einbezug einer Strategie der räumlichen, wirtschaftlichen und gesellschaftlichen Entwicklung sowie der interkantonalen Zusammenarbeit geschehen. Dabei geht es insbesondere darum:

- Beziehungen zu knüpfen,
- Partner kennen zu lernen,
- Geschäfte zu koordinieren,
- Informationen auszutauschen,
- Nachbarn zu konsultieren sowie
- Konzepte und Lösungen anzustoßen.

Der Fokus liegt dabei schwergewichtig auf dem Agglomerationsprogramm, dem Verkehrsverbund und der Kultur. Ziel des Projektes ist es, PASO als:

- Anlaufstelle für Behörden bezüglich grenzüberschreitender Fragen,
- Koordinationsstelle der kantonalen Regierungen und Verwaltungen zur Abstimmung von Vorhaben,
- Informationsstelle über Absichten und Entscheide, die den Nachbarn betreffen sowie
- Aktionsstelle für neue gemeinsame Aktivitäten zu etablieren.

So hat man beispielsweise noch im Jahr 2004 den Zusammenschluss der Tarifverbunde Olten und Aargau umgesetzt und sich dann zusätzlich an den Zürcher Verkehrsverbund angeschlossen. Zudem zeichnet sich ein Kulturwandel hinsichtlich der Überwindung der Kantonsgrenzen ab. Eine Umfrage hat gezeigt, dass eine grosse Mehrheit der Gemeinden die Realisierung gemeinsamer, grenzübergreifender Projekte wünscht. Gemeinsame kulturelle Einrichtungen sind dabei ein wichtiger Schritt auf dem Weg zu einer eigenständigen Identität des Raumes Aarau-Olten-Zofingen.

Wirtschaftsförderung am Beispiel des Kantons Zürich*

Das Amt für Wirtschaft und Arbeit nimmt mit der Webpage www.gruenden.ch seine Verantwortung als Netzwerk-Enabler wahr. Es handelt sich um ein Netzwerk für Firmengründer, welches neben Informationen, Gesuchen und Formularen aller Art auch detaillierte Informationen über Netzwerkpartner enthält. Diese Netzwerkpartner stammen sowohl aus dem öffentlich-rechtlichen Bereich, wie auch aus der Privatwirtschaft und sollen in verschiedensten Bereichen Mehrwert für Firmengründer generieren, z. B. durch Vermittlung von vermarktbaren Ideen.

Weitere Projekte mit Grundausrichtung auf Public Governance

Einige Kantone haben über ihre Homepage elektronische Dienstleistungen eingerichtet, welche über die klassische Leistungserbringung hinausgehen und Richtung Public Governance zielen. Dennoch kann in den meisten Fällen noch nicht von „Public Governance“ gesprochen werden, da der Reifegrad der Projekte noch zu wenig fortgeschritten erscheint.

So hat beispielsweise der Kanton St. Gallen in Bezug auf Arbeitsbewilligungen eine Zusammenarbeit zwischen Rechtsanwälten, Hilfsorganisationen und Arbeitgebern angeregt. Viele Kantone haben zudem klare Vorstellungen bezüglich der Zusammenarbeit mit NGOs, vor allem in Verkehrs- und Umweltfragen. Die meisten dieser Dienstleistungen und Prozesse sind nicht unter Public Governance-Zielsetzungen entstanden, sondern haben sich eher pragmatisch aus der Notwendigkeit heraus entwickelt, effiziente Lösungen für bestimmte Problemstellungen zu finden.

3. Erkenntnisse aus den aktuellen Entwicklungen

Im Rahmen des New Public Managements sind *Managementgrundsätze* aus der Privatwirtschaft in den öffentlichen Bereich übernommen worden. Wie bereits oben geschil-

* Auch in anderen Kantonen (z. B. Bern) gibt ähnliche Bestrebungen zur Wirtschaftsförderungen. Diese sind aber weniger weit fortgeschritten (vgl. www.gruenden.ch).

dert, konnten die damit verbundenen Erwartungen nicht oder nur teilweise erfüllt worden. Einerseits ist deutlich geworden, dass die Übernahme von Instrumenten nicht genügt, wenn nicht gleichzeitig die entsprechenden Veränderungen auf der kulturellen und der Verhaltensebene eingeleitet werden. Andererseits hat sich gezeigt, dass die Binnensicht durch die Aussensicht ergänzt werden muss. Vernetzungsfähigkeit, Kooperationsfähigkeit sowie Nachhaltigkeit stehen dabei im Vordergrund. Zu beiden Erkenntnissen kam auch der private Sektor – und hat daraus konkrete Schlussfolgerungen gezogen. Corporate Governance hat massiv an Bedeutung gewonnen.

Für den öffentlichen Sektor besteht ebenfalls ein Handlungsbedarf. Was haben der Fall SAir Group, die modernen Informationstechnologien, die kritischen Verhältnisse rund um das WEF-Symposium Davos, die BSE-Krise, die Aufarbeitung des Holocaust, die Überalterung in den Industrieländern, der Umgang mit der Gentechnologie, die vielerorts grosse Arbeitslosigkeit, die Bekämpfung von Korruption oder die Schaffung von funktionsfähigen Marktordnungen in Schwellen- und Entwicklungsländern gemeinsam?

Alle Aufgabenbereiche sind medienträchtig, chancen- und zugleich risikoreich. Sie stellen Organisationen vor fundamentale Herausforderungen. Sie zeigen, dass die Zusammenarbeit mit Anspruchsgruppen aus Staat, Privatwirtschaft, Wissenschaft und verschiedensten Organisationen zu fundamentaler Bedeutung gelangt ist. Ist ein WEF-Symposium ohne die sachgerechte Einbindung auch kritischer Anspruchsgruppen auf die Dauer noch trägfähig? Wie sollte beispielsweise eine BSE-Problematik vom Staat oder der Landwirtschaft alleine gelöst werden können?

Hier sind offensichtlich innovative Ansätze der Problemlösung nicht zu umgehen. Alle Beispiele weisen deutlich darauf hin, dass bisher praktiziertes Vorgehen auch in Zukunft mit immensen politischen, gesellschaftlichen und wirtschaftlichen Risiken verbunden ist. Damit illustrieren sie letztlich die notwendige Neuorientierung in Richtung „Governance". Staat und Verwaltung müssen ihre Aufgaben und Verantwortung unter den veränderten gesellschaftlichen Bedingungen neu definieren.

Mit „Governance" wird das Zusammenspiel von Wirtschaft, Staat und Gesellschaft zukunftsgerichtet neu orientiert. Die gesellschaftlichen Probleme sollen verstärkt partnerschaftlich, transparent und wirkungsorientiert angegangen werden. Staatliche und nichtstaatliche Akteure insbesondere aus Politik, Verwaltung, Unternehmen, Verbänden und Nonprofit-Organisationen sollen die Entwicklung zum Wohle aller kooperativ anpacken. Gemeinsame Chancen sind gezielt aufzugreifen. Dabei stehen wirtschaftlich, sozial und ökologisch nachhaltige, ausgewogene Lösungen im Vordergrund. Damit verbunden ist eine grundlegende Neuorientierung des Staates. Der Staat ist nicht nur wie bisher Hoheitsstaat und Dienstleistungserbringer. Er wird neu auch zum Moderator, der die vorhandenen Selbststeuerungskräfte erkennt und ausgewogen fördert.

Governance nicht unreflektiert übertragen

Wie bereits erwähnt, gelten diese Herausforderungen in vergleichbarer Weise für den öffentlichen und den privaten Sektor. Und wie bereits erwähnt, hat der private Sektor unter dem Titel „Corporate Governance“ bereits einen grossen Teil seiner Hausaufgaben geleistet (vgl. z. B. www.cibasc.com/swisscodeofbestpractice_de.pdf). Wenn nun der öffentliche Sektor seine Defizite ebenfalls aufarbeiten will, kann es nicht darum gehen, in einem nächsten Schritt nun das Gedankengut der Corporate Governance von der privaten Wirtschaft auf den öffentlichen Sektor zu übertragen.* Solchen Ansätzen müsste das gleiche Schicksal beschieden sein wie beim New Public Management. Es muss vielmehr versucht werden, beide Partner auf ein neues Koordinatennetz auszurichten. Erfolg in dieser zweiten Phase setzt Bereitschaft zum Wandel voraus. Es braucht eine grundsätzliche Neuorientierung in drei Punkten:

1. Der Markt ist nicht die bestimmende Referenzgröße

Der Wandel erfordert die Abkehr vom Markt als der bestimmenden Referenzgröße für den öffentlichen Sektor. Wirtschaftliche Fehlentwicklungen und Skandale in den 90er Jahren und in der unmittelbaren Vergangenheit haben die Defizite des Marktmodells deutlich vor Augen geführt. Dass dabei die Ursachen weniger beim Marktversagen, sondern eher beim Managementversagen zu finden sind, ändert nichts am Sachverhalt. Skandalträchtige Unternehmensnachrichten haben klar gemacht, dass die häufig kurzfristig orientierte ökonomische Rationalität durch weitere Perspektiven ergänzt werden muss. Diese Schwachstelle wird durch das unreflektierte Nachvollziehen der Corporate Governance-Diskussion zusätzlich verstärkt. In diesem Sinne ist es auch zu bedauern, dass im Verhältnis von Staat und Wirtschaft bisher vor allem Alternativmodelle wie Privatisierung und Outsourcing im Vordergrund standen, während differenzierte Formen der Kooperation (Public Private Partnership) bisher eher wenig Beachtung gefunden haben. Gerade die differenzierteren Formen von Kooperationen ermöglichen Entscheidungsträgern jedoch Alternativen zur Steigerung einer wirtschaftlichen, resultatorientierten Leistungserstellung, die mit vergleichsweise geringeren Risiken verbunden sind.

2. Kein Ausspielen wirtschaftlicher gegen politische Argumente

Nach den ernüchternden Erfahrungen im Rahmen von NPM, kann es nicht mehr darum gehen, die ökonomische gegen die politische Rationalität auszuspielen. So ist es beispielsweise problematisch, bei der Zusammensetzung von Führungsausschüssen politische Aspekte generell auszuklammern. Wenn es um die Versorgungssicherheit geht, sind volkswirtschaftliche und politische Überlegungen auf die Dauer genauso wichtig wie die betriebswirtschaftlichen Anforderungen bezüglich Wirtschaftlichkeit und Wirksamkeit. Es kann nicht darum gehen, die Politik mit wirtschaftsorientierten Manage-

* Vgl. z. B. den Beitrag von Schedler, 2002, in welchem Empfehlungen für die Corporate Governance formuliert werden und eine neue Balance zwischen Politik und Management gefordert wird.

mentansätzen zu bevormunden. Rein betriebswirtschaftlich-"professionelle" Lösungen können mit großen politischen Risiken verbunden sein. Einseitige Ansätze sind zu vermeiden. Auch die Privatisierung staatlicher Betriebe ist kein Selbstzweck. Die Übertragung staatlicher Funktionen an Privatunternehmen darf nicht als Verlegenheitslösung missverstanden werden, um den öffentlichen Sektor von Kosten zu befreien. Durch Privatisierungen muss der Gesamtnutzen für die Gesellschaft gesteigert werden können. Partnerschaften zwischen der öffentlichen Hand und der Privatwirtschaft dürfen zudem nicht dazu führen, dass die Privatwirtschaft Gewinne auf Kosten der öffentlichen Hand erzielt, indem der Staat die überwiegenden Risiken bzw. die Verluste tragen muss. Zwischen Risiko sowie Einfluss- und Kontrollmöglichkeiten muss ein Gleichgewicht herrschen. Zudem sind sorgfältige Abklärungen der zukünftigen Unsicherheiten und Risiken im Sinne eines Frühwarnsystems unumgänglich. Voraussetzung dafür ist, dass die Zielsetzungen respektive Zielerwartungen aller Partner transparent dargelegt werden. Ausserdem müssen neue Regulierungs- und Konfliktlösungsmechanismen geschaffen werden.

3. Es braucht ein neues umfassendes Wertesystem

Notwendig ist schliesslich auch ein neues Wertesystem, das nicht ausschliesslich auf ökonomische Aspekte abstellt. Es geht u. a. darum, die verbreitete kurzfristige Optik durch die Diskussion der mittel- und längerfristigen Konsequenzen des Handelns zu ergänzen. Gefragt sind Lösungsansätze, die gesellschaftlich, politisch, wirtschaftlich und auch ökologisch nachhaltige Entwicklungen ermöglichen. Betriebswirtschaftliche Leitgrößen wie Effizienz, Effektivität und Wirtschaftlichkeit bleiben bedeutend, müssen jedoch vor dem Hintergrund politisch-gesellschaftlicher Forderungen wie Gleichheit, Stabilität, Ethik oder Nachhaltigkeit neu interpretiert respektive ergänzt werden.

Anforderungen an ein neues Koordinatennetz

Das geforderte neue Koordinatennetz als Grundlage für Public Governance soll sich nicht allein an verwaltungsinternen Zusammenhängen ausrichten. Gerade im öffentlichen Bereich ist ergänzend die Frage zu stellen, mit welchen Auswirkungen extern in Wirtschaft, Staat und Gesellschaft zu rechnen ist. Dabei spielen gesamtwirtschaftliche Überlegungen genauso eine Rolle wie beispielsweise der soziale Zusammenhalt oder die Nachhaltigkeit unserer Lebensbedingungen. Lokale und regionale Auswirkungen sind situationsspezifisch ebenso zu berücksichtigen, wie Folgen jenseits unserer Landesgrenzen und zwar nicht nur bezüglich der aktuellen Situation und der kurzfristigen Folgen. Die Herausforderung besteht vor allem darin, ergänzend dazu auch die mittel- bis längerfristigen Wirkungen zu prüfen und zu beurteilen. Dabei ist die Fähigkeit zum Wandel und zu Innovationen genauso wichtig wie die Fähigkeit, stabile Verhältnisse zu schaffen, die Steuerbarkeit der Verwaltung und der Betriebe zu gewährleisten oder den sachgerechten Umgang mit Risiken zu pflegen. Im heutigen unsicheren und sich schnell wandelnden Umfeld stellt sich zunehmend die Frage, wie Führungskräfte die kurz- und längerfristige Steuerungs- und Entwicklungsfähigkeit ihrer Organisation beurteilen und wie sie die Entwicklung bewerten können. Obwohl die kulturellen Aspekte dabei im Vordergrund stehen, braucht es dafür auch geeignete Instrumente.

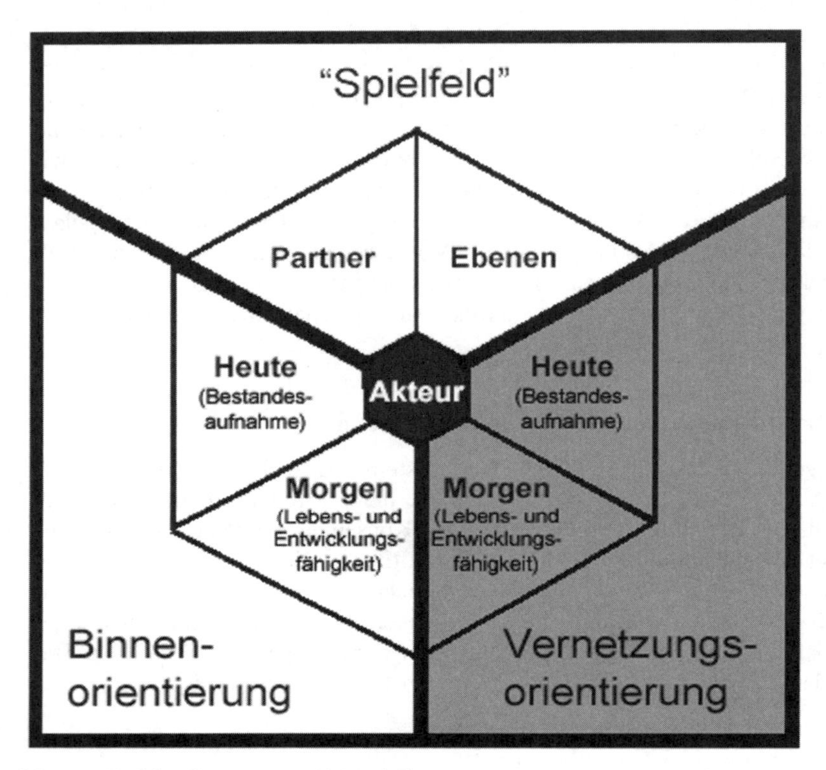

Neues „Public Governance"-Modell

4. Ein neues Governance-Modell

Wie wir aus den Erfahrungen mit NPM gesehen haben, sind Instrumente ein nützliches, aber nicht hinreichendes Element für einen erfolgreichen Reformprozess. Instrumente können aber sehr wohl – z. B. im Rahmen eines Self-Assessments – einen wichtigen Beitrag zur Problemsensibilisierung liefern. Im Zusammenhang mit Public Governance hat sich gezeigt, dass gerade innerhalb des politisch-administrativen Systems die Sensibilisierung für die Vernetzungsthematik noch nicht hinreichend groß ist. Tradierte Verhaltensmuster führen dazu, dass man sich mit grundsätzlichen Veränderungsprozessen eher schwer tut und die Lösungen normalerweise im näheren Umfeld der Problemstellung sucht.

Im Folgenden wird ein Governance-Modell für den öffentlichen Sektor vorgestellt, welches im Sinne eines Self-Assessments eine Standortbestimmung bezüglich der eigenen Governance-Fähigkeit ermöglichen soll (vgl. Abb. 2).* Modelle haben in der Wirtschaft schon lange Einzug gefunden (z. B. Managementmodelle, Modelle für das Qualitätsmanagement wie EFQM oder ISO). Es geht nun darum, diese Erfahrung für das Gesamtsystem Wirtschaft-Staat-Gesellschaft angemessen zugänglich zu machen. Mit dem Governance-Modell lassen sich Gesamtsysteme und Teilbereiche umfassend und systematisch bewerten. Dies ist die Grundlage für kontinuierliche zukunftsorientierte Lernprozesse.

Obwohl das Modell sehr einfach konzipiert ist, verbirgt sich dahinter eine große Komplexität. Das Modell besteht aus drei Bereichen, dem sogenannten Spielfeld, der Binnenorientierung sowie der Außen- oder Vernetzungsorientierung.

Das Modell beruht auf einer „6x6-Wabenstruktur". Einbezogen werden jeweils aus Sicht der analysierten Institution (z. B. Unternehmung, Staat, internationale Organisation):

- die sechs wichtigsten *Partner* (z. B. Bürger, Parlament, Regierung, Verwaltung, Medien, Wirtschaft, Kultur, Regulatoren)
- Zusammenhänge auf sechs *Ebenen* (Ebene der supranationalen Organisationen bis Ebene der Gemeinden)

Diese beiden Bereiche bilden das „Spielfeld" bzw. stecken den Untersuchungsrahmen ab.

Die Binnenorientierung wird weiter gegliedert in je sechs Indikatoren, welche die Managementqualität messen bezüglich der Fähigkeit, einerseits die aktuellen Probleme zu meistern und andererseits zukunftsorientiert nachhaltig zu handeln.

Die Binnenorientierung wird ergänzt durch die Vernetzungsorientierung, welche wiederum je sechs Beurteilungsindikatoren für den Zustand „Heute" und „Morgen" definiert.

Damit ergibt sich eine Grundstruktur, wie sie in der nachfolgenden Abbildung dargestellt ist. Auf der Grundlage dieses Modells lassen sich zusammenfassend die nachfolgenden zentralen Fragen beantworten:

- Welche *Fragen* oder Themen,
- bearbeiten welche *Akteure* (z. B. staatlich, nicht-staatlich),
- auf welcher *Ebene* (z. B. supranational, international, national),

* Das hier präsentierte Governance-Modell hat der Autor in Zusammenarbeit mit Dr. Heiko Borchert, Unternehmensberater in Luzern (http://www.borchert.ch) und Dr. Guido Fischer, Unternehmensberater in Mels (St. Gallen) entwickelt.

- in welcher *Form* (z. B. institutionalisiert, ad-hoc zusammengesetzt),
- mit welchem *Ziel* und
- mit welcher *Motivation* (z. B. Durchsetzung eigener Interessen, Gemeinwohlorientierung)?

Das Modell kann einen wichtigen Beitrag leisten zur Standortbestimmung und damit gegebenenfalls laufende Reformen revitalisieren oder auf neue Ziele ausrichten. Für weitere Informationen stehen die Autoren des Modells gerne zur Verfügung.

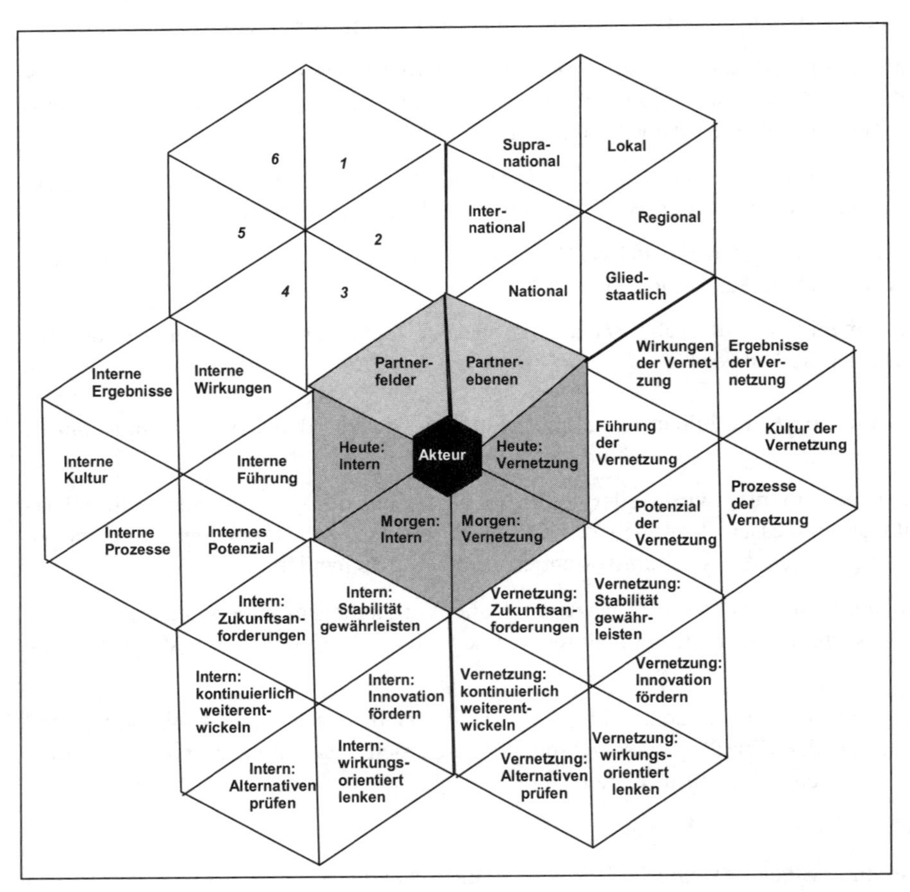

Governance-Modell mit Gliederung nach Hauptkriterien

Anhang: Spielregeln für Public Governance

Zusammenfassend werden nochmals wichtige Spielregeln für Public Governance aufgezeigt:

1. Netzwerkfähigkeit und Kooperationen stärken
Die bis anhin weitgehend binnenorientierten Reformen des öffentlichen Sektors müssen stärker auf Netzwerkfähigkeit und Kooperation mit den wichtigsten Interessengruppen ausgerichtet werden. Die durch die NPM-Reformen beeinträchtigte Integrationsfunktion des Staates soll damit wieder gestärkt und ein besseres Zusammenwirken von interner und externer Steuerung ermöglicht werden.
2. Nutzung der beschränkten Ressourcen optimieren
Transparenz über die Zielsetzungen und Zielerwartungen der beteiligten Partner sind eine wichtige Voraussetzung. Einsparungsziele sind legitim, sollten aber nicht dominieren. Im Vordergrund steht die optimale Nutzung der (allseits beschränkten) Ressourcen und zwar unabhängig von den Eigentumsverhältnissen. Periodische Kosten-Nutzen-Betrachtungen können wertvolle Führungsinformationen liefern.
3. Grundsätze für eine Kooperations- und Vernetzungspolitik festlegen
Eine umfassende Risikoanalyse und eine Gesamtkonzeption über die Aufgabenteilung zwischen Staat, Wirtschaft und Zivilgesellschaft sind Grundvoraussetzungen für die Entscheidfindung über neue Kooperationsformen. Wir brauchen deshalb Grundsätze für eine Kooperations- und Vernetzungspolitik des Staates. Dies bedingt gleichzeitig eine Stärkung der Managementfunktion der politischen Führung.
4. Steuerungsfähigkeit erhalten und ausgewogene Partnerschaften fördern
Neue Kooperationsformen zwischen dem öffentlichen und dem privaten Sektor (PPP) bzw. zwischen mehreren öffentlichen Partnern und der Privatwirtschaft (PPPP) spielen eine wichtige Funktion beim Übergang zum Gewährleistungsstaat. Dabei sind win-win-Situationen anzustreben, die einerseits die Steuerungsfähigkeit der Politik erhalten und gleichzeitig eine einseitige Dominanz irgendeines Partners möglichst vermeiden.
5. „Soft Law“ fördern
Entscheide über neue Organisationsformen sollten primär auf Kooperations- und Vernetzungsmöglichkeiten ausgerichtet sein. Dazu brauchen wir einen Konsens über den vermehrten Einsatz von ‚Soft Law'. Die Fähigkeit des öffentlichen Sektors, in diesen neuen Rahmenbedingungen erfolgreich seine Funktionen wahrnehmen zu können, muss gezielt entwickelt (z. B. Aufbau angepasster Steuerungsmechanismen) und die organisatorischen Voraussetzungen angepasst werden.
6. Governance-Kodex festlegen
Ein wichtiges Element sind dabei Grundlagen für eine „neue Ethik“, die eine Kooperationskultur ermöglicht und weiterentwickelt. Wir brauchen einen Verhaltenskodex für das Zusammenwirken von Staat, Wirtschaft, Zivilgesellschaft und anderen Akteuren, der einerseits in der Lage ist, das Verhalten der Beteiligten zu beeinflussen und der gleichzeitig Ordnungs- und Steuerungsfunktionen wahrnehmen kann.

5. Zusammenfassung

Public Governance bietet große Chancen für eine zukunftsorientierte, ausgewogene Führung im öffentlichen Bereich. Voraussetzung für eine erfolgreiche Umsetzung ist jedoch die Bereitschaft zu einem grundlegenden Wandel. Instrumente sind nützlich, bringen aber nicht den Erfolg. Die Lösung liegt auch nicht in der Angleichung des öffentlichen Sektors an den privaten. Vielmehr müssen beide Sektoren auf ein neues Koordinatenkreuz ausgerichtet werden, welches tradierte Verhaltensmuster durchbricht. Gefragt sind folglich neue Spielregeln für die Zusammenarbeit zwischen Staat, Wirtschaft, und Gesellschaft, welche die Rahmenbedingungen erfolgreicher Partnerschaften stärker betonen.

Mit einem neu entwickelten Governance-Modell wird Verwaltungen und Betrieben des öffentlichen Sektors die Möglichkeit gegeben, in Ergänzung zur Managementqualität auch ihre Governancequalität zu prüfen. Die Ergebnisse können eine wichtige Grundlage für einen weiterführenden Reformprozess bilden.

Literaturverzeichnis

Kooiman, Jan, Governance. A Social-Political Perspective, in: Jürgen R. Grote/Bernard Gbikpi (Hrsg.), Participatory Governance, Opladen 2002, S. 71–96

Frey, René, Von der Corporate Governance zur Public Governance, Vortrag an der Universität Salzburg vom 22.05.2002, Wirtschaftswissenschaftliches Zentrum WWZ der Universität Basel, Abteilung Wirtschaftspolitik, August 2002

Schedler, Kurt, Corporate Governance bei Staatsbetrieben, in: NZZ vom 19. März 2002

Staatspolitische Kommission des Nationalrates, Parlamentarische Initiative Parlamentsgesetz, Bericht der Staatspolitischen Kommission des Nationalrates vom 1. März 2001, SR 01.401

Public Corporate Governance in Österreich – Stand der Diskussion

Herbert Schmalhardt

1. Corporate Governance in Österreich

1.1 Historie und Zielsetzung

Österreich konnte sich der internationalen Entwicklung zum Thema Corporate Governance nicht verschließen. Mit dem Insolvenzrechtsänderungsgesetz 1997 wurden indirekt die gesetzlichen Anforderungen an die Führung und Überwachung von Unternehmen – analog dem KonTraG – verschärft. Für die Corporate Governance waren mehrere Bestimmungen relevant, die sich primär aus der Zielsetzung der Insolvenzprophylaxe ergaben. Konkret wurden die Berichtspflicht des Vorstandes an den Aufsichtsrat erweitert (§ 81 AktG), der Vorstand verpflichtet, für ein internes Kontrollsystem zu sorgen (§ 82 AktG), die Höchstzahl von Aufsichtsratsmandaten neu geregelt (§ 86 Abs 2 AktG), die Einrichtung eines Bilanzausschusses verpflichtend vorgesehen (§ 92 Abs 4 AktG) und die Sitzungsfrequenz des Aufsichtsrates erhöht (§ 94 Abs 3 AktG). Weitere Änderungen betrafen das Recht einzelner Aufsichtsratsmitglieder, einen Sonderbericht zu verlangen, und die Teilnahme des Abschlussprüfers an Aufsichtsratssitzungen zur Prüfung und Feststellung des Jahresabschlusses. Das Thema war damit für Österreich vorerst abgeschlossen.

Dies erschien aber unter Berücksichtigung der europäischen Entwicklungen der Corporate Governance Diskussion nicht ausreichend. Als im Jahr 2001 in Deutschland die amtliche Corporate Governance Kommission ihre Empfehlungen verabschiedete, hatte Österreich noch keinen Corporate Governance Kodex (CG-Kodex). Die Initiativen der Europäischen Kommission und der amtlichen Kommission in Deutschland beschleunigten die Finalisierung des österreichischen Kodexes. Federführend in der Diskussion war das Institut Österreichischer Wirtschaftsprüfer (IWP), das sich bereits im Oktober 2000 im Rahmen der alljährlichen Fachtagung mit dem Thema Corporate Governance und Wirtschaftsprüfung befasste.

Das IWP hat auch den ersten Entwurf eines Code of Corporate Governance erarbeitet. Da dieser Entwurf nach Auffassung der Österreichischen Vereinigung für Finanzanalyse und Asset Management (ÖVFA) – dem Pendant zur deutschen DVFA – zu wenig kapitalmarktorientiert war, hat diese einen eigenen Entwurf erarbeitet. Es drohte dieselbe Situation wie in Deutschland, wo ursprünglich der Frankfurter dem Berliner Code gegenüberstand. Da ein Nebeneinander für den österreichischen Kapitalmarkt auf Grund der Größe nur noch schädlicher sein konnte, wurden die beiden Regelwerke zusammengeführt. Der erste Entwurf der gemeinsamen Arbeitsgruppe für einen Österreichischen Corporate Governance Kodex (ÖCG-Kodex) wurde am 21. November 2001 präsentiert. In weiterer Folge hat unter der Leitung des Regierungsbeauftragten für den Kapitalmarkt, Dr. Richard Schenz, ein Arbeitskreis den ÖCG-Kodex überarbeitet. Dem Arbeitskreis gehörten Vertreter des IWP, der ÖVFA, der Emittenten, der Investoren, der Wiener Börse, der Sozialpartner und der Wirtschaft an. Durch die breite Zusammensetzung der Arbeitsgruppe ist es nicht verwunderlich, dass gegenüber dem Erstentwurf noch einige Bestimmungen reduziert oder entschärft wurden. In weiterer Folge flossen auch Anregungen aus zwei Public Posting Perioden in den Kodex ein. Am 1. Oktober 2002 wurde der ÖCG-Kodex offiziell der Öffentlichkeit vorgestellt.

1.2 Selbstverpflichtung der Unternehmen

Da internationale Investoren zunehmend Governance-Standards als Orientierungshilfe verlangten, haben sich auch einige österreichische Unternehmen wie die Wienerberger AG und Böhler-Uddeholm AG bereit erklärt, einen Corporate Governance Kodex zu akzeptieren. Das Fehlen solcher Standards konnte einen Nachteil für den Wirtschaftsstandort Österreich bedeuten. In diesem Risiko lag ein wesentliches Motiv für die Ausarbeitung von Verhaltensregeln, die über die umfangreichen gesetzlichen Bestimmungen des Gesellschaftsrechts hinausgehen sollten.

Der ÖCG-Kodex verfolgt laut Präambel das Ziel einer verantwortlichen, auf nachhaltige und langfristige Wertschaffung ausgerichteten Leitung und Kontrolle von Gesellschaften und Konzernen. Mit dieser Zielsetzung soll den Interessen aller, deren Wohlergehen mit dem Erfolg des Unternehmens verbunden sind, am besten gedient sein. Mit dem Kodex soll ein hohes Maß an Transparenz für alle Shareholder erreicht werden. Obwohl primär an die Shareholder gerichtet, sollen aber auch die Interessen der Stakeholder Berücksichtigung finden. Somit wird bereits in der Zielsetzung der Konflikt zwischen Share- und Stakeholder-Orientierung angesprochen. Vorrangig zu berücksichtigen haben den ÖCG-Kodex vor allem die österreichischen börsennotierten Aktiengesellschaften. Empfohlen wird die Anwendung der Regeln aber auch für nicht börsennotierte Aktiengesellschaften, sofern die Regeln auf diese anwendbar sind.

Geltung erlangt der ÖCG-Kodex durch die freiwillige Selbstverpflichtung der Unternehmen zu den Corporate Governance-Grundsätzen in der jeweiligen Fassung. Diese Formulierung weist auf die Notwendigkeit einer periodischen Adaptierung hin. Mit der Selbstverpflichtung ist keine inhaltliche Verbindlichkeit gegeben. Unternehmen, die sich dem ÖCG-Kodex verpflichten, geben eine Erklärung ab, ob und in welchem Umfang sie den Kodex einhalten. Die Unternehmen haben somit streng genommen die Möglichkeiten, den Kodex vollständig einzuhalten, ihn überhaupt nicht einzuhalten und ihn teilweise einzuhalten. In Österreich besteht entgegen dem deutschen Aktiengesetz (§ 161) keine gesetzliche Verpflichtung, eine Erklärung über die Einhaltung des Kodexes abzugeben. Der Druck zur Einhaltung einer Selbstverpflichtung resultiert in der Unternehmenspraxis überwiegend aus den Anforderungen der Shareholder und dem Verhalten des Wettbewerbs.

Nach derzeitigem Stand ist der ÖCG-Kodex unverbindlich. Dies entspricht dem Selbstverständnis der Verfasser und ist auch international üblich. Es ist daher zu prüfen, welche Bestimmungen im Kodex, die über die gesetzlichen Regelungen hinausgehen, im Rahmen einer Selbstverpflichtung der betroffenen Unternehmen eingehalten werden.

1.3 Stand der Umsetzung

Corporate Governance Kodizes sind Regelwerke, mit denen sich die Unternehmen selbst in Ergänzung der Gesetze einen zusätzlichen Orientierungsrahmen schaffen. Eine Unterwerfung erfolgt freiwillig, aber in verbindlicher und öffentlicher Weise. Es stellt sich daher die Frage, ob und wie der ÖCG-Kodex rund zwei Jahre nach der Einführung umgesetzt ist. In Österreich wurden bisher vier Untersuchungen zu diesem Thema erstellt.

Die erste Untersuchung hat die Anwaltskanzlei Haarmann & Hügel vorgenommen und sie im September 2003 publiziert. Weitere Untersuchungen wurden im Jahr 2003 vom Österreichischen Arbeitskreis für Corporate Governance, der ÖVFA und der Arbeiterkammer durchgeführt. Die Ergebnisse sind in wesentlichen Punkten einheitlich. Die Verpflichtung der 37 Unternehmen im Prime Market liegt bei rund 50 Prozent. Mit Ausnahme der OMV haben alle Unternehmen eine oder mehrere Einschränkungen bei den Comply or Explain-Regeln vorgenommen. In den übrigen Börsesegmenten sieht die Lage noch weit schlechter aus, da sich zu diesem Zeitpunkt nur wenige Gesellschaften verpflichtet haben, die Regeln des ÖCG-Kodexes einzuhalten.

Im September 2004 hat die Kammer für Arbeiter und Angestellte für Wien eine weitere Studie präsentiert. Die Verpflichtung der Unternehmen im Prime Market ist gestiegen und liegt bei rund drei Viertel. Außerhalb des Prime Market haben lediglich acht Unternehmen eine Verpflichtungserklärung abgegeben. Für die deutliche Mehrheit in den anderen Börsensegmenten ist der ÖCG-Kodex somit kein Thema. Abhilfe dagegen könnte nur die gesetzliche Verankerung einer Erklärungsverpflichtung bieten. Da sich vorrangig Blue Chips verpflichten, ist die Optik schlecht und die erhoffte Wirkung des ÖCG-Kodexes damit erheblich beeinträchtigt. Freiwilligkeit alleine reicht nicht aus. Wesentliche Comply or explain-Bestimmungen oder sogar einzelne Recommandations sollten gesetzlich geregelt werden. Die Abweichung von einzelnen Regeln des Kodexes ist auch zwei Jahre nach Einführung des ÖCG-Kodexes gängige Praxis.

Die Ergebnisse der Studie liefern einen eindeutigen Beweis dafür, dass eine Verbesserung der Governance alleine auf freiwilliger Basis nicht erzielbar ist. Marktmechanismen wie Gruppenzwang oder Risikoabschläge bei Aktienkursen werden in Österreich bis dato nicht eingesetzt, um die Selbstverpflichtungsquote zu erhöhen. Die Verantwortung für die verpflichtende Einhaltung von Governance-Regeln liegt bei den Vorständen. Diese sind nach § 70 AktG für die grundsätzlichen Leitungsentscheidungen zuständig. Weiters bei den Aufsichtsräten, da die nach § 95 Abs 5 Z 8 AktG den allgemeinen Grundsätzen der Geschäftspolitik zustimmen müssen. Vorstände stimmen in aller Regel die grundsätzlichen unternehmenspolitischen Entscheidungen mit dem Aufsichtsrat ab. Da von den Aktionären am österreichischen Kapitalmarkt kein Druck zur Abgabe einer

Verpflichtungserklärung kommt, scheint das Vertrauen in das duale Führungssystem Vorstand – Aufsichtsrat gegeben. Es ist weiters davon auszugehen, dass die Investor-Relation-Abteilungen der Unternehmen ausreichend aktien- und kapitalmarktbezogene Informationen liefern, um die geforderte Transparenz zu gewährleisten.

2. Corporate Governance in öffentlichen Unternehmen

2.1 Privatisierungen und Ausgliederungen

In der Praxis wird nicht exakt zwischen Privatisierung und Ausgliederung unterschieden, die Begriffe werden vielfach synonym verwendet. Es ist jedoch zwischen echten Privatisierungen durch Veräußerung der Anteilsrechte und unechten oder Scheinprivatisierungen durch Ausgliederungen zu differenzieren. Echt privatisiert wurden in einer ersten Phase überwiegend Unternehmen wie die Voestalpine AG, die in einem internationalen Wettbewerb bestehen müssen. Der Rückzug des Staates diente auch dem Zweck, mit den erzielten Verkaufserlösen den Haushalt zu sanieren. Die Privatisierung ist in Österreich noch nicht abgeschlossen. Die Österreichische Industrieholding AG (ÖIAG) hat den Auftrag, die Eigentumsinteressen des Bundes zu wahren und die im Regierungsprogramm vereinbarte Privatisierungsstrategie umzusetzen. Mit der Liberalisierung hat eine zweite Welle von echten Privatisierungen eingesetzt. Davon betroffen sind ausgegliederte Unternehmen in den Sektoren Energie, Telekommunikation und Infrastruktur.

In Österreich wurden zwischen 1978 und 2001 über 50 ehemals in der Bundesverwaltung integrierte Einrichtungen organisatorisch verselbständigt, weitere 25 waren bis Ende 2003 geplant. Zu berücksichtigen sind auch zahlreiche Ausgliederungen in den Ländern und Gemeinden. Die Ausgliederungen erfolgten quer durch die gesamte öffentliche Verwaltung und umfassten sowohl Einrichtungen der Hoheitsverwaltung wie Austro Control und Finanzmarktaufsicht, als auch der Privatwirtschaftsverwaltung wie Museen oder Bundesforste. Von Privatisierung wird vielfach auch bei diesen Unternehmen gesprochen, da Aufgaben des Gemeinwohls an eigens eingerichtete juristische Personen mit eigener Rechtspersönlichkeit übertragen wurden. Die Motive und Hintergründe für die Ausgliederungen waren vielfältig. Sie reichten von mehr Autonomie für das Management durch die Beseitigung unflexibler Bestimmungen des Haushalts-, Dienst- und Besoldungsrechts über die Erfüllung der fiskalischen Maastricht-Kriterien bis zur nachhaltigen Budgetentlastung durch Beseitigung struktureller Defizite. Weiter bot eine Ausschreibung von Führungspositionen die Chance, eine neue Führungskultur zu installieren.

Vorgaben durch die öffentliche Hand zur Einhaltung von Corporate Governance-Regeln wurden bisher nur in einem relativ geringen Umfang gesetzt. Vereinzelt haben sich Unternehmen im Mehrheitseigentum der öffentlichen Hand dem ÖCG-Kodex unterworfen.

Dies trifft beispielsweise auf die Energie Steiermark AG (ESTAG) zu. Die ESTAG hatte massive Governance-Probleme. Umfangreiche Prüfungen durch einen Wirtschaftsprüfer und den Rechnungshof waren die Folge der politischen Diskussion im Landtag. Ausgelöst wurde die Diskussion durch medial erhobene Vorwürfe eines vor kurzem neu bestellten Vorstandsmitglieds. Ob die Verpflichtung zur Einhaltung des ÖCG-Kodexes aus Vorbildwirkung erfolgte oder eine unternehmenspolitische Entscheidung im Kontext dieser Turbulenzen war, lässt sich nicht eindeutig klären. Weiters haben einige börsennotierte Unternehmen im Mehrheitseigentum von Ländern eigene Kodizes in Anlehnung an den ÖCG-Kodex ausgearbeitet und unternehmensintern in Geltung gesetzt. Dies trifft z. B. auf die Energie-Versorgung Niederösterreich AG (EVN) und die Flughafen Wien AG zu. Für nicht börsennotierte Unternehmen im Eigentum der öffentlichen Hand scheint das Interesse an einer standardisierten Regelung der Corporate Governance nur im eingeschränkten Maß vorhanden zu sein. Bei ausgegliederten Unternehmen, die primär Aufgaben im öffentlichen Interesse wahrnehmen und deshalb nicht in einer Wettbewerbssituation stehen, sind aus Unternehmenssicht kaum Argumente für ein Engagement in Sachen Corporate Governance ersichtlich. Somit obliegt es den Eigentümern, die Einhaltung eines Public Corporate Governance Kodex (PCG-Kodex) zu fordern und verbindlich zu regeln.

2.2 Public Private Partnership-Modelle

Wie im übrigen Europa sind nun auch in Österreich die PPP-Modelle in einem dynamischen Entwicklungsprozess begriffen. Während im Bund und den Ländern der Einsatz von PPP-Modellen bisher nur zögerlich erfolgte, waren die Kommunen bereits aktiv und haben beispielsweise in der Entsorgung mit privaten Anbietern zusammengearbeitet. Es finden sich zahlreiche Modelle, Formen, Varianten und Unterscheidungskriterien für Kooperationen. Für jedes Projekt wird eine maßgeschneiderte Lösung angestrebt.

PPP-Modelle werden nicht mehr nur als Finanzierungsalternative betrachtet, sondern als Möglichkeit der Umsetzung von Vorhaben mit einer wirtschaftlich sinnvollen Risikoallokation zwischen öffentlicher Hand und Privaten gesehen. Infrastrukturprojekte für Straßen, Schiene und Tunnel werden genauso als PPP-Modelle konzipiert wie das Facility Management öffentlicher Gebäude oder der Betrieb von öffentlichen Einrichtungen.

Die Vor- und Nachteile von PPP-Modellen sind sorgfältig abzuwägen. Die Erfahrungen in anderen europäischen Ländern können helfen, einen nachvollziehbaren und korrekten Wirtschaftlichkeitsvergleich samt Risikobewertung durchzuführen. Effizienzpotentiale bei der Leistungserstellung und Einsparungspotentiale bei den Kosten scheinen oft nur auf den ersten Blick erzielbar. Private Unternehmen verfügen in der Regel nicht über die Finanzierungskonditionen der öffentlichen Hand, wodurch vor allem Projekte mit langer Laufzeit erheblich teurer werden können. Andererseits ist aus unternehmerischer Sicht das Bemühen verständlich, die Risiken vertraglich möglichst bei der öffentlichen Hand zu belassen.

PPP-Modelle erfordern ein erfahrenes Team der öffentlichen Hand, das durch kompetente Berater in technischen, betriebswirtschaftlichen und rechtlichen Fragen unterstützt wird. Durch die Mitunternehmerschaft sind Governance-Regeln einzuhalten. Ein PCG-Kodex sollte somit auch von gemischtwirtschaftlichen Unternehmen für verbindlich erklärt werden.

2.3 Beteiligungsmanagement

Die steigende Anzahl von ausgegliederten Einrichtungen des Bundes, der Länder und Gemeinden erfordert ein professionelles Beteiligungsmanagement. Die unterschiedlichen Beteiligungen können zu Clustern wie Energie, Bildung oder Spitalswesen gebündelt werden. Teilweise werden vom Bund und den Ländern auch Holdinglösungen zur Führung mehrerer Gesellschaften umgesetzt. Werden die Beteiligungen in Österreich nur verwaltet oder auch gemanagt? Um die Frage zu beantworten ist zu untersuchen, ob es auf Bundes- oder Landesebene Richtlinien oder Bestimmungen gibt, die sich an den Regeln des ÖCG-Kodexes orientieren. Solche Richtlinien können beispielsweise die Besetzung von Leitungspositionen, die Vergütung für Aufsichtsräte und das Berichtswesen regeln. In Österreich ist in der Regel sowohl beim Bund als auch bei den Ländern von einer dualen Verantwortung für die Beteiligungen auszugehen. Getrennte Zuständigkeiten für gesellschaftsrechtliche/finanzielle Aspekte sowie für fachlich/ inhaltliche Agenden führen in der Praxis vielfach zu Konflikten.

Für die Beteiligungsunternehmen des Bundes wird im Bundeshaushaltsgesetz festgeschrieben, dass ein Beteiligungs- und ein Finanzcontrolling durchzuführen ist. Dazu wurde eine Richtlinie in Verordnungsform in Kraft gesetzt, mit der ein einheitliches Planungs-, Informations- und Berichterstattungssystem vorgeschrieben wird. In der Richtlinie wird zwischen Beteiligungscontrolling und Finanzcontrolling unterschieden. Das Beteiligungscontrolling wird durch das jeweils zuständige Ministerium durchgeführt, das Finanzcontrolling durch das Bundesministerium für Finanzen.

In den Bundesländern bestehen mit Ausnahme von Vorarlberg keine offiziellen Richtlinien oder Standards für Beteiligungsunternehmen. Zum Teil finden sich Entwürfe für entsprechende Richtlinien wie in Oberösterreich, die aber nicht in Kraft gesetzt wurden. Die Vorarlberger Richtlinie regelt die Bestellung von Organen. Für die Zusammensetzung des Aufsichtsrates werden Empfehlungen ausgesprochen. Weiters werden Anforderungen an das Berichtswesen, das Rechnungswesen und das Interne Kontrollsystem definiert. Große Städte wie Wien und Graz haben Richtlinien in Arbeit bzw. bereits erlassen.

Das Fehlen von einheitlichen Governance-Richtlinien in fast allen Bundesländern ist im Zusammenhang mit der oft mangelhaften Implementierung eines umfassenden Beteiligungsmanagements zu sehen. Das Beteiligungsmanagement wird in unterschiedlicher Intensität durch die Ämter der Landesregierungen wahrgenommen. Schwerpunkte sind in der Regel die Beteiligungsverwaltung und die Unterstützung der Regierungsmitglieder in ihren Aufsichtsratsfunktionen. Relativ gering ausgeprägt ist ein aktives Beteiligungscontrolling mit umfassenden Beteiligungsberichten. Auch die organisatorische Eingliederung sowie die Organisationsformen sind für das Beteiligungsmanagement öffentlicher Unternehmen sehr unterschiedlich. In den letzten Jahren wurden vermehrt Holdinggesellschaften wie die NÖ Landesholding gegründet oder sind wie die Bundesbeteiligungs- und Management AG als Infrastrukturholding geplant. Zweck einer Holding ist in der Regel das aktive Management des Beteiligungsportfolios auf der Basis politischer Ziele und Strategien sowie die Implementierung betriebswirtschaftlicher Steuerungsinstrumente.

Ein systematisches Beteiligungsmanagement und die Einführung standardisierter Reporting- und Kontrollabläufe werden anlässlich diverser Prüfungen durch den Rechnungshof und die Landesrechnungshöfe immer wieder eingefordert. Dies hat dazu geführt, dass bei Bund und Ländern erste Ansätze von PCG-Regeln in einzelnen Gesetzen und Richtlinien verankert wurden. Einige Themenfelder, die in einem PCG-Kodex aufzunehmen wären, sind jedoch nicht behandelt. In den Ländern fehlt eine standardisierte Vorgehensweise fast gänzlich. Auch bei den öffentlichen Unternehmen sind kaum Aktivitäten im Sinne einer standardisierten Public Corporate Governance feststellbar.

3. Regelungsbedarf

Der Bund verfügt über Beteiligungen an rund 110 inländischen Unternehmen mit einem Eigenkapitalanteil von € 3,26 Mrd. An 67 Unternehmen davon hält der Bund zumindest die Hälfte der Anteilsrechte, davon sind nur 14 in der Form einer Aktiengesellschaft organisiert. Hinzu kommen rund 200 Beteiligungsunternehmen der Länder mit zahlreichen Tochter- und Enkelgesellschaften. Durch die vielfältigen Ausgliederungen ist die Anzahl der Beteiligungsunternehmen im direkten Einflussbereich der Gebietskörperschaften in den letzten Jahren kontinuierlich gestiegen. Aus diesen Fakten könnte der Bedarf nach einem eigenen Kodex für öffentliche Unternehmen abgeleitet werden. Es ist jedoch zu hinterfragen, in welchen Themen ein Regelungsbedarf besteht und welche davon in einem PCG-Kodex zusammengefasst werden sollten?

3.1 Gesellschafter

Eine grundlegende Problematik für die Führung und Überwachung von öffentlichen Unternehmen sind die vielfach fehlenden Zielvorgaben der Eigentümer. Sowohl für die Geschäftsführung als auch für den Aufsichtsrat ist der Wille der öffentlichen Hand als Gesellschafter nicht eindeutig definiert. Die Satzungen und Verträge der Gesellschaften sind in der Regel zu wenig konkret gefasst. Instrumente des Beteiligungsmanagements wie Zielbilder sind erst vereinzelt im Einsatz.

Die Herausforderung für alle Beteiligten besteht darin, die richtige Balance zwischen politischem Einfluss und Handlungsfähigkeit des Managements zu finden. Die öffentliche Hand will und muss nach wie vor als Eigentümer auf die Willensbildung der ausgegliederten Rechtsträger Einfluss nehmen können. Das österreichische Aktienrecht schließt ein Weisungsrecht des Gesellschafters gegenüber dem Vorstand aus. Dies ist mit ein Grund, warum für Ausgliederungen überwiegend die Gesellschaft mbH als Rechtsform gewählt wurde. Die politische Verantwortung bleibt auch für die ausgegliederten Einrichtungen bestehen. Es ist daher verständlich, dass der Eigentümer bei der Definition des Versorgungsauftrages, der Besetzung von Leitungsfunktionen sowie der Bestellung von Aufsichtsräten weiterhin Einfluss nimmt. Die direkte Einflussnahme der Politik und die Kontrolle durch die Parlamente sind bei den ausgegliederten Einrichtungen jedoch deutlich erschwert. Sie kann verbindlich nur über die Organe der Gesellschaften stattfinden. Die Gesellschafterversammlungen finden zwar – wie gesetzlich vorgeschrieben – einmal jährlich statt, die Befassung mit strategischen Themen ist jedoch in der Regel dürftig. Vielfach nimmt auch die oberste Verwaltungsspitze in Vertretung der Regierungsmitglieder an der Gesellschafterversammlung teil.

Ein PCG-Kodex sollte daher die grundlegenden Aufgaben der öffentlichen Hand als Gesellschafter von Beteiligungsunternehmen eindeutig definieren. Zu diesen Aufgaben zählen:

- klar formulierte Strategien und messbare Zielvorgaben an die Geschäftsführung
- Art und Integration des öffentlichen Unternehmens in das Beteiligungsmanagement der jeweiligen Gebietskörperschaft
- Sicherstellung einer entsprechend politisch entscheidungsbefugten Vertretung in der Generalversammlung
- Hinweise auf Gesetze, Richtlinien und Standards, die von jedem Beteiligungsunternehmen einzuhalten sind
- Art und Umfang der Berichtspflicht an das jeweilige Parlament und die Bürger

Die Verantwortung der Gebietskörperschaften für die Einhaltung von Governance-Regeln der Beteiligungsunternehmen hängt nicht nur vom Beteiligungsverhältnis ab. Ein öffentliches Unternehmen kann zur Einhaltung von spezifischen Gesetzen und Regeln auch dann verpflichtet werden, wenn die Beteiligung der Gebietskörperschaft direkt oder indirekt unter fünfzig Prozent sinkt. Wesentlich in diesem Zusammenhang ist ein Urteil des Verfassungsgerichtshofes (VfGH 15.12.2004, KR4/02) aus dem Jahr 2004. Die Fluggesellschaft Austrian Airlines (AUA) hat erklärt, dass für sie das Bezügebegrenzungsgesetz nicht gilt, da die Beteiligung der ÖIAG unter fünfzig Prozent liegt. In seinem Urteil weist der VfGH darauf hin, dass der Syndikatsvertrag aus 1998 zu einer Beherrschung der AUA durch die ÖIAG und somit indirekt durch den Bund führt. Eine Verpflichtungserklärung von öffentlichen Unternehmen zu einem PCG-Kodex sollte daher nicht nur vom Beteiligungsverhältnis, sondern auch vom Beherrschungstatbestand abhängen.

3.2 Aufsichtsrat und Geschäftsführung

Mit dem Insolvenzrechtsänderungsgesetz 1997 wurden in Österreich die Anforderungen an die Führung und Überwachung von Unternehmen deutlich verschärft. Die Rechte und Pflichten für Geschäftsführer und Aufsichtsräte sind im AktG und GmbHG geregelt. Für die Bestellung der Leitungsorgane von öffentlichen Unternehmen gilt das Stellenbesetzungsgesetz. Darunter fallen neben Unternehmen im Eigentum des Bundes auch solche der Länder sowie der Städte und Gemeinden mit mehr als 20.000 Einwohnern. Nach den Bestimmungen sind Vorstands- und Geschäftsführerpositionen öffentlich auszuschreiben. Defizite in der fachlichen Qualifikation von Vorständen und Geschäftsführern öffentlicher Unternehmen wurden durch das Ausschreibungsgesetz in den letzten Jahren deutlich reduziert. Der politische Einfluss auf die Besetzung von Führungspositionen ist allerdings geblieben, unabhängig von der jeweils aktuellen Regierungskonstellation.

Defizite in der begleitenden Kontrolle und Überwachung durch den Aufsichtsrat resultieren ebenfalls nicht aus fehlenden Regelungen, sondern aus deren Erfüllung in der Praxis. Nach herrschender Lehre muss in Österreich jedes Aufsichtsratsmitglied über das Wissen und die Erfahrung verfügen, die zur kompetenten Bewältigung der dem Aufsichtsrat übertragenen Aufgaben erforderlich ist. Der Aufsichtsrat ist ein Kollegialorgan, agiert durch Beschlüsse und ist den Interessen der Gesellschaft verpflichtet. Der Aufsichtsratsvorsitzende ist der Vertreter des Aufsichtsrates nach außen. Ihm kommt nach österreichischem Recht über die Vertretungsfunktion hinaus keine Sonderstellung zu.

Als besonders problematisch hat sich in Österreich die Bestellung von Aufsichtsräten in öffentlichen Unternehmungen erwiesen. Die Aufsichtsräte sind Delegierte von Interessenskreisen, all zu oft mit parteipolitischem Hintergrund. Dementsprechend nehmen die Aufsichtsräte nicht die Interessen der Gesellschaft sondern die Interessen der entsendenden Kreise wahr. Vielfach ist die erforderliche Qualifikation nicht ausschlaggebend für die Betrauung mit einem Aufsichtsratsmandat. In der Praxis übernimmt der Aufsichtsratsvorsitzende eine Sonderfunktion, die rechtlich nicht gedeckt ist. In enger Abstimmung zwischen Eigentümervertreter und Vorstand oder Geschäftsführung werden Beschlüsse des Aufsichtsrates vorbereitet. Es besteht die Gefahr, dass der Aufsichtsratsvorsitzende wesentliche unternehmenspolitische Entscheidungen mit gestaltet, die nicht durch Beschlüsse des Aufsichtsrates gedeckt sind. Das Vertrauen in die Kompetenz des Aufsichtsratsvorsitzenden und seine Nähe zu den politischen Entscheidungsträgern sind in der Regel hoch, dementsprechend gering ist die Prüfung der zu treffenden Entscheidungen durch die übrigen Mitglieder des Aufsichtsrates. Auf Grund ausgewogener politischer Besetzungen sind die Aufsichtsräte öffentlicher Unternehmen in der Regel zu groß. Auch können Interessenskonflikte auf Grund von Mehrfachfunktionen nicht ausgeschlossen werden. Nicht unerwähnt bleiben darf, dass die Vergütung für Aufsichtsräte nur in wenigen Fällen einer angemessenen Gegenleistung für ein sorgfältig wahrgenommenes Aufsichtsratsmandat entspricht. In Österreich wird es noch immer als Ehre empfunden, dem Aufsichtsrat in einem öffentlichen Unternehmen anzugehören.

Zur Erfüllung der Sorgfaltspflicht von Geschäftsführern sind bereits zahlreiche Entscheidungen des OGH ergangen. Demgegenüber sind Entscheidungen des OGH über die Sorgfaltspflicht von Aufsichtsräten wie im Urteil OGH 22.5.2003, 8Ob262/02 (Rieger Bank) noch selten. Dass ein Aufsichtsratsmandat mit einer persönlichen Haftung verbunden ist, hat sich auch in Österreich herumgesprochen. Als Konsequenz haben vor allem größere öffentliche Unternehmen das Haftungsrisiko der Vorstände und Aufsichtsräte durch Versicherungen abgefedert. Die Regelungen für Aufsichtsräte im ÖCG-Kodex Kapitel V. Aufsichtsrat wären auch für einen PCG-Kodex ausreichend. Sie umfassen die Kompetenzen und Verantwortung des Aufsichtsrates, die Bestellung des Vorstandes, die Bildung von Ausschüssen, Regeln für Interessenskonflikte und Eigengeschäfte, die Vergütung des Aufsichtsrates, die Qualifikation und Zusammensetzung des Aufsichtsrates sowie die Mitbestimmung der Arbeitnehmer. Für öffentliche Unternehmen sollten jedoch einige wesentliche Comply or Explain-Regelungen in den Richtlinien für das Beteiligungsmanagement als verpflichtend geregelt werden:

1. Strategie-, Personal- und Bilanzausschüsse sind zu bilden.
2. Der Vorsitzende des Bilanzausschusses darf kein ehemaliges Vorstandsmitglied und kein Regierungsmitglied sein.
3. Der Aufsichtsrat darf zehn Mitglieder (inklusive Arbeitnehmervertreter) nicht übersteigen.
4. Aufsichtsratsmitglieder dürfen maximal sechs Aufsichtsratsmandate (Vorsitz zählt doppelt) wahrnehmen.
5. Dem Aufsichtsrat sollten nicht mehr als ein ehemaliges Vorstandsmitglied, ein Regierungsmitglied und ein leitender Beamter angehören.
6. Beratungsverträge mit Mitgliedern des Aufsichtsrates bzw. ihnen nahe stehenden Unternehmen sind unvereinbar.
7. Bei der Bestellung des Aufsichtsrates achtet der Gesellschafter auf die erforderliche Qualifikation sowie eine fachlich ausgewogene Zusammensetzung des Aufsichtsrates.

Damit diese Regelungen in einem PCG-Kodex verpflichtend eingehalten werden, müssen entsprechende Vorgaben durch das Beteiligungsmanagement der Gebietskörperschaften in den Satzungen oder in den Gesellschaftsverträgen erfolgen. Wesentlich erscheint in diesem Zusammenhang die Möglichkeit, eine Nichtbeachtung auch sanktionieren zu können. Da die Regierungen als Exekutive in aller Regel die Spielregeln für die Beteiligungsunternehmen festlegen, können Sanktionen nur von den Parlamenten als Legislative im Rahmen ihrer Kontrollfunktion erfolgen. In der Praxis bedingt dies neben verbindlichen PCG-Regeln auch eine entsprechende politische Kultur.

3.3 Transparenz und Prüfung

Die Eigentümer der öffentlichen Unternehmen sind aufgerufen, die Anforderungen an das Beteiligungscontrolling, die Prüfung und Publizität des Jahresabschlusses sowie die Mindesterfordernisse der Informationspflicht an die interessierte Öffentlichkeit festzulegen. Die Regelungen im ÖCG-Kodex Kapitel VI. Transparenz und Prüfung sind weitestgehend auch für öffentliche Unternehmen anwendbar. Regelungen über die Transparenz der Corporate Governance, die Rechnungslegung und Publizität, die Investors Relations sowie die Abschlussprüfung orientieren sich prinzipiell an Kapitalmarkterfordernissen und sollten daher in einem PCG-Kodex an die Rahmenbedingungen öffentlicher Unternehmen adaptiert werden. Weiters wäre es zweckmäßig, einige Comply or Explain-Regelungen in Richtlinien für das Beteiligungsmanagement verbindlich einzufordern. Dies gilt insbesondere für

- den Hinweis auf die Verpflichtungserklärung im Beteiligungsbericht,
- die Verpflichtung zu einer Mehrjahresplanung und einem angemessenen Risikomanagement,
- die Erstellung von Quartalsberichten nach einem anerkannten betriebswirtschaftlichen Standard,
- die Veröffentlichung der Vermögens- und Finanzlage,
- die Dokumentation der Behandlung der Prüfberichte, der Management Letter sowie der Auskünfte des Wirtschaftsprüfers im Bilanzausschuss des Aufsichtsrates.

Öffentliche Unternehmen sind im Speziellen gefordert, die Gratwanderung zwischen vertraulicher Behandlung in den Organen der Gesellschaft und Transparenz gegenüber den Parlamenten und der interessierten Öffentlichkeit zu gehen.

4. Themenführerschaft für einen PCG-Kodex

Die wichtigsten Governance-Regeln für öffentliche Unternehmen sind bereits im ÖCG-Kodex enthalten. Die Intention der Verfasser, eine weit reichende Gültigkeit des Kodexes zu erzielen, scheint auf den ersten Blick gelungen. Neben wünschenswerten Adaptierungen einzelner Regelungen ist ein höherer Verbindlichkeitsgrad anzustreben. Die Verbindlichkeit für öffentliche Unternehmen kann in der Praxis nur durch Bund, Länder und Gemeinden als Eigentümer der öffentlichen Unternehmen sichergestellt werden. Ein eigener Österreichischer Public Corporate Governance Kodex (ÖPCG-Kodex) kann – verbunden mit verbindlichen Regelungen der Gebietskörperschaften – zur Vertrauensbildung gegenüber der Führung und Überwachung öffentlicher Unternehmen beitragen. Es stellt sich allerdings die Frage, wer die treibenden Kräfte für die Entwicklung eines ÖPCG-Kodexes sein könnten?

4.1 Wissenschaft und Lehre

Im Rahmen einer Befragung wurde der Stand der wissenschaftlichen Diskussion um das Thema Public Corporate Governance an verschiedenen österreichischen Universitäten erhoben. Während die Diskussion um Corporate Governance für börsenotierte Unternehmen sich in einigen Artikeln und Studien niedergeschlagen hat, ist bislang zur Frage des Public Corporate Governance keine wissenschaftliche Diskussion in Österreich im Gange. Das Interesse am Thema ist von betriebswirtschaftlicher Seite durchaus gegeben. Eine Reihe namhafter Universitätsprofessoren aus den Fächern Revision, Controlling, Unternehmensführung oder Public Management bestätigten die Bedeutung der Frage nach der Führung von öffentlichen Unternehmen und deren Kontrolle. In Gesprächen mit Vertretern aus den Fächern Handels- und Gesellschaftsrecht wurde hingegen betont, dass das österreichische Gesellschaftsrecht bereits eine Reihe von Kontrollinstrumenten vorsieht. Die Einführung weiterer Instrumente und die Standardisierung von Kontrollmechanismen werden daher als nicht erforderlich angesehen.

4.2 Wirtschaftsprüfer

Bund und Länder geben als Gesellschafter ihrer Unternehmen in der Regel die Abschlussprüfung durch einen Wirtschaftsprüfer verbindlich vor. Die Wirtschaftsprüfer haben somit einen guten Einblick in die Governance der geprüften Unternehmen. Die Zahl der Mandate bei öffentlichen Unternehmen übersteigt seit mehreren Jahren die Zahl der börsennotierten Unternehmen. Sowohl bei den börsenotierten Unternehmen als auch bei den öffentlichen Unternehmen haben die Wirtschaftsprüfer ein gewisses Eigeninteresse an einem standardisierten Kodex. Es wäre daher nahe liegend, wenn sich das österreichische Institut der Wirtschaftsprüfer auch in der Ausarbeitung eines ÖPCG-Kodexes engagiert. Für Mag. Helmut Maukner, Vorstandsmitglied des IWP und Partner bei Ernst & Young Österreich ist ein ÖPCG-Kodex grundsätzlich ein relevantes Thema. Das IWP wäre auch bereit, sich bei der Ausarbeitung eines ÖPCG-Kodexes zu engagieren. Derzeit ist aber keine Diskussion im Gange und wird vom IWP auch nicht aktiv geführt.

4.3 Interessensvertretungen

Bisher wurde durch die Interessensvertretungen keine Initiative gesetzt, um die Diskussion für einen ÖPCG-Kodex in Gang zu bringen. Eine Reihe von Gesprächen mit Interessensvertretungen auf Bundesebene wie Wirtschafts- und Arbeiterkammer oder Industriellenvereinigung ergaben ein einheitliches Ergebnis. Die Institutionen zeigten ihr Interesse an der Fragestellung, keine beabsichtigt jedoch die Diskussion zu führen. Auch der Präsident der Kammer der Wirtschaftstreuhänder, Dr. Alfred Brogyanyi, unterstreicht die Wichtigkeit der Corporate Governance im öffentlichen Bereich, da diesem eine besondere Sensibilität zukomme. Die Diskussion ist aber auch in der Kammer der Wirtschaftstreuhänder derzeit nicht im Gange.

4.4 Politik

Die Politik wird in Österreich erfahrungsgemäß dann aktiv, wenn entweder von der Europäischen Union oder von einzelnen inländischen Interessensgruppen ein massiver Vorstoß in Richtung Regelung erfolgt. Der Nationalrat und die Landtage sind aufgerufen, die Interessen der Bürger zu vertreten. Das Interesse nach einer Selbstverpflichtung der öffentlichen Unternehmen zum ÖCG-Kodex oder zu einem – speziell für diese Unternehmen ausgearbeiteten ÖPCG-Kodex – wurde bisher nicht artikuliert. Dies vielleicht auch deshalb, da die Arbeitsgruppe unter der Leitung des Kapitalmarktbeauftragten Dr. Richard Schenz die Anwendbarkeit auf öffentliche Unternehmen bei der Entwicklung des ÖCG-Kodexes bereits mitgedacht hat. In der durchgeführten Medienrecherche finden sich keine Hinweise auf die Thematisierung eines ÖPCG-Kodexes. Die aktuelle Diskussion dreht sich überwiegend um die Veröffentlichung der Vorstandsgehälter in den Geschäftsberichten. Die Bundesregierung hat einen Kapitalmarktbeauftragten ernannt und ihm die Federführung bei der Ausarbeitung des ÖCG-Kodexes übertragen. Demzufolge müsste die Bundesregierung auch die Verantwortung für die Einhaltung von Governance-Regeln bei sämtlichen öffentlichen Unternehmen übernehmen und wieder einen Experten persönlich mit der Ausarbeitung eines ÖPCG-Kodexes beauftragen.

4.5 Kontrolleinrichtungen

Sowohl der Rechnungshof, als auch die Landes-Rechnungshöfe fordern in ihren Prüfungen immer wieder die Einhaltung von Governance-Regeln durch die öffentlichen Unternehmen. In den publizierten Prüfergebnissen finden sich zahlreiche Anregungen zur Verbesserung der Führung und Überwachung. Seit der Einführung des ÖCG-Kodexes wird auch vielfach die Empfehlung ausgesprochen, das jeweilige Unternehmen möge eine Verpflichtungserklärung zur Einhaltung des Kodexes abgeben. Andererseits werden Bund und Länder als Eigentümer aufgefordert, für sämtliche Gesellschaften in ihrem Einflussbereich einen Kodex vorzugeben, der sich am ÖCG-Kodex orientiert. Ein ÖPCG-Kodex wird auch bereits in ersten Fachartikeln von Lektoren der Rechnungshöfe thematisiert. Die aktive Übernahme der Themenführerschaft durch eine der unabhängigen Kontrolleinrichtungen ist bis dato nicht erfolgt. Das Selbstverständnis als „Anwalt der Steuerzahler" ist Grund genug, einen ÖPCG-Kodex zu fordern. Eine Grundvoraussetzung dafür wäre allerdings ein Konsens zwischen dem Rechnungshof und den Landesrechnungshöfen über die Erfordernisse und den Nutzen eines ÖPCG-Kodexes.

5. Fazit

In Österreich übersteigt die Anzahl der öffentlichen Unternehmen die Zahl der börsennotierten Unternehmen im Prime Market um ein vielfaches. Einheitliche Governance-Regelungen sind daher auch für öffentliche Unternehmen zu forcieren. Sie enthalten klare Vorgaben für die Eigentümer sowie für die Organe der Gesellschaften und wirken somit vertrauensbildend für unterschiedliche Interessensgruppen. Ein eigener ÖPCG-Kodex ist aber nur dann zweckmäßig, wenn er einen hohen Druck zur Selbstverpflichtung erzeugen kann. Dazu muss er die Rahmenbedingungen der öffentlichen Unternehmen stärker berücksichtigen, als dies der ÖCG-Kodex tut. Dies bedeutet auch, dass für einzelne Comply or Explain-Regelungen durch interne Richtlinien der Gebietskörperschaften ein gleich hoher Verbindlichkeitsgrad anzustreben ist, wie für Legal Requirements auf Basis des Gesellschaftsrechts. Es bleibt jedoch die Frage offen, wer die Diskussion in Österreich federführend betreiben will und kann.

Zum gegenwärtigen Zeitpunkt wird deutlich, dass keine Institution in Österreich die Themenführerschaft zur Public Corporate Governance übernommen hat oder übernehmen will. Anders als bei der Entwicklung des ÖCG-Kodexes besteht kein originäres Interesse der betroffenen Unternehmen. Als zweite treibende Kraft trat bei der Entwicklung des ÖCG-Kodexes die Bundesregierung vertreten durch den Kapitalmarktbeauftragten auf. Für den Bund und die Länder ergäbe sich durch einen ÖPCG-Kodex mit standardisierten Richtlinien ein erhöhter Verwaltungs- und Kontrollaufwand. Zusätzliche Ressourcen wären für das Beteiligungsmanagement erforderlich.

Von wissenschaftlicher Seite wurde das Thema bislang noch nicht aufgegriffen. Als „Marktmacht" bleiben die Bürger, die quasi als Miteigentümer an den öffentlichen Unternehmen ein Interesse an „Good Governance" haben. Als Steuerzahler tragen sie das wirtschaftliche Risiko von öffentlichen Unternehmen mit. Fraglich ist, ob die Interessensvertretungen oder die Abgeordneten in den Parlamenten das Governance-Thema aktiv angehen. Es bleibt zu hoffen, dass angesichts der Bedeutung der öffentlichen Unternehmen möglichst bald eine Initiative zur Erarbeitung eines Public Corporate Governance Kodexes in Österreich startet. Als potenzielle Themenführer bleiben nur die Wirtschaftsprüfer und die unabhängigen Kontrolleinrichtungen übrig.

Literaturverzeichnis

Birkner, Albert/**Löffler**, Martin, Corporate Governance in Österreich, Wien 2004

Bundesministerium für Finanzen, Bundesfinanzierungsgesetz 2005

Bundesministerium für Finanzen, Österreichischer Corporate Governance Kodex, Wien 2002

Egger, Anton, Die Vorschaurechnung und der vierteljährliche Soll-Ist-Vergleich gem. § 81 AktG (§ 28a GmbHG) idF IRÄG 1997, in: Zeitschrift für Recht und Rechnungswesen (1997), S. 327

Fleischmann, Eduard, PPP und Maastricht, in: Das öffentliche Haushaltswesen in Österreich, Jahrgang 45, Wien 2004, S. 112–12

Gallarotti, Ermes, Mangelnde Firmenkontrolle in Österreich, in: Neue Zürcher Zeitung vom 2.10.2001

Haberer, Thomas, Corporate Governance Österreich – Deutschland – International, Wien 2003

Hügel, Hanns/**Hasenauer**, Clemens, Zur Umsetzung des Österreichischen Corporate Governance Kodex, in: Recht der Wirtschaft (2003)9, S. 482–486

Jaros, Karl, Public Governance – Neues Denken unter alten Hüten, in: Das öffentliche Haushaltswesen in Österreich, Jahrgang 45, Wien 2004, S. 15–28

Leitsmüller, Heinz, Corporate Governance Kodex, Studie der Kammer für Arbeiter und Angestellte, Wien 2004

Obermann, Gabriel/**Obermair**, Anna, **Weigel**, Wolfgang, Evaluierung von Ausgliederungen, Wien 2002

OECD, Guidelines on Corporate Governance of State-owned Enterprises, December 2004

Roth, Günter/**Büchele**, Manfred, Corporate Governance: Gesetz und Selbstverpflichtung, in: Der Gesellschafter (2002), S. 63–71

Schedler, Kuno, Corporate Governance bei Staatsbetrieben, in: NZZ Fokus, Zürich 2004

Umfahrer, Michael, Die Gesellschaft mit beschränkter Haftung, 5. Aufl., Wien 1998

Autorenverzeichnis

Bachert, Robert, ist Abteilungsleiter der Wirtschaftsberatung im Diakonischen Werk Württemberg und Geschäftsführer der ZSU GmbH. Er ist Mitglied der Schiedsstellen in Baden-Württemberg für die Bereiche SGB VIII, SGB XI und SGB XI. Ferner ist er Dozent an verschiedenen Bildungseinrichtungen und Fachbuchautor. Seit 1. Januar 2004 ist er zudem Vorsitzender des LIGA – Fachausschusses Finanzen für Baden-Württemberg. E-Mail: bachert.r@diakonie-wuerttemberg.de

Budäus, Univ.-Prof. Dr. Dietrich, vertritt das Fach „Public Management" in Forschung und Lehre und leitet nach mehreren Rufen an in- und ausländische Hochschulen den Arbeitsbereich Public Management an der Fakultät für Sozial- und Wirtschaftswissenschaften der Universität Hamburg. Neben zahlreichen Veröffentlichungen zur Verwaltungsreform und hier speziell zur Reform des öffentlichen Rechnungswesens sowie zu Public Private Partnership wirkt er in wissenschaftlichen Gremien, Beiräten und in einzelnen Reformprojekten praxisorientiert an der Gestaltung des aktuellen Reformprozesses mit. E-Mail: budaeusd@hwp-hamburg.de

Enste, Dr. Dominik H., studierte Volkswirtschaftslehre und Soziologie in Köln, Dublin und Fairfax (Virginia) und war Doktorand und wissenschaftlicher Mitarbeiter am wirtschaftspolitischen Seminar der Universität zu Köln. Nach zwei Jahren als Vorstandsassistent im Gerling Konzern, ist er seit 2003 im Institut der deutschen Wirtschaft Köln verantwortlich für die Themen „Rechts- und Institutionenökonomik/Wirtschaftsethik". Er ist Verfasser zahlreicher Veröffentlichungen (u. a. „Die Wohlfahrtsverbände in Deutschland – Eine ordnungspolitische Analyse und Reformagenda" und „Schattenwirtschaft und Institutioneller Wandel") und war/ist Lehrbeauftragter an der Fachhochschule Köln, der Universität Bonn sowie der Europafachhochschule Fresenius. E-Mail: enste@iwkoeln.de

Föll, Michael, ist seit dem 1. Januar 2004 Erster Bürgermeister der Landeshauptstadt Stuttgart mit dem Geschäftskreis Wirtschaft, Finanzen und Beteiligungen. Zuvor war er von 1989 bis 2003 Mitglied des Gemeinderates der Landeshauptstadt Stuttgart, u. a. im Verwaltungsausschuss und im Ausschuss für Wirtschaft und Wohnen sowie von 1998 bis 2003 Vorsitzender der CDU-Gemeinderatsfraktion. E-Mail: michael.foell@stuttgart.de

Häfele, Dr. Markus, promovierte an der juristischen Fakultät der Universität Regensburg. Sein Berufseinstieg erfolgte 1998 bei Ernst & Young, Stuttgart. Der Autor ist Wirtschaftsprüfer, Rechtsanwalt und Steuerberater. Seit 2003 betreut er als Prokurist im Bereich der Prüfung und Beratung öffentliche Unternehmen ebenso wie privatwirtschaftliche. Neben diversen Veröffentlichungen und Vorträgen im Bereich des Öffentlichen Rechts hält er vor allem interne Schulungen im Bereich der Rechnungslegung im Öffentlichen Sektor sowie der Krankenhausrechnungslegung. E-Mail: markus.haefele@de.ey.com

Henke, Hans Jochen, studierte Rechtswissenschaften in Tübingen, Freiburg und Berlin. Von 1978 bis 1982 arbeitete er als Büroleiter des baden-württembergischen Ministerpräsidenten Späth, von 1982 bis 1984 als Leiter der Abteilung für Finanzen, Personal, Organisation im Staatsministerium Baden-Württemberg. 1984 bis 1995 war er Oberbürgermeister der Stadt Ludwigsburg sowie von 1995 bis 1998 Staatssekretär des Bundesministeriums für Verkehr. Von 1998 bis 2002 war er Mitglied im Deutschen Bundestag. Hans Jochen Henke arbeitete als Partner bei der Ernst & Young AG Wirtschaftsprüfungsgesellschaft und ist Mitglied im Aufsichtsrat der Deutschen Lufthansa AG, der Deutschen Bahn AG und der Flughafen Frankfurt/Main AG. Seit Ende 2004 ist er Generalsekretär des Wirtschaftrates der CDU e.V. E-Mail: hansjochen.henke@wirtschaftsrat.de

Hillebrand, Dr. Rainer, studierte Volkswirtschaftslehre an der Westfälischen Wilhelms-Universität Münster und der Universität Potsdam (Abschluss: Diplom-Volkswirt 1994, Promotion: Dr. rer. pol. 2003). Von 1994 bis 1999 arbeitete er als Wissenschaftlicher Mitarbeiter am Europäischen Institut für internationale Wirtschaftsbeziehungen der Universität Potsdam; seit 1999 ist er Referent für Europapolitik beim Wirtschaftsrat der CDU e.V. E-Mail: rainer.hillebrand@wirtschaftsrat.de

Hofmeister, Dr. Albert E., studierte an der Hochschule St. Gallen für Wirtschafts-, Rechts- und Sozialwissenschaften und promovierte 1976 zum Dr. oec. HSG. Er ist Chefinspektor (Interne Revision) des Eidgenössischen Departements für Verteidigung, Bevölkerungsschutz und Sport sowie Gründungs-, Ehren- und Vorstandsmitglied der Schweizerischen Gesellschaft für Verwaltungswissenschaften (SGVW). Von 1993 bis 2004 arbeitete er als Dozent für Verwaltungswissenschaften an der Eidgenössischen Technischen Hochschule in Zürich. Seit 2004 ist er Mitglied des Exekutivkomitees des International Institut of Administrative Sciences (IIAS). E-Mail: albert.hofmeister@gs-vbs.admin.ch

Kuhn, Berthold, studierte Betriebswissenschaft und begann 1975 als Fachbereichslehrer und Abteilungsleiter für kaufmännische Aus- und Fortbildungsberufe im CJD-Berufsförderungszentrum (BFZ) Maximiliansau, das er als Direktor verließ, um 1992 in die CJD-Zentrale als Geschäftsleiter zu wechseln. Seit 2002 ist er Vorstand Finanzen im CJD. Des Weiteren ist er in bundesweiten Verbänden tätig, u. a. als Mitglied im Vorstand des EVBB und im BBB (Bildungsverband). E-Mail: berthold.kuhn@cjd.de

Lingk, Andreas, machte 1992 den Abschluss als Diplom-Kaufmann an der Universität Mannheim. 1992 trat er als Mitarbeiter in das CJD ein, wo er derzeit als Stabsleiter verantwortlich ist für die Bereiche Controlling und EDV. Des Weiteren ist er Projektverantwortlicher für das Ziel V „Solide Finanzbasis sichern aus COM 2008 – mit Strategie in Führung gehen“. E-Mail: andreas.lingk@cjd.de

Mirow, Dr. Thomas, ist „Lissabon-Beauftragter des Bundeskanzlers“ und Leiter der Wirtschaftsabteilung im Bundeskanzleramt. Er gehört seit 1971 der SPD an und arbeitete von 1975 bis 1983 für Bundeskanzler a.D. Willy Brandt, zuletzt als dessen Büroleiter. Danach war er bis 1987 Direktor der Staatlichen Pressestelle Hamburg und von 1991 bis 2001 Chef der Senatskanzlei, Senator für Stadtentwicklung und Wirtschaftssenator in Hamburg.

Dr. Thomas Mirow war darüber hinaus wiederholt als Freier Berater und Unternehmer tätig mit den Arbeitsschwerpunkten Infrastruktur-Projekte, Public-Private-Partnership, Asset-Management, Regulierungs- und Deregulierungs-Vorhaben, Transport und Logistik sowie Medien und Kommunikation.

Müller-Marqués Berger, Thomas ist Wirtschaftsprüfer/Steuerberater und bei der Ernst & Young AG als Partner mit für den Bereich Wirtschaftsprüfung des Geschäftsfeldes Public Services in Stuttgart verantwortlich. Neben Konzernen der Industrie betreut er schwerpunktmäßig gemeinnützige Organisationen sowie öffentliche Unternehmen und Einrichtungen der öffentlichen Hand. Als Autor bzw. Mitautor hat er sich insbesondere zu Aspekten öffentlicher Unternehmen und Stiftungen sowie zum Thema Corporate Governance geäußert. Darüber hinaus ist er in nationalen und internationalen Fachausschüssen und Arbeitskreisen mit den Schwerpunkten Öffentliche Hand bzw. Öffentliche Unternehmen sowie Nonprofit-Organisationen tätig. E-Mail: thomas.mueller-marques.berger@de.ey.com

Paffen, Klaus, Dipl.-Kfm., ist als Director Public Services bei der Ernst & Young AG Wirtschaftsprüfungsgesellschaft tätig. Seine Arbeitsschwerpunkte liegen in der Prüfung und Beratung im Bereich der öffentlichen Verwaltung und Unternehmen sowie der NPO. Zuvor war er Partner bei PwC PricewaterhouseCoopers, Mitglied des Vorstands der WIBERA Wirtschaftsberatung AG und Geschäftsführer der WIBERA Management Consult GmbH. E-Mail: klaus.paffen@de.ey.com

Plamper, Harald. Nach dem Studium der Rechtswissenschaften an der Universität Tübingen und einem Zusatzstudium an der Harvard University hat Harald Plamper zahlreiche Erfahrungen in der Landes-, Kreis- und Kommunalpolitik in Baden-Württemberg und Bayern sowie der Wissenschaftsverwaltung gesammelt. Von 1995 bis 1999 war er Vorstand der KGSt, von 1998 bis 2002 Mitglied des Hochschulrates der Universität Erlangen-Nürnberg sowie von 2000 bis 2004 Chairman des Public Sector Steering Committee der efmd (European Foundation for Management Development). Seit 2000 ist er Gastprofessor für Public Management an der Bocconi Universität in Mailand und seit 2002 Mitglied des Wissenschaftlichen Kommittees für Verwaltungsreform der Region Lombardei. E-Mail: harald.plamper@t-online.de

Reichel, Silke, studierte Betriebswirtschaftslehre und kam 2001 als Trainee zur Mannheimer MVV Energie AG. Seit Ende 2002 ist sie Assistentin des Aufsichtsratsvorsitzenden. Sie unterstützt den Aufsichtsratsvorsitzenden durch eine permanente Zuarbeit bei der Wahrnehmung seiner Beratungs- und Überwachungsfunktion. Frau Reichel ist Mitglied bei den Wirtschaftsjunioren Heidelberg. E-Mail: s.reichel@mvv.de

Ruter, Rudolf X., ist Wirtschaftsprüfer/Steuerberater und arbeitet seit 1978 bei der Ernst & Young AG Wirtschaftsprüfungsgesellschaft. Seit mehr als 17 Jahren als Partner ist er u. a. im Bereich der Prüfung und Beratung von öffentlichen Unternehmen und Verwaltungen (Bund, Land und Kommunen) und von Nonprofit-Organisationen tätig. Er ist u. a. Mitglied des Fachausschusses ÖFA (Öffentliche Verwaltung und Unternehmen) im IDW (Institut der Wirtschaftsprüfer) Deutschland (seit 1999) und Mitglied im Arbeitskreis Public Management der Schmalenbachgesellschaft (seit 1999). Er hat mit seinen zahlreichen Veröffentlichungen insbesondere zum Thema Public Corporate Governance mit unterschiedlichen Schwerpunkten das Thema dieses Sammelbandes in den letzten Jahren in Deutschland forciert. E-Mail: rudolf.x.ruter@de.ey.com

Sahr, Karin, gehört seit 1999 der Ernst & Young AG an. Sie betreut seit 2003 als Prokuristin die politischen Kontakte und Themen auf Bundesebene und in NRW. Sie ist zudem eingebunden in die deutschlandweite Koordination der Public Services Industrie. Zuvor war sie beim Bundesverband der Deutschen Industrie im Büro des Präsidenten und der Hauptgeschäftsführung zuständig für die Betreuung des BDI-Ehrenamtes und der -Beschlussgremien, später im Bereich Internationale Märkte Regional Director für den Asien-Pazifik-Ausschuss der Deutschen Wirtschaft. E-Mail: karin.sahr@de.ey.com

Schmalhardt, Dr. Herbert, ist seit dem Gründungsjahr 1999 Direktor des Landesrechnungshofs in Vorarlberg. Davor war er mehrere Jahre in der Unternehmensberatung tätig und leitete viele Projekte in öffentlichen Unternehmen, in der Verwaltung sowie in Nonprofit-Organisationen. Als Lehrbeauftragter an der Universität Innsbruck hielt er zahlreiche Vorträge und Seminare zum Thema Verwaltungsmanagement. Er forciert durch seine Prüfungen die Einhaltung von Governance-Regeln in den Beteiligungsunternehmen des Landes Vorarlberg. E-Mail: herbert.schmalhardt@lrh-v.at

Seibicke, Ralf, Diplomökonom, studierte an der Humboldt-Universität zu Berlin. 1990 bis 1997 war er im Ministerium der Finanzen des Landes Sachsen-Anhalt als Referatsleiter und stellvertretender Abteilungsleiter in der Haushaltsabteilung tätig. Ab Mai 1997 arbeitete er als Abteilungsleiter beim Landesrechnungshof des Landes Sachsen-Anhalt. Seit März 2003 ist er Präsident des Landesrechnungshofes Sachsen-Anhalt. Bisherige Veröffentlichung: „Haushaltsrecht des Landes Sachsen-Anhalt“ (1997). E-Mail: seibicke@lrh.lsa-net.de

Siewert, Dr. Jürgen, ist Ministerialdirigent im Bundesministerium der Finanzen und dort seit 1969 im Bereich Privatisierung/Bundesbeteiligungen tätig. In dieser Eigenschaft war und ist er Mitglied in Aufsichtsräten von Bundesunternehmen und hat von 2002 bis 2004 als Chairman die OECD Working Group on Privatisation and Corporate Governance of State-owned Assets geleitet. E-Mail: juergen.siewert@bmf.bund.de

Srocke, Dr. Isabell, ist Mitarbeiterin bei der Ernst & Young AG Wirtschaftsprüfungsgesellschaft. Nach einer Ausbildung zur Bankkauffrau und dem Studium der Betriebswirtschaftslehre an der Universität Hamburg arbeitete sie zunächst als wissenschaftliche Mitarbeiterin am Lehrstuhl für Public Management an der Hamburger Universität für Wirtschaft und Politik. Durch ihre Forschung spezialisierte sie sich auf das öffentliche Rechnungswesen mit internationalem Bezug. E-Mail: isabell.srocke@de.ey.com

Steltmann, Silke, studierte Volkswirtschaftslehre an der Bayerischen Julius-Maximilians-Universität Würzburg, (Abschluss: Diplom-Volkswirtin). Seit 2002 ist sie Referentin für Arbeitsmarkt- und Tarifpolitik, Mitbestimmung beim Wirtschaftsrat der CDU e.V. E-Mail: silke.steltmann@wirtschaftsrat.de

Treuner, Jens-Hermann, war nach volkswirtschaftlichem und juristischem Studium zunächst wissenschaftlicher Assistent an der Freien Universität Berlin. 1974 wechselte er in die Bundesverwaltung zum Innenministerium. Seit 1980 ist er beim Bundesrechnungshof und dort gegenwärtig zuständig für die Prüfung „Beteiligungen, Deutsche Bundesbank, Bundesanstalt für Finanzdienstleistungsaufsicht". Daneben wirkt er an den Aufgaben des „Bundesbeauftragten für Wirtschaftlichkeit in der Verwaltung" mit. Er war Prokurist und Geschäftsführer einer gemeinnützigen GmbH und später Direktor und Mitglied des Exekutivausschusses einer europäischen Organisation. In Vorträgen und Veröffentlichungen befasst er sich insbesondere mit Fragen der Wirtschaftlichkeit und des Change Management, der Corporate Governance und der Public-Private-Partnership. E-Mail: jens-hermann.treuner@brh.bund.de

Waldersee, Georg Graf, Steuerberater/Wirtschaftsprüfer, ist Partner und Mitglied des Vorstands der Ernst & Young AG Wirtschaftsprüfungsgesellschaft in Deutschland sowie Mitglied der Geschäftsführung der zentraleuropäischen Organisation von Ernst & Young. In Deutschland und Zentraleuropa führt er den Geschäftsbereich Client Service & Accounts. Er ist Mitglied des Verwaltungsrats des Instituts der Wirtschaftsprüfer in Deutschland e.V. und Verfasser verschiedener Fachbeiträge zu Fragen der internationalen Rechnungslegung und neuerer Entwicklungen im Bereich der Corporate Governance sowie Mitherausgeber des Standardwerks „IAS/US-GAAP/HGB im Vergleich – Synoptische Darstellung für den Einzel- und Konzernabschluss".
E-Mail: georg.graf.waldersee@de.ey.com

Widder, Gerhard, ist seit 22 Jahren Oberbürgermeister der Stadt Mannheim. 1983 wurde der gelernte Ingenieur erstmals zum Oberbürgermeister gewählt und seitdem zweimal in seinem Amt bestätigt. Herr OB Widder ist u. a. Präsidenten des Verbands kommunaler Unternehmen (seit 1996), Vorsitzender des kommunalen Arbeitgeberverbandes (KAV) Baden-Württemberg (seit 1999) und Mitglied im Hauptausschuss des Deutschen Städtetages (seit 1986). Er ist darüber hinaus Aufsichtsratsvorsitzender in gesetzlich zu bildenden Aufsichtsräten und Mitglied in anderen vergleichbaren Kontrollgremien von Wirtschaftsunternehmen.

Wolf, Anita, ist seit November 2004 Rechtsanwältin bei der Luther Menold Rechtsanwaltsgesellchaft mbH in Dresden. Interessenschwerpunkte sind Handels- und Gesellschaftsrecht, Gemeinnützigkeitsrecht und allgemeines Zivilrecht. Sie ist in der Service Line Corporate/Merger & Acquisition tätig. E-Mail: anita.wolf@de.eylaw.com

Ziche, Dr. Christian, ist seit 1991 geschäftsführender Rechtsanwalt und Partner bei der Luther Menold Rechtsanwaltsgesellschaft mbH in Dresden. Sein Beratungsschwerpunkt ist die wirtschaftliche Betätigung der öffentlichen Hand. Er hat zahlreiche Privatisierungsprojekte vor allem für Städte und Landkreise rechtlich und steuerlich betreut, und er berät öffentlich-rechtliche Körperschaften bei der Ausübung ihrer Rechte in Beteiligungsgesellschaften. Innerhalb des Ernst & Young Verbundes leitet Dr. Ziche die sog. Public Services, in denen deutschlandweit u. a. die Beratungsdienstleitungen für die öffentliche Hand koordiniert werden. E-Mail: christian.ziche@de.eylaw.com

Stichwortverzeichnis

A

B

C

D

E

F

G

N

O

P

R

S

T

U

V

W

Z